Friedrich Schleiermacher

Reden über die Religion

Friedrich Schleiermacher

Reden über die Religion

ISBN/EAN: 9783743326941

Hergestellt in Europa, USA, Kanada, Australien, Japan

Cover: Foto ©Lupo / pixelio.de

Friedrich Schleiermacher's

Reden

Ueber die Religion.

Kritische Ausgabe.

Mit Zugrundelegung des Textes der ersten Auflage

besorgt von

G. Ch. Bernhard Pünjer,

Lic. theol. Dr. phil.

Docent der Theologie zu Jena.

Braunschweig,

C. A. Schwetschke und Sohn.

(M. Bruhn.)

1879.

Einleitung.

Die Ausgabe von Schleiermacher's „Reden", welche hiermit an die Oeffentlichkeit tritt, will einem doppelten Zwecke dienen. Einmal ist die erste Auflage der „Reden" so selten geworden, daß dieselbe sogar auf vielen öffentlichen Bibliotheken fehlt und in die Hände eines Privatmannes nur durch besondern Glücksfall gelangt. Die Kenntniß dieser ersten Auflage ist aber, von ihrem eigenthümlichen Werthe ganz abgesehen, schon deshalb von Interesse, weil das Buch in dieser Gestalt einen so gewaltigen Eindruck machte. Diesem Uebelstand allein hätte nun freilich ein neuer Abdruck der ersten Auflage abhelfen können. Zugleich aber sollte ein Beitrag geliefert werden zur Entwicklungsgeschichte Schleiermacher's. Er selbst freilich behauptet in der Vorrede zur dritten Auflage: „Darum sind der Aenderungen in der Schrift selbst zwar nicht wenige, aber alle nur sehr äußerlich, fast nur Castigationen der Schreibart", und weiter: „Denn meine Denkungsart über diese Gegenstände ist damals schon, mit Ausnahme dessen, was bei Jedem die Jahre mehr reifen und abklären, in eben der Form ausgebildet gewesen, wie sie seitdem geblieben ist". Ganz so steht es jedoch nicht. Viele Aenderungen berühren allerdings nur den Ausdruck, dienen theils der Ausmerzung der Fremdwörter, theils der Verbesserung des Stils. Daneben jedoch sind sehr viele Aenderungen sachlicher Art. Sie betreffen besonders den Religionsbegriff und dessen psychologische Begründung, dann auch den Gottesbegriff und das Verhältniß Gottes zur Welt, sowie die Werthschätzung des historischen Christenthums. Die darin sich ausprägende Fortbildung des Schleiermacher'schen Denkens eingehend darzustellen, ist hier nicht meine Absicht. Nachdem mein Freund **Bruno Weiß** in **Ulrici's** „Zeitschrift für Philosophie und philosophische Kritik", Jahrgang 1879, die allmähliche Umbildung von Schleiermacher's Dialektik behandelt hat und von demselben eine ähnliche Arbeit über die Glaubenslehre nächstens zu erwarten steht, soll diese

Ausgabe der „Reden“ lediglich das aus ihnen für die Entwicklungsgeschichte Schleiermacher's zu verwerthende Material zugänglich machen.

Wir beschränken uns deshalb auf einige literar-historische Bemerkungen. Die erste Auflage erschien anonym und ohne Vorrede, Berlin 1799 bei Joh. Friedr. Unger, 312 Seiten. Die zweite Auflage erschien ebenfalls anonym und ohne Vorrede, Berlin 1806 in der Realschulbuchhandlung; sie brachte jedoch eine Widmung an Gustaf von Brinkmann, von Halle, den 29. August 1806 datirt und mit Schleiermacher's Namen unterzeichnet. Die Aenderungen, besonders stark in der zweiten Rede, sind zum Theil Vermehrungen, so daß der Umfang des Buches bei gleicher Ausstattung einschließlich des zehn Seiten langen „Zusatzes“ auf 372 Seiten gewachsen ist. Auch die dritte Auflage, Berlin 1821, bei G. Reimer, nennt auf dem Titel den Namen des Verfassers nicht, wol aber unter der, jetzt zum ersten Mal beigefügten Vorrede. Die Widmung erhält einen längern Zusatz, der Text ist weniger und meist nur in formeller Rücksicht geändert, dagegen sind jeder Rede „Erläuterungen“ angehängt, so daß der Umfang, trotz des engeren Druckes auf 461 Seiten gewachsen ist. Die vierte Auflage, Berlin 1831 bei G. Reimer erschien wieder ohne Vorrede; der Text ist bis auf ganz wenige und unbedeutende Abweichungen ein unveränderter Abdruck der dritten Auflage. Der Text der vierten Auflage wurde dann in die „Werke“ aufgenommen und ebenfalls den Einzelausgaben der „Reden“ zu Grunde gelegt; bei G. Reimer in Berlin erschien 1843 die fünfte, 1859 die sechste und 1878 die siebente Auflage. Auch Carl Schwarz ließ, — unbegreiflich genug — den Text der vierten Auflage abdrucken in seiner Ausgabe der „Reden“ in der „Bibliothek der deutschen Nationalliteratur des 18. und 19. Jahrhunderts.“ Bd. I. (Leipzig, F. A. Brockhaus 1868.)

Bisher ist auf die sachlichen Unterschiede der verschiedenen Auflagen der „Reden“ nicht allzuviel geachtet. Röhr bringt in seiner „Kritischen Prediger-Bibliothek“ Bd. XV. Heft 6. Jahrg. 1834 eine Besprechung der „Reden“. Der ungenannte Recensent weist im Eingang auf jene Verschiedenheit hin, und obgleich er mit Recht betont, daß deren Beachtung mehr in eine Geschichte des Buches gehöre, als in eine Beurtheilung desselben, wird doch auf allen wichtigen Punkten auf den Unterschied der Auffassung der ersten und der vierten Auflage hingewiesen. Schenkel („Friedrich Schleiermacher“. Elberfeld 1868) erinnert an die bedeutenden Abweichungen, citirt auch neben den „Sämmtlichen Werken“ stets die erste Auflage, beschränkt sich jedoch, der Aufgabe seiner Arbeit gemäß, auf die Darstellung der gemeinsamen

Gedanken. Dilthey („Leben Schleiermacher's" I. Bd. Berlin 1870) benutzt nur die erste Auflage; die Verwerthung der spätern Abweichungen fällt der Zeitfolge nach in den zweiten Band, auf dessen Erscheinen leider immer noch vergebens gewartet wird. Ritschl („Schleiermacher's Reden über die Religion und ihre Nachwirkungen auf die evangelische Kirche Deutschlands". Bonn 1874) wird bei dem speciellen Zweck seiner Untersuchung nicht veranlaßt, auf unsere Frage einzugehen. Lipsius („Schleiermacher's Reden über die Religion" in den „Jahrbüchern für protestantische Theologie". Jahrg. 1875) nimmt fortwährend auf die, S. 136 im Allgemeinen hervorgehobene Verschiedenheit der Auflagen Rücksicht und hat damit bereits einen bedeutenden Beitrag geliefert zur Verwerthung derselben für die Entwicklungsgeschichte Schleiermacher's. Auch Bender („Schleiermacher's Theologie" Bd. I. Nördlingen 1876) berücksichtigt gelegentlich den Unterschied der Auflagen.

Was nun die Einrichtung der vorliegenden Ausgabe anlangt, so ist zunächst der Text der ersten Auflage unverändert zum Abdruck gebracht. Was bereits in der zweiten, und daher auch in den folgenden Auflagen verändert ist, ist gesperrt gedruckt, **fett** dagegen, was in der zweiten Auflage unverändert bleibt und erst in der dritten geändert wird. In () ist eingeschlossen, was später ausfällt, und zwar ebenfalls innerhalb der Klammern gesperrt gedruckt, was bereits in der zweiten, fett, was erst in der dritten Auflage ausfällt. Umstellungen ganzer Sätze oder Abschnitte sind in Anmerkungen angedeutet. Die Abweichungen vom Text der ersten Auflage sind unterm Text angeführt. Die Ziffer II III bedeutet diejenige Auflage, in welcher die betreffende Lesart zuerst auftritt. Ist Nichts weiter bemerkt, so findet dieselbe sich unverändert in den folgenden Auflagen. Abweichungen der dritten Auflage von dem, gegenüber der ersten Auflage bereits veränderten Texte der zweiten, sind entweder dadurch angezeigt, daß beide Lesarten neben einander gestellt sind, z. B. S. 162, Anm. 9, oder dadurch, daß die veränderten Worte der zweiten Auflage gesperrt gedruckt sind und die Lesart der dritten in kleinerem Satz in [] eingefügt, z. B. S. 5, Anm. 3, oder bei längern Abweichungen unter eine zweite Linie gestellt, z. B. S. 46. Nicht angemerkt sind die zahlreichen Abweichungen der Orthographie und Interpunktion, sowie solche, welche unzweifelhaft auf einem übersehenen Druckfehler beruhen.

Möchte denn auch diese Arbeit dazu dienen, das Studium Schleiermacher's an ihrem Theile zu fördern!

Jena, den 19. April 1879.

Bernhard Pünjer.

An

Gustaf von Brinkmann.

Laß es Dir auch unangekündigt und wol unerwartet dennoch gefallen, Freund, daß bei ihrer zweiten Erscheinung diese Schrift Dir besonders dargebracht werde. Denn nicht ungeschickt ist sie schon durch ihren Inhalt Dich an jene Zeit zu erinnern, wo sich gemeinschaftlich unsere Denkart entwickelte, und wo wir losgespannt durch eigenen Muth aus dem gleichen Joche, freimüthig und von jedem Ansehn unbestochen die Wahrheit suchend, jene Harmonie mit der Welt in uns hervorzurufen anfingen, welche unser inneres Gefühl uns weissagend zum Ziel setzte, und welche das Leben nach allen Seiten immer vollkommener ausdrücken soll. Derselbe innere Gesang, Du weißt es, war es auch, der in diesen Reden, wie in manchem andern, was ich öffentlich gesprochen, sich mittheilen wollte; hier jedoch nicht so, wie in wahren Kunstwerken höherer Art, auf eine ganz freie Weise; sondern Thema und Ausführung war mir abgedrungen von der Zeit und den Umgebungen, und stand in der genauesten Beziehung auf die, welche mich zunächst hören sollten.

Dieses Verhältniß nun macht die Gabe, welche ich Dir darbringe, unbedeutender als sie vielleicht sonst sein würde, so daß ich hoffen muß, die schöne Erinnerung, zu welcher ich Dich auffordere, soll länger leben, als dieses Denkmal seiner Natur nach vermag. Denn sehr vergänglich muß ein Werk sein, welches sich so genau an den Charakter eines bestimmten Zeitpunktes anschließt, eines solchen zumal, wo mit dieser Schnelligkeit, wie wir es jetzt in Deutschland gesehen haben, die Schulweisheit nicht nur, sondern auch die herrschende Gesinnung und Empfindungsweise wechselt und der Schriftsteller nach wenigen Jahren einem ganz anderen Geschlecht von Lesern und Denkern gegenübersteht. Darum hätte ich mich fast widersetzt dagegen, diese Reden, nachdem sie ihren ersten Umlauf gemacht, zum zweiten Male auszusenden, wenn ich nicht gefürchtet hätte, ob mir wol einseitig noch ein Recht zustände, auf solche Art über dasjenige abzusprechen, was einmal in den freien Gemeinbesitz Aller hingegeben war. Ob ich nun aber bei dieser zweiten Ausstellung das Rechte getroffen, magst Du beurtheilen. Was zuerst jenen allgemeinen Charakter betrifft der Beziehung auf den Zeitpunkt, in welchem das Buch zuerst erschien, so mochte ich diesen nicht verwischen, ja ich bemerke auch, zu meiner Freude gestehe ich Dir, daß ich es nicht konnte, ohne das Ganze so völlig umzubilden, daß es wirklich ein anderes geworden wäre. Daher habe ich mir in dieser Hinsicht Nichts erlaubt als Einzelheiten zu ändern, welche allzu leicht bei denen, die an die Sprache des heutigen Tages gewöhnt sind, das Gestrige aber nicht kennen, Mißverständnisse verursachen konnten, zumal wo es auf das Verhältniß der Philosophie zur Religion ankam, und das Wesen der letzteren durch ihren Unterschied von der ersteren sollte bezeichnet werden. Was ich dagegen gern ganz verwischt hätte, wenn es mir möglich gewesen wäre, ist das nur allzu stark dem ganzen Buch aufgedrückte Gepräge des ungeübten Anfängers, dem die Darstellung immer nicht so klar gerathen will als der Gegenstand ihm doch wirklich vor Augen steht, und der die Grenzen des Sprachgebietes, in welchem er sich zu bewegen hat, nicht bestimmt erkennt.

Du erinnerst Dich, was wir über das Letztere, als wir uns neulich sahen, gesprochen haben. Deiner Hülfe, die ich mir damals erbat, habe ich leider entbehrt, und gewiß zum Nachtheil meiner Arbeit. Indeß kannst Du nun aus dem, was an dieser geschehen ist, ziemlich genau beurtheilen, in wiefern wir einig sind über die Grenzen der Prose, und das in ihr nicht zu duldende poetisirende, und in wiefern ich Recht hatte zu sagen, daß oft schon durch eine Aenderung in der Stellung der Worte das richtige Verhältniß könne wiederhergestellt werden. Meines Wissens habe ich nichts irgend Bedeutendes, mein Gefühl in dieser Hinsicht Beleidigendes unbewegt gelassen, und mich bei keiner Aenderung beruhiget, die jenes Gefühl nicht befriediget hätte.

Was aber die an vielen Stellen sehr unklare Darstellung betrifft, so war mir das Buch seit mehreren Jahren fremd genug geworden, so daß ich glaube, sie jetzt eben so sehr gefühlt zu haben als irgend ein Leser. Daß ich nicht ganz geringe Anstalten getroffen habe, um hierin soviel irgend möglich war zu bessern, wird Dir schon eine flüchtige Vergleichung zeigen. In wiefern ich meine Absicht erreicht habe, darüber habe ich jetzt noch kein rechtes Urtheil, sondern erwarte das Deinige. Zu manchen Mißverständnissen, deren das Buch so vielerlei ganz wunderliche erfahren hat, mag die Veranlassung in jener Unvollkommenheit gelegen haben, und diese können nun wol gehoben werden. Nichts aber sollte mir weher thun, als wenn in der Art, wie nun aufs neue über dies Buch wird geurtheilt werden, jenes große Mißverständniß nicht mehr hervorträte, an welchem wir uns oft ergötzt haben, daß wir nämlich mit unserer Denkart immer von den Ungläubigen für Schwärmer, von den Abergläubigen aber und von denen, die in der Knechtschaft des Buchstabens sich befinden, für Ungläubige gehalten werden. Denn wenn mein Buch dieses Zeichen nicht mehr an sich trüge, so hätte ich es, anstatt daran zu bessern, gänzlich verunstaltet.

Lebe wohl, und möge das Schicksal uns bald wieder zusammenführen. Nur sei auch diese Gunst nicht die Folge einer solchen Ruhe, von der nur feigherzige Gemüther etwas Angenehmes und Erfreuliches zu erwarten fähig sind.

Halle, den 29. August 1806.

F. Schleiermacher.

Noch einmal, mein geliebter Freund, übergebe ich Dir dieses Buch. Was ich darüber den Lesern überhaupt zu sagen habe, das kannst auch Du als solcher unten finden. Dir aber, dem auch ich wie Deutschland und seine mannigfaltigen geistigen Bewegungen fremder geworden bin durch lange Trennung, — denn alles was Dir eine geschwätzige Literatur über die baltische See hinüberbringt, giebt doch nicht das klare Bild, das sich in demjenigen gestaltet, der unmittelbar anschaut und mitlebt — Dir wünsche ich vorzüglich dadurch wieder nahe zu treten, so daß die verblichenen Züge meines Bildes sich Dir wieder auffrischen mögen und Du nun den Ehemaligen wieder erkennst, wenn gleich in der Zwischenzeit Dir manches vorgekommen sein mag, was Dir fremd erschien. Und wie wir damals als Jünglinge nicht gern wollten eines Einzelnen Schüler sein, sondern alle Richtungen der Zeit auf unsere Weise aufnehmen, und dieses Buch wie meine andern früheren schriftstellerischen Erzeugnisse weder an eine Schule sich anschließen wollte noch auch geeignet war eine eigne zu stiften: so bin ich auch in meiner unmittelbaren Wirksamkeit auf die Jugend demselbigen Sinne treu geblieben, und habe mir, nicht verlangend, daß die Söhne schlechter sein sollten als die Väter, nie ein anderes Ziel vorgesetzt als durch Darstellung meiner eignen Denkart auch nur Eigenthümlichkeit zu wecken und zu beleben, und im Streit mit fremden Ansichten und Handlungsweisen nur dem am meisten entgegenzuwirken, was freie geistige Belebung zu hemmen droht. Beide Bestrebungen fandest ja auch Du in diesem Buche vereint, und so ist auch in dieser Beziehung durch dasselbe mein ganzes Lebensbekenntniß ausgesprochen.

Ich kann Dir aber dies Buch nicht senden, ohne eine wehmüthige Erinnerung auszusprechen, die auch in Dir anklingen wird. Als ich nämlich daran gehen mußte, es aufs neue zu überarbeiten, schmerzte es mich tief, daß ich es dem nicht mehr senden konnte, mit dem ich zuletzt viel darüber gesprochen, ich meine F. H. Jacobi, dem wir beide so vieles verdanken und mehr gewiß als wir wissen. Nicht über alles konnte ich mich ihm verständigen in wenigen zerstreuten Tagen, und manches würde ich eigens für ihn theils hinzugefügt, theils weiter ausgeführt haben in den Erläuterungen. Habe ich mich ihm aber auch nicht ganz können aufschließen: so gereicht es doch zu dem Liebsten in meinem Leben, daß ich noch kurz vor seinem Hingang sein persönliches Bild auffassen und mir aneignen, und ihm meine Verehrung und Liebe konnte fühlbar machen.

Lebe wol, und laß auch das Land Deiner Erziehung und Entwickelung bald etwas von den anmuthigen und reifen Früchten Deines Geistes genießen.

Berlin, im November 1821.

Vorrede zur dritten Ausgabe.

Als mein Freund, der Verleger mir ankündigte, die Exemplare dieser Reden wären vergriffen und es bedürfe einer neuen Auflage: so war ich fast erschreckt, und hätte wünschen können, er möchte eine Anzahl im Stillen abgedruckt haben ohne mein Wissen. Denn ich war in großer Verlegenheit, was zu thun sei. Den Abdruck weigern, wäre wol ein Unrecht gewesen gegen die Schrift und gegen mich; denn es würde von den meisten sein ausgelegt worden, als mißbilligte ich sie und möchte sie gern zurücknehmen. Aber wozu auf der andern Seite ihn gestatten, da die Zeiten sich so auffallend geändert haben, daß die Personen, an welche diese Reden gerichtet sind, gar nicht mehr da zu sein scheinen? Denn gewiß, wenn man sich bei uns wenigstens, und von hier sind doch auch ursprünglich diese Reden ausgegangen, umsieht unter den Gebildeten: so möchte man eher nöthig finden, Reden zu schreiben an Frömmelnde und an Buchstabenknechte, an unwissend und lieblos verdammende Aber- und Ueberglaubige; und ich könnte, zufrieden, daß Voß sein flammendes gezogen hält, dieses ausgediente Schwert nicht unzufrieden mit seinen Thaten aufhängen in der Rüstkammer der Literatur. Indeß in welchem Maß nach meiner Ueberzeugung eine Schrift, ist sie einmal öffentlich ausgestellt, ihrem Urheber nach gehört oder nicht, darüber habe ich mich schon in der Zueignung erklärt und so war ich auch bedenklich zu sagen, daß diejenigen, welche dies Buch noch suchten — ob es aber solche gebe oder nicht, das zu wissen ist eigentlich die Pflicht und die Kunst des Verlegers — gar kein Recht an mich hätten, ja um so weniger dürfte ich dies, da ich noch jetzt eben, indem ich meine Dogmatik schreibe, ein und anderes Mal veranlaßt gewesen bin, mich auf dieses Buch zu berufen. Dieses nun überwog, wie ja immer überwiegen soll, was irgend als Pflicht erscheinen kann; und es blieb nur die Frage, wie ich irgend dem Buche noch helfen könnte unter den gegebenen Umständen. Auch hierüber konnte ich nicht anders entscheiden und kein anderes Maß anlegen als bei der zweiten Ausgabe geschehen war; und ich wünsche nur, daß man auf der einen Seite die größere Strenge, welche dem reiferen Alter und der längeren Uebung geziemt, nicht vermisse, auf der andern aber auch nicht Forderungen mitbringen möge, die ich nicht erfüllen konnte. Denn da nun einmal die Form, welche jener Zeit der ursprünglichen Abfassung angehört, beibehalten werden mußte, so konnte ich auch nicht alles ändern, was dem mehr als fünfzigjährigen nicht mehr ganz gefallen kann an dem ersten Versuch, mit welchem der dreißigjährige öffentlich auftrat. Denn es wäre eine Unwahrheit gewesen, wenn ich, der Jetzige, in die damalige Zeit hineinschreiben wollte. Darum sind der Aenderungen in der Schrift selbst zwar nicht wenige, aber alle nur sehr äußerlich, fast nur Castigationen der Schreibart, bei denen indeß auch mein Zweck nicht sein konnte, alles Jugendliche wegzuwischen. Weshalb mir aber vorzüglich willkommen war, noch einmal auf dieses Buch zurückzukommen, das sind die vielen zum Theil sehr wunderlichen Mißdeutungen, die es erfahren hat, und die Widersprüche die man zu finden geglaubt hat zwischen diesen Aeußerungen und dem was man von einem Lehrer des Christenthums nicht nur erwartet, sondern was ich auch als solcher selbst gesagt und geschrieben. Diese Mißdeutungen aber haben ihren Grund vorzüglich darin, daß man die rhetorische Form, so stark sie sich in dem Buche auch auf jeder Seite ausspricht, doch fast überall verkannte, und auf die Stellung, welche ich in demselben genommen, und welche doch auch nicht bloß auf dem Titel angedeutet ist als ein müßiger Zusatz, sondern überall will beobachtet sein, keine Rücksicht genommen. Hätte man dieses nicht vernachlässigt, so würde man wol alles haben zusammenreimen können, was hier geschrieben steht mit andern, fast gleichzeitigen sowol als bedeutend späteren Schriften, und mich nicht fast in einem Athem des Spinozismus und des Herrnhutianismus, des Atheismus und des Mysticismus beschuldigt haben. Denn meine Denkungsart über diese Gegenstände ist damals schon mit Ausnahme dessen, was bei jedem die Jahre mehr reifen und abklären in eben der Form ausgebildet gewesen wie sie seitdem geblieben ist, wenn gleich Viele, welche damals dieselbe Straße mit mir zu wandeln schienen, auf ganz andere Wege abgeirrt sind. Jenen Mißdeutungen nun vorzubeugen, und auch die Differenzen zwischen meiner jetzigen und damaligen Ansicht anzugeben, zugleich aber auch gelegentlich manches zu sagen, was nahe genug lag und nicht unzeitig schien, dazu sind die Erläuterungen bestimmt, welche ich jeder einzelnen Rede hinzugefügt habe, und so ist es mir, vorzüglich um der Jüngeren willen, die mir befreundet sind, oder es werden möchten, besonders lieb, daß die neue Ausgabe dieser Reden zusammentrifft mit der Erscheinung meines Handbuchs der christlichen Glaubenslehre. Möge dann jedes auf seine Art beitragen zur Verständigung über das heiligste Gemeingut der Menschheit.

Berlin, im April 1821.

Dr. F. Schleiermacher.

Inhalt.

Erste Rede.

Apologie.[1]

Es mag ein unerwartetes Unternehmen sein, und Ihr mögt (1)
Euch billig darüber wundern,[2] daß jemand[3] gerade[4] von
denen, welche sich über das Gemeine erhoben haben, und von der
Weisheit des Jahrhunderts durchdrungen sind, Gehör verlangen
kann[4] für einen, von ihnen so ganz[5] vernachläßigten Gegenstand.
Ich bekenne,[6] daß ich Nichts anzugeben weiß, was mir einen
glücklichen[7] Ausgang weissagete, (nicht einmal den) meinen Bemühungen Euren Beifall zu gewinnen, viel weniger jenen,[8] Euch
meinen Sinn und meine Begeisterung mitzutheilen.[9]
Von[10] Alters her ist der Glaube nicht jedermanns Ding gewesen,
von der Religion haben immer nur Wenige etwas verstanden, wenn[11] Millionen auf mancherlei Art mit Umhül- (2)
lungen gegaukelt haben, mit denen sie sich aus Herab-
lassung willig umhängen ließ. Jetzt besonders[12] ist das
Leben der gebildeten Menschen fern von allem was ihr auch nur ähnlich wäre. Ich[13] weiß, daß Ihr eben so wenig in heiliger Stille die

---

[1]) III: Rechtfertigung.

[2]) II: über welches Ihr Euch billig wundert,

[3]) III: noch einer

[4]) II: noch wünschen kann gerade von denen, ... Gehör zu verlangen.

[5]) II: so gänzlich von ihnen

[6]) II: Auch bekenne ich,

[7]) II: nur einmal jenen leichteren

[8]) II: den erwünschteren,

[9]) II: einzuflößen, und die Begeisterung für meine Sache.

[10]) II: Denn schon von . . .

[11]) II: und immer haben nur Wenige die Religion erkannt, indeß

[12]) II: gaukelten, welche sie sich lächelnd gefallen läßt. Aber zumal jetzt . .

[13]) II: Ja, ich

Gottheit verehrt, als Ihr die verlassenen Tempel besucht, daß (es) in Euren geschmackvollen[1]) Wohnungen keine andere Hausgötter giebt,[2]) als die[3]) Sprüche der[4]) Weisen und die Gesänge der Dichter,[5]) und daß **Menschheit und Vaterland**,[6]) Kunst und Wissenschaft, denn Ihr glaubt dies alles ganz umfassen zu können,[7]) so völlig von Eurem Gemüthe Besitz genommen haben, daß für das ewige und heilige Wesen, welches Euch jenseit der Welt liegt, nichts übrig bleibt, und Ihr keine Gefühle habt für dasselbe und mit ihm. Es ist Euch gelungen,[8]) das irdische Leben so reich und vielseitig zu machen,[9]) daß Ihr der Ewigkeit nicht mehr bedürfet, und[10]) nachdem Ihr Euch selbst ein Universum[11]) geschaffen habt, seid Ihr überhoben[11]) an dasjenige zu denken, welches Euch schuf. Ihr seid darüber einig, ich weiß es, daß Nichts Neues und Nichts Triftiges mehr gesagt werden kann über diese Sache, die von Philosophen und Propheten,[12]) und dürfte ich nur nicht hinzusetzen, von Spöttern und Priestern, nach allen Seiten zur Genüge bear-
(3) beitet[13]) ist. Am wenigsten — das kann Niemandem entgehen — seid Ihr geneigt, von den Letzteren darüber etwas zu hören, welche sich Eures Vertrauens schon längst unwürdig gemacht haben, als solche, die[14]) nur in den verwitterten Ruinen des[15]) Heiligthums am liebsten wohnen, und auch dort nicht leben können, ohne es noch mehr zu verunstalten und zu verderben. Dies alles weiß ich, und bin dennoch von einer innern und unwiderstehlichen Nothwendigkeit, die mich göttlich beherrscht, gedrungen[16])

---

[1]) II: aufgeschmückten

[2]) II: Heiligthümer angetroffen werden,

[3]) II Zus.: klugen

[4]) II: Eurer [unserer]

[5]) II: leichten Dichtungen Eurer Künstler, [herrlichen Dichtungen unserer Künstler]

[6]) III: Menschlichkeit und Geselligkeit,

[7]) II: wieviel Ihr eben dafür zu thun meint und Euch davon anzueignen würdiget,

[8]) II: dies, und von diesem. Ich weiß, wie schön es Euch gelungen ist,

[9]) II: auszubilden,

[10]) II Zus.: wie Ihr

[11]) II: Weltall . . . nun überhoben seid,

[12]) II: Weisen und Sehern

[13]) II: besprochen

[14]) II: die Letzteren darüber zu vernehmen, diese längst von Euch Ausgestoßenen und Eures Vertrauens unwürdig Erklärten, weil sie nämlich

[15]) III: ihres

[16]) II: und dennoch, offenbar . . . göttlich beherrscht, fühle ich mich gedrungen, . . .

zu reden, und kann meine Einladung, daß gerade Ihr mich hören
mögt, nicht zurücknehmen.

Was [1]) das Letzte betrifft, so könnte ich Euch wohl fragen: wie
es denn komme, daß, da Ihr über jeden Gegenstand, er sei wichtig oder
gering, am liebsten von denen belehrt sein wollt, welche ihm ihr Leben
und ihre Geisteskräfte gewidmet haben, und Eure Wißbegierde auch [2])
die Hütten des Landmanns und die Werkstätten der niederen Künstler
nicht scheuet, Ihr nur in Sachen der Religion alles für so [3]) verdäch-
tiger haltet, wenn es von denen kommt, welche die Virtuosen derselben [4]) zu sein **behaupten und** [5]) von Staat und Volk dafür angesehen werden! Ihr [6]) werdet gewiß nicht **beweisen können,** [7])
daß sie es nicht sind, und daß sie eher alles andere haben und (4)
predigen, [8]) als Religion. [9]) Ein solches unberechtigtes Urtheil also
wie billig verachtend, [10]) bekenne ich vor Euch, daß auch ich ein
Mitglied dieses Ordens bin, und ich wage es auf die Gefahr, [11]) wenn
Ihr mich nicht aufmerksam anhöret, mit dem großen Haufen desselben [12])
unter eine Benennung **geworfen zu werden.** [11]) Es [13]) ist wenigstens ein
freiwilliges Geständniß, denn meine Sprache sollte mich nicht
verrathen haben, und die Lobsprüche meiner Zunftgenossen auch nicht; was ich will, das liegt [14]) so gut als völlig
außer ihrem Kreise, und **möchte** [15]) dem wenig gleichen, was sie **gern
sehen und hören wollen.** [16]) In [17]) das Hülferufen der Meisten über
den Untergang der Religion stimme ich nicht ein, denn ich wüßte
nicht, [18]) daß irgend ein Zeitalter sie besser aufgenommen hätte, als

---

1) II Zus.: aber

2) II: deshalb sogar

3) II: desto

4) II: Erfahrenen darin

5) III: nicht nur selbst behaupten, sondern auch

6) II: Oder solltet Ihr etwa, wunderbar genug, vermögen zu beweisen, . .

7) III: zu beweisen vermögen, daß eben diese die Erfahrenern nicht sind, vielmehr alles andere eher haben und anpreisen,

8) II: anpreisen,

9) II Zus.: Wol schwerlich. Ihr besten Männer!

10) II: nicht sonderlich achtend, wie billig,

11) III Zus.: daß ich von Euch, ... geworfen werde.

12) III Zus.: von dem Ihr so wenig Ausnahmen gestattet

13) II: Dies

14) II: da meine Sprache mich wol nicht sonderlich [leicht] sollte verrathen haben, und noch weniger, hoffe ich, die Lobsprüche meiner Zunftgenossen [die meine Zunftgenossen diesem Unternehmen spenden werden.] Denn was ich [Zus.: hier] betreibe, liegt

15) III: dürfte

16) III: am liebsten sehen und hören mögen (1).

17) II: Schon in

18) II: weil ich nicht wüßte,

das gegenwärtige, und ich habe nichts zu schaffen mit den altgläubigen
und barbarischen Wehklagen, wodurch sie die eingestürzten Mauern ihres
jüdischen Zion und seine gothischen Pfeiler wieder empor schreien
möchten. *Ich bin mir bewußt,*[1]) daß ich in allem, was ich Euch
zu sagen habe, meinen Stand völlig verleugne, warum sollte ich ihn
also nicht wie irgend eine andere Zufälligkeit bekennen? Die ihm er-
(5) wünschten Vorurtheile sollen uns *nicht*[2]) hindern, und seine
heilig gehaltene Grenzsteine alles Fragens und Mittheilens sollen nichts
gelten zwischen uns. Als Mensch[3]) rede ich zu Euch von den heiligen
Mysterien[4]) der Menschheit nach meiner Ansicht, von dem, was in
mir war, als ich noch in jugendlicher Schwärmerei das Unbekannte
suchte, von dem, was, seitdem ich denke und lebe, die innerste Triebfeder
meines Daseins ist, und was mir auf ewig das Höchste bleiben wird,
auf welche Weise auch noch die Schwingungen der Zeit und der Menschheit mich bewegen mögen. *Daß*[5]) ich rede rührt nicht her aus einem
vernünftigen Entschlusse, auch nicht aus Hoffnung oder Furcht, noch
geschieht es *einem Endzwecke gemäß oder aus*[6]) irgend einem
willkürlichen oder zufälligen Grunde: *es ist die innere un-
widerstehliche*[7]) Nothwendigkeit meiner Natur, es ist ein göttlicher
Beruf, es ist das, was meine Stelle *im Universum*[8]) bestimmt, und
mich zu dem (*Wesen*) macht, *welches*[9]) ich bin. Sei es also weder
schicklich noch rathsam, von der Religion zu reden, dasjenige was mich
also drängt, erdrückt mit seiner himmlischen Gewalt diese kleinen *Begriffe.*[10]) Ihr wißt, daß die Gottheit durch ein unabänderliches Gesetz sich selbst genöthigt hat, ihr großes Werk bis ins Unendliche hin
zu entzweien, jedes bestimmte Dasein nur aus zwei entgegengesetzten
(6) *Kräften*[11]) zusammenzuschmelzen, und jeden ihrer ewigen Gedanken in zwei einander feindseligen und doch nur durch einander bestehenden und unzertrennlichen Zwillingsgestalten zur Wirklichkeit zu
bringen. Diese ganze körperliche Welt, in deren Inneres einzudringen
das höchste Ziel Eures Forschens ist, erscheint den Unterrichtetsten und
Denkendsten[12]) unter Euch nur als ein ewig fortgesetztes Spiel ent-

---

[1]) II: Deswegen also, und auch sonst hinreichend bin ich mir bewußt,

[2]) II: *deshalb nicht* III: ja keineswegs

[3]) II Zus.: also

[4]) II: Geheimnissen

[5]) II: Und daß

[6]) II: einer Absicht zu Liebe, oder *sonst aus* [aus sonst]

[7]) II: vielmehr ist es die reine . . .

[8]) II: in der Welt

[9]) II: der

[10]) II: Rücksichten

[11]) II: Thätigkeiten

[12]) II: Beschaulichsten

gegengesetzter Kräfte. Jedes Leben ist nur das Resultat eines beständigen Aneignens und Abstoßens, jedes Ding hat nur dadurch sein bestimmtes Dasein, [1]) daß es die (beiden) [2]) Urkräfte der Natur, (das durstige an sich ziehen und das rege und lebendige Selbst verbreiten) auf eine eigenthümliche Art vereinigt und festhält. Es scheint mir, als ob auch die Geister, sobald sie auf diese Welt verpflanzt werden, einem solchen Gesetze folgen müßten. Jede [3]) menschliche Seele — ihre vorübergehenden Handlungen sowohl als die innern Eigenthümlichkeiten ihres Daseins führen uns darauf — ist nur ein Product zweier entgegengesetzter Triebe. Der eine ist das Bestreben, alles [4]) was sie umgiebt an sich zu ziehen, [5]) in ihr (eignes) Leben zu verstricken, und (wo möglich) in ihr innerstes Wesen ganz einzusaugen. Der andere ist die Sehnsucht, ihr eigenes inneres Selbst von (7) innen heraus immer weiter auszudehnen, alles damit zu durchdringen, allen davon mitzutheilen, und selbst nie erschöpft zu werden. Jener ist auf den Genuß gerichtet, er strebt die einzelnen Dinge an, die sich zu ihm hinbeugen, er ist gestillt, so oft er eines von ihnen ergriffen hat, und wirkt nur mechanisch immer auf das nächste. Dieser verachtet den Genuß und geht nur auf immer wachsende und erhöhte Thätigkeit; er übersieht die einzelnen Dinge und Erscheinungen, eben weil er sie durchdringt, und findet überall nur die Kräfte und Wesenheiten, an denen sich seine Kraft bricht; alles will er durchdringen, alles mit Vernunft und Freiheit erfüllen, und so geht er grade aufs Unendliche und sucht und wirkt überall Freiheit und Zusammenhang, Macht und Gesetz, Recht und Schicklichkeit. [7]) Sowie aber [6]) von den körperlichen

---

[1]) II: die gehaltene Erscheinung eines sich immer erneuernden Aneignens und Zerfließens, wie jedes Ding nur dadurch sein bestimmtes Dasein hat,

[2]) III Zus.: entgegengesetzten

[3]) II: Daher auch der Geist, wie er uns im Endlichen lebendig [endlichen Leben] erscheint, solchem Gesetz muß unterworfen sein. Die

[4]) II: hat ihr Bestehen nur [vorzüglich] in zwei entgegengesetzten Trieben. Zufolge des einen nämlich strebt sie, sich als ein Besonderes hinzustellen, und somit erweiternd nicht minder als erhaltend,

[5]) II Zus.: es

[6]) II: nun

[7]) II: eigenes Wesen einsaugend aufzulösen. Der andere hingegen ist die bange Furcht, vereinzelt dem Ganzen gegenüber zu stehen, die Sehnsucht, hingebend sich selbst in ihm [einem Größeren] aufzulösen, und sich von ihm ergriffen und bestimmt zu fühlen. Alles daher, was Ihr in Bezug auf Euer „abgesondertes" Dasein empfindet oder thut, [Zus.: alles] was Ihr Genuß und Besitz zu nennen pflegt, wirket der erste.

Dingen kein einziges allein durch eine von den beiden Kräften der
materiellen[1]) Natur besteht, so hat auch jede Seele einen Theil an
den beiden ursprünglichen Functionen[2]) der geistigen Natur, und die
Vollkommenheit der intellectuellen Welt besteht darin,
daß alle möglichen Verbindungen dieser beiden Kräfte
zwischen den beiden entgegengesetzten Enden, da hier die
eine, dort die andere fast ausschließend alles ist und der
(8) Gegnerin nur einen unendlich kleinen Theil übrig
läßt,[3]) nicht nur wirklich in der Menschheit vorhanden seien, sondern
auch ein allgemeines Band des Bewußtseins sie alle umschlinge, so
daß jeder Einzelne, ohnerachtet er Nichts Anders sein kann, als was
er sein muß,[4]) dennoch jeden Anderen eben so deutlich erkenne, als
sich selbst, und alle einzelnen Darstellungen der Menschheit vollkommen
begreife. Diejenigen,[5]) welche an den äußersten Enden dieser großen
Reihe liegen, sind heftige, ganz in sich selbst gekehrte und
sich vereinzelnde Naturen. Den Einen gebietet die unersättliche Sinnlichkeit eine immer größere Masse irdischer
Dinge um sich her zu sammeln, die sie gern aus dem Zusammenhange des Ganzen herausrisse, um sie ganz und
allein sich einzuverleiben; in dem ewigen Wechsel zwischen
Begierde und Genuß kommen sie nie über die Wahrnehmungen des Einzelnen hinaus, und immer mit selbstsüchtigen Beziehungen beschäftigt, bleibt ihnen das
Wesen der übrigen Menschheit unbekannt. Die Anderen
treibt ein ungebildeter, sein Ziel überfliegender Enthusiasmus rastlos im Universum umher; ohne irgend etwas
Wirkliches besser zu gestalten und zu bilden, schweben sie
um leere Ideale herum und ihre Kraft ohne Nutzen ver-
(9) dünnend und verzehrend kehren sie thatenlos und erschöpft auf ihren ersten Punkt zurück.[6]) Wie sollen diese äußersten

---

Und wiederum, wo Ihr nicht auf das besondere Leben gerichtet seid, sondern in Euch vielmehr das in Allen gleiche für Alle dasselbige Dasein sucht und bewahrt, wo Ihr daher Ordnung und Gesetz in Eurem Denken und Handeln anerkennt, Nothwendgkeit und Zusammenhang, Recht und Schicklichkeit, und Euch dem fügt und hingebt, das wirket der andere.

[1]) III: leiblichen

[2]) III: Verrichtungen

[3]) II: darin besteht die Vollständigkeit der lebenden Welt, daß zwischen jenen entgegengesetzten Enden — an deren einem diese, an dem andern jene ausschließend fast alles ist und der Gegnerin nur einen unendlich kleinen Theil übrig läßt, — alle Verbindungen beider

[4]) II: ist,

[5]) II: Allein diejenigen

[6]) II: von jenem [solchem] Erkennen des Ganzen am weitesten entfernt. Denn jenes aneignende Bestreben, von dem Entgegenstehenden

Entfernungen zusammengebracht werden, um die lange Reihe in jenen geschlossenen Ring zu gestalten, der das Sinnbild der Ewigkeit und der Vollendung ist? Es giebt freilich einen gewissen Punkt, wo ein fast vollkommenes Gleichgewicht beide vereiniget, und diesen pflegt Ihr weit öfter zu überschätzen, als daß er zu niedrig gewürdigt würde, indem er gemeinhin nur ein Zauberwerk der mit den Idealen der Menschen spielenden Natur, und nur selten das Resultat einer angestrengten und durchgeführten Selbstbildung ist. Ständen aber Alle, die nicht mehr an den äußersten Enden wohnen, auf diesem Punkte, so wäre gar keine Verbindung jener Enden mit dieser Mitte möglich, und der Endzweck der Natur wäre gänzlich verfehlt. In die Geheimnisse einer solchen zur Ruhe gebrachten Mischung dringt nur der gedankenvolle Kenner ein; für jedes gemeine Auge sind die einzelnen Elemente darin gänzlich verborgen, und es würde nie wieder sein Eigenes noch das ihm Entgegengesetzte erkennen.[1]) Darum sendet die Gottheit zu allen Zeiten hie und da Einige, in denen

---

zu wenig durchdrungen, gewinnt die Gestalt unersättlicher Sinnlichkeit, welche, auf das einzelne Leben allein bedacht, nur diesem immer mehreres auf irdische Weise einzuverleiben und es rasch und kräftig zu erhalten und zu bewegen trachtet. So daß diese in ewigem Wechsel zwischen Begierde und Genuß nie über die Wahrnehmungen des Einzelnen hinaus gelangen und immer nur mit selbstsüchtigen Beziehungen beschäftigt, das gemeinschaftliche und ganze Sein und Wesen der Menschheit weder zu empfinden noch zu erkennen vermögen. Jenen Anderen hingegen, welche von dem entgegenstehenden Triebe [Zus. zu] gewaltig ergriffen [Zus. und der zusammenhaltenden Kraft entbehrend] selbst keine eigenthümlich bestimmte Bildung gewinnen können, muß deshalb auch das wahre Leben der Welt [Zus. ebenso] verborgen bleiben, und es ist ihnen nicht verliehen, [wie ihnen nicht verliehen ist,] bildend hinein zu wirken und etwas eigenthümlich darin zu gestalten. Sondern in ein gewinnloses Spiel mit leeren Begriffen löset sich ihre Thätigkeit auf, (an ein unbestimmtes Ideal hängen sie sich mit vergeblichem Eifer,) und weil sie nichts jemals lebendig schauen, [Zus. sondern abgezogenen Vorschriften ihren ganzen Eifer weihen, die alles zum Mittel herabwürdigen und keinen Zweck übrig lassen, so] verzehren sie sich in mißverstandenem Haß gegen jede Erscheinung, die mit glücklicher Kraft vor sie hintritt.

[1]) II: das Sinnbild der Ewigkeit und der Vollendung zu gestalten? Freilich sind solche nicht selten, an denen keine Störung des Gleichgewichts dieser Triebe zu bemerken ist. Aber diese sind, wiewol oft und von vielen höher geschätzt, doch der Wahrheit nach am niedrigsten zu würdigen, denn das Wesen dieser Erscheinung ist nicht ein lebendiger kräf-

beides auf eine fruchtbare Weise verbunden ist, rüstet
(10) sie aus mit wunderbaren Gaben, ebnet ihren Weg durch ein allmächtiges Wort und setzt sie ein zu Dolmetschern ihres Willens und ihrer Werke, und zu Mittlern desjenigen, was sonst ewig geschieden geblieben wäre. Sehet auf diejenigen, welche einen hohen Grad von jener anziehenden Kraft, die sich der umgebenden Dinge thätig bemächtigt, in ihrem Wesen ausdrückten, zugleich aber auch von dem geistigen Durchdringungstriebe, der nach dem Unendlichen strebt und in alles Geist und Leben hineinträgt, so viel besitzen, daß sie ihn in den Handlungen äußern, wozu jener sie antreibt; diesen genügt es nicht, eine rohe Masse irdischer Dinge gleichsam zerstörend zu verschlingen, sondern sie müssen etwas vor sich hinstellen, es in eine kleine Welt, die das Gepräge ihres Geistes trägt, ordnen und gestalten, und so herrschen sie vernünftiger, genießen bleibender und menschlicher, so werden sie Helden, Gesetzgeber, Erfinder, Bezwinger der Natur, gute Dämonen,[2]) die[1]) eine edlere Glück-

---

tiger Verein, sondern nur die träge Mittelmäßigkeit,*) in der kein Uebermaß hervortritt, weil sie allen frischen Lebens ermangelt. Ständen nun gar alle, die nicht mehr an den äußersten Enden wohnen, auf diesem Punkte, [Zus. den nur zu oft falsche Klugheit mit dem jüngern Geschlecht zu erreichen sucht,] so wären alle vom rechten Leben und vom Schauen der Wahrheit geschieden, der höhere Geist wäre von der Welt gewichen und der Wille der Gottheit gänzlich verfehlt. Denn in die Geheimnisse einer so getrennten oder einer so zur Ruhe gebrachten Mischung bringt nur [kaum] der tiefere Seher. Nur seiner Anschauungskraft müssen sich auch die zerstreuten Gebeine beleben; für ein gemeines Auge hingegen wäre die Welt [so bevölkerte Welt] so nur ein blinder Spiegel, der weder die eigene Gestalt belehrend zurückstrahlte, noch das Dahinterliegende zu erblicken vergönnte.

[1]) III Zus.: in engeren Kreisen

[2]) II: sich beides auf eine fruchtbarere Weise durchdringt, es sei [sei es] nun mehr als unmittelbare Gabe von oben oder als das Werk angestrengter vollendeter Selbstbildung. Solche sind mit wunderbaren Gaben ausgerüstet, ihr Weg ist geebnet durch

---

*) III: in denen beide Richtungen zu einem reizlosen Gleichgewicht abgestumpft sind, aber diese stehen in Wahrheit niedriger als beide. Denn wir verdanken diese häufige, wiewol oft und von vielen höher geschätzte Erscheinung nicht einem lebendigen (kräftigen) Verein beider Triebe, sondern beide sind nur verzogen und abgerichtet zu träger Mittelmäßigkeit,

seligkeit im Stillen schaffen und verbreiten. Solche beweisen sich durch
ihr bloßes Dasein als Gesandte Gottes und als Mittler zwischen dem
eingeschränkten Menschen und der unendlichen Menschheit. Sie
zeigen dem unthätigen bloß speculativen Idealisten, der
sein Wesen in einzelnen leeren Gedanken zersplittert, (11)
dasjenige thätig, was in ihm bloß träumend war, und in
dem [1]) was er bisher verachtete, den Stoff, den er eigentlich bearbeiten
soll; sie deuten ihm die verkannte Stimme Gottes, sie söhnen ihn aus
mit der Erde und mit seinem Platze auf derselben. Noch weit mehr
aber bedürfen die bloß Irdischen und Sinnlichen solcher Mittler, die
ihnen jene höhere Grundkraft der Menschheit begreifen
lehren, indem sie ohne ein Treiben und Thun wie das
ihrige beschauend und erleuchtend alles umfassen, und
keine andere Grenzen kennen wollen als das Universum,
welches sie gefunden haben. Giebt Gott einem, der in
dieser Laufbahn sich bewegt, zu seinem Streben nach Aus-
dehnung und Durchdringung auch jene mystische und
schöpferische Sinnlichkeit, die allem Innern auch ein
äußeres Dasein zu geben strebt, so muß er nach jedem
Ausfluge seines Geistes ins Unendliche den Eindruck, den
es ihm gegeben hat, hinstellen außer sich, als einen mit-
theilbaren Gegenstand in Bildern oder Worten, um ihn
selbst aufs neue in eine andere Gestalt und in eine endliche Größe verwandelt zu genießen, und er muß also

---

ein allmächtiges einwohnendes Wort; sie sind Dolmetscher der Gottheit und ihrer Werke, und Mittel desjenigen, was sonst ewig wäre geschieden geblieben. Ich meine zuerst diejenigen, die eben jenes allgemeine Wesen des Geistes, dessen Schatten nur den Mehrsten erscheint in dem Dunstgebilde leerer Begriffe, in ihrem Leben zu einer besondern eigenthümlichen Gestalt ausprägen und eben dadurch [darum] jene entgegengesetzten Thätigkeiten vermählen. Diese suchen auch Ordnung und Zusammenhang, Recht und Schicklichkeit; aber was sie suchen, [weil sie suchen, ohne sich selbst zu verlieren, so] finden sie auch. Sie hauchen ihren Trieb nicht in unerhörlichen Wünschen aus, sondern er wirkt aus ihnen als (eine) bildende Kraft. Für diese schaffen sie und eignen sich an, nicht für jene des Höheren entblößte thierische Sinnlichkeit. Nicht zerstörend verschlingen sie, sondern bildend schaffen sie um, hauchen dem Leben und seinen Werkzeugen überall den höhern Geist ein, ordnen und gestalten eine Welt, die das Gepräge ihres Geistes trägt. So beherrschen sie vernünftig die irdischen Dinge, und stellen sich dar als Gesetzgeber und Erfinder, als Helden und Bezwinger der Natur, [Zus. oder auch] als gute Dämonen,

[1]) II: Auf sie demnach möge hinblicken, wer unter der Gewalt leerer Begriffe gefangen ist und möge in ihren Werken den Gegenstand seiner unverständlichen Forderungen erkennen, und in dem Einzelnen,

auch unwillkührlich und gleichsam begeistert — denn er
thäte es, wenn auch Niemand da wäre — das was ihm be-
(12) gegnet ist, für Andere darstellen, als Dichter oder Seher,
als Redner oder als Künstler.[1]) Ein solcher ist ein wahrer
Priester des Höchsten, indem er ihn[2]) denjenigen näher bringt,
die nur das Endliche und Geringe zu fassen gewohnt sind; er stellt
ihnen das Himmlische und Ewige dar als einen Gegenstand des Genusses und der Vereinigung, als die einzige unerschöpfliche Quelle desjenigen, worauf ihr ganzes Dichten[3]) gerichtet ist. So strebt er den
schlafenden Keim der besseren Menschheit zu wecken, die Liebe zum
Höchsten[4]) zu entzünden, das gemeine Leben in ein **höheres**[5]) zu
verwandeln, die Söhne[6]) der Erde auszusöhnen mit dem Himmel,
der ihnen gehört, und das Gegengewicht zu halten gegen die schwerfällige Anhänglichkeit des Zeitalters[7]) an den gröberen Stoff.
Dies ist das höhere Priesterthum, welches das Innere aller geistigen
Geheimnisse verkündigt und aus dem Reiche Gottes herabspricht; dies
ist die Quelle aller Gesichte und Weissagungen, aller heiligen Kunstwerke und begeisterten Reden, welche ausgestreut werden aufs Ohngefähr, ob ein empfängliches Gemüth sie finde und bei sich Frucht
bringen lasse.

Möchte es doch je geschehen, daß dieses Mittleramt aufhörte, und
das Priesterthum der Menschheit eine schönere Bestimmung bekäme![8])
(13) Möchte die Zeit kommen, die eine alte Weissagung so beschreibt,

---

[1]) II: durch welche sie begreifen lernen, was ihrem eignen Thun und Treiben fremd ist von dem höhern Wesen der Menschheit. Eines solchen nämlich bedürfen sie, der ihrem niederen thierischen Genuß einen andern gegenüberstelle, dessen Gegenstand nicht dieses und jenes ist, sondern das Eine in Allem und Alles in Einem, und der keine anderen Grenzen kennt als die Welt, welche der Geist zu umfassen gelernt hat, eines solchen, der ihrer ängstlichen rathlosen Selbstliebe eine andere zeigt, durch die der Mensch in und mit dem irdischen Leben das Höchste und Ewige liebt, und ihrem unstäten und leidenschaftlichen Ansichreißen einen ruhigen und sichern Besitz. Erkennet hieraus mit mir, welche unschätzbare Gabe die Erscheinung eines solchen sein muß, in welchem das höhere Gefühl zu einer Begeisterung gesteigert ist, die sich nicht mehr verschweigen kann, bei welchem fast die einzelnen Pulsschläge des geistigen Lebens sich zu Bild und Wort mittheilbar gestalten und welcher fast unfreiwillig — denn er weiß wenig davon, ob Jemand zugegen ist oder nicht — was in ihm vorgeht, auch für Andere als Meister irgend einer göttlichen Kunst darstellen muß.

[2]) II: es

[3]) II: Trachten

[4]) III: Höheren

[5]) III: edleres

[6]) II: Kinder

[7]) II: des Zeitalters schwerfällige Anhänglichkeit

[8]) II: erhielte!

daß keiner bedürfen wird, daß man ihn lehre, weil alle von Gott gelehrt sind! Wenn das heilige Feuer überall brennte, so bedürfte es nicht der feurigen Gebete, um es vom Himmel herabzuflehen, sondern nur der sanften Stille heiliger Jungfrauen, um es zu unterhalten, so dürfte es nicht in[11]) gefürchtete Flammen ausbrechen, sondern das einzige Bestreben desselben würde sein, die innige und verborgene Gluth ins Gleichgewicht zu setzen bei allen.

Jeder leuchtete dann in der Stille sich und den Andern, und die Mittheilung heiliger Gedanken und Gefühle bestände nur in dem leichten Spiele, die verschiedenen Strahlen dieses Lichts jetzt zu vereinigen, dann wieder zu brechen, jetzt es zu zerstreuen, und dann wieder hie und da auf einzelne Gegenstände *zu concentriren*. *Das leiseste Wort würde*[1]) verstanden, da jetzt die deutlichsten Aeußerungen *der Mißdeutung nicht entgehen.*[2]) Man könnte gemeinschaftlich ins Innere des Heiligthums eindringen, da man sich jetzt nur in den Vorhöfen mit den **Elementen**[3]) beschäftigen muß. Mit Freunden und Theilnehmern vollendete *Ideen tauschen*,[4]) wie viel erfreulicher ist dies, als mit kaum entworfenen Umrissen **heraus-** (14)
brechen müssen in den leeren Raum![5]) Aber wie weit sind jetzt diejenigen,[6]) zwischen denen eine solche Mittheilung stattfinden könnte, (**von einander entfernt**,) mit solcher weisen Sparsamkeit[12]) in der Menschheit vertheilt, wie im Weltenraum die verborgenen Punkte, aus denen der elastische Urstoff sich nach allen Seiten verbreitet, so nämlich, daß nur eben die äußersten Grenzen ihrer Wirkungskreise zusammenstoßen — damit doch nichts ganz leer sei — aber wohl nie einer den andern antrifft. Weise freilich: denn um so mehr richtet sich die ganze Sehnsucht nach Mittheilung und Geselligkeit allein auf diejenigen, die ihrer am meisten bedürfen, um so unaufhaltsamer wirkt sie dahin, sich die Mitgenossen selbst zu verschaffen, die ihr fehlen. Eben dieser Gewalt **liege ich unter**,[7]) *eben diese Natur*[8]) ist auch mein Beruf. Vergönnt mir von mir selbst zu reden: Ihr wißt, *was Religion sprechen heißt, kann nie stolz sein*;[9]) denn sie ist immer voll Demuth. *Religion*[10]) war der mütterliche Leib, in dessen heiligem Dunkel mein junges Leben genährt und auf die ihm noch verschlossene Welt vorbereitet wurde, in ihr athmete mein Geist, ehe er noch *seine*

---

[1]) II: verstärkend zu sammeln. Dann würde das leiseste Wort
[2]) II: nicht der Mißdeutung entgehen.
[3]) III: Anfangsgründen
[4]) II: Anschauungen austauschen,
[5]) III: hervortreten müssen in die weite Oede!
[6]) III Zus.: von einander entfernt,
[7]) III: nun unterliege ich
[8]) II: und von eben dieser Art
[9]) II: niemals kann Stolz sein, was Frömmigkeit sprechen heißt,
[10]) II: Frömmigkeit
[11]) III Zus.: oft
[12]) II Zus.: sind sie

äußeren Gegenstände, Erfahrung und Wissenschaft [1]) gefunden
(15) hatte, sie half mir, als ich anfing, den väterlichen Glauben zu sichten und das Herz [2]) zu reinigen von dem Schutte der Vorwelt, sie blieb mir, als Gott und Unsterblichkeit [3]) dem zweifelnden Auge entschwanden, sie leitete mich ins [4]) thätige Leben, sie **hat mich gelehrt mich selbst mit meinen Tugenden und Fehlern in meinem ungetheilten Dasein heilig zu halten,** [5]) und nur durch sie habe ich Freundschaft und Liebe gelernt. Wenn von anderen Vorzügen (und Eigenschaften) der Menschen die Rede ist, so weiß ich wohl, daß es vor Eurem Richterstuhle, Ihr Weisen und Verständigen des Volks, wenig beweiset, [6]) wenn einer sagen kann, **wie er sie besitzt;** [7]) denn er kann sie kennen aus Beschreibungen, aus Beobachtungen Anderer, oder wie alle Tugenden gekannt werden, aus der gemeinen alten Sage von ihrem Dasein; aber so liegt die Sache der Religion und so selten ist sie, [8]) daß, wer von ihr etwas ausspricht, muß es nothwendig gehabt haben, denn er hat es nirgends gehört. [9]) Von allem was ich als ihr Werk preise und fühle steht wohl wenig in [10]) heiligen Büchern, und wem, der es nicht selbst erfuhr, wäre es nicht ein Aergerniß oder eine Thorheit?

Wenn ich [11]) so **(von ihr)** durchdrungen endlich [12]) reden und ein Zeugniß **(von ihr)** ablegen muß, an wen soll ich mich damit
(16) wenden als an Euch? Wo anders [13]) wären Hörer für meine Rede? Es ist nicht blinde Vorliebe für den väterlichen Boden oder für die Mitgenossen der Verfassung und der Sprache, was mich so reden macht, sondern die innige Ueberzeugung, daß Ihr die einzigen seid, welche fähig und also auch würdig sind, daß der Sinn ihnen aufgeregt werde für heilige und göttliche Dinge. Jene stolzen Insulaner, welche viele unter Euch so ungebührlich verehren, [14])

---

[1]) II: sein eigenthümliches Gebiet in Wissenschaft und Lebenserfahrung

[2]) II: Gedanken und Gefühle

[3]) II: [Zus. auch] der Gott und die Unsterblichkeit der kindlichen Zeit (2).

[4]) III: absichtslos in das

[5]) III: sie zeigte mir, wie ich mich selbst mit meinen Vorzügen und Mängeln in meinem ungetheilten Dasein heilig halten solle,

[6]) III Zus.: für seinen Besitz,

[7]) III: was sie ihm gelten;

[8]) III Zus.: selbst

[9]) II: es nothwendig muß gehabt haben, denn gehört hat er es nirgends. Besonders

[10]) II: findet Ihr wohl wenig in [würdet Ihr wohl wenig herausfinden selbst in den]

[11]) II Zus.: nun

[12]) III Zus.: von ihr

[13]) II: Deutschlands Söhne? Oder wo irgend

[14]) II: von vielen ungebührlich verehrt,

kennen keine andere Losung als gewinnen und genießen, ihr Eifer für die Wissenschaften, (für die Weisheit des Lebens und für die heilige Freiheit) ist nur ein leeres Spielgefecht. So wie die begeistertsten Verfechter der letzteren unter ihnen nichts thun, als die nationale Orthodoxie mit Wuth vertheidigen, und dem Volke Wunder vorspiegeln, damit die abergläubige Anhänglichkeit an alte Gebräuche nicht verloren gehe, so ist es ihnen eben nicht mehr Ernst mit allem Uebrigen was über das Sinnliche und den nächsten unmittelbaren Nutzen hinausgehet. So gehen sie auf Kenntnisse aus, so ist ihre Weisheit nur auf eine jämmerliche Empirie gerichtet, und so kann ihnen die Religion Nichts Anders sein, als ein todter Buchstabe, ein heiliger Artikel in der Ver- (17)
fassung, in welcher Nichts Reelles ist.[1] Aus andern Ursachen[2] wende ich mich weg von den Franken, deren Anblick ein Verehrer der Religion kaum erträgt, weil sie in jeder Handlung, in jedem Worte fast ihre heiligsten Gesetze mit Füßen treten. Die frivole[3] Gleichgültigkeit, mit der Millionen des Volks, der[4] witzige Leichtsinn mit dem einzelne glänzende Geister der erhabensten That des Universums[5] zusehen, die nicht nur unter ihren Augen vorgeht, sondern sie alle ergreift und jede Bewegung ihres Lebens bestimmt, beweiset zur Genüge, wie wenig sie einer heiligen Scheu und einer wahren Anbetung fähig sind. Und was verabscheuet die Religion mehr, als den zügellosen Uebermuth, womit die Herrscher des Volks den ewigen Gesetzen der Welt Trotz bieten? Was schärft sie mehr ein, als die besonnene und demüthige Mäßigung, wovon ihnen auch nicht das leiseste Gefühl etwas zuzurufen[6] scheint? Was ist ihr heiliger, als die hohe Nemesis, deren furchtbarste Handlungen sie[7] im Taumel der Verblendung nicht einmal verstehen? Wo die wechselnden Strafgerichte, die sonst nur einzelne Familien treffen durften, um ganze Völker mit

---

[1]) II: ihre Lebensweisheit ein falscher Edelstein, künstlich und täuschend zusammengesetzt, wie sie pflegen, und ihre heilige Freiheit dient selbst nur [selbst dient nur zu oft] der Selbstsucht um billigen Preis. Nirgend ja ist es ihnen Ernst mit dem, was über den handgreiflichen Nutzen hinausgeht (3). Denn aller Wissenschaft haben sie das Leben genommen und brauchen nur das todte Holz zu Masten und Rudern bei ihrer [für ihre] gewinnlustigen Lebensfahrt. Und eben so wissen sie von der Religion nichts, außer, daß nur jedes Anhänglichkeit predigt an alte Gebräuche und seine Satzungen vertheidiget und dies für ein durch die Verfassung weislich ausgespartes Hülfsmittel ansieht gegen den Erbfeind des Staates.

[2]) II Zus.: hingegen

[3]) II: Denn die rohe

[4]) II: wie der

[5]) II: der Geschichte

[6]) III: zuzuflüstern

[7]) II: jene

Ehrfurcht vor dem himmlischen Wesen zu erfüllen und auf Jahrhunderte lang die Werke der Dichter dem ewigen Schicksal zu widmen, wo
(18) diese sich tausendfältig vergeblich erneuern, wie würde da eine einsame Stimme bis zum Lächerlichen ungehört und unbemerkt verhallen? Hier [1]) im väterlichen [2]) Lande ist das beglückte Klima was [3]) keine Frucht gänzlich versagt, hier findet ihr alles zerstreuet,[4]) was die Menschheit ziert, und alles was gedeiht, bildet sich irgendwo, im Einzelnen wenigstens, zu seiner schönsten Gestalt; hier fehlt es weder an weiser Mäßigung noch an stiller Betrachtung. Hier also muß sie [5]) eine Freistatt finden vor der plumpen Barbarei und dem kalten irdischen Sinne des Zeitalters.

Nur verweiset mich nicht ungehört zu denen [6]) auf die Ihr als auf Rohe und Ungebildete herabsehet, gleich als sei [7]) der Sinn für das Heilige wie eine veraltete Tracht auf den niederen Theil des Volks übergegangen, dem es allein noch zieme, in Scheu und Glauben von dem Unsichtbaren ergriffen zu werden. Ihr seid gegen diese unsere Brüder sehr freundlich gesinnt, und mögt gern, daß zu ihnen auch von anderen höheren Gegenständen, von Sittlichkeit und Recht und Freiheit geredet,[8]) und so auf einzelne Momente wenigstens ihr inneres Streben dem Besseren entgegen gehoben, und ein Eindruck von der Würde der Menschheit in ihnen geweckt werde.

(19) So rede man denn auch mit ihnen von der Religion, man durchgrabe [9]) bisweilen ihr ganzes Wesen bis der Punkt getroffen wird, wo dieser heilige Instinkt verborgen liegt;[10]) man entzücke sie durch einzelne Blitze, die man aus ihm [11]) hervorlockt, man bahne ihnen aus (dem innersten Mittelpunkte) ihrer engen Beschränkung [12]) eine Aussicht ins Unendliche, und erhöhe auf einen Augenblick ihre thierische [13]) Sinnlichkeit zum hohen Bewußtsein eines menschlichen Willens und Daseins; es wird immer viel gewonnen sein. Aber ich bitte Euch, wendet Ihr Euch denn zu ihnen, wenn Ihr den innersten Zusammenhang und den höchsten Grund jener Heilig-

---

[1]) II Zus.: Allein [Nur]

[2]) III: heimatlichen

[3]) II: welches

[4]) II: wenn auch nur zerstreut, alles

[5]) II: auch die Religion

[6]) II: Nur daß Ihr mich nicht ungehört zu denen verweiset,

[7]) II: wäre

[8]) II: daß auch von andern höhern Gegenständen, von Sittlichkeit und Recht und Freiheit zu ihnen geredet,

[9]) II: errege

[10]) II: daß auch der [dieser] heiligste Trieb, wie verborgen er immer in ihnen schlummern möge, belebt werde,

[11]) III: der Tiefe ihres Herzens

[12]) II: Beschränktheit

[13]) II: niedrige

thümer der Menschheit[1]) aufdecken wollt? wenn der Begriff und das Gefühl, das Gesetz und die That, bis zu ihrer gemeinschaftlichen Quelle sollen verfolgt, und das Wirkliche als ewig und im Wesen der Menschheit nothwendig gegründet soll dargestellt werden? Wäre[2]) es nicht wirklich[3]) genug, wenn Eure Weisen dann nur von den Besten unter Euch verstanden würden? Eben das ist aber mein Endzweck mit der Religion.[4]) Nicht einzelne Empfindungen will ich aufregen, die vielleicht in ihr Gebiet gehören, nicht einzelne Vorstellungen[5]) rechtfertigen oder bestreiten;[6]) in die innersten Tiefen möchte ich Euch geleiten, aus denen sie zuerst das Gemüth an- (20)
spricht;[7]) zeigen möchte ich Euch, aus welchen Anlagen der Menschheit sie hervorgeht, und wie sie zu dem gehört, was Euch das Höchste und Theuerste ist; auf die Zinnen des Tempels möchte ich Euch führen, daß Ihr das ganze Heiligthum **übersehen**[8]) und seine innersten Geheimnisse entdecken möget. Könnet[9]) Ihr mir im Ernst zumuthen, zu glauben, daß diejenigen, die sich täglich am mühsamsten mit dem Irdischen abquälen, am vorzüglichsten dazu geeignet seien, so vertraut mit dem Himmlischen zu werden? daß diejenigen, die über dem nächsten Augenblick bange brüten und an die nächsten Gegenstände fest gekettet sind, ihr Auge am weitesten zum Universum[10]) erheben können? und daß, wer in dem einförmigen Wechsel einer todten Geschäftigkeit sich selbst noch nicht gefunden hat, die lebendige Gottheit am hellsten entdecken werde? Nur Euch also kann ich zu mir rufen, die Ihr fähig seid Euch über den gemeinen Standpunkt der Menschheit zu erheben, die Ihr den beschwerlichen Weg in das Innere des menschlichen Wesens nicht scheuet, um den Grund seines Thuns und Denkens zu finden.[11])

Seitdem ich mir dieses gestand, habe ich mich lange in der zaghaften Stimmung desjenigen befunden, der ein liebes Kleinod ver-

---

[1]) II: menschlicher Kräfte und Handlungen

[2]) II: Oder wäre

[3]) II: vielmehr glücklich

[4]) II: Eben das ist es aber, was ich jetzt zu erreichen wünsche in Absicht der Religion.

[5]) II Zus.: will ich

[6]) II Zus.: sondern

[7]) II: überall eine jede Gestalt derselben sich bildet;

[8]) III: überschauen

[9]) II: könnet. Und wollet

[10]) II: über die Welt

[11]) II: Keineswegs ja werdet Ihr das behaupten wollen zu Eurer Schmach! Und also kann ich nur Euch selbst zu mir einladen, die Ihr berufen seid den gemeinen Standort des Menschen zu verlassen, die Ihr den beschwerlichen Weg in das Wesen [die Tiefen] des menschlichen Geistes nicht scheuet, um endlich seiner innern Regungen und seiner äußern Werke Werth und Zusammenhang lebendig anzuschauen.

(21) missend, (es) nicht wagen wollte, noch den letzten Ort wo es verborgen sein könnte, zu durchsuchen. *Es gab Zeiten*[1]) wo Ihr es
noch für einen Beweis besonderen Muthes hieltet, Euch theilweise
von der Religion[2]) loszusagen, und[3]) gern über einzelne Gegenstände *laset*[4]) und hörtet, wenn es nur darauf ankam einen *hergebrachten Begriff*[5]) auszutilgen; wo es Euch *gefiel eine
schlanke Religion*[6]) im Schmucke der Beredsamkeit einhergehen zu
sehen, weil Ihr[7]) gern dem holden Geschlecht (**wenigstens**) ein ge-
wisses Gefühl für das Heilige erhalten wolltet. *Das alles ist
nicht mehr, es soll gar nicht mehr von ihr die Rede sein,*[8])
und auch die Grazien selbst sollen mit unweiblicher Härte die zarteste
Blume **der menschlichen Phantasie verderben.**[9]) An Nichts Anderes
kann ich also *das Interesse, welches*[10]) ich von Euch fordere (*anknüpfen*), als an Eure Verachtung selbst; ich will Euch[11]) nur auffordern, in dieser Verachtung recht gebildet und vollkommen zu sein.
Laßt uns doch, ich bitte Euch, untersuchen, wovon sie eigentlich ausgegangen ist, *vom Einzelnen oder vom Ganzen?*[12]) von den
verschiedenen Arten und Seiten der Religion, wie sie in der Welt
gewesen sind, oder von dem Begriffe selbst?[13]) Ohne Zweifel
werden Einige sich zu dem Letzteren bekennen, und *das pflegen*
(22) *immer die mit Unrecht rüstigen Verächter zu sein, die
ihr Geschäft aus sich selbst treiben,*[14]) und sich nicht die Mühe
genommen haben, eine genaue Kenntniß der Sache **wie sie liegt**[15]) zu
erwerben. Die Furcht vor einem ewigen Wesen *und das Rechnen
auf eine andere Welt, das meint Ihr, seien die Angel
aller Religion, und das ist Euch im Allgemeinen zuwider.*

---

[1]) II: Denn wenn es Zeiten gab,

[2]) II: von den Satzungen der ererbten Glaubenslehre

[3]) III: wo ihr noch

[4]) II: hin und wieder sprachet.

[5]) II: *ihrer* [jener] Begriffe

[6]) II: demohnerachtet [noch] wohlgefiel, eine Gestalt wie Religion, schlank

[7]) III Zus.: wenigstens

[8]) II: so sind doch jetzt [auch] diese Zeiten schon längst vorüber; jetzt soll gar nicht mehr die Rede sein von Frömmigkeit,

[9]) III: des menschlichen Gemüthes zerstören.

[10]) II: die Theilnehmung anknüpfen, welche

[11]) III Zus.: zunächst

[12]) II: ob von irgend einer *einzelnen* [klaren] Anschauung oder von einem unbestimmten Gedanken? ob

[13]) II: Geschichte vorkommen, oder von einem allgemeinen Begriff, den Ihr Euch vielleicht willkürlich gebildet habt?

[14]) II: aber daß dies nur nicht auch hier, wie gewöhnlich, die mit Unrecht rüstigen Beurtheiler sind, die ihr Geschäft obenhin treiben,

[15]) III: was sie recht ist

Sagt mir doch also, Ihr Theuersten, woher habt Ihr diese Begriffe von der Religion, die der Gegenstand Eurer Verachtung sind? Jede Aeußerung, jedes Werk des menschlichen Geistes kann aus einem doppelten Standpunkte angesehen und erkannt werden. Betrachtet man es[1]) von seinem Mittelpunkte aus[2]) nach seinem innern Wesen, so ist es ein Produkt[3]) der menschlichen Natur, gegründet in einer von ihren nothwendigen Handlungsweisen oder Trieben, oder wie Ihr es nennen wollt, denn ich will jetzt nicht über Eure Kunstsprache richten; betrachtet man es von seinen Grenzen aus,[4]) nach der bestimmten Haltung und Gestalt, die es hie und dort angenommen hat, so ist es ein Erzeugniß der Zeit und der Geschichte. Von welcher Seite habt Ihr nun dieses große geistige Phänomen betrachtet,[5]) daß Ihr auf jene Begriffe[6]) gekommen seid, welche Ihr für[7]) den gemeinschaftlichen Inhalt alles dessen (ausgebt), was man je mit **dem**[8]) Namen **(der Religion) benennet**[9]) hat? Ihr (23)
werdet schwerlich sagen, daß dieses[10]) eine Betrachtung der ersten Art (sei:) denn, Ihr Guten! alsdann müßtet Ihr doch zugeben, daß etwas in diesen Ideen wenigstens der menschlichen Natur angehöre,[11]) und wenn Ihr auch sagen wolltet, daß sie so, wie man sie jetzt antrifft, nur aus Mißdeutungen oder falschen Beziehungen eines nothwendigen Strebens der Menschheit entstanden seien,[12]) so würde es Euch doch ziemen, **(Euch mit uns zu vereinigen,)** um das, was davon wahr und ewig ist,[13]) herauszusuchen, **und die**

---

[1]) II: oder überhaupt das Hinsehen auf den Einfluß desselben in die Begebenheiten dieses Lebens, was Ihr Vorsehung nennt, und dann die Erwartung eines künftigen Lebens nach diesem, was Ihr Unsterblichkeit nennt, hierum dreht sich doch Euer allgemeiner Begriff? Diese beiden Euch verhaßten [von Euch weggeworfenen] Vorstellungen, meint Ihr doch, wären, so oder anders ausgebildet, die Angel aller Religion? Aber sagt mir doch, Ihr Theuersten, wie habt Ihr nur dieses gefunden? Denn Alles, was in dem Menschen vorgeht oder durch ihn [von ihm ausgeht] kann aus einem zwiefachen Standorte angesehen und erkannt werden, betrachtet Ihr es

[2]) II Zus.: also

[3]) II: eine Aeußerung

[4]) II: Betrachtet Ihr es hingegen von außen

[5]) II: [Zus.: die Religion] diese große geistige Erscheinung angesehen

[6]) II: Vorstellungen

[7]) II: als auf

[8]) III: diesem

[9]) III: bezeichnet

[10]) II: durch

[11]) II: diese Gedanken wären irgend wie wenigstens in der menschlichen Natur gegründet,

[12]) II: wären

[13]) II: das Wahre und Ewige darin

menschliche Natur von dem Unrecht zu befreien, [1]) welches sie allemal erleidet, wenn etwas in ihr misskannt oder missleitet wird. Bei allem was Euch heilig ist — und es muß **diesem** [2]) Geständniß zufolge etwas Heiliges für Euch geben — beschwöre ich Euch, verabsäumt dieses Geschäft nicht, damit die Menschheit, die Ihr mit uns verehret, **Euch nicht als solchen,** [3]) die [4]) sie in einer wichtigen Angelegenheit verlassen haben, **(mit dem größten Rechte zürne).**

Und wenn Ihr denn findet, daß dies Geschäft schon gethan sei, so kann ich doch [5]) auf Euren Dank und Eure Billigung rechnen. — Wahrscheinlich aber werdet Ihr sagen, Eure Begriffe vom
(24) Inhalt der Religion seien nur die andere Ansicht dieser geistigen Erscheinung, und sie sei eben deswegen leer, und werde von Euch verachtet, weil das, was im Mittelpunkt liegt, ihr ganz heterogen sei, daß es gar nicht Religion genannt werden könne, und sie also von dort gar nicht ausgegangen und überall Nichts Anders sein könne, [6]) als ein leerer und falscher Schein, der sich wie eine trübe und drückende Atmosphäre [7]) um einen Theil der Wahrheit herum gelagert habe. Dies ist gewiß Eure wahre [8]) und eigentliche Meinung. Wenn Ihr aber [9]) jene beiden Punkte für den Inhalt der Religion haltet in allen Formen, unter denen sie in der Geschichte erschienen ist, so ist mir doch vergönnt zu fragen, ob Ihr auch alle ihre [10]) Erscheinungen richtig beobachtet und ihren gemeinschaftlichen Inhalt richtig aufgefaßt habt? Ihr müßt Euren Begriff, wenn er so entstanden ist, aus dem Einzelnen rechtfertigen, und wenn Euch jemand sagt, daß er unrichtig und verfehlt sei, und auf etwas anderes hinweiset in der Religion, was nicht hohl ist, sondern einen Mittelpunkt hat, so gut als

---

[1]) III: und Eure Bemühungen mit den unsrigen zu vereinigen, damit die menschliche Natur von dem Unrecht befreit werde,

[2]) III: jenem

[3]) III: nicht mit dem größten Recht auf Euch zürne als auf solche,

[4]) II: welche

[5]) II: aus dem, was Ihr hören werdet, daß es schon [das Geschäft schon so gut als] gethan ist, so darf ich, auch wenn es anders endiget als Ihr meintet,

[6]) II: Von dem Aeußeren wäret Ihr ausgegangen, von den Meinungen, Lehrsätzen, Gebräuchen, in denen sich jede Religion darstellt, und mit diesen laufe es immer auf jene beiden Stücke hinaus. Aber eben ein Inneres und Ursprüngliches für dieses Aeußere hättet Ihr vergeblich gesucht und darum könne also die Religion überall Nichts Anders sein,

[7]) II: Dunstkreis

[8]) II: rechte

[9]) II: demnach in der That

[10]) III: diese

jedes andere,[1]) so müßt Ihr doch erst hören und urtheilen, ehe Ihr weiter verachten dürft.

Laßt es Euch also nicht verdrießen, dem zuzuhören, was ich jetzt mit denen sprechen[2]) will, welche gleich Anfangs richtiger aber auch mühsamer vom Einzelnen ausgegangen sind.[3]) Ihr (25)
seid ohne Zweifel bekannt mit der Geschichte menschlicher Thorheiten, und habt die verschiedenen Gebäude der **Religion**[4]) durchlaufen, von den sinnlosen Fabeln wilder Nationen[5]) bis zum verfeinertsten Deismus, von **der rohen Superstition**[6]) **(unseres** Volks)[7]) bis zu den[8]) übel zusammengenähten Bruchstücken von Metaphysik und Moral, die man vernünftiges[9]) Christenthum nennt, und[10]) habt sie alle ungereimt und vernunftwidrig gefunden. Ich bin weit entfernt, Euch darin[11]) widersprechen zu wollen; vielmehr, wenn Ihr es damit nur[12]) aufrichtig meint, daß die ausgebildetsten Religionssysteme diese Eigenschaften nicht weniger an sich tragen als die rohesten, wenn Ihr es nur einsehet, daß das Göttliche nicht in einer Reihe liegen kann, die sich auf beiden Seiten in etwas Gemeines und Verächtliches endigt, so will ich Euch gern die Mühe erlassen, alle, **welche dazwischen liegen**[13]) näher zu würdigen. **Sie erscheinen** alle als Uebergänge und Annäherungen zu dem letzteren; **jedes kommt etwas geschliffener aus der Hand seines Zeitalters**[14]) bis endlich die Kunst zu jenem vollendeten Spielwerk gestiegen ist, womit unser Jahrhundert sich so lange die Zeit verkürzt hat.[15]) Aber diese Vervollkommnung[16]) ist[17]) eher Alles, nur nicht Annäherung zur Religion.[18]) Ich kann (26)

---

[1]) II: Kern hat von trefflicher Art und Abstammung,

[2]) II: zu denen reden

[3]) II: von Anfang an .... an die Anschauung des Einzelnen sich gehalten haben.

[4]) III: Religionslehre

[5]) II: [üppiger] wilder Völker

[6]) III: dem rohen Aberglauben der Menschenopfer

[7]) II: Pöbels

[8]) II: jenen

[9]) II: jetzt geläutertes

[10]) II Zus.: Ihr

[11]) II: hierin

[12]) II: nur damit

[13]) III: Glieder, welche zwischen diesen äußersten Enden eingereiht sind,

[14]) III: Mögen sie Euch alle als Uebergänge und Annäherungen zu dem letzteren erscheinen, jedes glänzender und geschliffener aus der Hand seines Zeitalters hervorgehend,

[15]) II: die Geschichte beschenkt hat.

[16]) II Zus.: der Glaubenslehren und der Systeme

[17]) II Zus.: oftmals

[18]) II: Vervollkommnung der Religion, ja nicht selten schreitet sie [jene] fort ohne die geringste Gemeinschaft mit dieser.

nicht ohne Unwillen davon reden; denn jammern muß es jeden, der
Sinn hat für alles, was aus dem Innern des Gemüths hervorgeht,
und dem es Ernst ist, daß jede Seite des Menschen gebildet und dar-
gestellet werde, wie die Hohe und Herrliche[1]) von ihrer Bestimmung
entfernt ist, und ihre Freiheit verloren hat,[2]) um von dem
scholastischen und metaphysischen Geist barbarischer und kalter Zeiten
in einer verächtlichen Sklaverei[3]) gehalten zu werden. Wo sie
ist und wirkt, muß sie sich so offenbaren, daß sie auf
eine eigenthümliche Art das Gemüth bewegt, alle Functionen der menschlichen Seele vermischt oder vielmehr
entfernt, und alle Thätigkeit in ein staunendes Anschauen des Unendlichen auflöset. Wird Euch so zu
Muthe bei diesen Systemen der Theologie, diesen
Theorien vom Ursprung und Ende der Welt, diesen Analysen von der Natur eines unbegreiflichen Wesens?
wo alles auf ein kaltes Argumentiren hinausläuft,
und nicht anders als im Ton eines gemeinen Schulstreites behandelt werden kann? In allen diesen Systemen,
die Ihr verachtet, habt Ihr also die Religion nicht gefunden und nicht finden können, weil sie nicht da ist,
(27) und wenn Euch gezeigt würde, daß sie anderswo wäre,
so wäret Ihr immer noch fähig, sie zu finden und zu
ehren. Warum seid Ihr aber nicht mehr zu dem Einzelnen herabgestiegen?[4]) Ich bewundere Eure freiwillige Unwissenheit, Ihr gutmüthigen Forscher, und **Eure allzuruhige Beharr-
lichkeit bei dem was** eben[5]) **da ist und Euch angepriesen wird!**[6])

---

[1]) II Zus.: oft

[2]) II: ward und ihre Freiheit verlor.
III: ward, und ihrer Freiheit beraubt

[3]) II: Knechtschaft

[4]) II: Denn was sind doch diese Lehrgebäude für sich betrachtet anders, als Kunstwerke des berechnenden Verstandes, worin jedes Einzelne seine Haltung nur hat in gegenseitiger Beschränkung. Oder gemahnen sie Euch anders, diese Systeme der Theologie, diese Theorien vom Ursprunge und Ende der Welt, diese Analysen von der Natur eines unbegreiflichen Wesens, worin alles auf ein kaltes Argumentiren hinausläuft und auch das Höchste nur im Tone eines gemeinen Schulstreites kann behandelt werden? Und dies wahrlich, ich berufe mich auf Euer eigenes Gefühl, ist doch nicht der Charakter der Religion. Wenn Ihr also nur die religiösen Lehrsätze und Meinungen ins Auge gefaßt habt, so kennt Ihr noch gar nicht die Religion selbst, und was Ihr verachtet, ist nicht sie. Aber warum seid Ihr nicht tiefer eingedrungen bis zu dem, was das Innere dieses Aeußeren ist?

[5]) II: zunächst

[6]) III: die allzuruhige Genügsamkeit, mit der Ihr bei dem verweilt, was Euch zunächst vorgelegt wird!

Was Ihr in diesen Systemen nicht gefunden habt, das würdet Ihr in den Elementen eben dieser Systeme haben sehen müssen, und zwar nicht eines oder des andern, sondern gewiß aller. In allen liegt etwas von diesem geistigen Stoffe gebunden, denn ohne ihn hätten sie gar nicht entstehen können;[1] aber wer es nicht versteht ihn zu entbinden, der behält, wie fein er sie auch zersplittere, wie genau er auch alles durchsuche, immer nur die todte kalte Masse in Händen. Die Anweisung, das Wahre und Richtige, welches Ihr in der großen Masse nicht findet, in den ersten dem Anschein nach ungebildeten Elementen zu suchen, kann Euch Allen, die Ihr mehr oder minder Euch um die Philosophie bekümmert, und mit ihren Schicksalen vertraut seid, doch nicht fremd scheinen.[2]. Erinnert Euch doch[3] wie wenige von denen, welche auf einem eigenen Wege in das Innere der (menschlichen) Natur und der Welt hinabgestiegen[4] sind, und ihr[5] gegenseitiges Verhältniß, ihre[6] innere Harmonie in einem eigenen Lichte angeschaut und dargestellt haben, ein (28)

---

[1] II: Warum betrachtet Ihr nicht das religiöse Leben selbst? jene ferneren Erhebungen des Gemüthes vorzüglich, in welchen alle [Zus.: andern] Euch sonst bekannten (einzelnen) Thätigkeiten zurückgedrängt oder fast aufgehoben sind und die ganze Seele aufgelöst (ist) in ein unmittelbares Gefühl des Unendlichen und Ewigen und ihrer Gemeinschaft mit ihm? Denn in diesen [solchen Augenblicken] offenbart sich ursprünglich und anschaulich die Gesinnung, welche zu verachten Ihr vorgebet. Nur wer in diesen Bewegungen den Menschen wahrhaft beobachtet hat, kann [beobachtet und wahrhaft erkannt hat, vermag . .] dann auch in jenen äußeren Darstellungen die Religion wiederfinden, [wiederzufinden] und wird etwas anderes in ihnen erblicken als Ihr. Denn freilich liegt in ihnen allen Etwas von diesem geistigen Stoffe gebunden, ohne welchen sie gar nicht könnten entstanden sein.

[2] II: Diese Anweisung aber, Euren eigentlichen Gegenstand, den Ihr in dem Ausgebildeten und Vollendeten, wohin man Euch wies, bisher nicht gefunden habt, vielmehr in jenen, [Zus.: zerstreuten und] dem Anschein nach (zerstreuten und) ungebildeten Elementen zu suchen, kann Euch doch nicht befremdlich sein, die Ihr mehr oder minder mit der Philosophie Euch zu schaffen macht und mit ihren Schicksalen vertraut seid. Wiewol es sich nämlich mit dieser ganz anders verhalten sollte, und sie von Natur danach streben muß, ein System zu bilden, [sich im geschlossensten Zusammenhang zu gestalten] weil nur durch die angeschaute Vollständigkeit jede eigenthümliche Erkenntnis sich bewährt und ihre Mittheilung gesichert wird, so werdet Ihr doch auf diesem [ihrem] Gebiet oft eben so müssen zu Werke gehen. Denn

[3] II: nur

[4] II: des Geistes eingedrungen

[5] III: deren

[6] III: und

eigenes System der Philosophie bildeten, und ob nicht[1]) alle in einer zarteren — sollte es auch sein zerbrechlicheren — Form ihre Entdeckungen mitgetheilt haben.

Man hat aber doch Systeme von allen Schulen? Ja eben von den Schulen, die Nichts Anderes sind als der Sitz und die Pflanzstätte des todten Buchstabens, denn der Geist läßt sich weder in Akademien festhalten, noch der Reihe nach in bereitwillige Köpfe ausgießen, er verdampft gewöhnlich auf dem Wege aus dem ersten Munde in das erste Ohr. Würdet Ihr nicht dem, welcher die Verfertiger dieser großen Körper von Philosophie für die Philosophen selbst hielte, und in ihnen den Geist der Wissenschaft finden wollte, belehrend zurufen: Nicht also guter Freund! in allen Dingen haben die, welche nur nachtreten und zusammentragen, und bei dem, was ein anderer gegeben hat, stehen bleiben, nicht den Geist der Sache, dieser ruht nur auf den Erfindern, und zu ihnen mußt du gehen. Ihr werdet aber gestehen müssen, daß es mit der Religion um so mehr dieselbe Sache ist,[2])

---

[1]) II: wie dennoch nur wenige von ihnen gleich ein System ihres Erkennens gebildet, [hingestellt] sondern vielmehr fast

[2]) II: Und wenn Ihr dagegen auf die Systeme seht in allen Schulen, wie oft diese Nichts Anderes sind als der Sitz und die Pflanzstätte des todten Buchstabens, weil nämlich der Geist sich noch immer nicht will festhalten lassen in Akademien, noch der Reihe nach in bereitwillige Köpfe ausgießen, vielmehr verfliegt er oft schon auf dem Wege aus dem ersten Munde in das erste Ohr. Wenn nun Jemand ohne Unterschied die Verfertiger dieser großen Gebäude der Philosophie*) für die Philosophirenden selbst hielte und an ihnen den Geist der Wissenschaft [ihrer Forschung] wollte kennen lernen, würdet Ihr ihm nicht [nicht diesem] belehrend zurufen: Vorgesehen, Freund! daß du nur etwa nicht [nicht etwa] an solche gerathen bist, welche nur nachtreten und zusammentragen, und bei dem, was ein Anderer gegeben hat, stehen bleiben! Denn bei diesen würdest du ja den Geist jener Kunst nicht finden, sondern zu den Erfindern mußt du gehen, auf denen ruhet er ja gewiß. Dasselbige nun muß ich hier Euch zurufen, die Ihr die Religion suchet, mit welcher es sich ja um so mehr ebenso verhalten muß,

---

*) III: — mit seltenen Ausnahmen — der selbstbildende Geist der hohen Betrachtung zu flüchtig ist und zu frei für die strengen Formen, durch die sich aber am besten diejenigen zu helfen glauben, welche das Fremde gern auffassen und sich einprägen wollen: würdet Ihr nicht, wenn Jemand die Verfertiger dieser großen Gebäude der Philosophie ohne Unterschied

da sie sich ihrem ganzen Wesen nach von allem Systematischen eben so
weit entfernt, als die Philosophie sich von Natur dazu hinneigt. Be-
denket doch von wem diese künstlichen [1]) Gebäude herrühren, deren (29)
Wandelbarkeit Ihr verspottet, deren schlechtes Ebenmaß Euch beleidigt,
und deren Mißverhältniß gegen ihre kleinliche Tendenz Euch so [2])
lächerlich ist? Etwa von den Heroen der Religion? Nennt mir doch
unter allen denen, die irgend eine neue Offenbarung herunter gebracht
haben zu uns, [3]) einen Einzigen, von dem an, der zuerst die
Eine und Allgemeine Gottheit dachte — gewiß der
systematischste Gedanke im ganzen Gebiete der Religion
— bis zu dem [4]) neuesten Mystiker, [5]) in dem vielleicht noch ein
ursprünglicher Strahl des innern Lichtes glänzt, (denn daß ich der
Buchstabentheologen nicht erwähne, [6]) welche glauben das Heil der
Welt und das Licht der Weisheit in einem neuen Kostüm [7]) ihrer
Formeln, oder in neuen Stellungen ihrer figurirenden [8]) Beweise zu
finden, [6]) das werdet Ihr mir nicht verdenken,) nennt mir unter ihnen [9])
allen einen Einzigen, der es der Mühe werth geachtet hätte, sich mit
dieser [10]) sisyphischen Arbeit zu befassen. Nur einzelne erhabene
Gedanken durchzücken ihre von einem ätherischen Feuer
sich entzündende Seele, und der magische Donner einer
zaubrischen Rede, begleitete die hohe Erscheinung, und
verkündete dem anbetenden Sterblichen, daß die Gottheit
gesprochen habe. Ein Atom von einer überirdischen Kraft (30)
geschwängert, fiel in ihr Gemüth, verähnlichte sich dort
alles, dehnte es allmählig aus, und es zersprang dann
wie durch ein göttliches Schicksal in einer Welt, deren Atmosphäre ihm zu wenig Widerstand leistete, und brachte
noch in seinen letzten Momenten eines von jenen himmlischen Meteoren, von jenen bedeutungsvollen Zeichen
der Zeit hervor, deren Ursprung niemand verkennt,
und die alle Irdischen mit Ehrfurcht erfüllen. Diese
himmlischen Funken müßt Ihr aufsuchen, welche entstehen,
wenn eine heilige Seele vom Universum berührt wird,
Ihr müßt sie belauschen in dem unbegreiflichen Augen-

---

[1]) II: auch nur . . . jene kunstreichen

[2]) III: fast

[3]) III Zus.: oder es auch vorgeben

[4]) II: welchem zuerst von einem Reiche Gottes das Bild vorschwebte, wodurch gewiß, wenn durch irgend etwas im Gebiete der Religion ein System konnte herbeigeführt werden, bis zu dem

[5]) III Zus.: oder Schwärmer, wie Ihr sie zu nennen pflegt,

[6]) III: die Buchstabentheologen, welche . . . . . finden, unter diese nicht mitzähle,

[7]) III: Gewand

[8]) III: kunstreichen

[9]) III: jenen

[10]) III: solcher

blick, in welchem sie sich bildeten, sonst ergeht es Euch [1]) wie dem, der zu spät mit dem brennbaren [2]) Stoff das Feuer aufsucht, welches der Stein dem Stahl entlockt hat, und dann nur ein kaltes unbedeutendes Stäubchen groben Metalles findet, an dem er nichts mehr entzünden kann.

Ich fordere also, daß Ihr von allem, was sonst Religion genannt wird, [3]) absehend Euer Augenmerk nur auf diese [4]) einzelnen Andeutungen [5]) und Stimmungen richtet, die Ihr in allen Aeußerungen und edlen Thaten gottbegeisterter Menschen finden werdet. Entdeckt Ihr denn auch in
(31) diesem Einzelnen Nichts Neues und Treffendes, wie ich es ohngeachtet Eurer Gelehrsamkeit und Eurer Kenntnisse dennoch zur guten Sache hoffe, erweitert und verwandelt sich dann nicht Euer enger Begriff, der nur von einer übersichtigen Beobachtung erzeugt ward, könnt Ihr dann diese Richtung des Gemüths auf das Ewige noch verachten, kann es Euch noch lächerlich scheinen, alles was dem Menschen wichtig ist, auch aus diesem Gesichtspunkte betrachtet zu sehen, so will ich glauben, daß Eure Verachtung der Religion Eurer Natur gemäß

---

[1]) II: Sondern nur einzeln bei jenen Entladungen himmlischer Gefühle, wenn das heilige Feuer ausströmen muß aus dem überfüllten Gemüth, pflegt der gewaltige Donner ihrer Rede gehört zu werden, welcher verkündiget, daß die Gottheit sich durch sie offenbart. Genau so ist Begriff und Wort nur das, freilich nothwendige und von dem Innern unzertrennliche Hervorbrechen nach Außen, und als solches nur verständlich durch sein Inneres und mit ihm zugleich.*) Deshalb nun müßt Ihr Euch ja nicht an dasjenige zunächst halten, was gar nur der wiederholte, vielfach gebrochene Nachhall ist von jenem ursprünglichen Laute. Sondern in das Innere einer frommen Seele müßt Ihr Euch versetzen, und ihre Begeisterung müßt Ihr suchen zu verstehen; bei der That selbst müßt Ihr jene Licht- und Wärme-Erzeugung in einem dem Weltall sich hingebenden Gemüth (4) ergreifen: wo nicht, so verstehet [erfahrt] Ihr Nichts von der Religion, und es ergeht Euch

[2]) II: entzündlichen

[3]) II: sonst zur Religion gerechneten

[4]) III: die

[5]) II: inneren Erregungen

---

*) III Zus.: Gar aber Lehre mit Lehre verknüpfen das thun sie nur gelegentlich, wenn es gilt, Mißverständnisse zu heben oder leeren Schein aufzudecken. Und erst aus vielen solchen Verknüpfungen werden allmählich jene Systeme zusammengetragen.

ist, und habe Euch weiter nichts zu sagen.[1]) Besorget nur nicht, daß ich[2]) am Ende doch noch zu jenen gemeinen Mitteln meine Zuflucht nehmen (möchte,) Euch vorzustellen, wie nothwendig sie sei,[3]) um Recht und Ordnung in der Welt zu erhalten, und mit dem Andenken an ein allsehendes Auge und[4]) eine unendliche Macht der Kurzsichtigkeit menschlicher Aufsicht und den engen Schranken menschlicher Gewalt zu Hülfe zu kommen; oder wie sie eine treue Freundin und eine heilsame Stütze der Sittlichkeit sei, indem sie mit ihren heiligen Gefühlen und ihren glänzenden Aussichten dem schwachen Menschen den Streit mit sich selbst und das Vollbringen des Guten gar mächtig erleichtere. So reden freilich diejenigen, welche die besten Freunde und die eifrigsten (32)
Vertheidiger der Religion zu sein vorgeben: ich aber will nicht entscheiden, gegen wen[5]) in dieser Gedankenverbindung die meiste Verachtung liege, gegen Recht und Sittlichkeit, welche als einer Unterstützung bedürftig vorgestellt werden, oder gegen die Religion, welche sie unterstützen soll, oder[6]) gegen Euch, zu denen also gesprochen wird. Mit[7]) welcher Stirne könnte ich[8]) Euch wohl zumuthen, (wenn anders Euch selbst dieser weise Rath gegeben werden soll), daß Ihr mit Euch selbst in Eurem Innern ein loses Spiel treiben, und durch etwas, das Ihr sonst keine Ursache hättet zu achten und zu lieben, Euch zu etwas Anderem solltet antreiben lassen, was Ihr ohnedieß schon verehrt, und dessen Ihr Euch befleißiget? Oder wenn Euch etwa durch diese Reden nur ins Ohr gesagt werden soll, was Ihr dem Volke zu

---

[1]) II: auf welche alle Aeußerungen und Thaten gottbegeisterter Menschen hindeuten. [Zus.: Erst] Wenn Ihr [Zus.: auch] dann (aber auch hierin) Nichts Wahres und Wesentliches [Zus.: daran] entdeckt, noch eine andere Ansicht von der Sache gewinnt, wie ich es [jedoch hoffe ich es zur guten Sache] ohngeachtet Eurer Gelehrsamkeit [Kenntnisse] Eurer Kenntnisse [Bildung] und Eurer Vorurtheile, (dennoch zur guten Sache hoffe) wenn sich auch dann nicht Eure kleinliche Vorstellung erweitert und verwandelt, die ja nur von einer übersichtigen Beobachtung erzeugt ward, wenn Ihr auch dann noch diese Richtung des Gemüths auf das Ewige verachten könnt, und es Euch lächerlich scheint, alles, was dem Menschen wichtig ist, auch aus diesem Gesichtspunkte betrachtet zu sehen, dann freilich will ich verloren haben und endlich glauben, Eure Verachtung der Religion sei Euerer Natur gemäß, und habe Euch dann Nichts weiter zu sagen. [und dann habe ich Euch nichts weiter zu sagen].

[2]) II: etwa, ich möchte

[3]) II: die Religion doch sei,

[4]) II Zus.: an

[5]) II: welches von beiden

[6]) II Zus.: auch

[7]) II Zus.: Denn

[8]) II Zus.: wenn anders Euch selbst dieser weise Rath gegeben werden soll,

Liebe zu thun habt, wie solltet dann Ihr, die Ihr dazu berufen seid, die Anderen zu bilden und sie Euch ähnlich zu machen, damit anfangen, daß Ihr sie betrügt, und ihnen etwas für [1]) heilig und **wirksam** [2]) hingebt, was Euch selbst höchst gleichgültig ist, und was sie **wegwerfen sollen**, [3]) sobald sie sich auf dieselbe Stufe **(mit Euch)** erhoben haben? [4]) Ich [5]) kann zu einer solchen Handlungsweise nicht auffordern, sie ent-
(33) hält [6]) die verderblichste Heuchelei gegen die Welt und gegen Euch selbst, und wer die Religion so [7]) empfehlen will, muß **nur** [8]) die Verachtung vergrößern, der sie schon unterliegt. Zugegeben, [9]) daß unsere bürgerlichen Einrichtungen noch unter einem hohen Grade der Unvollkommenheit seufzen, und noch wenig Kraft bewiesen haben, der Unrechtlichkeit zuvorzukommen oder sie auszurotten, welche strafbare Verlassung einer wichtigen Sache, welcher zaghafte Unglaube an die Annäherung zum Bessern wäre es, wenn deshalb nach der Religion gerufen werden müßte! [10]) Hättet Ihr denn einen rechtlichen Zustand, wenn seine Existenz [11]) auf der Frömmigkeit beruhete? Verschwindet [12]) Euch nicht, sobald Ihr davon ausgehet, der ganze Begriff unter den Händen, den Ihr doch für so heilig haltet? Greift [13]) die Sache unmittelbar an, wenn sie Euch so übel zu liegen scheint; bessert an den Gesetzen, rüttelt die Verfassungen unter einander, gebet dem Staate einen eisernen Arm, gebt ihm hundert Augen, wenn er sie noch nicht hat, nur schläfert nicht die, welche er hat, mit einer trügerischen Leier ein. Schiebt nicht ein Geschäft wie dieses in ein anderes ein, [14]) Ihr habt es sonst gar nicht verwaltet; und erklärt nicht zum Schimpfe der Menschheit ihr
(34) erhabenstes Kunstwerk für eine Wucherpflanze, die nur von fremden Säften sich nähren kann.

Nicht einmal [15]) der Sittlichkeit, die ihm doch weit näher liegt, muß das Recht bedürfen, um sich die unumschränkteste Herrschaft auf seinem

---

[1]) III: als

[2]) III: wesentlich nothwendig

[3]) III: nach Eurer Ueberzeugung auch sie wieder wegwerfen können,

[4]) III: die Ihr schon einnehmt?

[5]) II Zus.: wenigstens

[6]) II: in welcher ich . . . . erblicke,

[7]) II: so die Religion

[8]) III: nothwendig

[9]) II: Denn zugegeben auch,

[10]) II: müßte nach der sonst (und) an sich nicht wünschenswerthen Religion gerufen werden! Beantwortet mir nur dies Eine. (5)

[11]) II: sein Bestehen

[12]) II Zus.: Und

[13]) II: So greifet doch

[14]) II Zus.: denn

[15]) II Zus.: ich spreche dies aus Eurer eignen Ansicht, nicht einmal

Gebiete zu sichern, es muß ganz für sich allein stehen. Wer der Verwalter desselben ist, der muß[1] es überall hervorbringen können, und jeder, welcher behauptet, daß dies nur geschehen kann, indem Religion mitgetheilt wird — wenn anders dasjenige sich willkürlich mittheilen läßt, was nur existirt, indem[2] es aus dem Gemüthe hervorgehet — der behauptet zugleich, daß nur diejenigen Verwalter des Rechts[3] sein sollten, welche geschickt sind, der menschlichen Seele den Geist der Religion einzugießen, und in welche finstere Barbarei unheiliger Zeiten würde uns das zurückführen! Eben so wenig aber darf die Sittlichkeit mit der Religion zu theilen haben; wer[4] einen. Unterschied macht zwischen dieser und jener Welt, bethört sich selbst, alle wenigstens, welche Religion haben, glauben nur an Eine.[5])

Ist also[6] das Verlangen nach Wohlbefinden (der Sittlichkeit) etwas Fremdes,[6] so darf das Spätere nicht mehr gelten, als das Frühere, **und die Scheu vor dem Ewigen nicht mehr**[7] als die vor einem weisen Manne. Wenn die Sittlichkeit durch jeden Zusatz ihren Glanz und (35) ihre Festigkeit verlieret, wie viel mehr durch einen solchen, der seine hohe und ausländische Farbe niemals verleugnen kann. Doch dies habt Ihr genug von denen gehört, welche die Unabhängigkeit und die Allgewalt moralischer[8] Gesetze vertheidigen, ich aber setze[9] hinzu, daß es auch die größte Verachtung gegen die Religion[10] beweiset, sie in ein anderes Gebiet verpflanzen zu wollen, daß sie da diene und arbeite. Auch herrschen möchte sie nicht in einem fremden Reiche: denn sie ist nicht so eroberungssüchtig das ihrige vergrößern zu wollen.

Die Gewalt, die ihr gebührt, und die sie sich in jedem Augenblick aufs neue verdient, genügt ihr, und ihr, die alles heilig hält, ist noch vielmehr[11] das heilig, was mit ihr gleichen Rang in der menschlichen Natur behauptet. (6) Aber sie soll ganz eigentlich dienen, wie jene es wollen, einen Zweck soll sie haben, und nützlich soll sie sich erweisen.

---

[1]) II: Die Staatsmänner müssen

[2]) II: da ist, in sofern

[3]) II: Staatsmänner

[4]) II: Ebensowenig aber kann auch auf diese Art die Sittlichkeit der Religion bedürfen. Denn wie meinen sie es anders, als daß ein schwaches versuchtes Gemüth sich Hülfe suchen soll in dem Gedanken an eine künftige Welt. Wer aber

[5]) II: kennen nur Eine.

[6]) II: Wenn also der Sittlichkeit . . . ist,

[7]) III: und wenn sie ganz unabhängig sein soll vom Beifall, so gilt ihr auch die Scheu vor dem Ewigen nicht etwas anderes,

[8]) II: der sittlichen

[9]) II: füge

[10]) II: gegen die Religion die größte Verachtung

[11]) II: weit mehr noch

Welche Erniedrigung! und ihre Vertheidiger sollten geizig darauf sein ihr diese zu verschaffen? Daß doch diejenigen, die so auf den Nutzen ausgehen, und denen doch am Ende auch Sittlichkeit und Recht um eines andern Vortheils willen da *sind*,[1]) daß sie doch lieber selbst untergehen möchten in diesem ewigen Kreislaufe eines allgemeinen
(30) Nutzens, in welchem sie alles Gute untergehen lassen, und von dem kein Mensch, der selbst für sich etwas sein will, ein gesundes Wort versteht, lieber als daß sie sich zu Vertheidigern der Religion *aufwerfen möchten*,[2]) deren Sache zu führen sie gerade die Ungeschicktesten sind. Ein schöner Ruhm für die Himmlische, wenn sie nun die irdischen Angelegenheiten der Menschen so leidlich versehen könnte! Viel Ehre für die Freie und Sorglose, wenn sie nun **etwas wachsamer und treibender wäre als das Gewissen!**[3]) Für so etwas steigt sie Euch noch nicht vom Himmel herab. Was nur um eines außer ihm[4]) liegenden Vortheils willen geliebt und geschätzt wird, das mag wohl Noth thun, aber es ist nicht in sich nothwendig, **(es kann immer ein frommer Wunsch bleiben, der nie zur** *Existenz*[5]) **kommt,)** und ein vernünftiger Mensch, legt keinen *außerordentlichen*[6]) Werth darauf, *sondern*[7]) nur den Preis, der **jener Sache angemessen ist.**[8]) Und dieser würde[9]) für die Religion gering genug *sein*,[10]) ich wenigstens würde kärglich bieten, denn ich muß es nur gestehen, ich glaube nicht, daß es **so arg ist**[11]) mit den unrechten Handlungen, welche sie[12]) verhindert, und mit den sittlichen, welche sie erzeugt haben soll. Sollte *das*[13]) also das
(37) Einzige sein, was ihr Ehrerbietung verschaffen könnte, so mag ich mit ihrer Sache nichts zu thun haben. Selbst um sie nur nebenher zu empfehlen, ist es zu unbedeutend. Ein eingebildeter Ruhm, welcher verschwindet, wenn man ihn näher betrachtet, kann derjenigen nicht helfen, die mit höheren Ansprüchen umgeht. Daß sie[14]) aus dem Innern jeder besseren Seele nothwendig von selbst entspringt, daß ihr eine eigene Provinz im Gemüthe angehört, in welcher sie unumschränkt herrscht, daß sie es

---

[1]) II: sein müssen,

[2]) II: aufzuwerfen wagten,

[3]) III: das Gewissen der Menschen etwas schärfte und wachsamer machte!

[4]) III Zus.: selbst

[5]) II: Erfüllung

[6]) II: anderen

[7]) II: als

[8]) III: dem Zweck angemessen ist, um dessentwillen es gewünscht wird.

[9]) II Zus.: sonach

[10]) II: ausfallen;

[11]) III: viel auf sich hat

[12]) II Zus.: auf solche Weise

[13]) II: dies

[14]) III: die Frömmigkeit

würdig ist, durch ihre innerste Kraft die Edelsten und Vortrefflichsten zu bewegen,[1]) und von ihnen ihrem innersten Wesen nach gekannt[2]) zu werden; das ist es, was ich behaupte, und was ich ihr gern sichern möchte, und Euch liegt es nun ob, zu entscheiden, ob es der Mühe werth sein wird, mich zu hören, ehe Ihr Euch in Eurer Verachtung noch mehr befestiget.

---

[1]) III: beleben

[2]) II: ihrem innersten Wesen nach von ihnen erkannt [aufgenommen und erkannt]

Erläuterungen zur ersten Rede.

1) Seite 3. Meine Bekanntschaft mit den Männern meines Standes war als ich dieses zuerst schrieb noch sehr gering; denn ich stand wiewohl schon seit mehreren Jahren im Amt unter meinen Amtsgenossen sehr vereinzelt. Was hier mehr angedeutet als ausgesprochen ist war also damals mehr Ahnung aus der Ferne als anschauliche Erkenntniß. Allein auch eine längere Erfahrung und eine befreundete Stellung hat das Urtheil nur befestiget, daß sowol ein tieferes Eindringen in das Wesen der Religion überhaupt als eine echt geschichtliche und naturgemäße Betrachtungsweise der jedesmaligen Zustände der Religiosität unter den Mitgliedern unseres geistlichen Standes, und das sind die beiden Punkte, worauf es in dieser Stelle vorzüglich ankommt, viel zu selten sind. Wir würden nicht so viel zu klagen finden über zunehmenden Sektengeist und parteigängerische fromme Verbindungen, wenn nicht so viele Geistliche wären, welche die religiösen Bedürfnisse und Regungen der Gemüther nicht verstehen, weil der Standpunkt überhaupt zu niedrig ist, auf dem sie stehn, daher denn auch, worauf hier angespielt wird, die dürftigen Ansichten, welche so häufig ausgesprochen werden, wenn von den Mitteln die Rede ist, dem sogenannten Verfall des Religionswesens aufzuhelfen. Es ist eine Meinung, welche vielleicht nicht viel Beifall finden wird, welche ich aber doch zum rechten Verständniß dieser Stelle nicht verschweigen kann, daß es nämlich gerade eine tiefere speculative Ausbildung ist, welche diesem Uebel am besten abhelfen würde; die Nothwendigkeit derselben wird aber aus dem Wahn, als ob sie dadurch nur um so unpraktischer werden würden, von den meisten Geistlichen und denen, welche die Ausbildung derselben zu leiten haben, nicht anerkannt.

2) S. 12. Die erste allemal sehr sinnliche Auffassung beider Vorstellungen zu einer Zeit, wo die Seele noch ganz in Bildern lebt, verschwindet keineswegs allen, sondern bei den meisten läutert und erhöht sie sich allmählich, so jedoch, daß die Analogie mit dem Menschlichen in der Vorstellung des höchsten Wesens und die Analogie mit dem Irdischen immer noch die Haltung bleibt für den verborgenern tiefern Gehalt. Für diejenigen aber, welche sich zeitig in ein rein betrachtendes Bestreben vertiefen, giebt es einen andern Weg. Denn indem sie sich selbst sagen, daß in Gott nichts entgegengesetzt, getheilt, vereinzelt sein kann und also Nichts Menschliches von ihm gesagt werden darf; indem sie sich gestehen müssen, daß sie kein Recht haben, irgend etwas Irdisches aus der irdischen Welt, durch die es in unsrer Seele ist geboren worden, hinauszutragen, so fühlen sie die Unhaltbarkeit beider Vorstellungen in der Form, in der sie sie ursprünglich aufgenommen hatten, sie sind nicht mehr im Stande, sie in dieser lebendig zu produciren, also verschwinden sie ihnen. Hiermit aber ist kein positiver Unglaube, ja nicht einmal ein positiver Zweifel ausgesprochen, sondern indem jene kindliche Form gleichsam als der bekannte sinnliche Coefficient verschwindet, bleibt in der Seele die unbekannte Größe zurück, als dasjenige, wovon jene Coefficient war, und sie giebt sich als etwas Wesentliches zu erkennen durch das Bestreben, sie mit irgend einem andern zu verbinden und so zu einem höheren wirklichen Bewußt-

sein zu erheben. In diesem Bestreben aber ist wesentlich der Glaube gesetzt, selbst wenn niemals eine den streng Betrachtenden befriedigende Lösung zu Stande käme. Denn wenn auch nicht für sich in einem bestimmten Werth erscheinend ist doch die unbekannte Größe in allen Operationen des Geistes mitwirkend. Der Verfasser ist also weit entfernt davon gewesen, in diesen Worten andeuten zu wollen, es habe wenigstens eine Zeit gegeben, wo er ein Ungläubiger oder ein Atheist gewesen sei, sondern nur wer nie den Drang der Speculation gefühlt hat, den Anthropomorphismus in der Vorstellung des höchsten Wesens zu vernichten, welchen Drang doch die Schriften der tiefsinnigsten christlichen Kirchenlehrer auf das Bestimmteste aussprechen, hat ihn so mißverstehen können.

3) S. 13. Man bedenke, daß dieses strenge Urtheil über das englische Volk theils aus einer Zeit ist, wo es angemessen scheinen konnte, gegen die überhandnehmende Anglomanie mit der überbietenden Strenge aufzutreten, welche der rhetorische Vortrag gestattet, theils auch, daß damals das große volksthümliche Interesse für das Missionswesen und für die Bibelverbreitung sich auf jener Insel noch nicht so gezeigt hatte wie jetzt. Viel aber möchte ich doch um dieser letzteren Erscheinungen willen nicht zurücknehmen von dem früheren Urtheil. Denn einmal ist dort die Gewöhnung so groß auf organische Privatvereinigung der Kräfte der Einzelnen bedeutende Unternehmungen zu gründen, und die auf diesem Wege erreichten Erfolge sind so groß, daß auch diejenigen, welche an Nichts Anderm, als an dem Fortgang der Cultur und ihrem Gewinn aus derselben ernstlich Theil nehmen, sich doch nicht ausschließen mögen von der Theilnahme an jenen Unternehmungen, die von der bei weitem kleineren Anzahl wahrhaft Frommer ausgegangen sind, schon um das Prinzip nicht zu schwächen. Dann aber ist auch nicht zu leugnen, daß jene Unternehmungen selbst von einer großen Anzahl mehr aus einem politischen und merkantilischen Gesichtspunkt angesehen werden. Denn daß hier nicht das reine Interesse christlicher Frömmigkeit vorwaltet, geht wohl schon daraus hervor, daß man weit später und wie es auch scheint mit weniger glänzendem Erfolg für die großen Bedürfnisse des religiösen Interesses wirksam gewesen ist, welche zu Hause zu befriedigen waren. Doch dies sind nur Andeutungen, durch die ich mich zu dem Glauben bekennen will, daß auch eine genauere Erörterung des Zustandes der Religiosität in England jenes Urtheil mehr bestätigen würde als widerlegen. Und dasselbe gilt von dem, was über den wissenschaftlichen Geist gesagt ist. — Da Frankreich und England damals die Länder waren, für welche wir uns fast ausschließlich interessirten, und welche allein einen großen Einfluß auf Deutschland ausübten, so schien es überflüssig, auch anderwärts hin ähnliche Blicke zu werfen. Jetzt möchte es nicht übel gewesen sein, auch über die Empfänglichkeit für solche Untersuchungen im Gebiet der griechischen Kirche ein Paar Worte zu sagen, wie nämlich dort, was für einen zarten Schleier auch die verunglückten blendenden Lobpreisungen eines Stourdza darüber geworfen haben, alles Tiefere erstorben ist im Mechanismus der veralteten Gebräuche und liturgischen Formeln, und wie diese Kirche in allem, was einem zur Betrachtung aufgeregten Gemüth das Bedeutendste ist, noch weit hinter der katholischen zurücksteht.

4) S. 24. Wenn doch ein frommes Gemüth, wovon hier unstreitig die Rede ist, überall sonst heißt ein sich Gott hingebendes Gemüth, hier aber statt Gott Weltall gesetzt ist! so ist doch der Pantheismus des Verfassers in dieser Stelle unverkennbar. Das ist die nicht seltene nicht Auslegung, sondern Einlegung oberflächlicher und dabei argwöhnischer Leser, welche nicht bedachten, daß hier von der Licht- und Wärme-Erzeugung in einem solchen Gemüth, d. h. von dem jedesmaligen Entstehen solcher frommer Erregungen die Rede ist, welche unmittelbar in religiöse Vorstellungen und Ansichten (Licht) und in eine Gott sich hingebende Gemüthsverfassung (Wärme) übergehn; und daß es deshalb zweckmäßig war, auf die Entstehungsart solcher Erregungen aufmerksam zu machen. Sie entstehen aber eben dann, wenn der Mensch sich dem Weltall hingiebt, und sind also auch nur habituell in einem Gemüth, in welchem diese Hingebung habituell ist. Denn nicht nur überhaupt, sondern jedesmal nehmen wir Gottes und seine ewige Kraft und Gottheit wahr an den Worten der Schöpfung, und zwar nicht nur an diesem oder jenem einzelnen an und für sich, sondern nur sofern es in die Einheit und Allheit aufgenommen ist, in welcher allein sich Gott unmittelbar offenbart. Die weitere Ausführung hiervon nach meiner Art ist zu lesen in meiner christlichen Glaubenslehre Seite 63. 170. 174.

5) S. 26. Wenn behauptet wird, daß der Staat kein rechtlicher Zustand sein

würde, wenn er auf der Frömmigkeit beruhte: so soll damit nicht gesagt werden, daß der Staat, so lange er noch in einer gewissen Unvollkommenheit schwankt, nicht der Frömmigkeit entbehren könnte, die das allgemeingültigste Supplement ist für alles noch in sich Mangelhafte und Unvollkommne. Allein wenn wir dies zugeben, heißt es doch Nichts Anders als es ist in dem Maß politisch nothwendig, daß die Staatsmitglieder fromm seien, als noch nicht alle gleichmäßig und hinreichend von dem besonderen Rechtsprincip des Staats durchdrungen sind. Wäre dieses aber einmal der Fall, was aber menschlicher Weise nicht denkbar ist, so müßte der Staat, sofern er nur auf seinen bestimmten Wirkungskreis sähe, der Frömmigkeit seiner Glieder in der That entbehren können. Daß sich dieses so verhält, sieht man auch daraus, daß diejenigen Staaten, in welchen der Rechtszustand noch nicht ganz über die Willkür gesiegt hat, theils am meisten das Verhältniß der Pietät zwischen den Regierenden und Regierten herausheben, theils auch sich der religiösen Anstalten überhaupt am meisten annehmen, je mehr aber der Rechtszustand befestiget ist, um desto mehr hört dieses beides auf, sofern nicht etwa das letzte auf eine besondere Weise geschichtlich begründet ist. — Wenn aber hernach (S. 27) gesagt wird: die Staatsmänner müßten überall das Recht in den Menschen hervorrufen können, so muß das freilich jedem lächerlich dünken, der dabei an die Staatsdiener denkt. Allein das Wort Staatsmann ist hier in den Sinn des antiken πολιτικός genommen, und es soll dabei weniger daran gedacht werden, daß einer etwas Bestimmtes im Staat zu verrichten hat, was völlig zufällig ist, als daß einer vorzugsweise in der Idee des Staates lebt. Und die finstern Zeiten, in welche uns die besprochene Voraussetzung zurückführen würde, sind die theokratischen. Ich winkte damals hierauf hin, vorzüglich weil der mir übrigens innerlich sehr befreundete Novalis die Theokratie aufs neue verherrlichen wollte. Es ist aber noch jetzt vollkommen meine Ueberzeugung, daß es eine der wesentlichsten Tendenzen des Christenthums ist, Staat und Kirche völlig zu trennen, und ich kann eben so wenig als jener Verherrlichung der Theokratie der entgegengesetzten Ansicht beitreten, daß die Kirche je länger je mehr im Staat aufgehen solle.

6) S. 27. So wollte ich doch die Vorrechte des rednerischen Vortrages nicht gebrauchen, daß ich den Verächtern der Religion gleich an der Schwelle sagte, die Frömmigkeit stehe über der Sittlichkeit und dem Recht. Auch konnte es mir an dieser Stelle nicht darauf ankommen, den Primat herauszuheben, den meiner Ueberzeugung nach Frömmigkeit und wissenschaftliche Speculation miteinander theilen, und der beiden um so mehr zukommt, je inniger sie sich mit einander verbinden. Auseinandergesetzt aber finden die Verehrer der Religion dieses in meiner Glaubenslehre. Hier aber muß ich das Gesagte von dem gleichen Rang, der der Sittlichkeit und dem Recht in der menschlichen Natur mit der Frömmigkeit zukomme, vertheidigen. Allerdings ist in den ersten beiden keine unmittelbare Verbindung des Menschen mit dem höchsten Wesen gesetzt, und in sofern steht die dritte über ihnen. Allein jene beiden bedingen eben so wesentlich das Ausgezeichnete und Eigenthümliche der menschlichen Natur, und zwar als solche Funktionen derselben, die nicht selbst wieder unter andere, als höhere, zu subsumiren sind, und in sofern sind sie ihr gleich. Denn der Mensch kann eben so wenig ohne sittliche Anlagen gedacht werden und ohne das Bestreben nach einem rechtlichen Zustande, als ohne die Anlage zur Frömmigkeit.

Zweite Rede.

Ueber das Wesen der Religion.

(38) Ihr werdet wissen, wie der alte Simonides durch immer wiederholtes und verlängertes Zögern denjenigen zur Ruhe verwies, der ihn mit der Frage belästigt hatte: was wohl die Götter seien. Ich möchte bei der weit größeren und mehr[1]) umfassenden „was die Religion ist,“ [2]) (gern) mit einer ähnlichen Zögerung anfangen.

Natürlich nicht in der Absicht um zu schweigen, und Euch wie Jener in der Verlegenheit zu lassen, sondern damit Ihr, von ungeduldiger Erwartung hingehalten, eine Zeitlang Euere Blicke unverwandt auf den Punkt hinrichten möget, den wir suchen,[3]) und Euch aller andern Gedanken indeß gänzlich entschlagen. Ist es doch die erste Forderung[4]) derer, welche nur gemeine Geister beschwören, daß der Zuschauer, der ihre Erscheinungen sehen und in ihre Geheimnisse eingeweihet werden will,[5]) sich durch Enthaltsamkeit von irdischen Dingen und durch heilige Stille vor-
(39) bereite, und dann, ohne sich durch den Anblick fremder Gegenstände zu zerstreuen, mit ungetheilten Sinnen auf den Ort hinschaue, wo die Erscheinung sich zeigen soll. Wie vielmehr werde ich einen ähnlichen Gehorsam[6]) verlangen dürfen, der ich[7]) einen seltenen Geist hervorrufen soll, (welcher nicht in irgend einer vielgesehenen geläufigen Larve zu erscheinen würdiget, und) den[8]) Ihr lange

---

[1]) II: nicht ungern bei der unsrigen, jener so genau entsprechenden und nicht minder

[2]) III: sei

[3]) II: ob Ihr etwa, um auch für Euch selbst etwas zu versuchen, Euere Blicke eine Zeitlang unverwandt auf den Punkt, den wir suchen, wolltet gerichtet halten,

[4]) III Zus.: auch

[5]) II: will eingeweiht werden,

[6]) II: eine solche Folgsamkeit,

[7]) III: Euch

[8]) III: welchen

mit angestrengter Aufmerksamkeit werdet beobachten müssen, um ihn zu erkennen,[1] und seine bedeutsamen Züge zu verstehen. Nur[2] wenn Ihr vor den heiligen Kreisen stehet, mit der unbefangensten[3] Nüchternheit des Sinnes, die jeden Umriß klar und richtig auffaßt, und, voll Verlangen das Dargestellte aus sich selbst zu verstehen, weder von alten Erinnerungen verführt, noch von vorgefaßten Ahnungen bestochen wird,[4] kann ich hoffen, daß Ihr meine Erscheinung[5] wo nicht liebgewinnen, doch wenigstens Euch über Ihre Gestalt[6] (mit mir) einigen, und sie für ein himmlisches Wesen erkennen[7] werdet. Ich wollte,[8] ich könnte sie Euch unter irgend einer wohlbekannten Bildung vorstellen,[9] damit Ihr sogleich ihrer Züge, ihres Ganges, ihrer Manieren Euch erinnern und ausrufen möchtet, daß Ihr sie hier oder dort im Leben so gesehen habt.[10] Aber ich würde Euch betrügen; denn so unverkleidet, wie sie dem Beschwörer erscheint, wird sie unter den Menschen nicht angetroffen, und hat (40)
sich in ihrer eigenthümlichen Gestalt wohl lange nicht erblicken lassen. So wie die besondere Sinnesart der verschiedenen cultivirten Völker, seitdem durch Verbindungen aller Art ihr Verkehr vielseitiger und des Gemeinschaftlichen unter ihnen mehr geworden ist, sich in einzelnen Handlungen nicht mehr so rein und bestimmt darstellt, sondern nur die Einbildungskraft die ganze Idee dieser Charaktere auffassen kann, die im Einzelnen nicht anders als zerstreut und mit vielem Fremdartigen vermischt angetroffen werden; so ist es auch mit geistigen Dingen, und unter ihnen mit der Religion. Es ist Euch ja bekannt, wie jetzt alles voll ist von harmonischer Ausbildung, und eben diese hat eine so vollendete und ausgebreitete Geselligkeit und Freundschaft innerhalb der menschlichen Seele gestiftet, daß jetzt unter uns keine von ihren Kräften, so gern wir sie auch abgesondert

---

[1] II: für den zu erkennen, den Ihr begehrt [für den, den Ihr begehrt, zu erkennen]

[2] II Zus.: Denn wahrlich, [Ja gewiß,]

[3] II: jener unbefangenen

[4] II: weder von alten Erinnerungen verführt, noch von vorgefaßten Ahnungen bestochen, nur aus sich selbst das Dargestellte zu verstehen trachtet, nur dann

[5] II: die Religion, die ich Euch zeigen will,

[6] II: Bedeutung

[7] II: ihre höhere Natur anerkennen

[8] II: Denn ich wollte wol,

[9] II: Gestalt darstellen,

[10] II: an ihren Zügen, ihrem Gang und Anstand Euch erinnern möchtet . . . . . so gesehen habt im Leben.

denken, in der That abgesondert handelt, sondern bei jeder Verrichtung sogleich von der zukommenden Liebe und wohlthätigen Unterstützung der andern übereilt und von ihrer Bahn etwas abgetrieben wird, so daß man sich in dieser gebildeten Welt vergeblich nach einer Hand-
(41) lung umsieht, die von irgend einem Vermögen des Geistes, es sei Sinnlichkeit oder Verstand, Sittlichkeit oder Religion, einen treuen Ausdruck abgeben könnte.

Seid deswegen nicht ungehalten, und deutet es nicht als eine Geringschätzung der Gegenwart, wenn ich Euch öfters der Anschaulichkeit halber in jene kindlichere Zeiten zurückführe, wo in einem unvollkommeneren Zustande noch alles abgesonderter und einzelner war, und wenn ich gleich damit anfange, und immer wieder auf einem andern Wege sorgfältig darauf zurückkomme, vor jeder Verwechselung der Religion mit dem, was ihr hie und da ähnlich sieht, und womit Ihr sie überall vermischt finden werdet, nachdrücklich zu warnen.[1])

---

[1]) II: Aber es will nicht angehen; denn so wie ich sie Euch zeigen möchte in ihrer ursprünglichen eigenthümlichen Gestalt, pflegt sie öffentlich nicht aufzutreten, sondern nur im Verborgenen läßt sie sich so sehen von denen, die sie liebt. Auch gilt es ja nicht etwa von der Religion allein, daß das, worin sie öffentlich dargestellt und vertreten wird, nicht mehr ganz sie selbst ist. Sondern von jedem, was Ihr seinem innern Wesen nach als ein Eigenthümliches und Besonderes [Zus.: für sich] annehmen möget, kann dieses [dasselbe] mit Recht gesagt werden, daß, in was für einem Aeußerlichen es sich auch darstelle, dieses nicht mehr ganz sein eigen ist noch ihm genau entspricht. Ist doch nicht einmal die Sprache das reine Werk der Erkenntniß, noch die Sitte das reine Werk der Gesinnung. Zumal jetzt und unter uns ist dieses wahr. Denn es gehört zu dem sich noch immer weiter bildenden Gegensatz der neuen Zeit gegen die alte, daß nirgend mehr Einer Eines ist, sondern Jeder Alles. Und daher ist, wie die gebildeten Völker ein so vielseitiges Verkehr unter einander eröffnet haben, daß ihre eigenthümliche Sinnesart in den einzelnen Momenten des Lebens nicht mehr unvermischt heraustritt, so auch innerhalb des menschlichen Gemüths eine so ausgebreitete und vollendete Geselligkeit gestiftet, daß, was Ihr auch absondern möget in der Betrachtung als einzelnes Talent und Vermögen, dennoch keineswegs ebenso abgeschlossen seine Werke hervorbringt, sondern, ich meine es im Ganzen, versteht sich, jedes wird bei jeder Verrichtung dergestalt von der zuvorkommenden Liebe und Unterstützung der andern bewegt und durchdrungen, daß Ihr nun in jedem Werk alles findet, und Euch begnügen müßt, nur in dieser Verbindung die herrschende

Stellet Euch auf den höchsten Standpunkt der Metaphysik und der Moral, so werdet Ihr finden, daß beide mit der Religion denselben Gegenstand haben, nämlich das Universum und das Verhältniß des Menschen zu ihm. Diese Gleichheit ist von lange her ein Grund zu mancherlei Verirrungen gewesen; daher ist Metaphysik und Moral in Menge in die Religion eingedrungen, und manches was der Religion angehört, hat sich unter einer unschicklichen Form in die Metaphysik oder die Moral versteckt. Werdet Ihr aber deswegen glauben, daß sie mit einer von beiden einerlei sei? Ich weiß, daß (42)
Euer Instinkt Euch das Gegentheil sagt, und es geht auch aus Euren Meinungen hervor; denn Ihr gebt nie zu, daß sie mit dem festen Tritte einhergehet, dessen die Metaphysik fähig ist, und Ihr vergesset nicht, fleißig zu bemerken, daß es in ihrer Geschichte eine Menge garstiger unmoralischer Flecken giebt. Soll sie sich also unterscheiden, so muß sie ihnen ungeachtet des gleichen Stoffs auf irgend eine Art entgegengesetzt sein; sie muß diesen Stoff ganz anders behandeln, ein anderes Verhältniß

---

productive Kraft wahrzunehmen.*) Darum kann nun Jeder jede Thätigkeit des Geistes nur insofern verstehen, als er sie zugleich in sich selbst finden und anschauen kann. Und da Ihr auf diese Weise die Religion nicht zu kennen behauptet, was liegt mir näher, als Euch vor jenen Verwechselungen vornämlich zu warnen, welche aus der gegenwärtigen Lage der Dinge so natürlich hervorgehen. Laßt uns deshalb recht bei den Hauptmomenten Eurer eignen Ansicht anheben und sie sichten, ob sie etwa [wol] die rechte sei, oder wenn nicht, wie wir vielleicht von ihr zu dieser gelangen können. Die Religion ist Euch bald eine Denkungsart, ein Glaube, eine eigne Weise die Welt zu betrachten, und was uns in ihr begegnet, in Verbindung zu bringen; bald eine Handlungsweise, eine eigne Lust und Liebe, eine besondere Art sich zu betragen und sich innerlich zu bewegen. Ohne diese Trennung eines Theoretischen und Praktischen könnt Ihr nun einmal schwerlich denken, und wiewol die Religion beiden Seiten angehört, seid Ihr doch gewohnt jedesmal auf eine von beiden vorzüglich zu achten. So wollen wir sie denn von beiden Punkten aus wohl [genau] ins Auge fassen.

Für das Handeln zuerst setzt Ihr doch ein Zwiefaches, das Leben nämlich und die Kunst; Ihr möget nun mit dem Dichter Ernst dem Leben, Heiterkeit der Kunst zuschreiben, oder anderswie beides entgegensetzen, trennen werdet Ihr doch gewiß beides [eines vom anderen]. Für das Leben soll die Pflicht die Losung sein, Euer Sittengesetz soll

---

*) III: schon zufrieden sein müßt, wenn es Euch nur gelingt, die herrschend hervorbringende Kraft zu unterscheiden in dieser Verbindung.

der Menschen zu demselben ausdrücken oder bearbeiten,
eine andere Verfahrungsart oder ein anderes Ziel
haben: denn nur dadurch kann dasjenige, was dem Stoff
nach einem Andern gleich ist, eine besondere Natur und
ein eigenthümliches Dasein bekommen. Ich frage Euch
also: was thut Euere Metaphysik — oder wenn Ihr von
dem veralteten Namen, der Euch zu historisch ist, nichts
wissen wollt, — Euere Transscendentalphilosophie?
sie klassifizirt das Universum und theilt es ab in solche
Wesen und solche, sie geht den Gründen dessen, was da
ist, nach und deducirt die Nothwendigkeit des Wirklichen, sie entspinnt aus sich selbst die Realität der
Welt und ihre Gesetze. In dieses Gebiet darf sich also
(43) die Religion nicht versteigen, sie darf nicht die Tendenz
haben, Wesen zu setzen und Naturen zu bestimmen, sich
in ein Unendliches von Gründen und Deductionen zu
verlieren, letzte Ursachen aufzusuchen, und ewige Wahr-

---

es anordnen, die Tugend soll sich darin als das Waltende beweisen, daß [damit] der Einzelne mit den allgemeinen Ordnungen der Welt harmonire, und nirgends störend oder verwirrend eingreife. Und so, meint Ihr, könne sich ein Mensch beweisen, ohne daß irgend etwas von Kunst an ihm zu spüren sei; vielmehr müsse dies [diese Vollkommenheit] durch strenge Regeln erreicht werden, die garnichts gemein hätten mit den freien beweglichen Vorschriften der Kunst. Ja, Ihr seht es selbst fast als eine Regel an, daß bei denen, welche sich in der Anordnung des Lebens am genauesten beweisen, die Kunst zurückgetreten sei und sie ihrer entbehren. Wiederum den Künstler soll die Phantasie beseelen, das Genie soll überall in ihm walten, und dies ist Euch etwas ganz Anderes als Tugend und Sittlichkeit; das höchste Maß von jenem könne, meint Ihr, wol bestehen bei einem weit geringeren von dieser; ja, Ihr seid geneigt, dem Künstler von den strengen Forderungen an das Leben etwas nachzulassen, weil diese [IV: die] besonnene Kraft gar oft ins Gedränge gerathe durch jene feurige. Wie steht es nun aber mit dem, was Ihr Frömmigkeit nennt, in wiefern Ihr sie als eine eigne Handlungsweise anseht? Fällt sie in jenes Gebiet des Lebens, und ist darin etwas Eignes, also doch auch Gutes und Löbliches? Doch aber auch ein von der Sittlichkeit Verschiedenes, denn für einerlei wollt Ihr doch beides nicht ausgeben? Also erschöpfte die Sittlichkeit nicht das Gebiet, welches sie regieren soll, wenn noch eine andre (und nicht feindselige) Kraft darin wirksam ist neben ihr?*) Oder wollt Ihr Euch dahin zurückziehn, daß die Frömmigkeit eine einzelne Tugend sei und die Religion eine einzelne Pflicht, oder eine Abtheilung von Pflichten,

---

*) III Zus.: und zwar die auch gerechte Ansprüche daran hätte und neben ihr bleiben könnte?

heiten auszusprechen. — Und was thut Euere Moral? Sie entwickelt aus der Natur des Menschen und seines Verhältnisses gegen das Universum ein System von Pflichten, sie gebietet und untersagt Handlungen mit unumschränkter Gewalt. Auch das darf also die Religion nicht wagen, sie darf das Universum nicht brauchen um Pflichten abzuleiten, sie darf keinen Codex von Gesetzen enthalten. — „Und doch scheint das, was man Religion nennt, nur aus Bruchstücken dieser verschiedenen Gebiete zu bestehen." — Dies ist freilich der gemeine Begriff. Ich habe Euch letzthin Zweifel gegen ihn beigebracht; es ist jetzt Zeit ihn völlig zu vernichten. Die Theoretiker in der Religion, die aufs Wissen über die

---

also der Sittlichkeit einverleibt und untergeordnet, wie das Besondere dem Allgemeinen?*) Aber so meint Ihr es nicht, wenn ich Eure Reden recht verstehe, wie ich sie zu hören gewohnt bin und auch jetzt Euch wiedergegeben habe, denn sie wollen so klingen, als ob der Fromme durchaus und überall noch etwas Eignes hätte in seinem Thun und Lassen.**) Und wie verhalten sich doch nur Kunst und Religion? doch schwerlich so, daß sie einander ganz fremd wären, denn von jeher hatte doch das Größte in der Kunst ein religiöses Gepräge. Und wenn Ihr den Künstler fromm nennt, gestattet Ihr ihm dann auch noch jenen Nachlaß von den strengen Forderungen der Tugend? wol schwerlich, sondern unterworfen ist er dann diesen wie jeder Andere. Dann aber werdet Ihr auch wol, sonst sähe ich nicht, wie eine Gleichheit herauskäme, denen, die dem Leben angehören, wenn sie fromm sein sollen, verwehren, ganz kunstlos zu bleiben, sondern sie werden in ihr Leben etwas aufnehmen müssen aus diesem Gebiet, und daraus entsteht vielleicht die eigne Gestalt, die es gewinnt. Allein ich bitte Euch, wenn auf diese Weise, und auf irgend so etwas muß es doch herauskommen mit Eurer Ansicht, denn [weil] ein anderer Ausweg bietet sich nicht dar, [darbietet,] wenn so die Religion als Handlungsweise eine Mischung ist aus jenen beiden, getrübt wie Mischungen zu sein pflegen, und beide etwas durcheinander angegriffen und abgestumpft: so erklärt mir das zwar Euer Mißfallen, aber nicht Eure Vorstellung. Denn wie wollt Ihr doch ein solches zufälliges Durcheinandergerührtsein zweier Elemente etwas Eignes nennen, wenn auch die genaueste Mittelmäßigkeit von beiden daraus entstände, so lange ja doch beide darin unverändert neben einander bestehn? Wenn

---

*) III: ein Theil seinem Ganzen einverleibt ist, wie man auch annimmt besondere Pflichten gegen Gott, deren Erfüllung dann die Religion sei und also ein Theil der Sittlichkeit, wenn alle Pflichterfüllung die gesammte Sittlichkeit ist?

**) II Zus.: und als ob der Sittliche ganz und vollkommen sittlich sein könnte ohne auch fromm zu sein deshalb.

Natur des Universum und eines höchsten Wesens, dessen Werk es ist, ausgehen, sind Metaphysiker, aber artig genug, auch etwas Moral nicht zu verschmähen. Die Praktiker, denen der Wille Gottes Hauptsache ist, sind Moralisten, aber ein wenig im Style der Metaphysik. Die Idee des Guten nehmt Ihr und tragt sie in die
(44) Metaphysik als Naturgesetz eines unbeschränkten und unbedürftigen Wesens, und die Idee eines Urwesens nehmt Ihr aus der Metaphysik und tragt sie in die Moral, damit dieses große Werk nicht anonym bleibe, sondern vor einem so herrlichen Codex das Bild des Gesetzgebers könne gestochen werden. Mengt aber und rührt wie Ihr wollt, dies geht nie zusammen, Ihr treibt ein leeres Spiel mit Materien, die sich einander nicht aneignen, ihr behaltet immer nur Metaphysik und

---

es aber nicht so, sondern die Frömmigkeit eine wahre innige Durchdringung von jenen ist: so sehet Ihr wol ein, daß mein Gleichniß mich dann verläßt und daß eine solche hier nicht kann entstanden sein durch ein Hinzukommen des Einen zum Andern, sondern daß sie alsdann eine ursprüngliche Einheit beider sein muß. Allein hütet Euch, ich will Euch selbst warnen, daß Ihr mir dies nicht zugebt. Denn wenn es sich so verhielte, so wären Sittlichkeit und Genie in ihrer Vereinzelung ja nur die einseitigen Zerstörungen der Religion, das Heraustretende, wenn sie abstirbt; jene aber wäre in der That das Höhere zu beiden und das wahre göttliche Leben selbst. Für diese Warnung aber, wenn Ihr sie annehmt, seid mir auch wieder gefällig und theilt mit mit, wenn Ihr wo [irgendwo vielleicht] einen (andern) Ausweg findet, wie Eure Meinung über die Religion nicht als Nichts erscheinen kann, bis dahin mir dann [aber bleibt mir wol] nichts übrig (bleibt) als anzunehmen, daß Ihr (es) noch nicht recht untersucht hattet und Euch selbst nicht verstanden habt über diese Seite der Religion. Vielleicht, daß es uns erfreulicher ergeht mit der andern, wenn sie nämlich angesehen wird als Denkungsart und Glaube.

Das werdet Ihr mir zugeben, glaube ich, daß Eure Einsicht, alles warum Ihr wirklich wißt, Euch in zwei gegenüberstehende Wissenschaften hineinfällt.*) Ueber die Art wie Ihr sie [diese] weiter abtheilt und über die Namen, die Ihr ihnen beilegt, will ich mich nicht mit Euch streiten; [weiter auslassen] denn das gehört in den Streit Eurer Schulen mit dem ich [Zus.: hier] nichts zu thun habe. Darum sollt Ihr mir aber auch nicht an den Worten mäkeln, mögen sie nun bald hierher kommen, bald daher, deren ich

---

*) III: Einsichten, mögen sie nun noch so vielseitig erscheinen, Euch doch insgesammt in zwei gegenüberstehende Wissenschaften hineinfallen.

Moral. Dieses Gemisch von Meinungen über das höchste Wesen oder die Welt, und von Geboten für ein menschliches Leben (oder gar für zwei) nennt Ihr Religion! und den Instinkt, der jene Meinungen sucht, nebst den dunklen Ahnungen, welche die eigentliche letzte Sanction dieser Gebote sind, nennt Ihr Religiosität! Aber wie kommt Ihr denn dazu, eine bloße Compilation, eine Chrestomathie für Anfänger für ein eignen Werk zu halten, für ein Individuum eignen Ursprunges und eigener Kraft? Wie kommt Ihr dazu, seiner zu erwähnen, wenn es auch nur geschieht, um es zu widerlegen? Warum habt Ihr es nicht längst aufgelöset in

---

mich zu ihrer Bezeichnung bedienen werde. Wir mögen nun die eine Physik nennen oder Metaphysik mit Einem Namen, oder wiederum getheilt mit zweien, und die andere Ethik oder Pflichtenlehre oder praktische Philosophie, über den Gegensatz den ich meine, sind wir doch einig, daß nämlich die eine die Natur der Dinge beschreibt, oder wenn Ihr davon nichts wissen wollt, die Natur des Menschen und seine dadurch bestimmten Verhältnisse zum Universum, was dieses*) für ihn sein und wie er es [sie] finden muß; die andere aber umgekehrt lehrt [Wissenschaft aber lehrt umgekehrt,] was er für dasselbe [die Welt] sein und darin thun soll. In wiefern nun die Religion eine Denkungsart ist [Zus.: über etwas] und ein Wissen um etwas in ihr vorkommt, hat sie nicht mit diesen [jenen Wissenschaften] einerlei Gegenstand? Was weiß der Glaube anders als das Verhältnis des Menschen zu Gott und zur Welt, wozu jener ihn gemacht hat, was diese ihm anhaben kann oder nicht? Aber wiederum nicht aus diesem Gebiet allein weiß und setzt er etwas, sondern auch aus jenem andern, denn er unterscheidet auch nach seiner Weise ein gutes Handeln und ein schlechtes. Wie nun, ist die Religion einerlei mit beiden? [der Naturwissenschaft und der Sittenlehre?] Ihr meint ja nicht; denn Ihr wollt nie zugeben, daß ihr [unser] Glaube so begründet wäre und so sicher, [Zus.: noch] daß er auf derselben Stufe der Gewißheit stände wie das Wissen Eurer Philosophie; [Euer wissenschaftliches Wissen] sondern Ihr werft ihm vor, daß er Erweisliches und Wahrscheinliches nicht zu unterscheiden wisse. Ebenso vergeßt Ihr nicht, fleißig zu bemerken, daß oft gar wunderliche Vorschriften des Thuns und Lassens von der Religion ausgegangen sind. [Zus.: und] Ganz recht mögt Ihr haben, nur vergeßt nicht, daß es mit dem was Ihr Wissenschaft nennt, sich eben so verhält, und daß Ihr vieles [Zus.: in beiden Gebieten] berichtiget zu haben meint und besser zu sein als

---

*) III: und es Euch zuviel dünkt, wenigstens die Vorstellungen des Menschen von den Dingen und was die Welt als ihre Gesammtheit.

seine Theile und das schändliche Plagiat entdeckt? Ich hätte Lust, Euch durch einige sokratische Fragen zu äng-
(15) stigen und Euch zu dem Geständnisse zu bringen, daß Ihr in den gemeinsten Dingen die Prinzipien gar wohl kennt, nach denen das Aehnliche zusammengestellt und das Besondere dem Allgemeinen untergeordnet werden muß, und daß Ihr sie hier nur nicht anwenden wollet, um mit der Welt über einen ernsten Gegenstand scherzen zu können. Wo ist denn die Einheit in diesem Ganzen? wo liegt das verbindende Prinzip für diesen ungleichartigen Stoff? Ist es eine eigene anziehende Kraft, so müßt Ihr gestehen, daß Religion das Höchste ist in der Philosophie, und daß Metaphysik und Moral nur untergeordnete Abtheilungen von ihr sind; denn das, worin zwei verschiedene aber entgegengesetzte Begriffe eins werden, kann Nichts Anders sein, als das Höhere,

---

Eure Väter. Und was sollen wir nun sagen, daß die Religion sei? wieder wie vorher eine Mischung, also theoretisches Wissen und praktisches zusammengemengt? Aber noch viel unzulässiger ist ja dies auf dem Gebiete des Wissens, und am meisten, wenn, wie es doch scheint, jeder von diesen beiden Zweigen [Zus.: desselben] sein eigenthümliches Verfahren hat in der Construction seines Wissens. Nur (eine Compilation) aufs Willkürlichste entstanden, könnte ja so etwas sein, ohne allen eignen Grund lediglich an dem andern ruhend, eine Methode,*) etwa Anfängern von den Resultaten des Wissens etwas beizubringen um [und] ihnen Lust zu machen zur Sache selbst. Wenn Ihr es so meint, warum streitet Ihr gegen die Religion? Ihr könntet sie ja, so lange es Anfänger giebt, friedlich bestehen lassen und ohne Gefährde. Ihr könntet lächeln über die wunderliche Täuschung, wenn sie sich [wir uns] etwa anmaßen wollte, weiter zu sein als Ihr, [wollten, ihretwegen Euch zu meistern,] denn Ihr wißt ja gar zu sicher, daß sie hinter Euch ist, [Ihr sie weit hinter Euch gelassen habt,] und daß sie immer nur von Euch, den Wissenden ausgehn kann, und würdet übel thun [zubereitet wird für uns Andere, so daß Ihr übel thun würdet,] nur ein ernsthaftes Wort hierüber zu verlieren. Aber so steht es nicht, denke ich. Denn Ihr arbeitet schon lange daran, wenn ich mich nicht ganz irre, einen solchen kurzen Auszug Eures Wissens der Masse des Volkes beizubringen, ob Ihr ihn nun Religion nennt oder Aufklärung oder wie anders, gilt gleich, und dabei findet Ihr eben nöthig, erst ein

---

*) III: solch eine Mischung sein, in der beiderlei Elemente sich entweder unordentlich durchkreuzen oder sich doch wieder absetzen mußten, und schwerlich könnte etwas Anderes durch sie gewonnen werden, als daß wir noch eine Methode mehr besäßen, um

unter welches sie beide gehören. Liegt dies bindende Prinzip in der Metaphysik, habt Ihr aus Gründen, die ihr angehören, ein höchstes Wesen als moralischen Gesetzgeber erkannt, so vernichtet doch die praktische Philosophie, und gesteht, daß sie, und mit ihr die Religion, nur ein kleines Kapitel der theoretischen ist. Wollt Ihr das Umgekehrte behaupten, so müssen Metaphysik und Religion von der Moral verschlungen werden, der freilich, nachdem sie glauben gelernt und sich in ihren alten Tagen bequemt hat, in ihrem innersten
Heiligthume den geheimen Umarmungen zweier sich (16)
liebender Welten ein stilles Plätzchen zu bereiten, Nichts mehr unmöglich sein mag. Oder wollt Ihr etwa sagen, das Metaphysische in der Religion hänge nicht vom Moralischen ab, und dieses nicht von jenem; es gebe einen wunderbaren Parallelismus zwischen dem Theoretischen und Praktischen, und eben diesen wahrnehmen und darstellen, sei Religion? Freilich zu diesem kann

---

Anderes noch Vorhandenes auszutreiben, oder wo es nicht wäre, ihm den Eingang zu verhindern, und dies ist eben, was Ihr als Gegenstand Eurer Polemik, nicht als die Waare, die Ihr selbst verbreiten wollt, Religion [Glauben] nennt. Also, Ihr Lieben, muß doch der Glaube etwas Anderes sein, als ein solches Gemisch von Meinungen über Gott und die Welt und von Geboten für Ein Leben oder zwei, und die Frömmigkeit muß etwas Anderes sein als der Instinkt, den nach diesem Gemengsel von metaphysischen und moralischen Brosamen verlangt, und der sie sich durch einander rührt. Denn sonst strittet Ihr wol schwerlich dagegen, und es fiele Euch wol nicht ein, von der Religion auch nur entfernt als von etwas zu reden, das von Eurem Wissen verschieden sein könnte. Sondern der Streit der Gebildeten und Wissenden gegen die Frommen wäre [Zus.: dann] nur der Streit der Tiefe und Gründlichkeit gegen das oberflächliche Wesen, der Meister gegen die Lehrlinge, die sich zur übeln Stunde freisprechen wollten. Ich hätte Lust, wenn Ihr es so meint, [Solltet Ihr es aber dennoch so meinen, so hätte ich Lust,] Euch durch allerlei sokratische Fragen zu ängstigen, [Zus.: um] manche [Zus: unter Euch] endlich zu einer unverhohlenen Antwort zu nöthigen auf die Frage, ob Einer wol auf irgend eine Art weise und fromm sein könnte zugleich, und [Zus.: um] allen die vorzulegen, ob Ihr etwa auch in andern gemeinen Dingen die Prinzipien nicht kennt, nach denen das Aehnliche zusammengestellt und das Besondere dem Allgemeinen untergeordnet wird, oder ob Ihr sie nur hier nicht anwenden wollt, um [Zus.: lieber] mit der Welt über einen ernsten Gegenstand Scherz zu treiben. Wie soll es nun aber sein, wenn es so nicht ist. Wodurch wird doch im religiösen Glauben das, was Ihr in der Wissenschaft sondert und in zwei Gebiete vertheilt, mit einander verknüpft und so unauflöslich gebunden, daß sich keins ohne das andere

die Auflösung weder in der praktischen Philosophie liegen, denn diese kümmert sich nicht um ihn, noch in der theoretischen, denn diese strebt aufs Eifrigste, ihn so weit als möglich zu verfolgen und zu vernichten, wie es denn auch ihres Amtes ist. Aber ich denke, Ihr sucht von diesem Bedürfnisse getrieben schon seit einiger Zeit nach einer höchsten Philosophie, in der sich diese beiden Gattungen vereinigen, und seid immer auf dem Sprunge sie zu finden; und so nahe läge dieser die Religion! und die Philosophie müßte wirklich zu ihr flüchten, wie die Gegner derselben so gern behaupten? Gebt wohl Achtung, was Ihr da saget. Mit allem dem bekommt Ihr entweder eine Religion, die weit über der Philosophie steht, so wie diese sich gegenwärtig befindet, oder Ihr müßt so ehrlich sein, den beiden Theilen derselben
(47) wiederzugeben was ihnen gehört, und zu bekennen, daß, was die Religion betrifft, ihr noch Nichts von ihr wißt. Ich will Euch zu dem Ersten nicht anhalten, denn ich will keinen Platz besetzen, den ich nicht behaupten könnte, aber zu dem Letzten werdet Ihr Euch wohl verstehen. Laßt uns aufrichtig mit einander umgehen. Ihr mögt die Religion nicht, davon sind wir schon neulich ausgegangen; aber indem Ihr einen ehrlichen Krieg gegen sie führt, der doch nicht ganz ohne Anstrengung ist, wollt Ihr doch nicht gegen einen Schatten gefochten haben,[1]) wie dieser, mit dem wir uns[2]) herumgeschlagen haben; sie muß doch etwas Eigenes sein, was in der Menschen Herz hat kommen können, etwas Denkbares, wovon sich ein Begriff aufstellen

---

denken läßt. Denn der Religiöse [Fromme] meint nicht, daß Jemand das richtige Handeln unterscheiden kann, als nur insofern er zugleich um die Verhältnisse des Menschen zu Gott weiß, und so auch umgekehrt. Ist es das Theoretische, worin dieses bindende Princip liegt, warum stellt Ihr noch eine praktische Philosophie jener gegenüber, und seht sie nicht vielmehr nur als einen Abschnitt derselben an? und ebenso, wenn es sich umgekehrt verhält. Aber es mag nun so sein oder jenes beides, welches Ihr entgegenzusetzen pflegt, mag nur in einem noch höheren ursprünglichen Wissen Eins sein, Ihr könnt doch nicht glauben, daß die Religion diese höchste wiederhergestellte Einheit des Wissens sei, sie, die Ihr bei denen am meisten finden und bestreiten wollt, die [welche] von der Wissenschaft weit genug [am weitesten] entfernt sind. Hierzu will ich selbst Euch nicht anhalten, denn ich will keinen Platz besetzen, den ich nicht behaupten könnte, (1.) aber das werdet Ihr wol zugeben, daß Ihr auch mit diesem Theile [dieser Seite] der Religion Euch erst Zeit nehmen müßt, um zu untersuchen, was er [sie] eigentlich bedeute.

[1]) III: zu fechten scheinen

[2]) III Zus.: bis jetzt

läßt, über den man reden und streiten kann,[1]) und ich finde es sehr unrecht, wenn Ihr selbst aus so disparaten Dingen[2]) etwas Unhaltbares zusammennähet, das Religion nennt, und dann so viel unnütze Umstände damit macht. Ihr werdet leugnen, daß Ihr hinterlistig zu Werke gegangen seid, Ihr werdet mich auffordern, alle Urkunden der Religion — weil ich doch die Systeme, die Commentare und die Apologien schon verworfen habe — alle aufzurollen von den schönen Dichtungen der Griechen bis zu den heiligen Schriften der Christen, ob ich nicht überall die Natur der Götter finden werde und (48)
ihren Willen, und überall den heilig und selig gepriesen, der die Erstere erkennt und den Letzteren vollbringt. Aber das ist es ja eben, was ich Euch gesagt habe, daß die Religion nie rein erscheint, *das alles sind nur die fremden Theile, die ihr anhängen, und es soll ja unser Geschäft sein, sie von diesen zu befreien.*[3]) Liefert Euch doch[4]) die Körperwelt keinen Urstoff **als reines Naturprodukt**[5]) — ihr müßtet dann, wie es Euch (**hier**) in der intellektuellen ergangen ist, sehr grobe Dinge für etwas Einfaches halten, — sondern es ist nur das unendliche Ziel der analytischen Kunst, einen solchen darstellen zu können; *und* in geistigen Dingen *ist* Euch[6]) das Ursprüngliche nicht anders zu schaffen, als wenn Ihr es durch eine **ursprüngliche**[7]) Schöpfung in Euch erzeugt, und auch dann nur **auf**[8]) den Moment, wo Ihr es erzeugt. Ich bitte Euch, verstehet Euch selbst hierüber, Ihr werdet unaufhörlich daran erinnert werden. Was aber die Urkunden und die Autographa der Religion betrifft, so ist *in ihnen diese Einmischung von Metaphysik und Moral*[9]) nicht blos ein unvermeidliches Schicksal,[10]) *sie ist vielmehr künstliche Anlage und hohe Absicht.*[11]) Was als das

---

[1]) II: sich so besonders gestalten konnte, ... dessen Wesen für sich kann aufgestellt werden, daß man darüber reden und streiten kann,

[2]) III Zus.: wie Erkenntnis und Handlungsweise

[3]) II: sondern ihre äußere Gestalt auch noch durch etwas Anderes bestimmt wird, und daß es eben unsere Aufgabe ist, uns hieraus ihr Wesen darzustellen, nicht so kurz und geradezu jenes für dieses zu nehmen, wie Ihr zu thun scheint.

[4]) III Zus.: auch

[5]) III: in seiner Reinheit dargestellt als ein freiwilliges Naturerzeugnis

[6]) II: So ist Euch auch

[7]) III: zweite gleichsam künstliche

[8]) III: für

[9]) II: das Anschließen derselben an Eure Wissenschaften vom Sein und vom Handeln [Zus.: oder von der Natur und vom Geiste]

[10]) III Zus.: weil sie nämlich nur aus diesen Gebieten ihre Sprache hernehmen können,

[11]) II: sondern [Zus.: es ist] ein wesentliches Erforderniß, von ihrem *Dasein* [Zweck] selbst unzertrennlich.*) Denn

---

*) III Zus.: weil sie, um sich Bahn zu machen, an das mehr oder

Erste und Letzte[1]) gegeben wird,[2]) ist nicht immer das Wahre und
(49) Höchste.[3]) Wüßtet Ihr doch nur zwischen den Zeilen zu lesen! Alle heiligen Schriften sind wie die bescheidenen Bücher, welche vor einiger Zeit in unserem bescheidenen Vaterlande gebräuchlich waren, die unter einem dürftigen Titel wichtige Dinge abhandelten.[4]) Sie kündigen freilich nur Metaphysik und Moral an, und gehen gern am Ende in das zurück, was sie angekündigt haben, aber Euch wird zugemuthet diese Schale zu spalten. So liegt auch der Diamant in einer schlechten Masse gänzlich verschlossen, aber wahrlich nicht um verborgen zu bleiben, sondern um desto sicherer gefunden zu werden. Proselyten zu machen aus den Ungläubigen, das liegt sehr tief im Charakter der Religion; wer die seinige mittheilt, kann gar keinen andern Zweck haben, und so ist es in der That kaum ein frommer Betrug, sondern eine schickliche Methode bei dem anzufangen und um das besorgt zu scheinen, wofür der Sinn schon da ist, damit gelegentlich und unbemerkt sich das einschleiche, wofür er erst aufgeregt werden soll. Es ist, da alle Mittheilung der Religion nicht anders als rhetorisch sein kann, eine schlaue Gewinnung der Hörenden, sie in so guter Gesellschaft einzuführen. Aber dieses
(50) Hülfsmittel hat seinen Zweck nicht nur erreicht, sondern überholt, indem selbst Euch unter dieser Hülle ihr eigentliches Wesen verborgen geblieben ist.[5]) Darum

---

[1]) III Zus.: in einem Werke

[2]) II: erscheint,

[3]) III: auch sein Innerstes und Höchstes.

[4]) III Zus.: und nur einzelne Erläuterungen verheißend in die tiefsten Tiefen hinabzusteigen versuchten.

[5]) II: Sie [So auch die heiligen Schriften] schließen sich freilich metaphysischen und moralischen Begriffen an — wo sie sich nicht etwa unmittelbar dichterischer erheben, und dies pflegt Euch nicht das Genießbarste zu sein — und*) scheinen fast ihr ganzes Geschäft in diesem Kreise zu vollenden, aber Euch wird zugemuthet, durch diesen Schein hindurchzudringen.**) So bringt auch die Natur edle Metalle vererzt mit geringeren Substanzen hervor, und doch weiß unser Sinn sie zu entdecken, und in ihrem herrlichen Glanze wieder herzustellen. Die heiligen Schriften waren nicht für die vollendeten Gläubigen

---

minder wissenschaftlich Gedachte über diese Gegenstände anknüpfen müssen, um das Bewußtsein für ihren höhern Gegenstand aufzuschließen.

*) III: welches aber das für Euch am wenigsten Genießbare zu sein pflegt, und sie

**) III: und hinter demselben ihre eigentliche Abzweckung zu erkennen.

ist [1]) es Zeit die Sache einmal beim [2]) andern Ende zu ergreifen, und mit dem schneidenden Gegensatz anzuheben, in welchem sich die Religion [3]) gegen [4]) Moral und Metaphysik [5]) befindet. Das war es was ich wollte. Ihr habt mich mit Eurem gemeinen Begriff gestört; er ist abgethan, hoffe ich, unterbrecht mich nun nicht weiter. [6])

---

allein, sondern vornämlich für die Kinder im Glauben, für die Neueingeweihten, für die, welche an der Schwelle stehen und eingeladen sein wollen. Wie konnten sie es also anders machen, als jetzt eben auch ich es mache mit Euch. Sie mußten sich anschließen an das Gegebene und in diesem die Mittel suchen zu einer solchen [Zus.: strengeren] Spannung, [Zus.: und erhöhten Stimmung des Gemüthes] bei welcher dann auch der neue Sinn [Zus.: den sie erwecken wollten,] aus dunkeln Ahnungen konnte aufgeregt werden. Und erkennt Ihr nicht [Zus.: auch schon] an der Art, wie jene Begriffe behandelt werden, an dem bildenden Treiben, wenn gleich oft im Gebiet einer armseligen undankbaren Sprache, das Bestreben aus einem niederen Gebiet durchzubrechen in ein höheres? Eine solche Mittheilung, das seht Ihr wohl, konnte nicht anders sein als dichterisch oder rednerisch, und was liegt wol dem Letzteren näher als das Dialectische? was ist von jeher herrlicher und glücklicher gebraucht worden um die höhere Natur des Erkennens und [ebensowol als] des inneren Gefühls zu offenbaren? Aber freilich wird dieser Zweck nicht erreicht, wenn Ihr [Jemand] bei der Einkleidung allein stehen bleibt.

[1]) III: da es so sehr weit um sich gegriffen hat, daß man in den heiligen Schriften vornämlich Metaphysik und Moral sucht und nach der Ausbeute, die sie hierzugeben, ihren Werth schätzt, so schien,

[2]) II: bei dem

[3]) II: der [unser] Glaube

[4]) II Zus.: Eure

[5]) II Zus.: und die [unsre] Frömmigkeit gegen das was Ihr Sittlichkeit zu nennen pflegt,

[6]) II: und wovon ich mich abwendete, [abschweifte] um erst Eure gemeine [die unter Euch herrschende] Vorstellung zu beleuchten. Es ist geschehen, und ich kehre nun zurück.

Um Euch also ihren ursprünglichen und eigenthümlichen Besitz recht bestimmt zu offenbaren und darzuthun, entsagt die Religion vorläufig allen Ansprüchen auf irgend etwas, das jenen [Zus.: beiden Gebieten der Wissenschaft und der Sittlichkeit] angehörte [angehört] und will alles zurückgeben, was sie von [dorther] jenen [sei es nun] geliehen hat, oder was jene ihr aufgedrungen haben. [sei es daß es ihr aufgedrungen worden.] Denn wonach strebt Eure Wissenschaft des Seins, Eure Naturwissenschaft, in welcher doch alles Reale Eurer theoretischen Philosophie sich vereinigen muß? Die Dinge, denke ich, in ihrem eigenthümlichen Wesen zu erkennen, die besonderen Beziehungen aufzuzeigen, durch welche jedes ist, was es ist; jedem seine Stelle im Ganzen zu bestimmen und es von andern [allem Uebrigen richtig] zu unterscheiden; alles Wirkliche

Sie entsagt hiermit, um den Besitz ihres Eigenthums anzutreten, allen Ansprüchen auf irgend etwas, was jenen angehört, und giebt alles zurück, was man ihr aufgedrungen hat. Sie begehrt nicht das Universum seiner Natur nach zu bestimmen und zu erklären wie die Metaphysik, sie begehret nicht aus Kraft der Freiheit und der göttlichen Willkür des Menschen es fortzubilden und fertig zu machen wie die Moral. Ihr Wesen ist weder Denken noch Handeln, sondern Anschauung und Gefühl. Anschauen will sie das Universum, in seinen

---

in seiner gegenseitigen bedingten Nothwendigkeit hinzustellen und die Einerleiheit aller Erscheinungen mit ihren ewigen Gesetzen darzuthun. Dies ist ja wahrlich schön und göttlich [trefflich] und ich bin nicht gemeint, es herabzusetzen; vielmehr wenn Euch meine Beschreibung, hingeworfen und angedeutet wie sie ist, nicht genügt, so will ich Euch das Höchste und Erschöpfendste zugeben, was Ihr nur vom Wissen und von der Wissenschaft zu sagen vermögt: aber doch behaupte ich,*) daß die Religion es mit dem [auch mit diesem] Wissen garnicht zu thun hat, und daß [ihr Wesen] auch ohne Gemeinschaft mit demselben (ihr Wesen) wahrgenommen wird. Denn das Maß des Wissens ist nicht das Maß der Frömmigkeit, sondern diese kann sich herrlich offenbaren [Zus.: ursprünglich] und eigenthümlich auch in dem, der jenes Wissen nicht ursprünglich in sich selbst hat, sondern nur wie Jeder, Einzelnes davon durch die Verbindung mit den Uebrigen. Ja der Fromme gesteht es Euch gern und willig zu, auch wenn Ihr etwas stolz auf ihn herabseht, daß er [Zus.: als solcher, er müßte denn zugleich auch ein Weiser sein,] das Wissen nicht so in sich habe wie Ihr, und ich will Euch sogar mit klaren Worten dolmetschen, was die meisten von ihnen nur ahnen aber nicht von sich zu geben wissen, daß wenn Ihr Gott an die Spitze Eurer Wissenschaft stellt als den Grund alles Erkennens, [Zus.: oder auch alles Erkannten zugleich,] sie dieses zwar loben und ehren, dies aber nicht dasselbige ist wie ihre Art Gott zu haben und um ihn zu wissen, aus welcher ja [Zus.: wie sie gern gestehen und an ihnen genugsam zu sehen ist,] das Erkennen und die Wissenschaft nicht hervorgeht. Denn freilich ist der Religion die Betrachtung wesentlich, und wer in zugeschlossener Stumpfsinnigkeit hingeht, wem nicht der Sinn offen ist für das Leben der Welt, den werdet Ihr nie fromm nennen wollen; aber diese Betrachtung geht nicht [Zus.: wie Eurer Wissen um die Natur] auf das Wesen eines Endlichen [Zus.: im Zusammenhange mit und] im Gegensatz gegen das

---

*) III: aber dennoch, und wenn Ihr auch noch weiter geht und mir anführt, die Naturwissenschaft führe Euch noch höher hinauf von den Gesetzen zu dem höchsten und allgemeinen Ordner, in welchem die Einheit zu allem ist und Ihr erkennet die Natur nicht, ohne auch Gott zu begreifen, so behaupte ich dennoch,

eigenen Darstellungen und Handlungen will sie es andächtig belauschen, von seinen unmittelbaren Einflüssen will sie sich in kindlicher Passivität ergreifen und erfüllen lassen. So ist sie beiden in Allem entgegengesetzt
was ihr Wesen ausmacht, und in Allem was ihre Wir- (51)
kungen charakterisirt. Jene sehen im ganzen Universum nur den Menschen als Mittelpunkt aller Beziehungen, als Bedingung alles Seins und Ursache alles Werdens;

---

andere Endliche,*) sondern sie [die Betrachtung des Frommen] ist nur die unmittelbare Wahrnehmung [das unmittelbare Bewußtsein] von dem allgemeinen Sein alles Endlichen im Unendlichen und durch das Unendliche, alles Zeitlichen im Ewigen und durch das Ewige. Dieses suchen und finden in Allem, was lebt und sich regt, in allem Werden und Wechsel, in allem Thun und Leiden und das Leben selbst nur haben und kennen im unmittelbaren Gefühl [im unmittelbaren Gefühl nur haben und kennen,] als dieses Sein, das ist Religion. Ihre Befriedigung ist, wo sie dieses findet; wo sich dies verbirgt, da ist für sie Hemmung und Aengstigung, Noth und Tod. Und so ist sie freilich ein Leben in der unendlichen Natur des Ganzen, im Einen und Allen, in Gott und sieht [habend und besitzend] Alles in Gott und Gott in Allem. Aber das Wissen und Erkennen ist sie nicht, weder der Welt noch Gottes, sondern dies erkennt sie nur an ohne es zu sein; es ist ihr auch eine Regung und Offenbarung des Unendlichen im Endlichen, die sie auch sieht in Gott und Gott in ihr. Eben so, wonach strebt Eure Sittenlehre, Eure Wissenschaft des Handelns? Auch sie will ja das Einzelne des menschlichen Handelns und Hervorbringens aus einander halten in seiner Bestimmtheit, und auch dies zu einem in sich gegründeten und gefügten Ganzen ausbilden. Aber der Fromme bekennt Euch, daß er als solcher auch hiervon nicht weiß. Er betrachtet ja freilich das menschliche Handeln, aber seine Betrachtung ist gar nicht die, aus welcher jenes System entsteht, sondern er sucht und sieht [spürt] nur in Allem dasselbige, nämlich das Handeln aus Gott, die Wirksamkeit Gottes in den Menschen. Zwar wenn Eure Sittenlehre die rechte ist, [Zus.: und seine Frömmigkeit die rechte,] wird er kein anderes Handeln für das göttliche anerkennen als dasjenige, welches auch in Euer System aufgenommen ist; aber dieses [Zus.: System] selbst zu kennen und zu bilden ist Eure, der Wissenden Sache, nicht seine. Und wollt Ihr dies nicht glauben, so seht auf die Frauen, denen Ihr ja selbst nicht nur Religion als Schmuck und Zierde zugesteht, [Religion zugesteht, nicht nur als Schmuck und Zierde,] sondern von denen

---

*) III: noch auch wie Eure Gotteserkenntnis, wenn ich hier beiläufig noch in alten Ausdrücken reden darf, auf das Wesen der höchsten Ursache an sich und in ihrem Verhältnis zu alle dem, was zugleich Ursache ist und Wirkung;

sie will im Menschen nicht weniger als in allem andern Einzelnen und Endlichen das Unendliche sehen, dessen Abdruck, dessen Darstellung. Die Metaphysik geht aus von der endlichen Natur des Menschen und will aus ihrem einfachsten Begriff und aus dem Umfang ihrer Kräfte und ihrer Empfänglichkeit mit Bewußtsein bestimmen, was das Universum für ihn sein kann, und wie er es nothwendig erblicken muß. Die Religion lebt ihr ganzes Leben auch in der Natur, aber in der unendlichen Natur des Ganzen, des Einen und Allen; was in dieser alles Einzelne und so auch der Mensch gilt, und wo alles und auch er treiben und bleiben mag in dieser ewigen Gährung einzelner Formen und Wesen, das will sie in stiller Ergebenheit im Einzelnen anschauen und ahnen. Die Moral geht vom Bewußtsein der Freiheit aus, deren Reich will sie ins Unendliche erweitern und ihr Alles unterwürfig machen; die Religion athmet da, wo die Freiheit selbst schon wieder Natur geworden ist; jenseit
(52) des Spiels seiner besonderen Kräfte und seiner Personalität faßt sie den Menschen, und sieht ihn aus dem Ge-

---

Ihr auch eben hierin das feinste Gefühl fordert, göttliches Handeln zu unterscheiden von anderem, ob Ihr ihnen wol anmuthet Eure Sittenlehre als Wissenschaft zu verstehen. — Und dasselbe, daß ich es grade herausage, ist es auch mit dem Handeln. [Zus.: selbst.] Der Künstler bildet, was ihm gegeben ist zu bilden, kraft seines besondern Talents, und so sind diese [diese sind so] geschieden, daß, welches der Eine besitzt, dem Andern fehlt, wenn nicht Einer wider den Willen des Himmels alle besitzen will, und niemals pflegt Ihr zu fragen, wenn Euch Jemand als fromm gerühmt wird, welche von diesen Gaben ihm wol einwohne kraft seiner Frömmigkeit. Der bürgerliche Mensch, in dem Sinne der Alten nehme ich es, nicht in dem dürftigen von heut zu Tage, ordnet, leitet, bewegt kraft seiner Sittlichkeit. Aber diese ist etwas Anderes als seine Frömmigkeit, denn die Letzte hat auch eine leidende Seite, sie erscheint auch als ein Hingeben, ein sich Bewegenlassen von dem Ganzen, welchem der Mensch entgegensteht, [gegenübersteht] wenn die Erste sich immer nur zeigt als ein Eingreifen in dasselbe, als ein Selbstbewegen. Und die Sittlichkeit hängt daher ganz an dem Bewußtsein der Freiheit, in deren Gebiet auch alles fällt, was sie hervorbringt, die Frömmigkeit dagegen ist garnicht an diese Seite des Daseins [Lebens] gebunden, sondern eben so rege in dem entgegengesetzten Gebiet der Nothwendigkeit, wo kein eignes Handeln eines Einzelnen erscheint. Also sind doch beide verschieden von einander, und wenn freilich auf jedem Handeln aus Gott, auf jeder Thätigkeit, durch welche sich das Unendliche im Endlichen offenbart, die Religion [Frömmigkeit] mit Wohlgefallen verweilt, so ist sie doch nicht diese Thätigkeit selbst.

sichtspunkte, wo er das sein muß, was er ist, er wolle oder wolle nicht. So behauptet sie[1] ihr eigenes Gebiet und ihren eigenen Charakter nur dadurch, daß sie aus dem der Speculation[2] sowol als aus dem der Praxis gänzlich herausgeht, und indem sie sich neben beide hinstellt, wird erst das gemeinschaftliche Feld vollkommen ausgefüllt, und die menschliche Natur von dieser Seite vollendet. Sie zeigt sich Euch als das nothwendige und unentbehrliche Dritte zu jenen beiden, als ihr natürliches Gegenstück, nicht geringer an Würde und Herrlichkeit, als welches von ihnen[3] Ihr wollt. Speculation und Praxis haben zu wollen ohne Religion, ist verwegener Uebermuth, es ist freche Feindschaft gegen die Götter, es ist der unheilige Sinn des Promotheus, der feigherzig stahl, was er in ruhiger Sicherheit hätte fordern und erwarten können. Geraubt nur hat der Mensch das Gefühl seiner Unendlichkeit und Gottähnlichkeit, und es kann ihm als unrechtes Gut nicht gedeihen, wenn er nicht auch seiner Beschränktheit sich bewußt wird, der Zufälligkeit seiner ganzen Form, des geräuschlosen Verschwindens seines ganzen Daseins im Unermeßlichen. Auch haben die Götter von je an diesen Frevel gestraft. Praxis ist Kunst, Speculation ist Wissenschaft, (53)
Religion ist Sinn und Geschmack fürs Unendliche.[4] Ohne diese, wie kann sich die erste über den gemeinen

---

1) III Zus.: denn

2) II: Wissenschaft

3) II: jenen

4) II: Versteht mich aber nur nicht wunderlich, ich bitte Euch, als meinte ich etwa, Eines von diesen könnte sein ohne das Andere, und es könnte etwa Einer Religion haben und fromm sein, dabei aber unsittlich. Unmöglich ist ja dieses. Aber eben so unmöglich, bedenkt es wol, ist ja nach meiner Meinung, daß Einer sittlich sein kann ohne Religion, oder wissenschaftlich ohne sie. Und wenn Ihr etwa, nicht mit Unrecht, aus dem was ich schon gesagt, schließen wolltet, Einer könnte doch meinetwegen Religion haben ohne Wissenschaft, und so hätte ich doch die Trennung selbst angefangen: so laßt Euch erinnern, daß ich auch hier nur dasselbe gemeint, daß die Frömmigkeit nicht das Maß der Wissenschaft ist. Aber so wenig Einer wahrhaft wissenschaftlich sein kann ohne fromm, so gewiß kann auch der Fromme zwar wol unwissend sein, aber nie falsch wissend, denn sein eignes Sein ist nicht von jener untergeordneten Art, welche, nach dem alten Grundsatz, daß nur von Gleichem Gleiches kann erkannt werden, nichts Erkennbares hätte als das Nichtseiende unter dem trüglichen Schein des Seins. Sondern es ist ein wahres Sein, welches auch wahres Sein erkennt, und wo ihm dieses nicht begegnet, auch nichts zu sehen glaubt. [nicht glaubt etwas zu sehen.] Welch' ein köstliches Kleinod [Zus.: der Wissenschaft] aber nach meiner Meinung die Unwissenheit ist [sei] für den, der noch von jenem falschen Schein befangen ist, das wißt Ihr aus

Kreis abenteuerlicher und hergebrachter Formen erheben? wie kann die andere etwas Besseres werden als ein steifes und mageres Skelet? Oder warum vergißt über alles Wirken nach außen und aufs Universum hin Euere Praxis am Ende eigentlich immer den Menschen selbst zu bilden? weil Ihr ihn dem Universum entgegengesetzt und ihn nicht als einen Theil desselben und als etwas Heiliges aus der Hand der Religion empfangt. Wie kommt sie zu der armseligen Einförmigkeit, die nur ein einziges Ideal kennt und dieses überall unterlegt? weil es Euch an dem Grundgefühl der unendlichen und lebendigen Natur fehlt, deren Symbol Mannichfaltigkeit und Individualität ist. Alles Endliche besteht nur durch die Bestimmung seiner Gränzen, die aus dem Unendlichen gleichsam herausgeschnitten werden müssen.

---

meinen Reden, und wenn Ihr selbst es für Euch noch nicht einseht, so geht und lernt es von Eurem Sokrates. Also gesteht nur, daß ich wenigstens mit mir [Zus.: selbst] einig bin, und daß der größte innere Gegensatz [das eigentliche und wahre Gegentheil] des Wissens auch aufgehoben wird*) durch die Frömmigkeit, so daß sie mit diesem zusammen nicht bestehen kann. Solche Trennung also**) gebt mir nicht Schuld, daß ich setzte, und Ihr könnt es nicht, ohne mir unverdient Eure eigne Ansicht unterzuschieben, und Eure ebenso gewohnte als unvermeidliche Verirrung, dieselbe, die ich Euch vorzüglich zeigen möchte im Spiegel meiner Rede. Denn Euch eben, weil Ihr die Religion nicht anerkennt als das Dritte, treten die andern beiden, das Wissen und das Handeln so auseinander, daß Ihr ihre [deren] Einheit nicht erblickt, sondern meint, man könne das rechte Wissen haben ohne das rechte Handeln, und umgekehrt. Eben weil Ihr die Trennung, die ich nur für die Betrachtung gelten lasse, wo sie nothwendig ist, für diese [Zus.: zwar grade] verschmäht, dagegen aber auf das Leben [Zus.: sie] übertragt, als ob das wovon wir reden im Leben selbst getrennt könnte vorhanden sein und unabhängig Eines vom Andern, deshalb eben habt Ihr von keiner dieser Thätigkeiten eine lebendige Anschauung, sondern es wird Euch jede ein Abstraktes, [Getrenntes,] ein Abgerissenes und Eure Vorstellung ist überall dürftig, das Gepräge der Nichtigkeit an sich tragend, weil sie [Ihr] nicht lebendig in das Lebendige eingreift. Wahre Wissenschaft ist vollendete Anschauung, wahre Praxis ist selbst erzeugte Bildung und Kunst, wahre Religion ist Empfindung

---

*) III: denn mit Unwissenheit bleibt Euer Wissen auch immer vermischt, jenes Dünkelwissen aber wird ebenfalls und zwar am sichersten aufgehoben

**) III Zus.: des Wissens von der Frömmigkeit und des Handelns von der Frömmigkeit

Nur so kann es innerhalb dieser Gränzen selbst unendlich
sein und eigen gebildet werden, und sonst verliert Ihr
alles in der Gleichförmigkeit eines allgemeinen Begriffs. Warum hat Euch die Speculation so lange statt
eines Systems Blendwerke und statt der Gedanken Worte
gegeben? warum war sie nichts als ein leeres Spiel mit (51)
Formeln, die immer anders wiederkamen, und denen nie
etwas entsprechen wollte? Weil es an Religion ge-
brach, weil das Gefühl des Unendlichen sie nicht be-
seelte, und die Sehnsucht nach ihm, und die Ehrfurcht vor
ihm ihre feinen luftigen Gedanken nicht nöthigte, eine
festere Consistenz anzunehmen, um sich gegen diesen gewaltigen Druck zu erhalten. Vom Anschauen muß alles
ausgehen, und wem die Begierde fehlt, das Unendliche
anzuschauen, der hat keinen Prüfstein und braucht freilich auch keinen, um zu wissen, ob er etwas Ordentliches
darüber gedacht hat.

[Sinn] und Geschmack für das Unendliche. Eine von jenen haben zu wollen ohne diese, oder sich dünken lassen, man habe sie so, das ist (eine) verwegene, übermüthige Täuschung, (ein) frevelnder Irrthum, hervorgegangen aus dem unheiligen Sinn, der, was er in sicherer Ruhe fordern und erwarten konnte, lieber feigherzig frech entwendet, um es dann doch nur scheinbar zu besitzen. Was kann wol der Mensch bilden wollen der Rede werthes im Leben und in der Kunst, als was durch die Aufregungen jenes Sinnes in ihm selbst geworden ist? oder wie kann Einer die Welt wissenschaftlich umfassen wollen, und [oder] wenn sich auch die Erkenntniß ihm aufdrängte in einem bestimmten Talent, selbst dieses üben ohne jenen? Denn was ist alle Wissenschaft, als das Sein der Dinge in Euch, in Eurer Vernunft? was ist alle Kunst und Bildung, als Euer Sein in den Dingen, in ihrem Maße und ihrer Gestalt? [denen Ihr Maß, Gestalt und Ordnung gebet?] und wie kann beides in Euch zum Leben gedeihen, als nur sofern die ewige Einheit der Vernunft und Natur, sofern das allgemeine Sein alles Endlichen im Unendlichen unmittelbar in Euch lebt? (2) Darum werdet Ihr jeden wahrhaft Wissenden auch andächtig finden und fromm, und wo Ihr Wissenschaft seht ohne Religion, da glaubt sicher, sie ist entweder nur übergetragen und angelernt, oder sie ist krankhaft in sich, wenn sie nicht gar jenem leeren Schein selbst zugehört. [Zus.: der gar kein Wissen ist, sondern nur dem Bedürfniß dient.] Oder wofür haltet Ihr dies Ableiten und Ineinanderflechten von Begriffen, das nicht besser selbst lebt, als es dem Lebendigen entspricht? wofür auf dem Gebiet der Sittenlehre diese armselige Einförmigkeit, die das höchste menschliche Leben in einer einzigen todten Formel zu begreifen meint? Wie kann dieses nur aufkommen, als nur weil es an dem Grundgefühl der lebendigen Natur fehlt, die überall Mannichfaltigkeit und Eigenthümlichkeit aufstellt? wie jenes, als weil der Sinn fehlt, das Wesen

Und wie wird es dem Triumph der Speculation ergehen, dem vollendeten und gerundeten Idealismus, wenn Religion ihm nicht das Gegengewicht hält, und ihn einen höheren Realismus ahnen läßt als den, welchen er so kühn und mit so vollem Recht sich unterordnet? Er wird das Universum vernichten, indem er es zu bilden[1] scheint, er wird es herabwürdigen zu einer bloßen Allegorie, zu einem nichtigen Schattenbilde unserer eigenen Beschränktheit.[2] Opfert mit mir ehrerbietig eine Locke den Manen des heiligen verstoßenen Spinoza!
(55) Ihn durchdrang der hohe Weltgeist, das Unendliche war sein Anfang und Ende, das Universum seine einzige und ewige Liebe, in heiliger Unschuld und tiefer Demuth spiegelte er sich in der ewigen Welt, und sah zu wie auch Er ihr liebenswürdigster Spiegel war; voller Religion war Er und voll heiligen Geistes; und darum steht Er auch da, allein und unerreicht, Meister in seiner Kunst, aber erhaben über die profane Zunft ohne Jünger und ohne Bürgerrecht.

Anschauen des Universums, ich bitte, befreundet Euch mit diesem Begriff, er ist der Angel meiner ganzen Rede, er ist die allgemeinste und höchste Formel der Religion, woraus Ihr jeden Ort in derselben finden könnt, woraus sich ihr Wesen und ihre Gränzen aufs genaueste bestimmen lassen.[3] Alles Anschauen gehet aus von einem

---

und die Grenzen des Endlichen nur aus dem Unendlichen zu bestimmen, damit es in diesen Gränzen selbst unendlich sei? daher die Herrschaft des bloßen Begriffs! daher statt des organischen Baues die mechanischen Kunststücke Eurer Systeme! daher das leere Spiel mit analytischen Formeln, seien sie kategorisch oder hypothetisch, zu deren Fesseln sich das Leben nicht bequemen will. Wollt Ihr die Religion verschmähen, fürchtet Ihr der Sehnsucht nach dem Unendlichen [Ursprünglichen] Euch hinzugeben und der Ehrfurcht vor ihm, so wird auch die Wissenschaft Eurem Ruf nicht erscheinen, denn sie müßte entweder so niedrig werden als Euer Leben ist, oder sie müßte sich absondern von ihm und allein stehn, und in solchem Zwiespalt kann sie nicht gedeihen. Wenn der Mensch nicht in der unmittelbaren Einheit der Anschauung und des Gefühls Eins wird mit dem Universum, [Ewigen,] bleibt er in der abgeleiteten des Bewußtseins ewig getrennt von ihm. Darum wie soll es werden mit der höchsten Aeußerung der Speculation unsrer Tage, dem vollendeten gerundeten Idealismus, wenn er sich nicht wieder in diese Einheit versenkt, daß die Demuth der Religion seinem Stolz einen andern Realismus ahnen lasse, als den, welchen er so kühn und mit so vollem Rechte sich unterordnet?

[1] II: bilden zu wollen

[2] II: der einseitigen Beschränktheit seines leeren Bewußtseins.

[3] II: Warum soll ich Euch erst zeigen, wie dasselbe gilt auch von der Kunst? wie Ihr auch hier tausend Schatten und Blendwerke und Irrthümer habt aus derselben Ursache? Nur schweigend, denn der

Einfluß des Angeschauten auf den Anschauenden, von einem ursprünglichen und unabhängigen Handeln des Ersteren, welches dann von dem Letzteren seiner Natur gemäß aufgenommen, zusammengefaßt und begriffen wird. Wenn die Ausflüsse des Lichtes nicht — was ganz

---

neue und tiefe Schmerz hat keine Worte, will ich Euch statt alles andern hinweisen auf ein herrliches Beispiel, das Ihr alle kennen solltet eben so gut als jenes, auf den zu früh entschlafenen göttlichen Jüngling, dem Alles Kunst ward, was sein Geist berührte, seine ganze Weltbetrachtung unmittelbar zu Einem großen Gedicht, den Ihr, wiewol er kaum mehr als die ersten Laute wirklich ausgesprochen hat, den reichsten Dichtern beigesellen müßt, den [jenen] seltenen, die eben so tiefsinnig sind als klar und lebendig. An ihm schauet die Kraft der Begeisterung und der Besonnenheit eines frommen Gemüths, und bekennt wenn die Philosophen werden religiös sein und Gott suchen wie Spinoza und die Künstler fromm sein und Christum lieben wie Novalis, dann wird die große Auferstehung gefeiert werden für beide Welten. (3)

Damit Ihr aber versteht wie ich es meine mit dieser Einheit der Wissenschaft, der Religion und der Kunst und mit ihrer Verschiedenheit zugleich: so versucht mit mir hinabzusteigen in das innerste Heiligthum des Lebens, ob wir uns dort vielleicht gemeinschaftlich zurecht finden können. Dort allein findet Ihr das ursprüngliche Verhältniß des Gefühls und der Anschauung, woraus allein ihr Einssein und ihre Trennung zu verstehen ist. Aber an Euch selber muß ich Euch verweisen, an das Auffassen eines lebendigen Momentes. Ihr müßt es verstehen Euch selbst gleichsam vor Eurem Bewußtsein zu belauschen, oder wenigstens diesen Zustand für Euch aus jenem wieder herzustellen. Es ist das Werden Eures Bewußtseins, was Ihr bemerken sollt, nicht etwa sollt Ihr über ein schon gewordenes reflectiren. Sobald Ihr eine gegebene bestimmte Thätigkeit Eurer Seele zum Gegenstande der Mittheilung oder der Betrachtung machen wollt, seid Ihr schon innerhalb der Scheidung, und nur das Getrennte kann Euer Gedanke umfassen. Darum kann Euch meine Rede auch an kein bestimmtes Beispiel führen, denn eben weil es eins ist, [sobald etwas ein Beispiel ist,] ist auch das schon vorüber, was sie [meine Rede] aufzeigen will, und hier könnte ich Euch von dem ursprünglichen Einssein des Getrennten nur eine leise Spur aufzeigen.*) Aber auch die will ich vorläufig nicht verschmähen: Ergreift Euch dabei, wie Ihr ein Bild von irgend einem Gegenstand zeichnet, ob Ihr nicht noch damit verbunden findet ein Erregt- und Bestimmtsein Eurer selbst gleichsam durch den Gegenstand, welches eben Euer Dasein zu einem besondern Moment bildet. Je bestimmter Euer Bild

---

*) III: und nur noch eine leise Spur von dem ursprünglichen Einssein des Getrennten könnte ich Euch daran nachweisen:

ohne Eure Veranstaltung geschieht — Euer Organ be-
rührten, wenn die kleinsten Theile der Körper die Spitzen
Eurer Finger nicht mechanisch oder chemisch afficirten,
wenn der Druck der Schwere Euch nicht einen Widerstand
(56) und eine Grenze Eurer Kraft offenbarte, so würdet Ihr

---

sich auszeichnet, je mehr Ihr auf diese Weise der Gegenstand werdet, um desto mehr verliert Ihr Euch selbst. Aber eben weil Ihr das Uebergewicht von jenem und das Zurücktreten von diesem in seinem Werden verfolgen könnt, müssen nicht jenes und dieses Eins und gleich gewesen sein in dem ersten ursprünglichen Moment, der Euch entgangen ist? Oder Ihr findet Euch versunken in Euch selbst. Alles was Ihr sonst als ein Mannichfaltiges getrennt in Euch betrachtet in dieser Gegenwart unzertrennlich zu einem eigenthümlichen Gehalt Eures Seins verknüpft. Aber sehet Ihr nicht beim Aufmerken noch im Entfliehen das Bild eines Gegenstandes von dessen Einwirkung auf Euch, von dessen zauberischer Berührung dieses Bewußtsein [bestimmte Selbstbewußtsein] ausgegangen ist? Je mehr Eure Erregung und Euer Befangensein in dieser Erregung wächst, und Euer ganzes Dasein durchdringt, um, vorübergehend wie sie sein muß, wenigstens [für die Erinnerung] eine unvergängliche Spur (in der Erinnerung) zurückzulassen, damit was Euch auch neues zunächst ergreife, ihre Farbe und ihr Gepräge tragen muß, und so zwei Momente sich zu einer Dauer vereinigen; je mehr Euer Zustand Euch so beherrscht, um desto bleicher und unkenntlicher wird jene Gestalt. Allein eben weil sie verbleicht und entflieht, war sie vorher näher und heller, sie war ursprünglich Eins und dasselbe mit Eurem Gefühl. Doch wie gesagt, dies sind nur Spuren, und Ihr könnt sie kaum verstehen, wenn Ihr nicht auf den ersten Anfang jenes Bewußtseins zurückgehen wollt. Und solltet Ihr dies nicht können? Sprecht doch, wenn Ihr es ganz im Allgemeinen und ganz ursprünglich erwägt, was ist doch jeder Act Eures Lebens ohne Unterschied von andern in sich selbst? doch unmöglich etwas anderes als das Ganze auch ist, nur als Act, als Moment. Also wol ein Werden eines Seins für sich, und ein Werden eines Seins im Ganzen, beides zugleich, ein Streben in das Ganze zurückzugehn und ein Streben für sich zu bestehen, beides zugleich, das sind die Ringe, aus denen die ganze Kette zusammengesetzt ist.*) Wodurch nun seid Ihr im Ganzen? Durch Eure Sinne hoffe ich, wenn Ihr doch bei Sinnen sein müßt, um im Ganzen zu sein. Und wodurch seid Ihr für Euch? Durch die Einheit Eures Bewußtseins, [Selbstbewußtseins,] die Ihr zunächst in der Empfindung habt, in dem vergleichbaren Wechsel ihres Mehr und Weniger. Wie nun Eins nur mit dem Andern zugleich werden kann, wenn beides zusammen jeden Act

---

*) III Zus.: denn Euer ganzes Leben ist ein solches im Ganzen seiendes für sich sein.

Nichts anschauen und Nichts wahrnehmen, und was Ihr also anschaut und wahrnehmt, ist nicht die Natur der Dinge, sondern ihr Handeln auf Euch. Was Ihr über jene wißt oder glaubt, liegt weit jenseits des Gebiets der Anschauung. So die Religion; das Universum ist

---

des Lebens bildet, das ist ja leicht zu sehn. Ihr werdet Sinn und das Universum [Ganze] wird Gegenstand, und dieses Ineinandergeflossen- und Einsgewordensein von Sinn und Gegenstand, ehe noch jedes an seinen Ort zurückkehrt,*) (das) ist es, was ich meine, das ist jener Moment den Ihr jedesmal erlebt, aber auch nicht erlebt, denn die Erscheinung Eures Lebens ist nur das Resultat, seines beständigen Aufhörens und Wiederkehrens. Eben darum ist er kaum in der Zeit, so [Zus.: sehr] eilt er; [Zus.: vorüber;] und kaum kann er beschrieben werden, so wenig ist er eigentlich da für uns. Ich wollte aber Ihr könntet ihn festhalten und jede, die gemeinste sowie die höchste Art Eurer Thätigkeit, denn alle sind sich darin gleich, auf ihn zurückführen. Wenn ich ihn wenigstens vergleichen dürfte, [Zus.: da ich ihn nicht beschreiben kann, so] würde ich sagen, daß er [er sei] flüchtig und durchsichtig wäre wie jener Duft, den der Thau Blüthen und Früchten anhaucht, daß er [er sei] schamhaft und zart (wäre) wie ein jungfräulicher Kuß, und heilig und fruchtbar wie eine bräutliche Umarmung. Auch ist er wol nicht nur wie dieses, sondern man kann sagen, dies Alles selbst. Denn er ist das erste Zusammentreten des allgemeinen Lebens mit einem besonderen und erfüllt keine Zeit und bildet nichts Greifliches; er ist die unmittelbare über allen Irrthum und Mißverstand hinaus heilige Vermählung des Universums mit der fleischgewordenen Vernunft zu schaffender zeugender Umarmung. Ihr liegt dann unmittelbar an dem Busen der unendlichen Welt, Ihr seid in diesem Augenblick ihre Seele, denn Ihr fühlt [Zus.: wenn gleich nur durch einen ihrer Theile, doch] alle ihre Kräfte und ihr unendliches Leben wie Euer eigenes; sie ist in diesem Augenblick Euer Leib, denn Ihr durchdringt ihre Muskeln und Glieder wie Eure eigenen, und Euer Sinn und Ahnung setzen [Sinnen und Ahnen setzt] ihre innersten Nerven in Bewegung. So beschaffen ist die erste Empfängniß alles [jedes] Lebendigen [Zus.: und ursprünglichen Momentes] in Eurem Leben auf jedem Gebiet, also auch auf dem der Religion.**) Aber sie ist, wie gesagt, nicht einmal ein Moment, (das Bewußtsein wird), das Durchdringen

---

*) III Zus.: und der Gegenstand wieder losgerissen vom Sinn Euch zur Anschauung wird und Ihr selbst wieder losgerissen vom Gegenstand Euch zum Gefühl werdet, dieses Frühere

**) III: welchem Gebiet er auch angehöre, und aus solcher erwächst also auch jede religiöse Erregung.

in einer ununterbrochenen Thätigkeit und offenbart sich uns jeden Augenblick. Jede Form, die es hervorbringt, jedes Wesen, dem es nach der Fülle des Lebens ein abgesondertes Dasein giebt, jede Begebenheit, die es aus seinem reichen immer fruchtbaren Schooße herausschüttet,

---

des Daseins in diesem unmittelbaren Verein löset sich auf, [Zus.: sobald das Bewußtsein wird,] und nun tritt entweder lebendig und immer heller die Anschauung vor Euch hin, gleichsam die Gestalt der sich entwindenden Geliebten vor dem Auge des Jünglings, oder es arbeitet sich das Gefühl aus Eurem Innern hervor und nimmt verbreitend Euer ganzes Wesen ein, wie die Röthe der Scham und der Liebe sich über dem Antlitz der Jungfrau verbreitet. Und wenn sich erst als eines von beiden, als Anschauung oder Gefühl Euer Bewußtsein festgestellt hat, dann bleibt Euch, falls Ihr nicht ganz in dieser Trennung befangen die wahre Anschauung [das wahre Bewußtsein] Eures Lebens im Einzelnen verloren habt, nichts anderes übrig als das Wissen um die ursprüngliche Einheit beider Getrennten, um ihr gleiches Hervorgehn aus dem Grundverhältniß Eures Daseins. Weshalb denn auch in diesem Sinne wahr ist, was ein alter Weiser Euch gelehrt hat, daß jedes Wissen eine Erinnerung ist an das nämlich was außer der Zeit ist, eben daher aber mit Recht an die Spitze jedes Zeitlichen gestellt wird.

Wie es sich nun auf der einen Seite mit der Anschauung und dem Gefühl verhält, so auch auf der andern mit dem Wissen, als beides [jene beide] unter sich begreifend, und [Zus.: mit] dem Handeln. Denn dies sind die Gegensätze, durch deren beständiges Spiel und wechselseitige Erregung Euer Leben sich in der Zeit ausdehnt und Haltung gewinnt. Nämlich eins von beiden ist immer schon von Anfang an Euer Einswerdenwollen mit dem Universum durch einen Gegenstand, entweder überwiegende Gewalt der Gegenstände über Euch, daß sie Euch wollen in den Kreis ihres Daseins hineinziehen, [Zus.: indem sie selbst] gedeihe es Euch nun zur Anschauung oder zum Gefühl, [Zus.: in Euch hineintreten,] ein Wissen wird es immer, oder überwiegende Gewalt von Eurer Seite, daß Ihr ihnen Euer Dasein einprägen und Euch in sie einbilden wollt. Denn das ist es doch was Ihr eigentlich [im engern Sinne] handeln nennt, wirken nach außen. Aber nur als ein Erregtes und als ein Bestimmtes könnt Ihr Euer Dasein ihnen [den Dingen] mittheilen, also gebt Ihr nur zurück und befestiget und legt nieder in der Welt, was in Euch ist gebildet und gewirkt worden durch jene Art [ursprünglichen Acte] des gemeinschaftlichen Seins und ebenso kann auch, was sie [Zus.: in] Euch einbilden, [hineinbilden,] nur ein solches sein. Daher muß wechselseitig eines das andere erregen, und nur im Wechsel von Wissen und Handeln kann Euer Leben bestehen. Denn ein ruhiges Sein, worin Eins das Andere nicht thätig erregte, sondern beides sich bindend aufhöbe, ein solches wäre nicht Euer Leben, sondern [Zus.: es wäre] das woraus sich dieses entwickelt und worin es wieder verschwindet.

Hier also habt Ihr diese drei, um welche sich meine Rede bis jetzt

ist ein Handeln desselben auf uns; und so alles Einzelne als einen Theil des Ganzen, alles Beschränkte als eine Darstellung des Unendlichen hinnehmen, das ist Religion; was aber darüber hinaus will, und tiefer hinein-

---

gedreht hat: das Erkennen, das Gefühl und das Handeln, und könnt verstehen wie ich es meine, daß sie nicht einerlei sind und doch unzertrennlich. Denn nehmt nur alles Gleichartige zusammen und betrachtet es für sich, so werden doch alle jene Momente, worin Ihr Gewalt ausübt über die Dinge und Euch selbst in ihnen abdrückt, diese werden bilden was Ihr Euer praktisches oder im engern Sinn sittliches Leben nennt. Und wiederum jene beschaulichen, worin die Dinge ihr Dasein in Euch hervorbringen als Anschauung, diese gewiß nennt Ihr, es sei nun viel oder wenig, Euer wissenschaftliches Leben. Kann nun wol eine allein von diesen Reihen ein menschliches Leben bilden ohne die andere? Oder müßte es der Tod sein und jede Thätigkeit sich verzehren in sich selbst, wenn sie nicht aufgeregt und erneuert würde durch die andere? Aber ist deshalb eine auch die andere selbst, oder müßt Ihr sie doch unterscheiden, wenn Ihr Euer Leben verstehn und vernehmlich darüber reden wollt? Wie es nun mit diesen beiden sich verhält unter sich, so muß es sich doch auch verhalten mit der dritten in Beziehung auf jene beiden. Und wie wollt Ihr diese dritte wol nennen, die Reihe des Gefühls? was für ein Leben soll sie bilden zu den beiden andern? das religiöse denke ich, und Ihr werdet gewiß nicht anders sagen können. [Zus.: wenn Ihr es näher erwägen wollt.]

Dieses ist demnach [So ist denn das Hauptwort meiner Rede gesprochen, denn dieses ist] das eigenthümliche Gebiet, welches ich der Religion anweisen will und zwar ganz und allein, und welches Ihr gewiß (ihr) auch [für sie] abstecken müßt. [und einräumen werdet,] Ihr müßtet denn die alte Verworrenheit [vorziehn] der klaren Auseinandersetzung (vorziehn), oder ich weiß nicht was anderes [Zus.: noch Neues und] ganz Wunderliches vorbringen. Euer Gefühl insofern es Euer und des Universum [All] gemeinschaftliches Sein und Leben auf die beschriebene Weise ausdrückt, insofern Ihr die einzelnen Momente desselben habt als ein Wirken Gottes in Euch durch das Universum, [vermittelt durch das Wirken der Welt auf Euch,] dies ist Eure Frömmigkeit, und was einzeln als in diese Reihe gehörig hervortritt, das sind nicht Eure Erkenntnisse oder die Gegenstände Eurer Erkenntniß, auch nicht Eure Werke und Handlungen oder die verschiedenen Gebiete Eures Handelns, sondern lediglich Eure Empfindungen sind es, und die [Zus.: mit ihnen zusammenhängenden und sie bedingenden] Einwirkungen oder Handlungsweisen des Universum, denen sie entsprechen. [alles Lebendigen und Beweglichen um Euch her auf Euch.] Dies sind ausschließend die Elemente der Religion, aber diese gehören auch alle hinein; es gibt keine Empfindung, die nicht fromm wäre, (4) außer sie deute auf einen krankhaften, verderbten Zustand des Lebens, der sich dann auch den andern Gebieten mittheilen muß. Woraus denn von selbst folgt,

dringen in die Natur und Substanz des Ganzen, ist nicht mehr Religion, und wird, wenn es doch noch dafür angesehen sein will, unvermeidlich zurücksinken in leere

---

daß im Gegentheil Begriffe und Grundsätze, alle und jede durchaus der Religion an sich fremd sind, welches uns nun schon zum zweiten Male hervorgeht. Denn diese, wenn sie etwas sein sollen, gehören ja wol dem Erkennen zu und was diesem angehört, liegt [Zus.: doch] in einem andern Gebiet des Lebens als das religiöse ist. Nur muß es uns (nun schon näher liegen,) weil wir doch jetzt einigen Grund unter uns haben, [nun schon näher liegen] zu erforschen, woher doch die Verwechselung kommen mag, und ob denn gar nichts sei an der Verbindung in die man doch Grundsätze und Begriffe [Zus.: immer] gebracht hat mit der Religion, auch wie es wol mit dem Handeln stehe in derselben Hinsicht. Ja ohnedies wäre es wunderlich, weiter zu reden, denn Ihr setzt doch in Eure Begriffe um was ich sage, und sucht Grundsätze darin und so würde das Mißverständniß nur immer tiefer wurzeln. Wer weiß nun ob Ihr mir folgen werdet, wenn ich es [die Sache] so erkläre. Wenn Ihr nämlich die verschiedenen Functionen des Lebens, die ich aufgezeigt noch im Sinne habt, was hindert wol, daß nicht eine jede von diesen auch Gegenstand werden könnte für die andern, an denen diese sich üben und beschäftigen? Oder gehört nicht vielmehr offenbar auch dieses zu ihrer innern Einheit und Gleichheit, daß sie auf solche Weise streben in einander überzugehen? Mir wenigstens erscheint es so. Auf diese Art also könnt Ihr als Fühlende Euch selbst Gegenstand werden und Euer Gefühl betrachten. Ja auch so könnt Ihr als Fühlende Euch Gegenstand werden, daß Ihr auf ihn bildend wirkt und ihm mehr und mehr Euer inneres Dasein eindrückt. Wollt Ihr nun das Erzeugniß jener Betrachtung, die allgemeine Beschreibung Eures Gefühls nach seinem Wesen Grundsatz nennen, und die Beschreibung jedes einzelnen darin Hervortretenden Begriff und zwar religiösen Grundsatz und religiösen Begriff: so steht Euch das allerdings frei und Ihr habt Recht daran. Aber vergeßt nur nicht, daß dies eigentlich die wissenschaftliche Behandlung der Religion ist, das Wissen um sie, nicht sie selbst, und daß also [dieses Wissen als] die Beschreibung [des Gefühls] (für die Frömmigkeit) unmöglich in gleichem Range stehen kann mit dem beschriebenen Gefühle selbst. Vielmehr kann dieses in seiner vollen Gesundheit und Stärke Manchem einwohnen, wie denn fast alle Frauen hiervon Beispiele sind, ohne daß es besonders in Betrachtung gezogen werde; und Ihr dürft dann nicht sagen, daß Frömmigkeit fehle und Religion, sondern nur das Wissen darum. Vergeßt [Zus.: aber nur] nicht, [Zus.: wieder, was uns schon feststeht,] daß die [diese] Betrachtung schon die [jene] ursprüngliche Thätigkeit voraussetzt und ganz auf ihr beruht und daß jene Begriffe und Grundsätze garnichts sind als ein von außen angelerntes leeres Wesen, wenn sie nicht eben die Reflexion sind über Euer [des Menschen] eignes Gefühl. Also das sei Euch gesagt: [haltet ja fest,] (Anm.: Hier

Mythologie. So war es Religion, wenn die Alten die Beschränkungen der Zeit und des Raumes vernichtend jede eigenthümliche Art des Lebens durch die ganze Welt hin als das Werk und Reich eines [1]) allgegenwärtigen Wesens ansahen; sie hatten eine eigenthümliche Handelsweise des Universum in ihrer Einheit angeschaut und (57)
bezeichneten so diese Anschauung; [2]) es war Religion wenn sie für jede hülfreiche Begebenheit, wobei die ewigen Gesetze der Welt sich [3]) im Zufälligen auf eine einleuchtende Art offenbarten, den Gott dem sie angehörte, mit einem eigenen Beinamen begabten und einen eignen Tempel ihm bauten; sie hatten [4]) eine That des Universums

---

folgt erste Aufl. S. 75: wenn Ihr diese ꝛc. bis S. 77 hervorgehen, mit den dort angegebenen Veränderungen.)

Also als eigne Gefühle unstreitig, nicht als schale Beschreibung fremder, die nur zu einer kläglichen Nachahmung führen kann.*) Denn ursprüngliche [Zus.: rein aus dem Triebe nach Wissen hervorgehende] Erkenntnis kann nun einmal und will die Religion nicht sein. Also was Ihr durch sie fühlt und wahrnehmt, [Was wir in ihren Regungen fühlen und inne werden, das] ist nicht die Natur der Dinge, sondern ihr Handeln auf Euch. Was Ihr über jene wißt oder glaubt, [meint,] liegt weit abwärts von dem Gebiete der Religion. Das Universum ist in einer ununterbrochenen Thätigkeit und offenbart sich uns jeden Augenblick. Jede Form, die es hervorbringt, jedes Wesen, dem es nach der Fülle des Lebens ein abgesondertes Dasein gibt, jede Begebenheit, die es aus seinem reichen immer fruchtbaren Schooße herausschüttet, ist ein Handeln desselben auf uns, und (so) [in diesen Einwirkungen und dem was dadurch in uns wird,] alles Einzelne [Zus.: nicht für sich, sondern] als einen Theil des Ganzen, alles Beschränkte [Zus.: nicht in seinem Gegensatz gegen anderes, sondern] als eine Darstellung des Unendlichen in unser Leben aufnehmen und uns davon bewegen lassen, das ist Religion; (5) was aber darüber [hierüber] hinaus will und [Zus.: etwa] tiefer (hin)eindringen in die Natur und Substanz der Dinge, ist nicht mehr Religion, sondern [Zus.: will irgendwie] Wissenschaft [Zus.: werden] und wiederum, wenn was nur unsre Gefühle bezeichnen und [Zus.: in Worten] darstellen soll, für Wissenschaft [Zus.: von dem Gegenstande, für] geoffenbarte etwa und aus der Religion hervorgegangene, oder auch für Wissenschaft und Religion zugleich will angesehen sein, dann sinkt es unvermeidlich zurück in Mysticismus und leere Mythologie.

[1]) III Zus.: auf diesem Gebiet allmächtigen und

[2]) II: als ein bestimmtes Gefühl in sich aufgenommen und bezeichneten dieses so.

[3]) III Zus.: wenn auch

[4]) III: so hatten sie etwas einzelnes zwar aber als

---

*) III Zus.: Und nichts anders als eine solche Beschreibung können und sollen die religiösen Begriffe sein, welche jene Systeme bilden.

aufgefaßt, und bezeichneten so **ihre Individualität und ihren**[1]) Charakter. Es war Religion, wenn sie sich über das spröde eiserne Zeitalter (der Welt) voller Risse und Unebenen erhoben, und das goldene wieder suchten im Olymp unter dem lustigen[2]) Leben der Götter; so schauten sie an[3]) die immer rege immer lebendige und heitere Thätigkeit der Welt und ihres Geistes, jenseits alles Wechsels und alles scheinbaren Uebels, das nur aus dem Streit endlicher Formen hervorgehet. Aber wenn sie von den **Abstammungen**[4]) dieser Götter **eine wunderbare Chronik hatten,**[5]) oder wenn ein späterer Glaube uns eine lange Reihe von Emanationen und Erzeugungen vorführt, das ist[6]) leere Mythologie.[7]) Alle Begebenheiten in der Welt als Handlungen eines Gottes vorstellen, das ist Religion, es drückt ihre Beziehung auf ein unendliches Ganzes aus, aber über dem Sein dieses Gottes vor der
(58) Welt und außer der Welt grübeln, mag in der Metaphysik gut und nöthig sein, in der Religion wird auch das nur leere Mythologie, eine weitere Ausbildung desjenigen, was nur Hülfsmittel der Darstellung ist, als ob es selbst das Wesentliche wäre, ein völliges Herausgehen aus dem eigenthümlichen Boden.[8]) — Anschauung

---

[1]) III: nach ihrer Weise deren Zusammenhang und eigenthümlichen

[2]) II: fröhlichen

[3]) II: fühlten sie in sich

[4]) III: Verwandtschaften

[5]) III: einen wundersam verschlungenen Stammbaum verzeichnen,

[6]) III Zus.: wenn gleich seinem Ursprung nach religiöse Darstellung von der Verwandtschaft des menschlichen mit dem göttlichen und (von) der Beziehung des Unvollkommnen auf das Vollkommne, doch an und für sich

[7]) III Zus.: und für die Wissenschaft verderbliche Mystik.

[8]) II: Ja, um alles Hierhergehörige in Eins zusammenzufassen, so ist es allerdings das Ein und Alles der Religion, Alles im Gefühl uns Bewegende in seiner höchsten Einheit als Eins und dasselbe zu fühlen und alles Einzelne und Besondere nur hierdurch vermittelt, also unser Sein als ein Sein [und Leben] in [und durch] Gott (und als ein Leben in Gott unser Leben). Aber die Gottheit dann wieder als ein Abgesondertes und Einzelnes [einen abgesonderten einzelnen Gegenstand] hinzustellen,*) das ist schon nur eine Bezeichnung, Manchen [und wenn gleich Vielen] eine unentbehrliche, Vielen [und Allen] eine willkommne, wiewol [doch] immer unvollkommen, von der nur [eine bedenkliche und fruchtbar an Schwierigkeiten, aus denen]

---

*) III Zus.: so daß der Schein nicht leicht vermieden werden kann, als sei sie auch des Leidens empfänglich, wie andere Gegenstände,

ist und bleibt immer etwas Einzelnes, Abgesondertes; die unmittelbare Wahrnehmung, weiter nichts; sie zu verbinden und in ein Ganzes zusammenzustellen, ist schon wieder nicht das Geschäft des Sinnes, sondern des abstrakten Denkens. So die Religion; bei den unmittelbaren Erfahrungen vom Dasein und Handeln des Universums, bei den einzelnen Anschauungen und Gefühlen bleibt sie stehen; jede derselben ist ein für sich bestehendes Werk ohne Zusammenhang mit andern oder Abhängigkeit von ihnen; von Ableitung und Anknüpfung weiß sie nichts, es ist unter allem was ihr begegnen kann das, dem ihre Natur am meisten widerstrebt. Nicht nur eine einzelne Thatsache oder Handlung, die man ihre ursprüngliche und erste nennen könnte, sondern alles ist in ihr unmittelbar und für sich wahr. — Ein

---

die gemeine Sprache [sich] vielleicht nie loskommen kann. [loswickeln wird.] Diese nun [gegenständliche Vorstellung der Gottheit] aber gar als eine Erkenntniß (zu) behandeln und so*) das (abgesonderte) Sein Gottes vor der Welt und außer der Welt, aber [wenn gleich] für die Welt als Wissenschaft durch die Religion oder in der Religion aus(zu)bilden und dar(zu)stellen, das vorzüglich ist gewiß in [auf dem Gebiet] der Religion nur leere Mythologie, (6) eine [Zus.: nur zu leicht mißverständliche] weitere Ausbildung desjenigen, was nur Hülfsmittel der Darstellung ist, als ob es selbst das Wesentliche wäre, ein völliges Herausgehen aus dem eigenthümlichen Boden.

Hieraus könnt Ihr auch sogleich [zugleich] sehen, wie es sich damit verhält, [die Frage zu behandeln ist,] ob die Religion ein System ist [sei] oder nicht; eine Frage, die sich so gänzlich verneinen, aber auch so schlechthin bejahen läßt, wie Ihr es vielleicht kaum erwartet. Meint Ihr nämlich damit ob sie sich nach einem innern nothwendigen Zusammenhang gestaltet, so daß die Art, wie der Eine so, der Andere anders in religiösem Sinne bewegt wird ein Ganzes in sich ausmacht und nicht etwa zufällig in einem Jeden jetzt dieses, jetzt etwas anderes durch denselben Gegenstand erregt wird: meint Ihr dies, so ist sie gewiß ein System. Was irgendwo sei es unter Vielen oder Wenigen als eine eigne Weise und Bestimmtheit des Gefühls auftritt, das ist auch ein in sich Geschlossenes und Abgesondertes [Nothwendiges] durch seine Natur und nicht etwa konnte eben so gut unter den Christen vorkommen, was Ihr [Zus.: als religiöse Erregung] bei den Türken findet oder bei den Indiern. Aber in einer großen Stufenfolge [Mannichfaltigkeit von Kreisen] dehnt sich diese innere Einheit der Religiosität aus und zieht sich zusammen, [deren jeder je enger und kleiner

---

*) III Zus.: abgesondert von ihren Einwirkungen auf uns durch die Welt

System von Anschauungen, könnt Ihr Euch selbst etwas
Wunderlicheres denken? Lassen sich Ansichten und gar An-
(59) sichten des Unendlichen in ein System bringen? Könnt Ihr
sagen, man muß dieses so sehen, weil man jenes so sehen
mußte? Dicht hinter Euch, dicht neben Euch mag einer
stehen, und Alles kann ihm anders erscheinen. Oder
rücken etwa die möglichen Standpunkte, auf denen ein
Geist stehen kann, um das Universum zu betrachten, in
abgemessenen Entfernungen fort, daß ihr erschöpfen und
aufzählen und das Charakteristische eines jeden genau
bestimmen könnt? Sind ihrer nicht unendlich viele, und
ist nicht jeder nur ein stätiger Uebergang zwischen zwei
andern? Ich rede Euere Sprache bei dieser Frage; es
wäre ein unendliches Geschäft und den Begriff von etwas
Unendlichem seid Ihr nicht gewohnt mit dem Ausdruck

---

um desto] (immer) mehr Besonderes in sich aufnehmend als nothwendig, [als nothwendig in sich aufnimmt,] und aus sich ausscheidend [ausscheidet] als unverträglich. Denn wie zum Beispiel das Christenthum in sich ein Ganzes ist, so ist auch jeder von den Gegensätzen, die zu verschiedenen Zeiten darin aufgetreten sind, bis auf die neuesten des Protestantismus und Katholicismus, (jeder) ein Abgeschlossenes für sich. Und so ist zuletzt die Frömmigkeit jedes Einzelnen, mit der er ganz in jener größeren Einheit gewurzelt ist, wieder in sich Eins und als ein Ganzes gerundet und gegründet in dem was Ihr seine Eigenthümlichkeit nennt oder seinen Charakter, dessen eine Seite sie eben ausmacht. Und so giebt es in der Religion ein unendliches sich Bilden und Gestalten bis in die einzelne Persönlichkeit hinein und jede von diesen ist wieder ein Unendliches. [ein Ganzes und einer Unendlichkeit eigenthümlicher Aeußerungen fähig.] Denn Ihr werdet doch nicht, als ob das Sein und Werden der Einzelnen aus dem Ganzen auf eine endliche Weise in bestimmten Entfernungen fortschritte, daß Eins sich durch die übrigen bestimmen ließe, construiren und aufzählen und das Charakteristische im Begriff genau bestimmen wollen. Wenn ich die Religion in dieser Beziehung vergleichen soll, so weiß ich sie mit Nichts schöner zusammenzustellen, als mit einem ihr ohnedies innig verbundenen: die Tonkunst meine ich. Denn wie diese gewiß ein großes Ganzes bildet, eine besondere in sich geschlossene Offenbarung der Welt und doch wiederum die Musik eines jeden Volkes ein Ganzes für sich ist, und dies wiederum in verschiedene ihm eigenthümliche Gestalten sich gliedernd bis zu dem Genie und Stil des Einzelnen herab, und dann doch jedes lebendige Hervortreten dieser innern Offenbarung in dem Einzelnen, zwar alle jene Einheiten in sich hat, und eben in ihnen und durch sie doch aber mit aller Lust und Fröhlichkeit der ungebundenen [ungehemmten] Willkür, wie eben sein Leben sich regt und die Welt ihn berührt in dem Zauber der Töne darstellt: so ist auch die Religion ohnerachtet jenes nothwendigen in ihrer lebendigen Gestaltung dennoch

System zu verbinden, sondern den von etwas Be-
schränktem und in seiner Beschränkung Vollendetem.
Erhebt Euch einmal — es ist doch für die meisten unter
Euch ein Erheben — zu jenem Unendlichen der sinnlichen
Anschauung, dem bewunderten und gefeierten Sternen-
himmel. Die astronomischen Theorien, die tausend
Sonnen mit ihren Weltsystemen um eine gemeinschaftliche führen, und für diese wiederum ein höheres Welt-
system suchen, welches ihr Mittelpunkt sein könnte, und
so fort ins Unendliche nach innen und nach außen, diese
werdet Ihr doch nicht ein System von Anschauungen als (60)
solchen nennen wollen? Das Einzige, dem Ihr diesen
Namen beilegen könnt, wäre die uralte Arbeit jener
kindlichen Gemüther, die die unendliche Menge dieser
Erscheinungen in bestimmte aber dürftige und unschick-

---

in ihren einzelnen Aeußerungen, wie sie unmittelbar im Leben heraustritt, von nichts weiter entfernt als von jedem Scheine des Zwanges und der Gebundenheit. Denn in das Leben ist alles Nothwendige aufgenommen, und somit auch in die Freiheit, und alles Einzelne [jede einzelne Regung] tritt auf als freie Phantasie [eine freie Selbstbestimmung gerade dieses Gemüths,] in der sich eine vorübergehende Stimmung [ein vorübergehender Moment,] der Welt abspiegelt. Ein Unheiliger wäre, wer hier ein im Zwange Gehaltenes, ein äußerlich Gebundenes und Bestimmtes fordern wollte, und wenn so etwas liegt in Eurem Begriff von System, so müßt Ihr ihn hier gänzlich entfernen. Ein System von Wahrnehmungen und Gefühlen, vermöget Ihr selbst etwas Wunderlicheres zu denken? Oder [Denn] geht es Euch etwa so, daß, indem Ihr etwas fühlt, Ihr zugleich die Nothwendigkeit mitfühlt oder mitdenkt, nehmt, welches Ihr lieber mögt, daß Ihr bei diesem und jenem, was Euch jetzt grade nicht gegenwärtig bewegt, jenem Gefühl zufolge, so und nicht anders würdet fühlen müssen. Oder wäre es nicht um Euer Gefühl geschehen, und es müßte etwas ganz anders in Euch sein, ein kaltes Rechnen und Klügeln, sobald Ihr auf eine solche Betrachtung geriethet. Darum ist es nun offenbar ein Irrthum, daß es zur Religion gehöre, diesen Zusammenhang [sich dieses Zusammenhangs] ihrer einzelnen Aeußerungen auch noch einzusehen [bewußt zu sein] und ihn nicht nur in sich zu haben und aus sich zu entwickeln, sondern auch noch beschrieben vor sich zu sehen, und so von außen aufzufassen, und es ist eine Anmaßung, [wenn man] die für eine mangelhafte Frömmigkeit zu halten, [halten will,] der es daran fehlte. Auch lassen sich die wahren Frommen nicht stören in ihrem einfachen Gange, und nehmen wenig Kenntniß von allen so sich nennenden Religionssystemen, die von dieser Ansicht aus sind aufgeführt worden. Und wahrlich, sie sind auch schlecht genug und bei weitem nicht etwa zu vergleichen mit den Theorien über die Tonkunst, [Zus.: mit der wir die Religion eben verglichen haben,] wieviel auch in denen

liche Bilder gefaßt haben. Ihr wißt aber, daß darin kein Schein von System ist, daß noch immer Gestirne zwischen diesen Bildern entdeckt werden, daß auch innerhalb ihrer Gränzen Alles unbestimmt und unendlich ist, und daß sie selbst etwas rein Willkürliches und höchst Bewegliches bleiben. Wenn Ihr einen überredet habt, mit Euch das Bild des Wagens in die blaue Folie der Welten hineinzuzeichnen, bleibt es ihm nicht demohngeachtet frei, die nächstgelegenen Welten in ganz andere Umrisse zusammenzufassen als die Eurigen sind? Dieses unendliche Chaos, wo freilich jeder Punkt eine Welt vorstellt, ist eben als solches in der That das schicklichste und höchste

---

[diesen ebenfalls] Verfehltes sein mag. Denn weniger als irgendwo ist bei diesen Systematikern in der Religion ein andächtiges Aufmerken und Zuhören, um das was sie beschreiben sollen, wo möglich in seinem innern Wesen zu belauschen. Auch wollen sie freilich weniger dies, als nur mit den Zeichen rechnen, und nur die Bezeichnung abschließen und vollenden, die grade das Zufälligste ist, fast so zufällig als jene Bezeichnung der Gestirne, worin ihr die spielendste Willkür entdeckt, und die nirgends zureicht, weil immer wieder Neues gesehen und entdeckt wird, welches sich nicht hineinfügen will? Oder wollt Ihr hierin ein System finden? irgend etwas Bleibendes und Festes, das es seiner Natur nach wäre, und nicht bloß durch die Kraft der Willkür und der Tradition? Grade so auch hier. Denn so sehr jede Gestaltung der Religion innerlich durch sich selbst begründet ist, so hängt doch grade die Bezeichnung immer vom Aeußerlichen ab. Es könnten Tausende auf dieselbe Art religiös erregt sein, und jeder würde vielleicht sich andere Merkzeichen machen, um sein Gefühl zu bezeichnen, nicht durch sein Gemüth, sondern durch äußere Verhältnisse geleitet. (7) — Sie wollen ferner weniger das Einzelne in der Religion darstellen, diese Systematiker, als Eins dem Andern unterordnen und aus dem Höhern ableiten. Nichts aber ist weniger als dies im Sinne [Interesse] der Religion, welche Nichts weiß von Ableitung und Anknüpfung. In ihr ist nicht etwa nur eine einzelne Thatsache, die man ihre ursprüngliche und erste nennen könnte, sondern Alles und Jedes ist in ihr unmittelbar nur [und] für sich wahr, jedes ein für sich Bestehendes ohne Abhängigkeit von einem andern. Freilich ist jede besonders gestaltete Religion eine solche nur vermöge einer bestimmten Art und Weise des Gefühls, aber wie verkehrt ist es doch, diese als einen Grundsatz wie Ihr es nennt, behandeln zu wollen, von dem das Andere sich ableiten ließe. Denn diese bestimmte Form einer Religion ist eben auf gleiche Weise in jedem einzelnen Element der Religion, jenes besondere Gepräge trägt jede Aeußerung des Gefühls unmittelbar an sich, und abgesondert von diesen kann es sich nirgens zeigen, und Niemand kann es so haben, ja auch begreifen kann man die Religion nicht, wenn man sie nicht so begreift.

Sinnbild der Religion; in ihr wie in ihm ist nur das Einzelne wahr und nothwendig, Nichts kann oder darf in ihr aus dem Andern bewiesen werden, und alles Allgemeine, worunter das Einzelne befaßt werden soll, alle Zusammenstellung und Verbindung dieser Art liegt entweder in einem fremden Gebiet, wenn sie auf das Innere und Wesentliche bezogen werden soll, oder ist nur ein Werk (61)
der spielenden Phantasie und der freiesten Willkür. Wenn Tausende von Euch dieselben religiösen Anschauungen haben könnten, so würde gewiß jeder andere Umrisse ziehen, um fest zu halten, wie er sie neben oder nach einander erblickt hat; es würde dabei nicht etwa auf sein Gemüth, nur auf einen zufälligen Zustand, auf eine Kleinigkeit ankommen. Jeder mag seine eigene Anordnung haben und seine eigene Rubriken, das Einzelne[1]) kann dadurch weder gewinnen noch verlieren, und wer wahrhaft um seine Religion und ihr Wesen weiß, wird jeden scheinbaren Zusammenhang dem Einzelnen tief unterordnen, und ihm[2]) nicht das Kleinste von diesem aufopfern. Eben wegen dieser selbständigen Einzelheit ist das Gebiet der Anschauung so unendlich. Stellt Euch an den entferntesten Punkt der Körperwelt, Ihr werdet von dort aus nicht nur dieselben Gegenstände in einer andern Ordnung sehen und wenn Ihr Euch an Eure vorigen willkürlichen Bilder halten wollt, die Ihr dort nicht wiederfindet, ganz verirrt sein; sondern Ihr werdet in neuen Regionen noch ganz neue Gegenstände entdecken.[3]) Ihr könnt nicht sagen,

---

[1]) II: Wesentliche

[2]) III: jenem

[3]) II: Auf diesem Wege ist man auch zu jenem wunderlichen Gedanken gekommen, von einer Allgemeinheit einer Religion und von einer einzigen Form, zu welcher sich alle andern verhielten wie falsche zur wahren; ja wenn nicht gar zu sehr zu besorgen wäre, daß Ihr es mißverständet, sagte ich gern [Zus.: man sei] auch [nur auf diesem Wege] überhaupt zu einer solchen Vergleichung [gekommen] wie wahr und falsch, die sich nicht sonderlich eignet für die Religion. Denn eigentlich gehört alles dies zusammen und gilt nur da, wo man es mit Begriffen zu thun hat und wo die negativen Gesetze Eurer Logik etwas ausrichten können, sonst nirgends. Unmittelbar in der Religion ist alles wahr, denn wie könnte es sonst geworden sein? unmittelbar aber ist nur, was noch nicht durch den Begriff hindurchgegangen ist, sondern rein im Gefühl erwachsen. Auch alles, was sich irgendwo religiös gestaltet, ist gut, denn es gestaltet sich ja nur, weil es ein gemeinschaftliches höheres Leben ausspricht. Aber der ganze Umfang der Religion ist ein Unendliches und nicht unter einer einzelnen Form, sondern nur unter dem Inbegriff aller zu befassen. (8) Unendlich, nicht nur weil jede einzelne religiöse Organisation einen beschränkten Gesichtskreis hat, in dem

daß Euer Horizont, auch der weiteste, alles umfaßt,
(62) und daß jenseits desselben Nichts mehr anzuschauen sei,
oder daß Eurem Auge, auch dem bewaffnetsten innerhalb desselben Nichts entgehe: Ihr findet nirgends
Gränzen, und könnt Euch auch keine denken. Von der
Religion gilt dies in einem noch weit höheren Sinne;
von einem entgegengesetzten Punkte aus würdet Ihr
nicht nur in neuen Gegenden neue Anschauungen erhalten, auch in dem alten wohlbekannten Raume würden
sich die ersten Elemente in andere Gestalten vereinigen
und alles würde anders sein. Sie ist nicht nur deswegen unendlich, weil Handeln und Leiden auch zwischen
demselben beschränkten Stoff und dem Gemüth ohne
Ende wechselt — Ihr wißt, daß dies die einzige Unendlichkeit der Speculation ist — nicht nur deswegen, weil
sie nach innen zu unvollendbar ist wie die Moral, sie ist
unendlich nach allen Seiten, ein Unendliches des Stoffs
und der Form, des Seins, des Sehens und des Wissens
darum. Dieses Gefühl muß jeden begleiten, der wirklich Religion
hat. Jeder muß sich bewußt sein, daß die seinige nur ein Theil des
Ganzen ist, daß es über dieselben Gegenstände,[1]) die ihn religiös
afficiren, Ansichten[2]) giebt, die eben so fromm sind und doch von den
seinigen gänzlich verschieden, und daß (aus) andern **Elementen**[3])
(63) der Religion Anschauungen[4]) und Gefühle **ausfließen**,[5]) für die
ihm vielleicht gänzlich der Sinn fehlt. Ihr seht, wie unmittelbar diese
schöne Bescheidenheit, diese freundliche einladende Duldsamkeit aus dem

---

sie nicht alles umfassen kann, und also auch nicht glauben kann, es sei jenseit desselben Nichts mehr wahrzunehmen, sondern vornämlich, weil jede eine andere ist, und also auch nur auf eine eigne Weise erregbar, so daß auch innerhalb ihres eigenthümlichsten Gebietes für eine andere die Elemente der Religion sich anders würden gestaltet haben, [Unendlich,] nicht nur weil Handeln und Leiden auch zwischen demselben beschränkten Stoff und dem Gemüth ohne Ende wechselt, und also auch in der Zeit immer wieder Neues geboren wird, nicht nur weil sie als Anlage unvollendbar ist und sich also immer neu entwickelt, immer schöner reproducirt, immer tiefer der Natur des Menschen einbildet, sondern sie [die Religion] ist unendlich nach allen Seiten. Dieses Bewußtsein ist [Zus.: eben] so unmittelbar mit der Religion zugleich gegeben, wie mit dem Wissen [Zus.: zugleich] auch das Wissen um seine ewige Wahrheit und Untrüglichkeit gegeben ist, es ist das Gefühl der Religion selbst, und muß daher

[1]) II: Verhältnisse,
[2]) II Zus.: und Empfindungen
[3]) III: Gestaltungen
[4]) II: Wahrnehmungen
[5]) III: angehören

Begriff[1]) der Religion entspringt, und wie innig sie sich an ihn anschmiegt.[2]) Wie unrecht wendet Ihr Euch also an die Religion mit Euren Vorwürfen, daß sie verfolgungssüchtig sei und gehässig, daß sie die Gesellschaft zerrütte und Blut fließen lasse wie Wasser. Klaget dessen diejenigen an, welche die Religion verderben, welche sie mit Philosophie[3]) überschwemmen und sie in die Fesseln eines[4]) Systems schlagen wollen. Worüber denn in der Religion hat man gestritten, Partei gemacht und Kriege entzündet? Ueber die Moral bisweilen und über die Metaphysik[5]) immer, und beide gehören nicht hinein. Die Philosophie wol strebt diejenigen, welche wissen wollen, unter ein gemeinschaftliches Wissen zu bringen, wie Ihr das täglich sehet,[6]) die Religion[7]) aber nicht[8]) diejenigen, welche glauben und fühlen, unter Einen Glauben[9]) und Ein Gefühl. Sie strebt wol denen, welche[10]) noch nicht fähig sind **das Universum anzuschauen, die Augen,**[11]) zu öffnen, denn jeder Sehende ist ein neuer Priester, ein neuer Mittler, ein neues Organ; aber eben deswegen flieht sie mit Widerwillen die kahle Einförmigkeit, (61)
welche diesen göttlichen Ueberfluß wieder zerstören würde. Die[12]) Systemsucht (9) stößt freilich[13]) das Fremde ab, sei es auch noch so denkbar und wahr,[14]) weil es die wohlgeschlossenen Reihen des Eigenen verderben, und den schönen Zusammenhang stören könnte, indem es seinen Platz forderte[15]); in ihr ist der Sitz der Widersprüche,[16]) sie muß streiten[17]) und verfolgen; denn insofern das Einzelne wieder auf etwas Einzelnes und Endliches bezogen wird, kann freilich Eins das Andere zerstören durch sein Dasein; im Un-

---

1) II: Wesen

2) II: wenig sie sich von ihr trennen läßt.

3) II: einem Heer von Begriffen [Formeln und Begriffsbestimmungen]

4) II Zus.: sogenannten

5) II: Begriffsbestimmungen, die praktischen bisweilen, die theoretischen

6) II Zus.: wiewol auch sie, je besser sie sich versteht, um so leichter auch Raum gewinnt für die Mannichfaltigkeit,

7) II Zus.: begehrt

8) II: auch so nicht einmal

9) II Zus.: zu bringen

10) III Zus.: religiöser Erregungen

11) III: den Sinn für die ewige Einheit des ursprünglichen Lebensquelles

12) II: Jene dürftige

13) II: freilich stößt

14) II: von sich, oft ohne seine Ansprüche gehörig zu untersuchen, schon

15) II: fordert;

16) II: Streitkunst und Streitsucht,

17) II: Krieg führen

endlichen[1]) aber steht alles **Endliche**[2]) ungestört neben einander, alles ist Eins, und alles ist wahr. Auch haben nur die[3]) Systematiker dies alles angerichtet. Das neue Rom, das gottlose aber konsequente, schleudert Bannstrahlen und stößt Ketzer aus; (10) das alte, wahrhaft fromm und religiös im hohen Stil, war gastfrei gegen jeden Gott, und so wurde es der Götter voll. Die Anhänger des todten Buchstabens, den die Religion auswirft, haben die Welt mit Geschrei und Getümmel erfüllt, die wahren Beschauer des Ewigen waren immer ruhige Seelen, entweder allein mit sich und dem Unendlichen, oder wenn sie sich umsahen, jedem der das große Wort nur verstand, seine eigene Art gern vergönnend. Mit diesem weiten Blick und diesem
(65) Gefühl des Unendlichen sieht sie aber auch das an, was außer ihrem eigenen Gebiete liegt, und enthält in sich die Anlage zur unbeschränktesten Vielseitigkeit im Urtheil und in der Betrachtung, welche in der That anderswoher nicht zu nehmen ist. Lasset irgend etwas Anderes den Menschen beseelen — ich schließe die Sittlichkeit nicht aus noch die Philosophie, und[4]) berufe mich vielmehr ihretwegen auf Eure eigene Erfahrung — sein Denken und sein Streben, worauf es auch gerichtet sei, zieht einen engen Kreis um ihn, in welchem sein Höchstes eingeschlossen liegt, und außer welchem ihm alles gemein und unwürdig erscheint. Wer nur systematisch[5]) denken und nach Grundsatz und Absicht handeln, und dies und jenes ausrichten will in der Welt, der umgränzt unvermeidlich sich selbst und setzt immerfort dasjenige sich entgegen zum Gegenstande des Widerwillens, was sein Thun und Treiben nicht fördert. Nur der Trieb anzuschauen, wenn er[6]) aufs Unendliche gerichtet ist, setzt das Gemüth in unbeschränkte Freiheit, nur die Religion rettet es von[7]) **den schimpflichsten**[8]) Fesseln der Meinung und der Begierde. Alles was ist, ist für sie nothwendig, und Alles was sein kann, ist ihr ein wahres unentbehr-
(66) liches Bild des Unendlichen; wer nur den Punkt findet, woraus seine Beziehung auf dasselbe sich entdecken läßt. Wie verwerflich auch etwas in anderen Beziehungen oder an sich selbst sei, in dieser Rücksicht ist es immer werth zu sein und aufbewahrt und betrachtet zu werden. Einem frommen Gemüthe macht die Religion alles heilig und werth, sogar die Unheiligkeit und die Gemeinheit selbst, alles was es faßt

---

[1]) II: in der unmittelbaren Beziehung auf das Unendliche

[2]) III: ursprünglich innerliche

[3]) II: diese

[4]) II: will Sittlichkeit und Philosophie, soviel nämlich davon übrig bleiben kann, wenn Ihr die Religion davon trennt, nicht ausschließen, sondern

[5]) II: schulgerecht

[6]) II: Nur die freie Lust des Schauens und des Lebens, wenn sie ins Unendliche geht und

[7]) II: aus

[8]) III: den drückendsten

und nicht faßt, was in dem System seiner eigenen Gedanken liegt und mit seiner eigenthümlichen Handelsweise übereinstimmt **oder nicht**;[1]) sie ist die einzige[2]) und geschworene Feindin aller **Pedanterie**[3]) und aller Einseitigkeit. — Endlich um das allgemeine Bild der Religion zu vollenden, erinnert Euch, daß jede Anschauung ihrer Natur nach mit einem Gefühl verbunden ist. Eure Organe vermitteln den Zusammenhang zwischen dem Gegenstande und Euch, derselbe Einfluß des Letzteren, der Euch sein Dasein offenbaret, muß sie auf mancherlei Weise erregen, und in Eurem innern Bewußtsein eine Veränderung hervorbringen. Dieses Gefühl, das Ihr freilich oft kaum gewahr werdet, kann in andern Fällen zu einer solchen Heftigkeit heranwachsen, daß Ihr des Gegenstandes und Euerer selbst darüber vergeßt, Euer ganzes Nervensystem kann so davon durchdrungen werden, daß die Sensation lange allein herrscht und lange noch nachklingt, und der Wir- (67) kung anderer Eindrücke widersteht; aber daß ein Handeln in Euch hervorgebracht, die Selbstthätigkeit Eures Geistes in Bewegung gesetzt wird, das werdet Ihr doch nicht den Einflüssen äußerer Gegenstände zuschreiben? Ihr werdet doch gestehen, daß das weit außer der Macht auch der stärksten Gefühle liege, und eine ganz andere Quelle haben müsse in Euch.[4]) So die Religion; die-

---

[1]) III: und was nicht,

[2]) II: ursprüngliche

[3]) III: Kleinsinnigkeit

[4]) II: Wie nun die Religion selbst die Vorwürfe nicht treffen, welche nur auf ihrer Verunreinigung [Verwechselung] beruhen mit jenem Wissen, wieviel oder wenig es auch werth sein mag, ein Wissen will es doch immer sein, das ihr eigentlich nicht angehört,*) so treffen sie auch von einer andern Seite die Vorwürfe nicht, [diese auch jene Vorwürfe ebensowenig,] welche ihr wol von Seiten des Handelns sind gemacht worden. Zwar etwas davon habe ich nur eben schon berührt, aber laßt uns auch dies im Allgemeinen ins Auge fassen, damit wir es ganz beseitigen und Ihr recht erfahret wie ich es meine. Nur zweierlei müssen wir recht [dabei] genau unterscheiden. Einmal beschuldigt Ihr die Religion, sie veranlasse nicht selten unanständige, schreckliche, ja unnatürliche Handlungen auf dem Gebiete des gemeinsamen bürgerlichen sittlichen Lebens. Ich will Euch nicht erst den Beweis auflegen, daß solche Handlungen von frommen Menschen herrühren, diesen will ich Euch vorläufig schenken. Gut. Aber indem Ihr Eure Beschuldigung aussprecht, trennt Ihr doch

---

*) III Zus.: sondern nur der Theologie, die Ihr doch von der Religion immer unterscheiden solltet,

selben Handlungen des Universum, durch welche es sich Euch im Endlichen offenbart, bringen es auch in ein neues Verhältniß zu Eurem Gemüth und Eurem Zustand; indem Ihr es anschauet, müßt Ihr nothwendig von mancherlei Gefühlen ergriffen werden. Nur daß in der Religion ein anderes und festeres Verhältniß zwischen der Anschauung und dem Gefühl stattfindet, und nie jene so sehr überwiegt, daß dieses beinahe verlöscht wird. Im Gegentheil ist es wol ein Wunder, wenn die ewige Welt auf die Organe unseres Geistes so wirkt, wie die Sonne auf unser Auge? wenn sie uns so blendet, daß nicht nur in dem Augenblick alles Uebrige verschwindet, sondern auch noch lange nachher alle Gegenstände, die wir betrachten, mit dem Bilde derselben
(68) bezeichnet und von ihrem Glanz übergossen sind? So wie die besondere Art, wie das Universum sich Euch in Euren Anschauungen darstellt, das Eigenthümliche Eurer individuellen Religion ausmacht, so bestimmt die Stärke dieser Gefühle den Grad der Religiosität. Je gesunder der Sinn, desto schärfer und bestimmter wird er jeden

---

selbst Religion und Sittlichkeit von einander. Meint Ihr dies nun so, die Religion sei die Unsittlichkeit selbst oder ein Zweig von ihr? Wol schwerlich; denn sonst müßte Euer Krieg gegen sie noch ein ganz anderer sein und Ihr müßtet es als einen Maßstab der Sittlichkeit ansehn, wie weit sie auch die Frömmigkeit schon überwunden hätte. Und so seid Ihr doch nicht aufgetreten gegen sie, wenige [Zus.: von Euch] abgerechnet, die sich freilich fast wahnsinnig gezeigt haben in ihrem mißverstandenen Eifer gegen einen [um solchen] Mißverstand. Oder meint Ihr es wol nur so, die Frömmigkeit sei ein Anderes als die Sittlichkeit, gleichgültig gegen diese, und könne also wol zufälliger Weise auch unsittlich werden? Dann habt Ihr freilich Recht in dem Ersten; nämlich inwiefern man Frömmigkeit und Sittlichkeit trennen kann in der Betrachtung, sind sie auch verschieden, wie ich Euch auch schon zugegeben und gesagt habe, daß die eine im Gefühl ihr Wesen hat, die andere aber im Handeln. Allein wie kommt Ihr doch von diesem Gegensatz aus dazu, die Religion für das Handeln verantwortlich zu machen und es ihr zuzuschreiben? Wäre es dann nicht richtiger zu sagen, solche Menschen wären eben nicht sittlich genug gewesen, und wäre dies nur, so konnten sie immer eben so fromm gewesen sein ohne Schaden. Denn wenn Ihr uns vorwärts bringen wollt und das wollt Ihr ja, so ist es nicht rathsam, wo zweierlei in uns ungleich geworden ist, was eigentlich gleich sein sollte, das Voraneilende zurückzuführen, sondern treibet lieber das Zurückgebliebene vorwärts, so [dann] gedeihen wir weiter. Und damit Ihr mich nicht etwa anklagt, daß ich Silbenstecherei triebe, [treibe,] so laßt Euch aufmerksam darauf machen, daß die Religion an sich den Menschen gar nicht zum

Eindruck auffassen, je sehnlicher der Durst, je unaufhaltsamer der Trieb das Unendliche zu ergreifen, desto mannichfaltiger wird das Gemüth selbst überall und ununterbrochen von ihm ergriffen werden, desto vollkommener werden diese Eindrücke es durchdringen, desto leichter werden sie immer wieder erwachen, und über alle anderen die Oberhand behalten. So weit geht an dieser Seite das Gebiet der Religion, ihre Gefühle sollen uns besitzen, wir sollen sie aussprechen, festhalten, darstellen; wollt Ihr aber darüber hinaus mit ihnen, sollen sie eigentliche Handlungen veranlassen und zu Thaten antreiben, so befindet Ihr Euch auf einem fremden Gebiet; und haltet Ihr dies dennoch für Religion, so seid Ihr, wie vernünftig und löblich Euer Thun auch aussehe, versunken in unheilige Superstition. Alles eigentliche Handeln soll moralisch sein und kann es auch, aber die religiösen Gefühle sollen wie eine heilige Musik alles Thun des Menschen begleiten; er soll alles mit Religion thun, Nichts aus Religion. (69)
Wenn Ihr es nicht versteht, daß alles Handeln moralisch

Handeln treibt, und daß, wenn Ihr sie denken könntet, [Zus.: irgend] einem Menschen allein eingepflanzt, [Zus.: ohne daß sonst etwas in ihm lebte,] dieser alsdann weder solche noch andere Thaten hervorbringen würde, sondern gar keine, weil er eben, wenn Ihr an das Vorige zurückdenken wollt, und es nicht wieder umwerfen, gar nicht handeln würde, sondern nur fühlen. Daher eben, worüber Ihr ja genug klagt, und auch mit Recht, von jeher viele von den religiösesten Menschen, in denen aber das Sittliche zu sehr zurückgedrängt war, und denen es an den eigentlichen Antrieben zum Handeln fehlte, die Welt verließen und in der Einsamkeit sich müssiger Beschauung ergaben. Merket wol, dies kann die Religion, wenn sie sich isolirt und also krankhaft wird, bewirken, nicht aber grausame und schreckliche Thaten. Sondern auf diese Weise läßt sich der Vorwurf, den Ihr der Religion machen wollt, grade umwenden und in einen Lobspruch verwandeln. Nämlich die Handlungen, welche Ihr tadelt, wie [Zus.: verschieden] sie auch besonders [im Einzelnen] mögen beschaffen gewesen sein, stimmen darin überein, [haben doch das mit einander gemein,] daß sie unmittelbar aus einer einzelnen Regung des Gefühls scheinen hervorgegangen zu sein. Denn dies tadelt Ihr ja allemal, Ihr mögt dieses bestimmte Gefühl nun religiös nennen oder nicht; und ich, weit entfernt, hierin von Euch abzuweichen, lobe Euch um so mehr, je gründlicher und unparteiischer Ihr dies tadelt. Ich bitte Euch, es auch da zu tadeln, wo nicht grade die Handlung eine böse zu sein scheint, [Euch als böse erscheint, vielmehr sogar] auch wo sie ein gutes Ansehen hat. Denn das Handeln ist [wenn es einer einzelnen Regung folgt, geräth] dadurch in eine Abhängigkeit (gerathen), die ihm nicht ziemt, unter einen viel zu bestimmten Einfluß fast [selbst]

sein soll, so setze ich hinzu, daß dies auch von allem Andern gilt. Mit Ruhe soll der Mensch handeln, und was er unternehme, das geschehe mit Besonnenheit. Fraget den sittlichen Menschen, fraget den politischen, fraget den künstlerischen, alle werden sagen, daß dies ihre erste Vorschrift sei; aber Ruhe und Besonnenheit ist verloren, wenn der Mensch sich durch die heftigen und erschütternden Gefühle der Religion zum Handeln treiben läßt. Auch ist es unnatürlich, daß dies geschehe, die religiösen Gefühle lähmen ihrer Natur nach die Thatkraft des Menschen, und laden ihn ein zum stillen hingegebenen Genuß; daher auch die religiösesten Menschen, denen es an andern Antrieben zum Handeln fehlte, und die Nichts waren als religiös, die Welt verließen, und sich ganz der müssigen Beschauung ergaben. Zwingen muß der Mensch erst sich und seine frommen Gefühle, ehe sie Handlungen aus ihm herauspressen, und ich darf mich bloß auf Euch berufen, es gehört ja mit zu Euren Anklagen, daß so viel sinnlose und unnatürliche auf diesem Wege zu Stande gekommen sind. Ihr

---

äußerer Gegenstände. [Zus.: die auf die einzelne Erregung einwirken.] Das Gefühl ist, [Zus.: seiner Natur nach] sein Inhalt sei welcher er wolle, (seiner Natur nach,) wenn es nicht einschläfernd ist, heftig; es ist eine Erschütterung, eine Gewalt, der das Handeln nicht unterliegen und aus der es nicht hervorgehen soll, sondern aus der Ruhe und Besonnenheit, [Zus.: aus dem Totaleindruck unseres Daseins soll es hervorgehn] und diesen Charakter soll es an sich tragen. Auf gleiche Weise wird dies gefordert im gemeinen Leben wie im Staat und in der Kunst. Allein jene Abweichung kann doch nur daher kommen, daß der Handelnde — also doch wol um zu handeln, und also doch das Sittliche in ihm — die Frömmigkeit nicht genug und ganz hat gewähren lassen, so daß es vielmehr scheinen muß, wenn er nur frömmer gewesen wäre, würde er auch sittlicher gehandelt haben. Denn aus zwei Elementen besteht das ganze religiöse Leben; daß der Mensch sich hingebe dem Universum und sich erregen lasse von der Seite desselben, die es ihm eben zuwendet, und dann daß er diese Berührung, die als solche und in ihrer Bestimmtheit ein einzelnes Gefühl ist, nach innen zu fortpflanze und in die innere Einheit seines Lebens und Seins aufnehme; und das religiöse Leben ist Nichts Anderes als die beständige Erneuerung dieses Verfahrens. Wenn also Einer erregt worden ist auf eine bestimmte Weise von der Welt, ist es dann [etwa] seine Frömmigkeit, die ihn mit dieser Erregung gleich wieder nach außen treibt in ein Wirken und Handeln, welches dann freilich die Spuren der Erschütterung tragen und den reinen Zusammenhang des sittlichen Lebens trüben muß? Ohnmöglich; sondern im Gegentheil seine Frömmigkeit lud ihn ein nach innen zum Genuß des Erworbenen, es in das

seht, ich gebe Euch nicht nur diese Preis, sondern auch
die vortrefflichsten und löblichsten. Ob bedeutungslose (70)
Gebräuche gehandhabt oder gute Werke verrichtet, ob
auf blutenden Altären Menschen geschlachtet, oder ob sie
mit wohlthätiger Hand beglückt werden, ob in todter Un-
thätigkeit das Leben hingebracht wird, oder in schwer-
fälliger geschmackloser Ordnung, oder in leichter üppiger
Sinnenlust, das sind freilich, wenn von Moral oder vom
Leben und von weltlichen Beziehungen die Rede ist,
himmelweit von einander unterschiedene Dinge; sollen
sie aber zur Religion gehören und aus ihr hervorgegangen sein, so sind sie alle einander gleich, nur sklavi-
scher Aberglaube Eins wie das Andere. Ihr tadelt denjenigen, der durch den Eindruck, welchen ein Mensch auf
ihn macht, sein Verhalten gegen ihn bestimmen läßt, ihr
wollt, daß auch das richtigste Gefühl über die Gegenwirkung des Menschen uns nicht zu Handlungen verleiten soll, wozu wir keinen bessern Grund haben; so ist
also auch derjenige zu tadeln, dessen Handlungen, die
immer aufs Ganze gerichtet sein sollten, lediglich durch
die Gefühle bestimmt werden, die eben dieses Ganze in
ihm erweckt; er wird ausgezeichnet als ein solcher, der

Innerste seines Geistes aufzunehmen und damit in Eins zu verschmelzen, daß es sich des Zeitlichen entkleide und ihm nicht mehr als ein Einzelnes, nicht als eine Erschütterung einwohne, sondern als ein Ewiges, Reines und Ruhiges. Und aus dieser innern Einheit entspringt dann für sich als ein eigner Zweig des Lebens auch das Handeln und freilich, wie wir auch schon übereingekommen, als eine Rückwirkung des Gefühls; aber [Zus.: nur] das gesammte Handeln, dessen Einzelheiten von ganz etwas Anderem abhängen in ihrem Zusammenhang und ihrer Folge, kann nur so genannt werden, und jedes Einzelne stellt in diesem Zusammenhang und an seiner Stelle auf eine freie und eigne Weise die ganze innere Einheit des Geistes dar, nicht aber entspricht es abhängig und knechtisch irgend einer einzelnen Erregung.*) So ist demnach gewiß, daß Euer Tadel die Religion nicht trifft, wenn Ihr nicht von einem krankhaften Zu-

---

*) III: soll eine Rückwirkung sein von der Gesammtheit des Gefühls; die einzelnen Handlungen aber müssen von ganz etwas Anderem abhängen in ihrem Zusammenhang und ihrer Folge als vom augenblicklichen Gefühl, nur so stellen sie jede in ihrem Zusammenhang und an ihrer Stelle auf eine freie und eigne Weise die ganze innere Einheit des Geistes dar, nicht aber wenn sie abhängig und knechtisch irgend einer einzelnen Erregung entsprechen.

seine Würde preisgiebt, nicht nur aus dem Standpunkt der Moral, weil er fremden Beweggründen Raum läßt,
(71) sondern auch aus dem der Religion selbst, weil er aufhört zu sein, was ihm allein in ihren Augen einen eigenthümlichen Werth giebt, ein freier durch eigene Kraft thätiger Theil des Ganzen. Dieser gänzliche Mißverstand, daß die Religion handeln soll, kann nicht anders als zugleich ein furchtbarer Mißbrauch sein, und auf welche Seite sich auch die Thätigkeit wende, in Unheil und Zerrüttung endigen. Aber bei ruhigem Handeln, welches aus seiner eigenen Quelle hervorgehn muß, die Seele voll Religion haben, das ist das Ziel des Frommen. Nur böse Geister, nicht gute, besitzen den Menschen und treiben ihn, und die Legion von Engeln, womit der himmlische Vater seinen Sohn ausgestattet hatte, waren nicht in ihm, sondern um ihn her;[1]) sie halfen ihm auch nicht in seinem[2]) Thun und Lassen, und sollten es auch nicht, aber sie flößten Heiterkeit und Ruhe in die von Thun und Denken **ermattete**[3]) Seele; **er verlor sie wol bisweilen**[4]) aus den Augen, in Augenblicken, wo seine ganze Kraft

---

stande redet und daß auch dieser krankhafte Zustand nicht etwa in dem religiösen System ursprünglich und auf eigne Weise seinen Sitz hat, sondern ein ganz allgemeiner ist, aus welchem also garnichts Besonderes gegen die Religion kann gefolgert werden. Es ist gewiß endlich und muß Euch einleuchten, daß im gesunden Zustande, inwiefern wir Frömmigkeit und Sittlichkeit abgesondert betrachten wollen, der Mensch nicht angesehen werden kann als aus Religion handelnd und von der Religion zum Handeln getrieben, sondern dieses bildet seine Reihe für sich, und jene auch, als zwei verschiedene Functionen Eines und desselben Lebens. Darum wie Nichts aus Religion, so soll alles mit Religion der Mensch handeln und verrichten, ununterbrochen sollen wie eine heilige Musik die religiösen Gefühle sein thätiges Leben begleiten, und er soll nie und nirgends erfunden werden ohne sie. Daß ich aber in dieser Darstellung weder Euch noch mich hintergangen, könnt Ihr auch daraus sehen, wenn Ihr Achtung geben wollt, ob nicht jedes Gefühl, je mehr Ihr selbst ihm den Charakter der Frömmigkeit beilegt, um desto stärker auch die Neigung hat, nach innen zurückzukehren, nicht aber nach außen in Thaten hervorzubrechen, und ob nicht ein Frommer, den Ihr recht innig bewegt fändet, sich in der größten Verlegenheit befinden oder Euch wol garnicht verstehen würde, wenn Ihr ihn fragtet, was für eine einzelne Handlung er denn nun zu verrichten gesonnen wäre, um sein Gefühl [in Folge seines Gefühls um es] zu beurkunden und auszulassen.

[1]) II: übten keine Gewalt über ihn aus,

[2]) II Zus.: einzelnen

[3]) III: erschöpfte

[4]) III: bisweilen wol verlor er die vertrauten Geister

zum Handeln aufgeregt war, aber dann umschwebten sie ihn wieder in fröhlichem Gedränge und dienten ihm. — Ehe ich Euch aber in das Einzelne dieser Anschauungen und Gefühle hineinführe, welches allerdings mein nächstes Geschäft an Euch sein muß, so vergönnt mir zuvor einen Augenblick (72)
darüber zu trauern, daß ich von beiden nicht anders als getrennt reden kann; der feinste Geist der Religion geht dadurch verloren für meine Rede, und ich kann ihr innerstes Geheimniß nur schwankend und unsicher enthüllen. Aber eine nothwendige Reflexion trennt beide, und wer kann über irgend etwas, das zum Bewußtsein gehört, reden, ohne erst durch dieses Medium hindurch zu gehen.[1]) Nicht nur wenn wir eine innere Handlung des

---

[1]) II: Doch warum führe ich Euch auf solche Einzelheiten und rede in Bildern! Am deutlichsten zeigt sich ja mein Recht darin, daß ohnerachtet ich mit Euch ausging von der Trennung, die Ihr setztet zwischen Religion und Sittlichkeit, und nur indem wir diese recht genau verfolgten, wir von selbst auf ihre [beider] wesentliche Vereinigung im wahren Leben zurückgekommen sind und gesehen haben, daß, was sich als ein Verderbniß in der einen zeigt, auch eine Schwäche in der andern voraussetzt und daß, wenn nicht auch die andere ganz das ist was sie sein soll, keine von beiden vollkommen sein kann.

Hiermit also verhält es sich gewiß so. Ihr redet aber oft noch von andern Handlungen, welche bestimmt die Religion hervorbringen müsse, weil sie für die Sittlichkeit nichts wären und also aus ihr unmöglich könnten hervorgegangen sein, ebenso wenig aber aus demselben Grunde auch aus der Sinnlichkeit, wie man diese der Sittlichkeit entgegensetzt, für welche sie [weil sie nämlich für diese] auch nichts wären; verderblich aber wären sie doch, weil sie den Menschen gewöhnten, sich an das Leere zu halten und auf das Nichtige einen Werth zu setzen, und weil sie, wenn auch noch so gedankenleer und bedeutungslos, nur allzuoft die Stelle des sittlichen Handelns vertreten [Zus.: und den Mangel desselben bedecken] sollten. Ich weiß, was Ihr meint; erspart mir nur das lange Verzeichniß von äußerlicher Zucht, geistlichen Uebungen, Entbehrungen, Kasteiungen und was sonst noch, was Ihr in diesem Sinn der Religion als ihr Erzeugniß vorwerft, wovon aber, was Ihr doch ja nicht übersehen mögt, grade die größten Helden der Religion, die Stifter und Erneuerer der Kirche auch sehr gleichgültig urtheilen. Hiermit freilich verhält es sich anders; aber auch hier meine ich, wird die Sache, die ich vertheidige, sich selbst rechtfertigen. Nämlich wie jenes Wissen, wovon wir vorher sprachen, jene Lehrsätze und Meinungen, welche sich näher an die Religion anschließen wollten, als ihnen zukam, nur Bezeichnungen und Beschreibungen des Gefühls waren, kurz, ein Wissen um das Gefühl, keineswegs aber ein unmittelbares Wissen um die Handlungen des Universum, durch welche das Gefühl erregt wurde, und wie jenes nothwendig zum Uebel

Gemüths mittheilen, auch wenn wir sie nur in uns zum Stoff der Betrachtung machen und zum deutlichen Bewußtsein erhöhen wollen, geht gleich diese unvermeidliche Scheidung vor sich: das Factum vermischt sich mit dem ursprünglichen Bewußtsein unserer doppelten Thätigkeit, der herrschenden und nach außen wirkenden, und der bloß zeichnenden und nachbildenden, welche den Dingen vielmehr zu dienen scheint, und sogleich bei dieser Berührung zerlegt sich der einfachste Stoff in zwei entgegengesetzte Elemente, die einen treten zusammen zum Bilde eines Objects, die andern dringen durch zum Mittelpunkt unsers Wesens, brausen dort auf mit unsern ursprünglichen Trieben und entwickeln ein flüchtiges Gefühl. Auch mit dem innersten Schaffen des reli-
(73) giösen Sinnes können wir diesem Schicksal nicht entgehen; nicht anders als in dieser getrennten Gestalt können wir seine Produkte wieder zur Oberfläche herauffördern und mittheilen. Nur denkt nicht — dies ist eben einer

---

ausschlagen mußte, wo es an die Stelle entweder des Gefühls oder der eigentlichen und ursprünglichen Erkenntniß sollte gesetzt werden; so ist auch dieses Handeln, das als Uebung und Leitung des Gefühls unternommen, so oft leer und gehaltlos ausschlagende — denn von einem andern symbolischen und bedeutenden, nicht als Uebung, sondern als Darstellung des Gefühls sich gebenden, reden wir doch nicht — jenes aber ist ebenfalls ein Handeln gleichsam aus der zweiten Hand, welches sich eben so auf seine Weise das Gefühl zum Gegenstand macht und bildend darauf wirken will.*) Wie viel Werth nun dieses haben mag an sich, und ob es nicht ebenso unwesentlich ist als jenes Wissen, das will ich hier nicht entscheiden, wie es denn auch schwer ist, recht zu fassen und [Zus.: wol sehr] genau will erwogen sein, in welchem Sinn doch der Mensch sich selbst und zumal sein Gefühl kann behandeln wollen, als welches mehr das Geschäft des Ganzen zu sein scheint, und also ein von selbst sich ergebendes Produkt seines Lebens als ein absichtliches und sein eignes. Doch dies wie gesagt, gehört nicht hierher und ich möchte es lieber mit den Freunden der Religion besprechen, als mit Euch. Soviel aber ist gewiß und ich gestehe es unbedingt, wenig Irrungen sind so verderblich, als wenn jene bildenden Uebungen des Gefühls an die Stelle des ursprünglichen Gefühls sollen gesetzt werden; nur ist es offenbar eine Irrung, in welche religiöse Menschen nicht gerathen können. Vielleicht gebt Ihr es mir schon gleich zu, wenn ich Euch nur [Zus.: daran] erinnere, daß etwas ganz Aehnliches sich findet auf der Seite der Sittlichkeit. Denn es gibt auch

---

*) III Zus.: wie jenes Wissen es sich zum Gegenstande macht und es betrachtend auffassen will.

von den gefährlichsten Irrthümern — daß religiöse Anschauungen und Gefühle auch ursprünglich in der ersten Handlung des Gemüths so abgesondert sein dürfen, wie wir sie leider hier betrachten müssen. Anschauung ohne Gefühl ist Nichts und kann weder den rechten Ursprung noch die rechte Kraft haben, Gefühl ohne Anschauung ist auch Nichts: beide sind nur dann und deswegen etwas, wenn und weil sie ursprünglich Eins und ungetrennt sind. Jener erste geheimnißvolle Augenblick, der bei jeder sinnlichen Wahrnehmung vorkommt, ehe noch Anschauung und Gefühl sich trennen, wo der Sinn und sein Gegenstand gleichsam in einander geflossen und Eins geworden sind, ehe noch beide an ihren ursprünglichen Platz zurückkehren — ich weiß wie unbeschreiblich er ist, und wie schnell er vorüber geht, ich wollte aber, Ihr könntet ihn festhalten und auch in der höheren und göttlichen religiösen Thätigkeit des Gemüths ihn wieder erkennen. Könnte und dürfte ich ihn doch aussprechen,

---

ein solches Handeln auf sein eignes Handeln: Uebungen des Sittlichen, die der Mensch, wie sie sich ausdrücken, mit sich selbst anstellt, damit er besser werde, und diese an die Stelle des unmittelbaren sittlichen Handelns, des Gutseins selbst [Zus.: und Rechtthuns] zu setzen, dies geschieht freilich, aber Ihr werdet nicht zugeben wollen, daß es von den sittlichen Menschen geschehe. Bedenkt es aber auch so. Ihr redet doch davon, [Ihr meint es doch eigentlich so,] daß die Menschen allerlei thun, Einer vom Andern es annehmend und fortpflanzend auf die Spätern, was bei Vielen sich garnicht verstehen läßt und Nichts bedeutet, immer aber sich nur so begreifen läßt, daß es geschehe, um ihr religiöses Gefühl zu erregen und zu unterstützen und auf diese oder jene Seite zu lenken. Wo also dieses Handeln ein selbsterzeugtes ist und [Zus.: wo es] diese Bedeutung wirklich hat, da bezieht es sich ja offenbar auf das eigene Gefühl des Menschen und setzt einen bestimmten Zustand desselben voraus, und daß dieser mitgefühlt werde, und der Mensch seiner selbst und seines inneren Lebens auch mit seinen Schwächen und Unebenheiten inne werde. Ja auch ein Interesse daran setzt es voraus, eine höhere Selbstliebe, deren Gegenstand eben der Mensch ist, als der sittlich fühlende, als ein eigengebildeter Theil des Universum, [Ganzen der geistigen Welt] und offenbar so wie diese Liebe aufhörte, müßte auch jenes Handeln aufhören. Kann es also jemals verkehrter und thörichter Weise an die Stelle des Gefühls gesetzt werden und dieses verdrängen wollen ohne zugleich sich selbst aufzuheben? Sondern nur unter den Irreligiösen*) kann diese Irrung entstehen. Es ist

---

*) III: denen, die in ihrem tiefsten Innern einen Gegensatz gegen die Frömmigkeit bilden,

andeuten wenigstens, ohne ihn zu entheiligen! Flüchtig
(74) ist er und durchsichtig wie der erste Duft, womit der Thau die erwachten Blumen anhaucht, schamhaft und zart wie ein jungfräulicher Kuß, heilig und fruchtbar wie eine bräutliche Umarmung; ja nicht wie dies, sondern er ist Alles dieses selbst. Schnell und zaubrisch entwickelt sich eine Erscheinung, eine Begebenheit zu einem Bilde des Universums. So wie sie sich formt die geliebte und immer gesuchte Gestalt, flieht ihr meine Seele entgegen, ich umfange sie nicht wie einen Schatten, sondern wie das heilige Wesen selbst. Ich liege am Busen der unendlichen Welt: ich bin in diesem Augenblick ihre Seele, denn ich fühle alle ihre Kräfte und ihr unendliches Leben wie mein eigenes, sie ist in diesem Augenblicke mein Leib, denn ich durchbringe ihre Muskeln und

---

eine äußere Seite an der sie das Verborgene fassen können, die sie nachäffen mögen,*) wenn es ihnen bewußt oder unbewußt darum zu thun ist, Andere oder sich selbst mit dem Schein eines höheren Lebens, das nicht wirklich in ihnen ist, zu täuschen. So schlecht (ist) in der That, [Zus.: ist das,] was Ihr in diesem Sinne tadelt; es ist immer entweder niedrige Heuchelei oder elende Superstition, die ich Euch willig preisgebe und nicht vertheidigen will. Auch kommt Nichts darauf an, was in diesem Sinne geübt werde und wir wollen nicht nur das verwerfen, was schon für sich angesehen, leer, unnatürlich und verkehrt ist, sondern alles was auf diesem [gleichem] Wege entsteht, welch' ein gutes Aussehen [Ansehen] es auch habe; wilde Kasteiungen, geschmackloses Entbehren des Schönen, leere Worte und Gebräuche, wohlthätige Spenden, alles gelte uns gleich viel, jede Superstition sei uns gleich unheilig. Aber nie wollen wir auch diese verwechseln mit dem wohlgemeinten Streben frommer Gemüther. Auch unterscheidet sich beides wahrlich sehr leicht. Denn jeder religiöse Mensch bildet sich seine Asketik selbst, wie er sie bedarf, und sieht sich nicht um nach irgend einer Norm, als die er in sich hat. Der Abergläubige aber und der Heuchler halten sich streng an ein Gegebenes und Hergebrachtes, und eifern dafür als für ein Allgemeines und Heiliges. Natürlich! denn wenn Jedem zugemuthet würde, sich seine äußere Zucht und Uebung, seine Gymnastik des Gefühls selbst auszusinnen in Beziehung auf seinen persönlichen Zustand, so wären sie übel daran, und ihre innere Armuth könnte sich nicht länger verbergen.

---

*) III: Für diese nämlich haben solche Gefühlsübungen einen eigenen Werth, weil sie sich dadurch das Ansehn geben können, als halten sie auch einen Theil von dem Verborgenen; weil sie dasselbe, was in Andern eine tiefe Bedeutung hat, äußerlich nachäffen können,

ihre Glieder wie meine eigenen, und ihre innersten Nerven
bewegen sich nach meinem Sinn und meiner Ahnung
wie die meinigen. Die geringste Erschütterung, und
es verweht die heilige Umarmung, und nun erst steht die
Anschauung vor mir als eine abgesonderte Gestalt, ich
messe sie, und sie spiegelt sich in der offenen Seele wie
das Bild der sich entwindenden Geliebten in dem auf-
geschlagenen Auge des Jünglings, und nun erst arbeitet
sich das Gefühl aus dem Innern empor, und verbreitet
sich wie die Röthe der Scham und der Lust auf seiner (75)
Wange. Dieser Moment ist die höchste Blüthe der Religion. Könnte ich ihn Euch schaffen, so wäre ich ein Gott
— das heilige Schicksal verzeihe mir nur, daß ich mehr
als Eleusische Mysterien habe aufdecken müssen. — Er ist

Lange habe ich Euch verweilt bei dem Allgemeinsten, fast nur Vorläufigen, und was sich von selbst sollte verstanden haben. Aber weil es sich eben nicht verstand, weder für Euch noch für Viele, die am wenigsten zu Euch werden gezählt sein wollen, wie die Religion sich verhält zu den andern Zweigen des Lebens, so war es wol nöthig, die Quellen der gewöhnlichsten Mißverständnisse, damit sie uns nicht hernach auf unserm Wege aufhielten, gleich Anfangs abzuleiten. Dieses habe ich nun nach Vermögen gethan, und hoffe, wir haben festen Boden unter uns und sind überzeugt, daß wenn wir nun anknüpfend an jenen Augenblick, welcher selbst nie unmittelbar angeschaut wird, in welchem sich aber alle verschiedene Aeußerungen des Lebens gleichmäßig bilden, wie viele [so wie manche] Gewächse sich noch [schon] in der verschlossenen Knospe befruchten und die Frucht gleichsam schon mitbringen zur Blüthe, wenn wir an diesen anknüpfend nun fragen, wo vorzüglich unter allen seinen Erzeugnissen die Religion zu suchen sei, keine andere Antwort die rechte sein und mit sich selbst bestehen könne, als da wo vorzüglich als Gefühle die lebendigen Berührungen des Menschen mit der Welt sich gestalten, und daß dieses die schönen und duftreichen Blüthen der Religion sind, welche zwar wie sie sich nach jener verborgenen Handlung geöffnet haben auch bald wieder abfallen, deren aber das göttliche Gewächs aus der Fülle des Lebens immer neue hervortreibt, ein paradiesisches Klima um sich her erschaffend, in welchem kein dürftiger Wechsel die Entwickelung stört, noch eine rauhe Umgebung den zarten Lichtern und dem feinen Gewebe der Blumen schadet, zu welchem ich jetzt eben Eure vorläufig gereinigte und bereitete Betrachtung hinführen will.

Und zwar folget mir zuerst zur äußern Natur, welche von so Vielen für den ersten oder einzigen Tempel der Gottheit und vermöge ihrer eigenthümlichen Art das Gemüth zu berühren für das innerste Heiligthum der Religion gehalten wird, jetzt aber, wiewol sie mehr sein sollte, fast nur der Vorhof derselben ist. Denn ganz verwerflich ist wol die Ansicht, welche mir zunächst von Euch entgegentritt, als ob

die Geburtsstunde alles Lebendigen in der Religion. Aber es ist damit wie mit dem ersten Bewußtsein des Menschen, welches sich in das Dunkel einer ursprünglichen und ewigen Schöpfung zurückzieht, und ihm nur das hinterläßt, was es erzeugt hat. Nur die Anschauungen und Gefühle kann ich Euch vergegenwärtigen, die sich aus solchen Momenten entwickeln. Das aber sei Euch gesagt: (Anm.: Der folgende Abschnitt bis S. 82: hervorgehen, steht in den spätern Auflagen an der S. 59 Anm. bezeichneten Stelle.) wenn **Ihr**[1]) diese[2]) noch so vollkommen versteht, wenn **Ihr**[3]) sie **in Euch**[4]) zu haben glaubt im klarsten Bewußtsein, **aber Ihr wißt**[5]) nicht und **könnt**[6]) (es) nicht aufzeigen, daß sie aus solchen Augenblicken[7]) (**in Euch**) entstanden und ursprünglich Eins und ungetrennt gewesen[8]) sind, so **überredet Euch und mich nicht weiter,**[9]) es ist dem (doch) nicht so, **Euere**[10]) Seele hat nie empfangen, es[11]) sind nur untergeschobene Kinder, Erzeugnisse anderer Seelen, die **Ihr**[12]) im heimlichen Gefühl

---

die Furcht vor den Kräften, die in der Natur walten und wie sie [Zus.: auch] nichts [anders] verschonend, auch [selbst] das Leben und die Werke des Menschen bedrohen, als ob diese [Zus.: Furcht] ihm das erste Gefühl des Unendlichen gegeben hätten, [hätte,] oder gar die einzige Basis aller Religion wären. [wäre.] Oder müßt Ihr nicht gestehen, daß wenn es sich so verhielte und die Frömmigkeit mit der Furcht gekommen wäre, sie auch mit der Furcht wieder gehen müßte? Freilich müßt Ihr das; aber vielleicht scheint es Euch gar so, darum lasset uns zusehn. Offenbar ist doch dieses das große Ziel alles Fleißes, der auf die Bildung der Erde verwendet wird, daß die Herrschaft der Naturkräfte über den Menschen vernichtet werde, und alle Furcht vor ihnen aufhöre. Und in der That ist schon bewundernswürdig viel hierin geschehen.

[1]) III: Jemand

[2]) II Zus.: Grundsätze und Begriffe

[3]) III: Einer

[4]) III: inne

[5]) III: weiß aber

[6]) III: kann

[7]) II: den Aeußerungen Eures [seines eigenen] Gefühls [Zus.: in ihm] selbst

[8]) II: Euer eigen [sein eigen]

[9]) III: laßt Euch ja nicht überreden, daß ein solcher fromm, und stellt mir ihn nicht als einen Frommen dar, denn

II Zus.: daß Ihr fromm wäret,

[10]) III: seine

[11]) II: auf dem Gebiete der Religion und Eure [seine] Begriffe

[12]) III: er

der eigenen Schwäche adoptirt **habt.** [1]) Als Unheilige und entfernt
von allem göttlichen Leben bezeichne ich [2]) (*Euch*) Diejenigen, die also
herumgehen und sich brüsten mit Religion. Da hat der Eine *An-* (76)
schauungen [3]) der Welt und Formeln, welche sie ausdrücken sollen,
und der Andre hat *Gefühle* [4]) und innere Erfahrungen, wodurch er
sie documentirt. Jener flicht seine Formeln **über** [5]) einander, [6]) und dieser
webt eine Heilsordnung aus seinen *Erfahrungen, und nun* [7]) ist
Streit, wie viel Begriffe und Erklärungen man nehmen müsse, *und wie
viel* [8]) Rührungen und Empfindungen, um daraus eine tüchtige Religion zusammenzusetzen, die [9]) weder kalt noch schwärmerisch wäre. [10]) **Ihr** [11])
Thoren und träges Herzens! **wißt Ihr** [12]) nicht, daß *das* [13]) alles nur
Zersetzungen des religiösen Sinnes sind, die *Eure eigene Reflexion
hätte machen müssen,* [14]) und wenn **Ihr Euch** [15]) nun nicht bewußt
seid [16]) etwas gehabt zu haben, was *sie* zersetzen *konnte,* [17]) wo **habt
Ihr** [18]) denn *dieses* [19]) her? Gedächtniß **habt Ihr** [20]) und Nachahmung,
aber keine Religion. Erzeugt habt Ihr [21]) die *Anschauungen* [22]) nicht,
wozu Ihr die Formeln **wißt,** [23]) sondern diese sind auswendig gelernt
und aufbewahrt, und *Euere Gefühle sind mimisch nachge-*

---

[1]) III: hat.
[2]) III Zus.: immer aufs Neue
[3]) II: Begriffe von den Ordnungen
[4]) II: Vorschriften, nach denen er sich selbst in Ordnung hält,
[5]) III: in und durch
[6]) II Zus.: zu einem System des Glaubens
[7]) II: Vorschriften, und weil sie beide merken, daß dies keine rechte Haltung hat ohne das Gefühl, so
[8]) II: oder wie viel Vorschriften und Uebungen unter wie viel und was für
[9]) III Zus.: vorzüglich
[10]) II Zus.: und weder trocken noch oberflächlich.
[11]) III: Die
[12]) III: Sie wissen
[13]) II: jenes
[14]) II: *Ihr* [sie] selbst *müßtet* [müßten] gemacht haben, wenn sie irgend etwas bedeuten sollten?
[15]) III: sie sich
[16]) III: sind
[17]) II: Ihr . . . . konntet, [sie . . . . konnten,]
[18]) III: haben sie
[19]) II: diese [jene Begriffe und Regeln]
[20]) III: haben sie
[21]) III: daß sie aber Religion haben, glaubt ihnen nur nicht! denn selbst erzeugt haben sie
[22]) II: Begriffe
[23]) III: sie . . . wissen,

bildet[1]) wie[2]) fremde **Physiognomien,**[3]) **(und eben deswegen)**[4])
Caricatur. Und aus diesen abgestorbenen (und) verderbten **Theilen
wollt Ihr**[5]) eine Religion zusammensetzen? Zerlegen kann man wol
(77) die[6]) Säfte eines organischen Körpers in **seine**[7]) nächsten Bestand-
theile; aber nehmt nun diese ausgeschiedenen Elemente, mischt sie in
jedem Verhältniß, behandelt sie auf jedem Wege, werdet Ihr wieder
Herzensblut daraus machen können? Wird das, was einmal todt ist,
sich wieder in einem lebenden Körper bewegen und mit ihm einigen
können? Die Erzeugnisse der **lebenden**[8]) Natur aus ihren getrennten
Bestandtheilen **zu restituiren,**[9]) daran scheitert jede menschliche Kunst,
und so wird es **Euch**[10]) mit der Religion nicht gelingen, wenn **Ihr
Euch**[11]) ihre einzelnen[12]) Elemente auch noch so vollkommen von
außen an- und eingebildet **habt;**[13]) von innen muß sie hervorgehen.[14]) (Das göttliche Leben ist wie ein zartes Gewächs,
dessen Blüthen sich noch in der umschlossenen Knospe
befruchten, und die heiligen Anschauungen und Gefühle, die Ihr trocknen und aufbewahren könnt, sind die
schönen Kelche und Kronen, die sich bald nach jener verborgenen Handlung öffnen, aber auch bald wieder abfallen. Es treiben aber immer wieder neue aus der
Fülle des inneren Lebens — denn das göttliche Gewächs
bildet um sich her ein paradiesisches Klima, dem keine
Jahreszeit schadet — und die Alten bestreuen und zieren
dankbar den Boden, der die Wurzeln deckt, von denen sie
genährt wurden, und duften noch in lieblicher Er-
(78) innerung zu dem Stamme empor, der sie trug. Aus
diesen Knospen und Kronen und Kelchen will ich Euch
jetzt einen heiligen Kranz winden. Zur äußeren Natur,

---

1) II: was Ihr [sie] von Gefühlen somit aufnehmen wollt, [wollten unter jene,] daß könnt Ihr [vermögen sie] gewiß nur mimisch nachbilden [nachzubilden]

2) III Zus.: man

3) III: Gesichtszüge nachbildet, immer nämlich

4) II Zus.: als

5) III: Erzeugnissen aus der zweiten Hand sollte man können

6) III Zus.: Glieder und

7) III: ihre

8) III: lebendigen

9) III: wieder darzustellen,

10) III: jenen auch

11) III: sie sich

12) II Zus.: verwandelten

13) III haben. Sondern

14) II: [Zus.: heraus und] in ihrer ursprünglichen eigenthümlichen Gestalt müssen sie hervorgehen. [die Regungen der Frömmigkeit hervorgegangen sein.]

welche von so vielen für den ersten und vornehmsten Tempel der Gottheit, für das innerste Heiligthum der Religion gehalten wird, führe ich Euch nur als zum äußersten Vorhof derselben. Weder Furcht vor den materiellen Kräften, die Ihr auf dieser Erde geschäftig seht, noch Freude an den Schönheiten der körperlichen Natur, soll oder kann Euch die erste Anschauung der Welt und ihres Geistes geben. Nicht im Donner des Himmels noch in den furchtbaren Wogen des Meeres sollt Ihr das allmächtige Wesen erkennen, nicht im Schmelz der Blumen noch im Glanz der Abendröthe das Liebliche und Gütevolle. Es mag sein, daß beides, Furcht und freudiger Genuß, die roheren Söhne der Erde zuerst auf die Religion vorbereitete, aber diese Empfindungen selbst sind nicht Religion. Alle Ahnungen des Unsichtbaren, die den Menschen auf diesem Wege gekommen sind, waren nicht religiös, sondern philosophisch, nicht Anschauungen der Welt und ihres Geistes — denn es sind nur Blicke auf das unbegreifliche und unermeßliche Einzelne — sondern Suchen und Forschen nach Ursach und erster Kraft. Es ist mit diesen rohen Anfängen in (79) der Religion wie mit allem, was zur ursprünglichen Einfalt der Natur gehört. Nur so lange diese noch da ist, hat es die Kraft, das Gemüth so zu bewegen; es kommt auf den Gipfel der Vollendung, auf dem wir aber noch nicht stehen, vielleicht wieder durch Kunst und Willkür in eine höhere Gestalt verwandelt, auf dem Wege der Bildung aber geht es unvermeidlich und glücklicher Weise verloren, denn es würde ihren Gang nur hemmen. Auf diesem Wege befinden wir uns, und uns kann also durch diese Bewegungen des Gemüths keine Religion kommen. Das ist ja das große Ziel alles Fleißes, der auf die Bildung der Erde verwendet wird, daß die Herrschaft der Naturkräfte über den Menschen vernichtet werde, und alle Furcht vor ihnen aufhöre; wie können wir also in dem was wir zu bezwingen trachten, und zum Theil schon bezwungen haben, das Universum anschauen?) **Jupiters**[1]) Blitze schrecken nicht mehr seitdem Vulkan uns[2]) einen Schild dagegen verfertigt hat. **Vesta**[3]) schützt, was sie dem **Neptun**[4]) abgewann,[5]) gegen die zornigsten Schläge seines Tridents, und die Söhne des **Mars**[6]) vereinigen sich mit denen

---

[1]) III: Zeus
[2]) II: uns Vulkan [uns Hephaistos]
[3]) III: Hestia
[4]) III: Poseidon
[5]) II Zus.: auch
[6]) III: Ares

des **Aeskulap**, [1]) um (uns gegen) die schnelltödtenden Pfeile Apollo's
(80) zu sichern. [2]) So vernichtet von jenen Göttern, so fern
die Furcht sie gebildet hatte, einer den andern, und seitdem Prometheus uns gelehret hat, bald diesen bald
jenen zu bestechen, steht der Mensch als Sieger lächelnd
über ihrem allgemeinen Kriege. [3]) Den Weltgeist (12) zu

---

[1]) III: Asklepios

[2]) II: von uns abzuwehren.

[3]) II: Immer mehr lernt der Mensch einen dieser Götter durch den andern zu bestechen [bestehen] und zu verderben, und schickt sich an bald nur als Sieger und als Herr diesem Spiele lächelnd zuzusehn. Wenn sie also einander wechselseitig als zerstörend zerstören, und die Furcht wäre der Grund ihrer Verehrung gewesen, so müßten sie allmählich als ein Alltägliches und Gemeines erscheinen, denn was der Mensch bezwungen hat oder zu bezwingen trachtet, das kann er auch messen, und es kann ihm nicht mehr als das Unendliche fürchterlich gegenüber stehen, so daß also je länger je mehr der Religion ihre Gegenstände müßten untreu werden. Aber geschah dies wol je? wurden sie [jene Götter] nicht eben so eifrig verehrt in wiefern sie einander hielten und trugen als Brüder und Verwandte? und in wiefern sie auch den Menschen tragen und versorgen als den jüngsten Sohn desselben Vaters? Ja Ihr selbst, wenn Ihr von Ehrfurcht noch ergriffen werden könnt vor den großen Kräften der Natur, hängt diese ab von Eurer Sicherheit oder Unsicherheit? und habt Ihr etwa ein Gelächter bereit um dem Donner nachzuspotten, wenn Ihr unter Euren Wetterstangen steht? Und ist nicht überhaupt der Schützende und Erhaltende in der Natur ebenso sehr ein Gegenstand der Anbetung? Erwäget es aber auch so. Ist denn das was dem Dasein und Wirken des Menschen trotzt und droht, nur das Große und Unendliche, oder thut nicht dasselbe auch gar vieles Kleine und Kleinliche, was Ihr nicht bestimmt auffassen und zu etwas Großem gestalten könnt und eben deshalb den Zufall nennt und das Zufällige. Und ist nun dieses wol jemals ein Gegenstand der Religion und angebetet worden? Oder falls Ihr Euch etwa eine so kleinliche Vorstellung bilden wolltet von dem Schicksal der Alten, so müßt Ihr wenig verstanden haben von ihrer dichtenden Frömmigkeit. Denn unter diesem hehren Schicksal war auf gleiche Weise das Erhaltende befaßt wie das Zerstörende; und so war denn auch die heilige Ehrfurcht vor demselben, [ihm,] deren Verleugnung in den schönsten und gebildetsten Zeiten des Alterthums [Zus.: allen Besseren] für die vollendetste Ruchlosigkeit galt, [Zus.: weit] etwas Anderes als jene knechtische Furcht, welche zu verbannen ein Ruhm war und eine Tugend. (11) Von jener heiligen Ehrfurcht nun, wenn Ihr sie verstehen könnt, will ich Euch gern zugeben, daß sie das erste Element der Religion ist. Die Furcht aber, die Ihr meintet, ist nicht nur selbst nicht Religion, sondern sie vermag auch nicht einmal darauf vorzubereiten oder hinzuführen. Vielmehr wenn etwas von ihr soll gerühmt werden, so müßte

lieben und freudig seinem Wirken zuzuschauen, das ist das Ziel unserer [1]) Religion, und Furcht ist nicht in der Liebe. Nicht anders ist es mit jenen Schönheiten des Erdballs, welche der kindliche Mensch mit so inniger Liebe umfaßt. Was ist jenes zarte Spiel der Farben, das Euer Auge in allen Erscheinungen des Firmaments ergötzt, und Euern Blick mit so vielem Wohlgefallen festhält, auf den lieblichsten Produkten der vegetabilischen Natur? Was ist es, nicht in Eurem Auge sondern in und fürs Universum? denn so müßtet ihr doch fragen, wenn es etwas sein soll für Eure Religion. Es verschwindet als ein zufälliger Schein, sobald Ihr an den allverbreiteten Stoff denkt, dessen Entwickelungen es begleitet. Bedenkt, daß Ihr in einem dunkeln Keller die Pflanze aller dieser Schönheiten berauben könnt, ohne ihre Natur zu zerstören; bedenkt, daß der herrliche Schein, in dessen Reben Eure ganze Seele mitlebt, Nichts ist, als daß die gleichen Ströme des Lichts sich nur anders brechen in einem größern Meere irdischer Dünste, daß[2]) dieselben mittäglichen Strahlen, (81)
deren Blendung Ihr nicht ertragt, denen gegen Osten schon als die flimmernde Abendröthe erscheinen — und das müßt Ihr doch bedenken, wenn Ihr diese Dinge im Ganzen ansehn wollt, so werdet Ihr

---

es nur sein, daß sie den Menschen in die weltliche Gemeinschaft hineinnöthiget, in den Staat, um ihrer dort los zu werden, seine Frömmigkeit aber fängt erst an, wenn er jene schon abgelegt hat. Denn

[1]) III: aller

[2]) II: Eben so wenig aber glaubt auch, daß jene Freude an der Natur, welche so viele dafür anpreisen, die wahre religiöse sei. Es ist mir fast zuwider davon zu reden, wie sie es treiben, wenn sie hinauseilen in die große herrliche Welt, um sich da kleine Rührungen zu holen; wenn [wie] sie in die zarten Zeichnungen und Tinten der Blumen hineinschauen, oder in das magische Farbenspiel eines glühenden Abendhimmels, oder wenn [und wie] sie den Gesang der Vögel bewundern und eine schöne Gegend. Sie sind freilich ganz voll Bewunderung und Entzücken und meinen, kein Instrument könne doch diese Töne hervorzaubern und kein Pinsel diesen Schmelz und diese Zeichnung erreichen. Wollte man sich aber mit ihnen einlassen und ganz in ihrem eignen Sinn vernünfteln, so müßten sie [Zus.: selbst] ihre (eigne) Freude verdammen. Denn was ist es doch, kann man sprechen, was Ihr bewundert? Erzieht die Pflanze im dunkeln Keller, so könnt Ihr, wenn es glückt, sie aller dieser Schönheiten berauben, ohne daß sie im mindesten ihre Natur ändert. Und denkt Euch die Dünste über uns etwas anders gelagert, so werdet Ihr statt jener Herrlichkeit nur einen grauen unangenehmen Flor vor Augen haben und die Begebenheit, die Ihr eigentlich betrachtet, bleibt doch ganz dieselbe. Ja versucht es einmal Euch vorzustellen, daß doch

finden, daß diese Erscheinungen, so stark sie Euch auch rühren, zu Anschauungen der Welt doch nicht geeignet sind.[1]) Vielleicht daß wir einst auf einer höheren Stufe dasjenige was wir uns hier auf Erden unterwerfen

---

[1]) II: und wenn Ihr dann doch offenbar nicht dieselbe Empfindung habt: so müßt Ihr doch inne werden, daß Ihr nur einem leeren Scheine nachgegangen seid. Das glauben sie dann nicht nur, sondern es ist auch wirklich wahr für sie, weil sie in einem Streit befangen sind zwischen dem Scheinen und dem Sein, und was in diesen fällt, kann freilich keine religiöse Wahrnehmung [Erregung] sein, und kein ächtes Gefühl erregen. [hervorrufen.] Ja, wenn sie Kinder wären, die wirklich ohne etwas Anders zu sinnen und zu wollen, ohne Vergleichung und Reflexion das Licht und den Glanz in sich aufnehmen und sich so durch die Seele der Welt aufschließen lassen für die Welt, und dies andächtig fühlen, und immer nur hierzu aufgeregt werden durch die einzelnen Gegenstände, oder wenn sie Weise wären, denen in lebendiger Anschauung aller Streit aufgelöset ist zwischen Schein und Sein, die eben deshalb wieder kindlich können bewegt werden, und für die jene Vernünfteleien Nichts wären was sie stören könnte: dann wäre ihre Freude ein wahrhaftes und reines Gefühl, ein Moment lebendiger, froh sich kundgebender Berührung zwischen ihnen und der Welt. Und wenn Ihr dieses Schönere versteht, [Zus.: so] laßt Euch sagen, daß auch dies ein ursprüngliches und unentbehrliches Element der Religion ist. Aber nicht mir jenes leere erkünstelte Wesen für Regung der Frömmigkeit ausgegeben, da es so lose aufliegt und nur eine dürftige Larve ist für ihre kalte gefühllose Bildung oder Verbildung. Schiebt also auch hier nicht, indem Ihr die Religion bestreitet, ihr [Zus.: das] zu, was ihr nicht angehört; und spottet nicht als ob durch Erniedrigung [Herabwürdigung] zur Furcht vor dem Vernunftlosen und durch leere Spielerei [Zus.: mit nichtigem Schein] der Mensch am leichtesten in dies sogenannte Heiligthum gelangte und als ob die Frömmigkeit in keinem so leicht entstände, und keinen so gut kleidete, als feigherzige, schwächliche, empfindsame Seelen.

Weiter tritt uns entgegen in der körperlichen Natur ihre materielle Unendlichkeit, die ungeheuren Massen, ausgestreut in jenen unübersehlichen Raum, durchlaufend jene unermeßliche Bahnen, und wenn dann die Phantasie unter dem Geschäft erliegt, die verkleinerten Bilder zu ihrer natürlichen Größe auszudehnen, so meinen Viele diese Erschöpfung sei das Gefühl von der Größe und Majestät des Universums. Ihr habt Recht, dies arithmetische Erstaunen etwas kindisch zu finden, und dem keinen großen Werth beizulegen, was bei den Unmündigen und Unwissenden, eben der Unwissenheit wegen, am leichtesten ist zu erregen. Allein der Mißverstand ist auch leicht zu heben, als ob jenes Gefühl religiös wäre in dieser Bedeutung. Oder würden diejenigen selbst, die gewohnt sind es so anzusehen, uns zugeben, daß als man jene großen Bewegungen noch nicht berechnet hatte, als noch nicht

sollen, im ganzen Weltraum verbreitet und gebietend finden, und uns dann ein heiliger Schauer erfüllt, über die Einheit und Allgegenwart auch der körperlichen Kraft; vielleicht daß wir einst mit Erstaunen auch in diesem Schein denselben Geist entdecken, der das Ganze beseelt; aber das wird etwas Anderes und Höheres sein als diese Furcht und diese Liebe, und jetzt brauchen die Helden der Vernunft unter Euch nicht zu spotten darüber, daß man durch Erniedrigung unter den todten Stoff und durch leere Poesie sie zur Religion führen wolle, und die empfindsamen Seelen dürfen nicht glauben, daß es so leicht sei hinzugelangen zu ihr. Freilich giebt es etwas Wesentlicheres anzuschauen in der körperlichen Natur als dieses. Die Unendlichkeit derselben, die ungeheuren Massen ausgestreut in jenen (82)
unübersehlichen Raum, durchlaufend unermeßliche Bahnen, das wirft doch den Menschen nieder in Ehrfurcht bei dem Gedanken und dem Anblick der Welt? Nur das, ich bitte Euch, was Ihr hiebei empfindet,

---

die Hälfte jener Welten entdeckt war, ja als man noch gar nicht wußte, daß leuchtende Punkte Weltkörper wären, die Religiosität [Frömmigkeit] nothwendig geringer gewesen wäre, weil ihr nämlich ein wesentliches Element gefehlt hätte. Ebensowenig werden sie leugnen können, daß das Unendliche von Maß und Zahl*) doch immer nur ein Endliches ist, [wird,] daß der Geist ihre ganze [jede] Unendlichkeit [Zus.: dieser Art] in kleine Formeln zusammenfassen und damit rechnen kann, wie mit dem Unbedeutendsten? [es alltäglich geschieht.] Gewiß aber [Aber gewiß] werden sie die Folgerung leugnen, [das nicht zugeben wollen,] daß durch fortschreitende Bildung und Fertigkeit etwas verloren gehen könne von ihrer Ehrfurcht vor der Größe und Majestät der Welt.**) Und doch müßte jener Zauber [Zus.: der Zahl und der Masse] verschwinden, sobald wir es dahin brächten, die Einheiten, die das Maß unserer Größe und unserer Bewegungen sind, immer im Verhältniß darzustellen gegen jene großen Welteinheiten. Darum so lange das Gefühl noch [nur] an dieser Differenz des Maßes haftet, ist es [Zus.: auch] nur das Gefühl einer persönlichen Unfähigkeit, auch ein religiöses freilich, aber nur von ganz anderer Art. Jene Ehrfurcht aber, jenes herrliche eben so erhebende als demüthigende Gefühl unseres Verhältnisses zum Ganzen muß ganz dasselbe sein, nicht nur da, wo das Maß einer Welthandlung zu groß ist für unsere Organisation,

---

*) III Zus.: sofern es wirklich in unsere Vorstellung eingeht, und sonst ist es ja für uns nicht,

**) III: von ihrer Ehrfurcht vor der Größe und Majestät des Weltalls etwas verloren gehen könne durch fortschreitende Bildung und Fertigkeit.

rechnet mir nicht zur Religion. Der Raum und die Masse machen nicht die Welt aus und sind nicht der Stoff der Religion; darin die Unendlichkeit zu suchen, ist eine kindische Denkungsart. Als nicht die Hälfte jener Welten entdeckt war, ja als man noch gar nicht wußte, daß leuchtende Punkte Weltkörper wären, war dennoch das Universum nicht weniger herrlich anzuschauen als jetzt, und es gab nicht mehr Entschuldigung für den Verächter der Religion als jetzt. Ist nicht der begränzteste Körper in dieser Rücksicht eben so unendlich als alle jene Welten? Die Unfähigkeit Eurer Sinne kann nicht der Stolz Eures Geistes sein, und was macht sich der Geist aus Zahlen und Größen, da er ihre ganze Unendlichkeit in kleine Formeln zusammenfassen und damit rechnen kann wie mit dem Unbedeutendsten? Was in der That den religiösen Sinn anspricht in der äußern Welt, das sind nicht ihre Maßen sondern ihre[1] Gesetze. Erhebt Euch zu dem Blick wie diese[2] alles umfassen, das
(83) Größeste und das Kleinste, die Weltsysteme und das Stäubchen, welches unstät in der Luft umherflattert, und dann sagt, ob Ihr nicht anschaut[3] die göttliche Einheit und die ewige Unwandelbarkeit der Welt. Was das gemeine Auge von diesen Gesetzen zuerst wahrnimmt, die Ordnung, in der alle Bewegungen wiederkehren am Himmel und auf der Erde, die bestimmte Laufbahn der Gestirne und das gleichmäßige[4] Kommen und Gehen aller organischen Kräfte, die immerwährende Untrüglichkeit in der Regel des Mechanismus und die ewige Einförmigkeit in dem Streben der plastischen Natur; das ist an dieser Anschauung des Uni-

---

[Zus.: oder] auch wo es ihr zu klein ist, auch [sondern nicht minder da,] wo es ihr gleich ist und angemessen. Kann es aber dann wol der Gegensatz sein zwischen klein und groß, was uns so wunderbar bewegt? Oder ist es nicht vielmehr das Wesen der Größe, jenes ewige Gesetz, vermöge dessen überhaupt erst Größe und Zahl, auch wir als solche, werden und sind. Nicht also auf eine eigenthümliche Weise kann das von der Schwere Befangene und insofern Ertödtete, auf uns wirken, sondern immer nur das Leben; und

1) II Zus.: ewigen

2) III Zus.: gleichmäßig

3) III: inne werdet

4) II: Allein was uns am beständigsten wiederkehrend berührt von diesen Gesetzen, und deshalb auch der gemeinen Wahrnehmung nicht entgeht, die Ordnung nämlich . . . . das bestimmte . . . . Gleichförmigkeit . . . . das gewährt [Zus.: uns eben deshalb] auch das [ein] minder lebendige und große religiöse [lebendiges und großes religiöses] Gefühl, wenn nämlich und inwiefern es erlaubt ist, so eines mit dem andern zu vergleichen.

versums gerade das wenigste.[1]) Wenn Ihr von einem großen Kunstwerke nur ein einzelnes Stück betrachtet, und in den einzelnen Theilen dieses Stücks wiederum ganz für sich schöne Umrisse und Verhältnisse wahrnehmt, die in *diesem Stück geschlossen*[2]) sind, und deren *Regel*[3]) sich aus ihm ganz *übersehen*[4]) läßt, wird Euch dann nicht das Stück mehr[5]) ein Werk für sich zu sein scheinen, als ein Theil eines[6]) Werkes? werdet Ihr nicht urtheilen, daß es dem Ganzen, wenn es durchaus in diesem Stil gearbeitet *ist*,[7]) an Schwung und Kühnheit und allem was einen großen Geist ahnen läßt, fehlen müßte? Wo Ihr[8]) eine erhabene Einheit, einen großgedachten Zusammenhang ahnen sollt,[9]) da muß es neben der allgemeinen Tendenz (81)
zur Ordnung und Harmonie nothwendig im Einzelnen Verhältnisse geben, die sich aus ihm selbst nicht völlig verstehen lassen. Auch die Welt ist ein Werk, wovon Ihr nur einen Theil überseht, und wenn dieser vollkommen in sich selbst geordnet und vollendet wäre, *könntet Ihr Euch von dem Ganzen keinen hohen Begriff machen.*[10]) Ihr sehet, daß *dasjenige, was*[11]) oft dazu dienen soll die Religion zurückzuweisen, vielmehr einen größern Werth für sie hat (*in der Weltanschauung*,) als die Ordnung, die sich uns[12]) zuerst darbietet, und sich aus einem kleineren Theil übersehen läßt. *Nur*[13]) niedere Gottheiten, dienende Jungfrauen (*hatten*) die Aufsicht (in der Religion der Alten) über das gleichförmig Wiederkehrende, dessen Ordnung schon gefunden war; aber die Abweichungen, die man nicht begriff, die Revolutionen, für die es keine Gesetze gab, diese eben waren das Werk des Vaters der Götter. Die Perturbationen in dem Laufe der Gestirne deuten auf eine höhere Einheit, auf eine kühnere Verbindung als die, welche wir schon aus[14])

---

1) III Zus.: Und das darf Euch nicht Wunder nehmen; denn
2) II: ihm selbst abgeschlossen
3) II: Bestimmtheit
4) II: verstehen
5) III Zus.: selbst
6) III Zus.: größeren
7) II: wäre
8) III: wir
9) III: sollen,
10) II: so würdet Ihr der Größe des Ganzen nur auf eine beschränkte Art inne werden.
11) II: jene Unregelmäßigkeit, [Zus.: der Welt,] welche
12) II Zus.: in der Weltanschauung
13) II: Daher denn hatten nur [Daher denn hatten auch in der Religion der Alten nur]

Anm.: Die beiden folgenden Sätze sind in der II und folg. Auflage umgestellt.

14) III: in

der Regelmäßigkeit ihrer Bahnen gewahr werden, und die Anomalien, die müßigen Spiele der plastischen Natur zwingen uns zu sehen, daß sie [1]) ihre bestimmtesten Formen mit einer [2]) Willkür, mit einer Phantasie
(85) gleichsam, behandelt, deren Regel wir nur aus einem höheren Standpunkte entdecken könnten. *Wie weit sind wir noch von demjenigen entfernt, welcher der höchste wäre, und wie unvollendet bleibt uns also diese Anschauung der Welt!* — *Betrachtet das Gesetz, nach welchem sich überall in der Welt, so weit Ihr sie überseht, das Lebende zu dem verhält, was in Rücksicht desselben für todt zu halten ist, wie* [3]) alles sich nährt und (**den todten Stoff**) gewaltsam [4]) hineinzieht in sein [5]) Leben, [6]) wie sich uns von allen Seiten entgegendrängt der *aufgespeicherte* [7]) Vorrath für alles Lebende, der nicht todt da liegt, sondern selbst lebend sich überall aufs neue wieder erzeugt, wie bei aller Mannichfaltigkeit der Lebensformen und der ungeheuren Menge von Materie, den jede wechselnd verbraucht, dennoch jede zur Genüge hat, um den Kreis ihres Daseins zu durchlaufen, und jede nur einem innern Schicksal unterliegt und nicht einem äußeren Mangel, welche unendliche *Fülle offenbart sich da*, — *welch' überfließender*

---

[1]) III Zus.: auch

[2]) III Zus.: man möchte fast sagen, freien, ja, willkürlichen

[3]) II: Und so unterscheiden wir auch leicht in unserm Gefühl von dem ruhigen und gesetzten Bewußtsein, [Zus.: welches die verstandene Natur hervorbringt,] als ein höheres, worin sich eben das Verwickeltsein des Einzelnen in die entferntesten Combinationen des Ganzen, das Bestimmtsein des Besonderen durch das noch unerforschte allgemeine Leben offenbart, jene wunderbaren, schauerlichen, geheimnißvollen Erregungen, welche sich unsrer bemächtigen, wenn die Phantasie uns *erinnert*, [daran mahnt,] daß was sich als Erkenntniß der Natur schon in uns gebildet hat, ihrem Wirken auch auf uns noch gar nicht entspricht, *und* [jene räthselhaften Ahnungen meine ich] welche [Zus.: eigentlich] in allen dieselben sind, wenngleich sie nur in den Wissenden, wie es Recht ist, [Zus.: sich abzuklären suchen und] in eine lebendigere Thätigkeit der Erkenntniß übergehn, in den Andern aber oft von Unwissenheit und Mißverstand aufgefaßt einen Wahn absetzen, den wir zu unbedingt Aberglauben nennen, da ihm doch offenbar ein frommer Schauer, dessen wir uns selbst nicht schämen, zum Grunde liegt. — Gebet *weiter* [ferner auch darauf] Acht, wie Ihr Euch selbst ergriffen fühlt von dem allgemeinen Gegensatz alles Lebenden gegen das, was in Rücksicht desselben für todt zu halten ist, von dieser erhaltenden siegreichen Kraft durchdrungen, vermöge deren

[4]) III Zus.: das Todte gleichsam wiedererweckend mit

[5]) III Zus.: eignes

[6]) III Zus.: damit es den Kreislauf neu beginne;

[7]) II: bereite

Reichthum![1] Wie werden wir ergriffen von dem Eindruck der
mütterlichen[2] Vorsorge, und von kindlicher Zuversicht das süße Leben
sorglos wegzuspielen in der vollen und reichen Welt. Sehet die Lilien
auf dem Felde, sie säen nicht und ernten nicht, und Euer himmlischer (86)
Vater ernährt sie doch, darum sorget nicht. Dieser fröhliche Anblick, dieser heitere leichte Sinn war aber auch das
Höchste, ja das Einzige, was einer der größten Heroen
der Religion für die seinige aus der Anschauung der
Natur gewann; wie sehr muß sie ihm also nur im Vorhof derselben gelegen haben! — Eine größere Ausbeute
gewährt sie freilich uns, denen ein reicheres Zeitalter
tiefer in ihr Innerstes zu bringen vergönnt hat; ihre
chemischen Kräfte, die ewigen Gesetze, nach denen die Körper
selbst gebildet und zerstört werden, diese sind es, in denen
wir am klarsten und heiligsten das Universum anschauen.[3]
Sehet wie Neigung und Widerstreben (alles bestimmt und) überall
ununterbrochen thätig ist;[4] wie alle Verschiedenheit und alle Entgegensetzung nur scheinbar und relativ ist, und alle Individualität nur ein leerer Name;[5] seht wie alles Gleiche sich in
tausend verschiedene Gestalten zu verbergen und zu vertheilen strebt,
und wie Ihr nirgends etwas Einfaches findet, sondern alles künstlich
zusammengesetzt und verschlungen; das ist der Geist der Welt,
der sich im Kleinsten eben so vollkommen und sichtbar
offenbart als im Größten, das ist eine Anschauung des
Universum, die sich aus allem entwickelt und das Gemüth ergreift, und nur derjenige, der sie in der That (87)
überall erblickt, der nicht nur allen Veränderungen,
sondern in allem Dasein selbst Nichts findet als ein
Werk dieses Geistes und eine Darstellung und Aus-

---

[1]) II: enthält dieses Gefühl in sich, und welchen überfließenden Reichthum!

[2]) III: einer allgemeinen väterlichen

[3]) II: Diese fröhliche Ansicht, dieser heitere leichte Sinn war schon für einen der größten Heroen der Religion die schöne Ausbeute aus einer noch sehr beschränkten und dürftigen Gemeinschaft mit der Natur: wie vielmehr [Zus.: also] sollten wir also nicht [nicht wir] durch sie gewinnen, denen ein reicheres Zeitalter tiefer in ihr Innerstes zu dringen vergönnt hat, so daß wir [Zus.: schon besser] die allverbreiteten Kräfte, die ewigen Gesetze kennen, nach denen alle einzelnen Dinge, auch die, welche in einem bestimmteren Umfange sich absondernd ihre Seelen in sich selbst haben, und welche wir Leiber nennen, gebildet und zerstört werden.

[4]) II: alles bestimmt

[5]) II: sich wieder in höhere innere Einheit auflösen, und mit einem ganz abgesonderten Dasein nur scheinbar irgend etwas Endliches sich brüsten kann,

führung dieser Gesetze, nur dem ist alles Sichtbare auch wirklich Welt, gebildet, von der Gottheit durchdrungen und Eins. Bei einem gänzlichen Mangel aller Kenntnisse, die unser Jahrhundert verherrlichen, fehlte doch schon den ältesten Weisen der Griechen nicht diese Ansicht der Natur, zum deutlichen Beweise, wie alles, was Religion ist, jede äußere Hülfe verschmäht und leicht entbehrt; und wäre diese von den Weisen zum Volk hindurchgedrungen, wer weiß, welchen erhabenen Gang seine Religion würde genommen haben!

Aber was ist Liebe und Widerstreben? was ist Individualität und Einheit? Diese Begriffe, wodurch Euch die Natur erst im eigentlichen Sinne Anschauung der Welt wird, habt Ihr sie aus der Natur? Stammen sie nicht ursprünglich aus dem Innern des Gemüths her, und sind erst von da auf jenes gedeutet?[1]) Darum ist es auch das Gemüth eigent-

[1]) II: Aber nicht nur sehen mögen wir, und Jeden, der einigen Antheil nimmt an der Bildung des Zeitalters auffordern, daß er beachte wie in diesem Sinne der Geist der Welt sich im Kleinsten ebenso vollkommen und sichtbar [sichtbar und vollkommen] offenbart als im Größten; nicht eine Wahrnehmung des Universum ist dies, die sich*) aus allem entwickelt und das Gemüth ergreift, wie sie [der Weltgeist] ohnerachtet des Mangels aller Kenntnisse die unser Jahrhundert verherrlichen, schon den ältesten Weisen früher Zeit aufgegangen war, und sich in ihnen nicht nur zu dem ersten reinen und sprechenden Bilde [das erste reine und sprechende Bild] der Welt in der Anschauung entwickelt hatte, sondern auch in ihrem Herzen zu einer [eine] noch uns liebenswürdige(n) und erfreuliche(n) Freude und Liebe für die Natur entzündet hatte, durch welche, wenn sie zu den Völkern hindurchgedrungen wäre, wer weiß, welchen kräftigen und erhabenen Gang die Religion schon von Anfang an würde genommen haben. Sondern [Zus.: wie] jetzt (ist) dieses wirklich geschehen [ist], daß durch die allmählich wirkende Gemeinschaft zwischen Erkenntniß und Gefühl alle, welche gebildet heißen wollen, dieses schon im unmittelbaren Gefühl haben, und in ihrem Dasein selbst Nichts finden, als ein Werk dieses Geistes und eine Darstellung und Ausführung dieser Gesetze, und kraft dieses Gefühls (ist) alles, was in ihr Leben eingreift, ihnen auch wirklich Welt, [Zus.: geworden ist,] gebildet, von der Gottheit durchdrungen, und Eins. So daß [so sollte nur billig] auch wol in ihnen allen eben jene Liebe und Freude sein (sollte), eben jene innige Andacht zur Natur, durch welche uns die Kunst und das Leben des Alterthums heilig wird, und aus der sich dort zuerst jene Weisheit

*) III: und nicht stehen zu bleiben bei einem solchen Innewerden desselben, wie es sich überall und

lich worauf die Religion hinsieht, und woher sie Anschauungen der Welt nimmt; im innern Leben bildet sich das Universum ab, und nur durch [1]) das Innere wird erst das Aeußere [2]) (88)
verständlich. Aber auch das Gemüth muß, wenn es Religion erzeugen und nähren soll, in einer Welt angeschaut werden. [3]) Laßt mich Euch ein Geheimniß aufdecken, welches in einer der ältesten Urkunden der Dichtkunst und der Religion [4]) verborgen liegt. So lange der erste Mensch allein war mit sich und der Natur, waltete freilich die Gottheit über ihm, sie sprach ihn an auf verschiedene Art, aber er verstand sie nicht, denn er antwortete ihr nicht; sein Paradies war schön, und von einem schönen Himmel glänzten ihm die Gestirne herab, aber der Sinn für die Welt ging ihm nicht auf; auch aus dem Innern seiner Seele entwickelte er sich nicht; **aber** [5]) von der Sehnsucht nach einer Welt wurde sein Gemüth bewegt, und so trieb er vor sich zusammen die thierische Schöpfung, ob etwa sich eine daraus bilden möchte. Da erkannte die Gottheit, daß ihre Welt Nichts sei, so lange der Mensch allein wäre, sie schuf ihm die Gehülfin, und nun erst

---

entwickelte, die wir zurückkehrend [zurückgekehrt zu ihr endlich anfangen] durch späte Früchte [Zus.: zu] preisen und [Zus.: zu] verherrlichen. Und das wäre freilich der Kern aller religiösen Gefühle von dieser Seite, ein solches ganz sich Eines fühlen mit der Natur und ganz eingewurzelt sein in sie, daß wir in allen wechselnden Erscheinungen des Lebens, ja, in dem Wechsel zwischen Leben und Tod selbst, der auch uns trifft, mit Beifall und Ruhe nur die Ausführung jener ewigen Gesetze erwarten.

Allein was dieses Gefühl in uns erregen müßte,*) die Liebe und das Widerstreben, die Eigenthümlichkeit und Einheit in der Natur, durch welche sie uns erst jenes Ganze wird, finden wir diese wol so leicht ursprünglich in ihr?**) Sondern das ist es eben, und daher giebt es so wenig wahrhaft religiösen Genuß der Natur, weil unser Sinn ganz auf die andere Seite hinüberneigt, und wir dies unmittelbar vornämlich im Innern des Gemüthes wahrnehmen und dann erst von da auf die körperliche Natur deuten und übertragen. Darum ist auch das Gemüth für uns wie der Sitz so auch die nächste Welt der Religion; (13)

[1]) II Zus.: die geistige Natur.
[2]) II: die körperliche
[3]) II: als Welt und in einer Welt auf uns wirken.
[4]) II Zus.: fast
[5]) III: sondern nur

---

*) III: das Ganze, wodurch erst jenes Gefühl in uns erregt werden könnte,

**) III: ist es dann wol so leicht, eben diese ursprünglich in ihr zu finden.

regten sich in ihm lebende und geistvolle Töne, nun erst *ging seinen
Augen die Welt auf.*[1]) In dem Fleische von seinem Fleische und
Bein von seinem Beine entdeckte er die Menschheit,[2]) und in der
Menschheit[3]) die Welt; von diesem Augenblick an wurde er fähig die
(89) Stimme der Gottheit zu hören, und ihr zu antworten, und die frevel-
hafteste Uebertretung ihrer Gesetze schloß ihn von nun an nicht mehr
aus von dem Umgange mit dem ewigen Wesen. (14) Unser aller Geschichte ist erzählt in dieser heiligen Sage. Umsonst ist alles für denjenigen da, der sich selbst allein stellt; denn um **die Welt anzuschauen**[4])
und um Religion zu haben, muß der Mensch erst die Menschheit gefunden haben, und er findet sie nur in Liebe und durch Liebe. Darum
sind beide so innig und unzertrennlich verknüpft; *Sehnsucht nach
Religion ist es, was ihm zum Genuß der Religion hilft.*[5])
Den umfängt jeder am heißesten, in dem die Welt sich am klarsten und
reinsten[6]) abspiegelt; den liebt jeder am zärtlichsten, in dem er alles
zusammengedrängt zu finden glaubt, was ihm selbst fehlt um die Menschheit auszumachen. *Zur Menschheit also laßt uns hintreten,
da finden wir Stoff für die Religion.*

*Hier seid auch Ihr in Eurer eigentlichsten und liebsten
Heimath, Euer innerstes Leben geht Euch auf, Ihr seht
das Ziel alles Eures Strebens und Thuns vor Euch,
und fühlet zugleich das innere Treiben Eurer Kräfte,
welches Euch immerfort nach diesem Ziel hinführt.*[7]) Die
Menschheit selbst ist Euch eigentlich das Universum, und Ihr rechnet
(90) alles Andere nur in sofern zu diesem, als es mit jener in Beziehung
kommt oder sie umgiebt. Ueber diesen Gesichtspunkt will auch ich Euch
nicht hinausführen; aber es hat mich oft innig geschmerzt, daß Ihr
bei *aller Liebe zur*[8]) Menschheit und allem Eifer für sie doch immer

---

[1]) II: gestaltete sich vor seinen Augen die Welt.

[2]) II Zus.: ahnend alle Richtungen und Gestalten der Liebe schon in dieser ursprünglichen,

[3]) II Zus.: fand er

[4]) III: des Weltgeistes Leben in sich aufzunehmen

[5]) II: Sehnsucht nach Liebe, immer erfüllte und immer wieder sich erneuernde, wird ihm zugleich Religion.

[6]) II Zus.: ihm

[7]) II: sowie auch die frommen Gefühle Jedem die heiligsten sind, welche das Sein im Ganzen der Menschheit, sei es als Seligkeit oder als Bedürfniß, ihm ausdrücken.

Um also die herrschenden Elemente der Religion zu finden, laßt uns in dieses Gebiet hineintreten, wo auch Ihr in Eurer eigentlichsten und liebsten Heimath seid, wo Euer innerstes Leben Euch aufgeht, wo Ihr das Ziel alles Eures Strebens und Thuns vor Augen seht und zugleich das innere Treiben Eurer Kräfte fühlet, welches Euch immerfort *nach diesem Ziele hinführt.* [auf dieses Ziel zuführt.]

[8]) II: allem Interesse an der

mit ihr verwickelt und uneins seid.[1] Ihr quält Euch, an ihr zu
bessern und zu bilden, jeder nach seiner Weise, und am Ende laßt Ihr
unmuthsvoll liegen, was zu keinem Ziele kommen will. Ich darf sagen,
auch das kommt von Eurem Mangel an Religion. Auf die Menschheit wollt Ihr wirken, und die Menschen, die Einzelnen *schaut Ihr
an.*[2] Diese misfallen Euch höchlich; und unter den tausend Ursachen,
die das haben kann, ist unstreitig die schönste und welche den Besseren
angehört,[3] daß Ihr gar zu moralisch seid nach Eurer Art. Ihr
nehmt die Menschen einzeln, und so habt Ihr auch ein Ideal von
einem Einzelnen, dem **sie aber nicht entsprechen.**[4] Dies alles zusammen ist ein verkehrtes Beginnen, und mit der Religion werdet
Ihr Euch weit besser befinden. Möchtet Ihr nur versuchen, die Gegenstände Eures Wirkens und Eurer *Anschauung*[5] zu (*ver*)wechseln!
Wirkt auf die Einzelnen, aber mit Eurer Betrachtung hebt Euch auf
den Flügeln der Religion höher zu der unendlichen ungetheilten Menschheit;[6] sie suchet in jedem Einzelnen, seht das Dasein eines Jeden an (91)
als eine Offenbarung von ihr an Euch, und es kann von allem, was
Euch jetzt drückt, keine Spur zurückbleiben. Ich wenigstens rühme mich
auch einer *moralischen*[7] Gesinnung, und ich verstehe menschliche
Vortrefflichkeit zu schätzen, und es kann das Gemeine, für sich betrachtet,
mich mit dem unangenehmen Gefühl der Geringschätzung beinahe über-
füllen; aber mir giebt die Religion von dem allen eine gar große und
herrliche Ansicht. *Denkt Euch*[8] den Genius der Menschheit als
den vollendetsten und *universellsten*[9] Künstler. Er kann Nichts
machen, was nicht ein eigenthümliches Dasein hätte. Auch wo er nur
die Farben zu versuchen und den Pinsel zu schärfen scheint, entstehen
lebende[10] und bedeutende Züge. Unzählige Gestalten denkt er sich so
und bildet sie. Millionen tragen das Costüm der Zeit, und sind treue
Bilder ihrer Bedürfnisse und ihres Geschmacks; in Andern zeigen sich
Erinnerungen der Vorwelt oder Ahnungen einer fernen Zukunft;
einige sind der erhabenste und treffendste Abdruck des Schönsten und
Göttlichsten. Andere sind[11] groteske Erzeugnisse der orginellsten und
flüchtigsten Laune eines *Virtuosen.*[12] **Das ist eine irreligiöse**

---

1) II Zus.: und die reine Liebe nicht recht heraustreten kann in Euch.

2) II: wählt Ihr Euch zur Betrachtung.

3) II Zus.: die

4) III: aber Niemand entspricht.

5) II: Betrachtung

6) III Zus.: nur

7) II: sittlichen

8) II: Betrachtet nur

9) II: allseitigsten

10) III: lebendige

11) III Zus.: wie

12) II: Meisters.

(92) **Ansicht,** [1]) **daß er Gefäße der Ehre verfertige und Gefäße der Unehre; einzeln müßt Ihr Nichts betrachten, aber** [2]) erfreut Euch [3]) eines Jeden an der Stelle wo es steht. Alles was zugleich wahrgenommen werden kann und gleichsam auf Einem Blatte steht, gehört zu einem großen historischen Bilde, welches einen Moment **des Universums** [4]) darstellt. **Wollt** Ihr dasjenige verachten, was die Hauptgruppen hebt, und dem Ganzen Leben und Fülle giebt? Sollen [5]) die einzelnen himmlischen Gestalten **(nicht)** dadurch verherrlicht werden, daß tausend andere sich vor ihnen beugen, und daß man sieht, wie alles auf sie hinblickt und sich auf sie bezieht? Es ist in der That etwas mehr in dieser **Vorstellung** [6]) als ein schales Gleichniß. Die ewige Menschheit ist unermüdet geschäftig **sich selbst zu erschaffen,** [7]) und sich in der vorübergehenden Erscheinung des endlichen Lebens aufs mannichfaltigste darzustellen. [8]) Was wäre wol die einförmige Wiederholung eines

---

[1]) II Zus.: und nicht genug verstanden, worauf man sie gründet,

[2]) III: Es ist wol eher eine unfromme Ansicht, wie man es allgemein versteht, und nicht genug verstanden die heiligen Worte, worauf man sie gründet, daß es Gefäße der Ehre gebe und Gefäße der Unehre. Nur wenn Ihr Einzelnes mit Einzelnem vergleicht, kann Euch ein solcher Gegensatz erscheinen, aber einzeln müßt Ihr Nichts betrachten

[3]) III Zus.: vielmehr

[4]) III: der Gesammtwirkung des Ganzen

[5]) III Zus.: nicht

[6]) III: Darstellung

[7]) III: aus ihrem innern geheimnisvollen Sein ans Licht zu treten,

[8]) II Zus.: Das ist die Harmonie des Universums, das ist die wunderbare und *große* [unvergleichliche] Einheit *in seinem ewigen Kunstwerk;* [jenes ewigen Kunstwerkes;] Ihr aber lästert diese Herrlichkeit mit Euren Forderungen einer jämmerlichen Vereinzelung, weil Ihr im ersten Vorhofe der Moral, und auch bei ihr noch mit den Elementen beschäftigt,*) die hohe Religion verschmähet. Euer Bedürfniß ist deutlich genug angezeigt, möchtet Ihr es nur erkennen und befriedigen! Sucht unter allen den Begebenheiten, in denen sich *diese* [jene] himmlische Ordnung abbildet,**) ob Euch nicht eine aufgehen wird als ein göttliches Zeichen.***) Laßt Euch einen alten verworfenen Begriff gefallen und sucht unter allen den heiligen Männern, in denen die Menschheit sich *unmittelbarer* [auf eine vorzügliche Weise] offen-

---

*) III Zus.: immer für Eure Einzelheit sorgend und bei Einzelnem Euch beruhigend,

**) III Zus.: wie wol jeder seine Lieblingsstellen hat in der Geschichte,

***) III Zus.: daß Ihr nämlich darin leichter erkennet, wie lebendig in sich und wie wichtig für das Ganze auch das Geringe sei, damit was Ihr sonst kalt oder verachtend übersehet, Euch mit Liebe anziehe. Oder

höchsten Ideals, wobei die Menschen doch, Zeit und Umstände abgerechnet, eigentlich einerlei sind, dieselbe Formel, nur mit andern Coeffi-
cienten verbunden, was wäre sie gegen diese unendliche Verschiedenheit
menschlicher Erscheinungen? Nehmt welches Element der Menschheit
Ihr wollt, Ihr findet jedes in jedem möglichen Zustande fast von
seiner Reinheit an — denn ganz soll diese nirgends zu finden sein — (93)
in jeder Mischung mit jedem andern, bis fast zur innigsten Sättigung
mit allen übrigen — denn auch diese ist ein unerreichbares Extrem —
und die Mischung auf jedem möglichen Wege bereitet, jede Spielart
und jede seltene Combination. Und wenn Ihr Euch noch Verbindungen
denken könnt, die Ihr nicht sehet, so ist auch diese Lücke eine negative
Offenbarung des Universums, eine Andeutung, daß in dem geforderten
Grade in der gegenwärtigen Temperatur der Welt diese Mischung nicht
möglich ist, und Eure Phantasie darüber ist eine Aussicht über die
gegenwärtigen Grenzen der Menschheit hinaus, eine wahre **göttliche**[1])
Eingebung,[2]) eine unwillkürliche und unbewußte Weissagung über das,
was künftig sein wird. Aber so wie dies, was der geforderten unendlichen Mannichfaltigkeit abzugehen scheint, nicht wirklich ein zu wenig
ist, so ist auch das nicht zu viel, was Euch auf Eurem Standpunkt
so erscheint. Jenen so oft beklagten Ueberfluß an den gemeinsten
Formen der Menschheit, die in tausend Abdrücken immer unverändert
wiederkehren, **erklärt die Religion**[3]) für einen leeren Schein. Der
ewige Verstand befiehlt es, und auch der endliche kann es einsehen,
daß diejenigen Gestalten, an denen das Einzelne am schwersten zu (94)
unterscheiden ist, am dichtesten an einander gedrängt stehen müssen;
aber jede hat etwas Eigenthümliches: keiner ist dem andern gleich, und
in dem Leben eines jeden giebt es irgend einen Moment, wie der
Silberblick unedlerer Metalle, wo er, sei es durch die innige Annäherung
eines höheren Wesens, oder durch irgend einen elektrischen Schlag,
gleichsam aus sich herausgehoben und auf den höchsten Gipfel desjenigen
gestellt wird, was er sein kann. Für diesen Augenblick war er geschaffen, in diesem erreichte er seine Bestimmung, und nach ihm sinkt

---

bart, einen auf, der der Mittler sein könne zwischen Eurer einge-schränkten Denkungsart und den ewigen Grenzen [Gesetzen] der Welt; und wenn Ihr ihn [einen solchen] gefunden habt,*) dann durchlauft die ganze Menschheit und laßt alles was Euch bisher anders schien, [unerquicklich schien und dürftig,] von dem Widerschein dieses neuen Lichtes erhellt werden.

[1]) III: höhere

[2]) III Zus.: sei sie nun ein Wiedererscheinen entflohener Vergangenheit oder

[3]) III: erkennt der aufmerksame fromme Sinn leicht

---

*) III Zus.: der auf die Euch verständliche Art durch sein mittheilendes Dasein das Schwache stärkt und das Todte belegt,

die erschöpfte Lebenskraft wieder zurück. Es ist ein **eigner**[1]) Genuß, **kleinen Seelen zu diesem Moment zu verhelfen, oder**[2]) sie darin zu betrachten; aber wem dieses nie geworden ist, dem muß freilich ihr ganzes Dasein überflüssig und verächtlich scheinen. So hat die Existenz eines jeden einen doppelten Sinn in Beziehung auf das Ganze. Hemme ich in Gedanken den Lauf jenes rastlosen Getriebes, wodurch alles Menschliche in einander verschlungen und von einander abhängig gemacht wird, so ist jedes Individuum seinem innern Wesen nach ein nothwendiges Ergänzungsstück zur vollkommenen Anschauung der Menschheit. Der Eine zeigt mir, wie jedes abgerissene Theilchen derselben,
(95) wenn nur der innere Bildungstrieb, der das Ganze beseelt, ruhig darin fortwirken kann, sich gestaltet in zarte und regelmäßige Formen; der Andere, wie aus Mangel an belebender und vereinigender Wärme die Härte des irdischen Stoffs[3]) nicht bezwungen werden kann, oder wie in einer zu heftig bewegten Atmosphäre der innerste Geist in seinem Handeln gestört **und**[4]) alles unscheinbar und unkenntlich **wird;**[5]) der Eine erscheint als der rohe und thierische Theil der Menschheit nur eben von den ersten unbeholfenen Regungen der Humanität bewegt, der Andre als der reinste dephlegmirte Geist, der von allem Niedrigen und Unwürdigen getrennt nur mit leisem Fuß über der Erde schwebt, **und alle sind da, um durch ihr Dasein zu zeigen, wie diese verschiedenen Theile der menschlichen Natur abgesondert und im Kleinen wirken.**[6]) Ist es[7]) nicht genug, wenn es unter dieser unzähligen Menge doch immer einige[8]) giebt, die als ausgezeichnete und höhere Repräsentanten der Menschheit der Eine den, der Andere jenen von den melodischen Accorden anschlagen, die keiner fremden Begleitung und keiner spätern Auflösung bedürfen, sondern durch ihre innere Harmonie die ganze Seele in einem Ton entzücken und zufriedenstellen?[9])

---

[1]) III: beneidenswerther

[2]) III: in dürftigen Seelen diesen Moment hervorzurufen, ja auch

[3]) II: Menschenstoffs [irdischen Stoffs]

[4]) III: wird daß

[5]) III: ans Licht kommt;

[6]) III: aber auch alle zwischen diesen Endpunkten bezeichnen in irgend einer Hinsicht eine eigene Stufe und bekunden eine eigene Art und Weise, wie in den abgesonderten kleinen Erscheinungen des einzelnen Lebens die verschiedenen Elemente der menschlichen Natur sich erweisen.

[7]) III Zus.: nun

[8]) III Zus.: wenigstens

[9]) II Zus.: Aber wie auch die Edelsten doch nur auf Eine Weise die Menschheit darstellen, und in einem ihrer Momente: so ist auch von jenen Andern jeder dasselbe in irgend einem Sinne, [doch in irgend einem Sinne dasselbe,] jeder eine eigene Darstellung der Menschheit, und wo ein einzelnes Bild fehlte in diesem großen Gemälde, müßten wir es aufgeben, sie ganz und vollständig aufzunehmen in

Beobachte ich **wiederum**[1]) die ewigen Räder der Menschheit in ihrem (96)
Gange, so muß[2]) dieses unübersehliche Ineinandergreifen, wo Nichts Bewegliches ganz durch sich selbst bewegt wird, und Nichts Bewegendes nur sich allein bewegt, mich mächtig beruhigen über Eure Klage, daß Vernunft und Seele, Sinnlichkeit und Sittlichkeit, Verstand und blinde Kraft in so getrennten Maßen erscheinen. Warum seht Ihr alles einzeln, was doch nicht einzeln und für sich wirkt? Die Vernunft der Einen und **die Seele**[3]) der Andern afficiren einander doch so innig, als es nur in Einem[4]) Subject geschehen könnte. Die Sittlichkeit, welche zu jener Sinnlichkeit gehört, ist außer derselben gesetzt; ist **ihre**[5]) Herrschaft[6]) deswegen mehr beschränkt, und glaubt Ihr, diese würde besser regiert werden, wenn jene[7]) jedem Individuum in kleinen kaum merkbaren Portionen zugetheilt wären? Die blinde Kraft, welche dem großen Haufen zugetheilt ist, ist doch in ihren Wirkungen aufs Ganze nicht sich selbst und einem rohen Ohngefähr überlassen, sondern oft ohne es zu wissen leitet sie doch jener Verstand, den Ihr an andern Punkten in so großer Masse aufgehäuft findet, und sie **folgt ihm eben so unwissend**[8]) in unsichtbaren Banden. So **verschwinden**[9]) mir auf meinem Standpunkt die Euch so bestimmt erscheinenden Umrisse der Persönlichkeit; der magische Kreis herrschender (97)
Meinungen und epidemischer Gefühle umgiebt und umspielt alles, wie eine mit auflösenden und magnetischen Kräften angefüllte Atmosphäre, sie verschmilzt und vereinigt alles, und setzt durch die lebendigste Verbreitung auch das Entfernteste in eine thätige Berührung, und die Ausflüsse derer, in denen Licht und Wahrheit selbständig wohnen, trägt sie geschäftig umher, daß sie einige durchdringen und andern[10]) die Oberfläche glänzend und täuschend erleuchten. Das ist die Harmonie des Universum, das ist die wunderbare und große Einheit in seinem ewigen Kunstwerk; Ihr aber lästert diese Herrlichkeit mit Euren Forderungen einer

---

unser Gefühl. [Bewußtsein.] Wenn nun Jeder so wesentlich zusammenhängt mit dem, was der innere Kern unseres Lebens ist, wie können wir anders als diesen Zusammenhang fühlen und mit inniger Liebe und Zuneigung alle ohne Unterschied selbst [selbst ohne Unterschied] der Gesinnung und der Geisteskraft umfassen. [Zus.: und das ist der eine Sinn, den jeder Einzelne hat in Bezug auf das Ganze.]

[1]) III: hingegen
[2]) III Zus.: auf der andern Seite
[3]) III: das Gemüth
[4]) III Zus.: und demselben
[5]) III: die
[6]) III Zus.: jener
[7]) III Zus.: ohne sich irgendwo besonders anzuhäufen,
[8]) III: ebenso unbewußt folgt sie ihm
[9]) III: verwischen sich
[10]) III Zus.: wenigstens

jämmerlichen Vereinzelung, weil Ihr im ersten Vorhofe
der Moral, und auch bei ihr noch mit den Elementen
beschäftigt, die hohe Religion verschmähet. Euer Bedürfniß ist deutlich genung angezeigt, möchtet Ihr es
nur erkennen und befriedigen! Sucht unter allen den
Begebenheiten, in denen sich diese himmlische Ordnung
abbildet, ob Euch nicht eine aufgehen wird als ein göttliches Zeichen. Laßt Euch einen alten verworfenen Begriff gefallen, und sucht unter allen den heiligen
Männern, in denen die Menschheit sich unmittelbarer
offenbart, einen auf, der der Mittler sein könne
(98) zwischen Eurer eingeschränkten Denkungsart und den
ewigen Grenzen der Welt; und wenn Ihr ihn gefunden
habt, dann durchlauft die ganze Menschheit und laßt
alles was Euch bisher anders schien, von dem Widerschein dieses neuen Lichts erhellt werden.[1]) — Von diesen
Wanderungen durch das ganze Gebiet der Menschheit kehrt dann die
Religion mit geschärfterem Sinn und gebildeterem Urtheil[2]) in das eigne Ich zurück, und (sie) findet zuletzt alles, was
sonst aus den entlegensten Gegenden zusammengesucht wurde,[3])
bei sich selbst. In Euch selbst findet Ihr, wenn Ihr dahin
gekommen seid,[4]) nicht nur die Grundzüge zu dem Schönsten und

---

[1]) II: In diesem Zusammenhang alles Einzelnen mit der Sphäre, der es angehört und in der es Bedeutung hat, ist alles gut und göttlich, und eine Fülle von Freude und Ruhe das Gefühl dessen, der nur in dieser großen Verbindung alles auf sich wirken läßt. Aber auch das Gefühl wie die Betrachtung isolirt das Einzelne in einzelnen Momenten, und wenn wir so im Gegentheil [auf eine ganz entgegengesetzte Art] bewegt werden von dem gewöhnlichen Treiben der Menschen, (die von dieser Abhängigkeit Nichts wissen, wie sie dies und das ergreifen und festhalten, um ihr Ich zu verschanzen und mit mancherlei Außenwerken zu umgeben, damit sie ihr abgesondertes Dasein nach eigner Willkür leiten mögen, und [ohne daß] der ewige Strom der Welt ihnen nichts [etwas] daran zerrütte und wie dann nothwendiger Weise das Schicksal dies alles verschwemmt, und sie selbst auf tausend Arten verwundet und quält, was ist dann natürlicher als das herzlichste Mitleid mit allem Schmerz und [schmerzlichen] Leiden, welches aus diesem ungleichen Streit entsteht und mit allen Streichen, welche die furchtbare Nemesis auf allen Seiten austheilt.) (Anm.: Dasselbe folgt Aufl. I. S. 110 von: die von . . . . austheilt.)

[2]) II: das fromme Gefühl geschärfter und gebildeter

[3]) II: zusammenströmend es erregte,

[4]) II Zus.: Denn freilich, wenn wir zuerst und noch neugeweiht von der Berührung mit der Welt zurückkehrend Acht haben, wie wir denn uns selbst fühlen [finden] in diesem Gefühl, und dann finden, wie [inne werden wie] unser Ich gegen den ganzen Umfang der Mensch-

Niedrigsten, zu dem Edelsten und Verächtlichsten, was Ihr als einzelne Seiten der Menschheit an andern wahrgenommen habt. In Euch entdeckt Ihr[1]) nicht nur zu verschiedenen Zeiten alle die mannichfaltigen Grade menschlicher Kräfte, sondern alle die unzähligen Mischungen verschiedener Anlagen, die Ihr in den Charakteren anderer angeschaut habt, erscheinen Euch[2]) nur als festgehaltene Momente Eures eigenen

---

heit nicht nur ins Kleine und Unbedeutende, sondern auch in das Einseitige, in sich selbst Unzulängliche und Nichtige verschwindet, was kann dann dem Sterblichen näher liegen als wahre ungekünstelte Demuth. Und wenn allmählich erst lebendig und wach wird in unserm Gefühl, was denn [eigentlich] dasjenige ist, was im Gange der Menschheit überall aufrecht erhalten und gefördert wird, und [Zus.: was im Gegentheil] das, was unvermeidlich früher oder später besiegt und zerstört werden muß, wenn es sich nicht umgestalten und verwandeln läßt und wir (dann) von diesem Gesetz auf unser eignes Handeln in der Welt hinsehen, was ist natürlicher [kann alsdann natürlicher sein] als zerknirschende Reue über alles dasjenige in uns, was dem Genius [Wesen] der Menschheit feind ist, als der demüthige Wunsch, die Gottheit zu versöhnen, als das sehnlichste Verlangen umzukehren und uns mit allem, was uns angehört, in jenes heilige Gebiet zu retten, wo allein Sicherheit ist gegen Tod und Zerstörung.*) Und wenn wir wieder fortschreitend wahrnehmen, wie uns das Ganze nur hell wird und wir zur Anschauung desselben und zum Einssein mit ihm nur gelangen in der Gemeinschaft mit andern und durch den Einfluß solcher, (welche von der Anhänglichkeit an das eigene vergängliche Sein und dem Streben es zu erweitern und zu isoliren längst befreit, sich freuen ihr höheres Leben auch andern mitzutheilen: wie können wir uns da erwehren jenes Gefühls einer besondern Verwandtschaft mit denen, deren Handlungen unsre Existenz verfochten und durch ihre [die] Gefahren [Zus.: die ihr drohten sie] glücklich hindurch geführt haben? jenes Gefühls der Dankbarkeit, welches uns antreibt, sie zu ehren als solche, die sich mit dem Ganzen schon früher geeinigt haben und sich ihres Lebens in demselben nun auch durch uns bewußt sind?)**) — Nur durch diese [Zus.: und dergleichen] Gefühle hindurchgehend [Zus.: — denn nur beispielsweise sei dies wenige angeführt —] findet Ihr endlich in Euch selbst

[1]) II: entdeckt Ihr in Euch

[2]) III Zus.: wenn Ihr Euer Selbstgefühl ganz in Mitgefühl eintaucht,

---

*) Anm.: Dasselbe Aufl. I S. 110 von: was denn ... bis ... Zerstörung.

**) Anm.: Mit einigen Abweichungen Aufl. I S. 109 die von ... bewußt sind.

Lebens. Es gab Augenblicke, wo Ihr so dachtet, so fühltet, so handeltet, wo Ihr wirklich dieser und jener Mensch waret, trotz aller Unterschiede des Geschlechts, der Cultur[1]) und der äußeren Umgebungen. Ihr
(99) seid alle diese verschiedenen Gestalten in Eurer eigenen Ordnung wirklich hindurch gegangen; Ihr selbst seid ein Compendium der Menschheit, Eure Persönlichkeit[2]) umfaßt in einem gewissen Sinn die ganze menschliche Natur und diese ist in allen ihren Darstellungen Nichts als Euer eigenes vervielfältigtes, deutlicher ausgezeichnetes, und in allen seinen[3]) Veränderungen[4]) verewigtes Ich.[5]) Bei wem sich die Religion so wiederum nach Innen zurückgearbeitet und auch dort das Unendliche gefunden hat, in dem ist sie von dieser Seite vollendet, er bedarf keines Mittlers mehr für irgend eine Anschauung der Menschheit und er kann[6]) es selbst sein für viele. Aber nicht nur in ihrem Sein müßt Ihr die Menschheit anschauen, sondern auch in ihrem Werden; auch sie hat eine größere Bahn, welche sie nicht wiederkehrend, sondern fortschreitend durchläuft, auch sie wird durch ihre inneren Veränderungen zum Höheren und Vollkommenen fortgebildet. Diese Fortschritte will die Religion nicht etwa beschleunigen oder regieren, sie bescheidet sich, daß das Endliche nur auf das Endliche wirken kann, sondern nur beobachten, und als eine von den größten Handlungen des Universums wahrnehmen. Die verschiedenen
(100) Momente der Menschheit aneinander zu knüpfen, und aus ihrer Folge den Geist, in dem das Ganze geleitet wird, errathen, das ist ihr höchstes Geschäft. Geschichte im eigentlichsten Sinn ist der höchste Gegenstand der Religion, mit ihr hebt sie an[7]) und endigt mit ihr — denn

---

[1]) II: Bildung

[2]) II: Euer einzelnes Dasein

[3]) III Zus.: auch kleinsten und vorübergehendsten

[4]) III Zus.: gleichsam

[5]) II Zus.: [Alsdann erst könnt Ihr Euch selbst] Mit der reinsten tadellosesten Liebe (könnt Ihr dann auch Euch selbst) lieben, [Zus.: könnt,] der Demuth, die Euch nie verläßt, das Gefühl (auch ein Mittelpunkt des Universums zu sein,) gegenüberstellen, und [daß auch in Euch das Ganze der Menschheit lebt und wirkt, und könnt selbst] die Reue von aller Bitterkeit aussüßen zu freudiger Selbstgenügsamkeit.

[6]) III: vielmehr wird er

[7]) II: Aber nicht nur in der Gegenwart schwebt so das Gefühl in seinen Aeußerungen zwischen der Welt und dem Einzelnen, dem es einwohnt, bald dem bald jener sich näher anneigend. Sondern wie alles was uns bewegt ein Werdendes ist, und auch wir selbst nicht anders als so bewegt werden und auffassen, so werden wir auch als

Weissagung ist in ihren Augen[1]) auch Geschichte und beides gar nicht
von einander zu unterscheiden — und[2]) alle wahre Geschichte hat
überall zuerst einen religiösen Zweck gehabt und ist von religiösen
Ideen ausgegangen. In ihrem Gebiet liegen dann auch die
höchsten und erhabensten Anschauungen der Religion. —
Hier seht Ihr[3]) die Wanderung der Geister und der Seelen, die
sonst nur eine zarte Dichtung scheint, in mehr als einem Sinn als
eine wundervolle Veranstaltung des Universums, um die verschiedenen
Perioden der Menschheit nach einem sichern Maaßstabe zu vergleichen.
Bald kehrt nach einem langen Zwischenraum, in welchem die Natur
Nichts Aehnliches hervorbringen konnte, irgend ein ausgezeichnetes Individuum[4]) völlig dasselbe wieder zurück; aber nur die Seher erkennen
es und nur sie sollen aus den Wirkungen, die es nun hervorbringt,
die Zeichen verschiedener Zeiten beurtheilen. Bald kommt ein einzelner
Moment der Menschheit ganz so wieder, wie Euch eine ferne Vorzeit
sein Bild zurückgelassen hat, und Ihr sollt aus den verschiedenen Ur- (101)
sachen, durch die er jetzt erzeugt worden ist, den Gang des Universums[5])
und die Formel seines[6]) Gesetzes erkennen. Bald erwacht der Genius
irgend einer besondern menschlichen Anlage, der hie und da steigend
und fallend schon seinen Lauf vollendet hatte, aus seinem[7]) Schlummer,
und erscheint an einem andern Ort und unter andern Umständen in
einem neuen Leben, und sein schnelleres Gedeihen, sein tieferes Wirken,
seine schönere kräftigere Gestalt soll andeuten, um wie vieles das Klima
der Menschheit verbessert und der Boden zum Nähren edler Gewächse
geschickter geworden sei. — Hier erscheinen Euch Völker und Generationen der Sterblichen eben so wie auf unserer vorigen An-

---

Fühlende immer in die Vergangenheit zurückgetrieben, und man kann sagen, wie überhaupt unsere Frömmigkeit sich mehr an der Seite des Geistes nährt, so ist unmittelbar und zunächst [Zus.: die] Geschichte im eigentlichsten Sinn der höchste Gegenstand der [die reichste Quelle für die] Religion, nur nicht etwa um das Fortschreiten der Menschheit in ihrer Entwickelung zu beschleunigen und zu regieren, sondern nur [Zus.: um sie] als die allgemeinste und größte Handlung des Universum [Offenbarung des innersten und heiligsten] zu beobachten. In diesem Sinne aber gewiß hebt sie mit ihr [Religion mit Geschichte] an,

1) III: ihrem Sinn

2) III: ja

3) II: wie denn auch das Feinste und Zarteste in ihr nie wissenschaftlich, [Zus.: mitgetheilt,] sondern nur im Gefühl von einem religiösen Gemüth kann aufgefaßt werden. Ein solches erkennt

4) III Zus.: fast

5) III: der Entwicklung

6) III: ihres

7) III: wie aus dem

sicht die einzelnen Menschen.[1]) Ehrwürdig[2]) und geistvoll einige und kräftig wirkend ins Unendliche fort **ohne Ansehn des Raums und der Zeit.**[3]) Gemein und unbedeutend andere, nur bestimmt eine einzelne Form des Lebens oder der Vereinigung eigenthümlich zu nüanciren, nur in einem Moment wirklich lebend und merkwürdig, nur um einen Gedanken darzustellen, einen Begriff zu erzeugen, und dann der Zerstörung entgegen eilend, damit dies Resultat ihrer
(102) schönsten Blüthe[4]) einem Andern könne eingeimpft werden. Wie die vegetabilische Natur durch den Untergang ganzer Gattungen und aus den Trümmern ganzer Pflanzengenerationen[5]) neue hervorbringt und ernährt, so seht Ihr hier auch die geistige Natur aus den Ruinen einer herrlichen und schönen Menschenwelt eine neue erzeugen, die aus den zersetzten und wunderbar umgestalteten Elementen von jener ihre erste Lebenskraft saugt. — Wenn hier in dem Anschauen eines allgemeinen Zusammenhanges[6]) Euer Blick so oft unmittelbar vom Kleinsten zum Größten und von diesem wiederum zu jenem herumgeführt wird, und sich in lebendigen Schwingungen zwischen beiden bewegt, bis er schwindelnd weder Großes noch Kleines, weder Ursache noch Wirkung, weder Erhaltung noch Zerstörung weiter unterscheiden kann,[7]) dann erscheint Euch **die**[8]) Gestalt eines ewigen Schicksals, dessen Züge ganz das Gepräge dieses Zustandes tragen, ein wunderbares Gemisch von starrem Eigensinn und tiefer Weisheit, von roher herzloser[9]) Gewalt und inniger Liebe, wovon Euch bald das Eine bald das Andere wechselnd ergreift, und jetzt zu ohnmächtigem Trotz, jetzt zu kindlicher Hingebung einladet. Vergleicht Ihr **dann**[10]) das abgesonderte[11]) Streben des Einzelnen, **(aus diesen entgegengesetzten Ansichten entsprungen,)** mit dem

---

[1]) II: ebenso verschieden an Bedeutsamkeit und Werth, aber eben so gleich nothwendig für das Ganze der Geschichte, wie zu gleicher Zeit und im Einzelnen das Verschiedenste neben einander bestehen muß.

III: alle gleich nothwendig für die Vollständigkeit der Geschichte, aber eben wie Einzelne von dem verschiedensten Werth neben einander bestehen müssen, eben so auch sie unter einander verschieden an Bedeutsamkeit und Werth.

[2]) II: Würdig

[3]) III: mit ihrer Wirkung jeden Raum durchdringend und jeder Zeit trotzend.

[4]) II: was ihr frischestes Wachsthum hervorgebracht

[5]) II Zus.: eine

[6]) II: Ergriffensein von einem allgemeinen Zusammenhange

[7]) III Zus.: und bleibt Ihr in diesem Wechsel befangen,

[8]) III: jene bekannte

[9]) II: fühlloser

[10]) III: tiefer bringend

[11]) III Zus.: aus diesen entgegengesetzten Ansichten entsprungene

ruhigen und gleichförmigen Gang des Ganzen, so seht Ihr, wie der (103)
hohe Weltgeist über alles lächelnd hinwegschreitet, was sich ihm lärmend widersetzt; Ihr seht wie die hehre Nemesis seinen Schritten folgend unermüdet die Erde durchzieht, wie sie Züchtigung und Strafen den Uebermüthigen austheilt, welche den Göttern entgegenstreben und wie sie mit eiserner Hand auch den Wackersten und Trefflichsten abmäht, der sich, vielleicht mit löblicher und bewunderungswerther Standhaftigkeit, dem sanften Hauch des großen Geistes nicht beugen wollte. **Wollt** [1]) Ihr endlich den eigentlichen Charakter aller Veränderungen und aller Fortschritte der Menschheit ergreifen, so zeigt Euch *die Religion* [2]) wie **die lebendigen Götter** [3]) nichts hassen als den Tod, wie nichts verfolgt und gestürzt werden soll als er, der erste und letzte Feind **der Menschheit.** [4]) Das Rohe, das Barbarische, das Unförmliche soll verschlungen und in organische Bildung umgestaltet werden. Nichts soll todte Masse sein, die nur durch den **todten** [5]) Stoß bewegt wird, und nur durch bewußtlose **Friktion** [6]) widersteht: alles soll eigenes zusammengesetztes, vielfach verschlungenes und erhöhtes Leben sein. Blinder Instinkt, gedankenlose Gewöhnung, todter
Gehorsam, alles Träge und **Passive,** [7]) alle diese traurigen Symptome (104)
der Asphyxie [8]) der Freiheit und Menschheit sollen vernichtet werden. Dahin deutet das Geschäft des Augenblicks und der Jahrhunderte, das ist das große, immer fortgehende Erlösungswerk der ewigen Liebe.

Nur mit leichten Umrissen [9]) habe ich [10]) einige der hervorstechenden **Anschauungen** [11]) der Religion **auf** [12]) dem Gebiet der Natur und der Menschheit entworfen; aber **hier** [13]) habe ich Euch **doch** [14]) bis an die letzte Grenze Eueres Gesichtskreises geführt. Hier ist das Ende [15]) der Religion für *diejenigen,* [16]) denen Menschheit und **Universum** [17]) gleich viel gilt; von hier könnte ich Euch nur wieder zurückführen ins Einzelne und Kleinere. *Nur glaubt nicht,* daß

---

[1]) III: Möget
[2]) II: sicherer als alles Euer in der Geschichte ruhendes Gefühl
[3]) III: lebendige Götter walten, welche
[4]) III: des Geistes.
[5]) III: äußern
[6]) III: Reibung
[7]) III: Leidentliche,
[8]) III: des Todesschlummers
[9]) III Zus.: zwar
[10]) III Zus.: hier
[11]) III: Regungen
[12]) III: aus
[13]) III: doch
[14]) III: zugleich
[15]) II Zus.: und der Gipfel
[16]) II: alle
[17]) III: Weltall

dies zugleich die Grenze der Religion sei. Vielmehr kann sie eigentlich hier nicht stehen bleiben, und sieht erst auf der anderen Seite dieses Punktes recht hinaus ins Unendliche. Wenn die Menschheit selbst etwas Bebewegliches und Bildsames ist, wenn sie sich nicht nur im Einzelnen anders darstellt, sondern auch hie und da anders wird, fühlt Ihr nicht, daß sie dann unmöglich selbst das Universum sein kann? Vielmehr verhält sie sich zu ihm, wie die einzelnen Menschen sich zu ihr verhalten; sie ist nur eine einzelne Form desselben, Darstellung einer einzigen Modification seiner Elemente,
(105) es muß andre solche Formen geben, durch welche sie umgrenzt, und denen sie also entgegengesetzt wird. Sie ist nur ein Mittelglied zwischen dem Einzelnen und dem Einen, ein Ruheplatz auf dem Wege zum Unendlichen, und es müßte noch ein höherer Charakter gefunden werden im Menschen als seine Menschheit um ihn und seine Erscheinung unmittelbar aufs Universum zu beziehen. Nach einer solchen Ahnung von etwas außer und über der Menschheit strebt alle Religion, um von dem Gemeinschaftlichen und Höheren in beiden ergriffen zu werden; aber dies ist auch der Punkt, wo ihre Umrisse sich dem gemeinen Auge verlieren, wo sie selbst sich immer weiter von den einzelnen Gegenständen entfernt, an denen sie ihren Weg festhalten konnte, und wo das Streben nach dem Höchsten in ihr am meisten für Thorheit gehalten wird.[1]) Auch sei es genug an dieser Andeutung

---

[1]) II: Nur bedenkt, daß es in Eurem Gefühl etwas giebt, welches diese Grenze verschmäht, vermöge dessen es eigentlich hier nicht stehen bleiben kann, sondern erst auf der andern Seite dieses Punktes recht ins Unendliche hinausschaut. Ich will nicht von den Ahnungen reden, die sich in Gedanken ausprägen und sich klügelnd begründen lassen, daß nämlich, wenn die Menschheit selbst ein Bewegliches und Bildsames ist, wenn sie sich nicht nur im Einzelnen anders darstellt, sondern auch hier und da anders wird, sie dann unmöglich das Einzige und Höchste sein kann, was die Einheit des Geistes und der Materie darstellt. Vielmehr könne sie eben, wie die einzelnen Menschen sich zu ihr verhalten, nur eine einzelne Form dieser Einheit darstellen, neben der es noch andre solche [ähnliche] geben müsse, durch welche sie [Zus.: zum wenigsten doch innerlich] umgrenzt und denen sie also entgegengesetzt wird. Aber in unserm Gefühl und darauf will ich nur hinweisen, finden wir alle dergleichen. Denn unserm Leben ist auch eingeboren und aufgeprägt der Erde, und also auch der höchsten Einheit, welche sie erzeugt hat, Abhängigkeit von andern Welten. Daher diese immer rege aber selten verstandene Ahnung von einem andern auch Erscheinenden und Endlichen, aber außer und über der Menschheit, von

auf dasjenige, was Euch so unendlich fern liegt; jedes weitere Wort
darüber wäre eine unverständliche Rede, von der Ihr nicht wissen
würdet, woher sie käme noch wohin sie ginge. Hättet Ihr nur erst
die Religion, die Ihr haben könnt, und wäret Ihr Euch nur erst derjenigen bewußt, die Ihr wirklich schon habt! denn in der That, wenn
Ihr auch nur die wenigen religiösen Anschauungen[1]) betrachtet, (106)
die ich mit geringen Zügen jetzt entworfen habe, so werdet Ihr finden,
daß sie Euch bei weitem nicht alle fremd sind. Es ist wol eher etwas
dergleichen in Euer Gemüth gekommen, aber ich weiß nicht, welches
das größere Unglück ist, ihrer ganz zu entbehren, oder sie nicht zu
verstehen; denn auch so verfehlen sie ganz ihre Wirkung (im Gemüthe) und hintergangen seid Ihr dabei auch von Euch selbst.[2]) Die
Vergeltung, welche alles trifft, was dem Geist des Ganzen widerstreben
will, der überall thätige Haß gegen alles Uebermüthige und Freche,
das beständige Fortschreiten aller menschlichen Dinge zu einem Ziel,
ein Fortschreiten, welches so sicher ist, daß wir sogar jeden einzelnen
Gedanken und Entwurf, der das Ganze diesem Ziele näher bringt,
nach vielen gescheiterten Versuchen dennoch endlich einmal gelingen sehen,
dies sind Anschauungen, die so in die Augen springen,
daß sie mehr für eine Veranlassung als für ein Resultat
der Weltbeobachtung gelten können. Viele unter Euch
sind sich ihrer auch bewußt, einige nennen sie auch Religion, aber sie wollen, dies[3]) soll ausschließend Religion sein;
und dadurch wollen sie[4]) alles Andre verdrängen, was doch aus
derselben Handlungsweise des Gemüths und völlig auf dieselbe Art (107)
entspringt. Wie sind sie denn[5]) zu diesen abgerissenen Bruchstücken
gekommen? Ich will es Euch sagen: sie halten[6]) dies gar nicht für

---

einer höheren und einigeren, [innigeren,] schönere Gestalten erzeugenden Vermählung des Geistes mit der Materie. Allein freilich ist [wäre] hier jeder Umriß [Zus.: den einer könnte zeichnen wollen] schon zu bestimmt, jeder Widerschein des Gefühls kann nur flüchtig sein, und lose und daher dem Mißverstand ausgesetzt, und so häufig für Thorheit und Aberglauben gehalten.

[1]) II: Wahrnehmungen und Gefühle

[2]) II Zus.: Zweierlei möchte ich Euch besonders zum Vorwurf machen in Absicht auf das Dargestellte, und was ihm sonst noch ähnlich ist. Ihr sucht einiges aus und stempelt es als Religion ausschließlich, und anderes wollt Ihr als unmittelbar zum sittlichen Handeln gehörig der Religion entziehen; beides wahrscheinlich aus gleichem Grunde.

[3]) II: des Gefühls, welches darauf hindeutet, seid Ihr Euch bewußt, und möchtet es gern gereinigt von allen Mißbräuchen erhalten und verbreiten; aber dies wollt Ihr dann

[4]) II: wollt Ihr

[5]) II: seid Ihr doch

[6]) II: Ihr haltet

Religion (*welche sie ebenfalls verachten,*) sondern für *Moral und wollen*[1]) nur den Namen unterschieben, um der Religion selbst — dem nämlich was *sie*[2]) dafür halten — den letzten Stoß zu geben. *Wenn sie das nicht zugeben wollen, so fraget sie doch, warum sie mit der wunderbarsten Einseitigkeit dies alles nur auf dem Gebiete der Sittlichkeit finden? Die Religion*[3]) weiß nichts von einer solchen *parteiischen*[4]) Vorliebe; **die moralische Welt ist ihr auch nicht das Universum, und was nur für diese gälte, wäre ihr keine Anschauung des Universums.**[5]) In allem, was zum menschlichen Thun gehört, im Spiel wie im Ernst, im Kleinsten wie im Größten weiß **sie**[6]) *die*[7]) **Handlungen** des Weltgeistes zu entdecken und **zu verfolgen;**[8]) was **sie wahrnehmen soll, muß sie**[9]) überall wahrnehmen können, denn nur dadurch wird es das **Ihrige,**[10]) und so findet **sie**[11]) auch *eben darin*[12]) eine göttliche Nemesis, daß eben die, welche, weil in ihnen selbst nur das Sittliche oder[13]) Rechtliche **dominirt,**[14]) auch aus der Religion (*nur*) einen unbedeutenden Anhang der Moral machen, und nur das aus ihr
(108) nehmen wollen, was sich dazu gestalten läßt, sich eben damit ihre **Moral,**[15]) so viel auch schon an ihr gereinigt sein mag, unwiderbringlich verderben und den Keim neuer Irrthümer hineinstreuen. Es klingt sehr schön; wenn man beim **moralischen**[16]) Handeln untergehe, sei es der Wille des ewigen Wesens, und was nicht durch uns geschehe, werde ein andermal[17]) zu Stande kommen; aber auch dieser er-

---

[1]) II: einen Widerschein des sittlichen Handelns, und wollt

[2]) II: wir jetzt gemeinschaftlich

[3]) II: Denn [Zus.: dieses von uns für Religion Erkannte entsteht uns] gar nicht ausschließend auf dem Gebiete der Sittlichkeit in dem engeren Sinne worin Ihr es nehmt, (*findet sich dieses.*) Das Gefühl

[4]) II: beschränkten

[5]) III: und wenn ich Euch damit vorzüglich an das Gebiet des Geistes selbst und an die Geschichte verwiesen: so folgert mir nicht daraus, daß die moralische Welt das Universum der Religion sei; vielmehr was nur für diese in Eurem beschränkten Sinne gilt, daraus würden sich gar wenig religiöse Regungen entwickeln.

[6]) III: der Fromme

[7]) II: diese [die]

[8]) III: wird dadurch erregt,

[9]) III: er hierzu bedarf, muß er

[10]) III: Seinige

[11]) III: er

[12]) II: hierin

[13]) III Zus.: vielmehr

[14]) III: vorherrscht,

[15]) III: Sittenlehre selbst,

[16]) III: sittlichen

[17]) III Zus.: durch Andere

habene Trost gehört nicht für die Sittlichkeit; kein Tropfen Religion kann unter diese gemischt werden, ohne sie gleichsam zu phlogistisiren und ihrer Reinigkeit zu berauben.[1])

(Am deutlichsten offenbart sich dieses gänzliche Nichtwissen um die Religion bei ihren Gefühlen, die noch am weitesten unter Euch verbreitet sind. Wie innig sie auch mit jenen Anschauungen verbunden sind, wie nothwendig sie auch aus ihnen herfließen, und nur aus ihnen erklärt werden können, sie werden dennoch durchaus mißverstanden. — Wenn der Weltgeist sich uns majestätisch offenbart hat, wenn wir sein Handeln nach so groß gedachten und herrlichen Gesetzen belauscht haben, was ist natürlicher, als von inniger Ehrfurcht vor dem Ewigen und Unsichtbaren durchdrungen zu werden? Und wenn wir das Universum angeschaut haben, und von dannen zurücksehen auf unser Ich, wie es in Vergleichung mit ihm ins unendlich Kleine verschwindet, (109)
was kann dem Sterblichen dann näher liegen als wahre ungekünstelte Demuth? Wenn wir in der Anschauung der Welt auch unsere Brüder wahrnehmen, und es uns klar ist, wie jeder von ihnen ohne Unterschied in diesem Sinne gerade dasselbe ist, was wir sind, eine eigne Darstellung der Menschheit, und wie wir ohne das Dasein eines Jeden es entbehren müßten, diese anzuschauen, was ist natürlicher als sie Alle ohne Unterschied selbst der Gesinnung und der Geisteskraft mit inniger Liebe und Zuneigung zu umfassen? Und wenn wir von ihrer Verbindung mit dem Ganzen zurücksehen, auf ihren Einfluß in unsere Ereignisse, und sich uns dann diejenigen darstellen, die von ihrem eigenen vergänglichen Sein und dem Streben, es zu erweitern und zu isoliren, nachgelassen haben, um das unsrige zu erhalten, wie können wir uns da erwehren jenes Gefühls einer besondern Verwandtschaft mit denen, deren Handlungen einmal unsere Existenz verfochten und durch ihre Gefahren glücklich hindurchgeführt haben? jenes Gefühls der Dankbarkeit, welches uns antreibt, sie zu ehren als solche, die sich mit dem Ganzen schon geeinigt haben, und sich ihres Lebens in demselben bewußt sind? — Wenn (110)
wir im Gegentheil das gewöhnliche Treiben der Menschen

[1]) II: das sittliche Handeln, sonst wäre es von dem Grade abhängig, in welchem jeder in jedem Augenblick dieses Trostes empfänglich ist. Gar nichts darf das Handeln von Gefühl unmittelbar in sich aufnehmen, ohne daß sogleich seine ursprüngliche Kraft und Reinigkeit getrübt werde.

betrachten die von dieser Abhängigkeit nichts wissen, wie sie dies und das ergreifen und festhalten, um Ihr Ich zu verschanzen und mit mancherlei Außenwerken zu umgeben, damit sie ihr abgesondertes Dasein nach eigner Willkür leiten mögen, und der ewige Strom der Welt ihnen nichts daran zerrütte, und wie dann nothwendiger Weise das Schicksal dies alles verschwemmt, und sie selbst auf tausend Arten verwundet und quält; was ist dann natürlicher, als das herzlichste Mitleid mit allem Schmerz und Leiden, welches aus diesem ungleichen Streit entsteht, und mit allen Streichen, welche die furchtbare Nemesis auf allen Seiten austheilt? — und wenn wir erkundet haben, was denn dasjenige ist, was im Gange der Menschheit überall aufrecht erhalten und gefördert wird, und das was unvermeidlich früher oder später besiegt und zerstört werden muß, wenn es sich nicht umgestalten und verwandeln läßt, und wir dann von diesem Gesetz auf unser eignes Handeln in der Welt hinsehen, was ist natürlicher als zerknirschende Reue über alles Dasjenige in uns, was dem Genius der Menschheit feind ist, als der demüthige Wunsch, die Gottheit zu versöhnen, als das sehnlichste Verlangen
(111) umzukehren und uns mit allem, was uns angehört in jenes heilige Gebiet zu retten, wo allein Sicherheit ist gegen Tod und Zerstörung.) Alle diese Gefühle sind Religion, und eben so alle andere, bei denen das Universum[1]) der eine, und auf irgend eine Art Euer eigenes Ich, der andre von den Punkten ist, zwischen denen das Gemüth schwebt. Die Alten wußten das wol:[2]) Frömmigkeit[3]) nannten sie alle diese Gefühle und **bezogen** sie unmittelbar **auf die**[4]) Religion, deren edelster Theil sie ihnen waren. Auch Ihr kennt sie, aber wenn Euch so etwas begegnet, so wollt Ihr Euch überreden, es sei etwas Sittliches,[5]) und **in der Moral wollt Ihr diesen Empfindungen ihren Platz anweisen; sie begehrt sie aber nicht und leidet sie nicht.**[6]) Sie mag keine

---

[1]) II: Auf die andere Weise treibt Ihr es mit allen jenen Gefühlen der Liebe, der Demuth, der Freude und den andern, die ich Euch geschildert und bei welchen sonst noch das Universum [die Welt]

[2]) II: wol das rechte:

[3]) III Zus.: Pietät,

[4]) III: rechneten . . . zur

[5]) II: ein unmittelbarer Bestandtheil des [Eures] sittlichen Handelns

[6]) III: aus sittlichen Grundsätzen möchtet Ihr diese Empfindungen rechtfertigen und auch in Eurem moralischen System ihnen ihren Platz anweisen; allein vergeblich; denn wenn Ihr Euch treu bleiben wollt, werden sie dort weder begehrt noch gelitten.

Liebe und Zuneigung, sondern Thätigkeit, die ganz von innen herauskommt, und nicht durch Betrachtung ihres äußeren Gegenstandes erzeugt ist, sie kennt[1]) keine Ehrfurcht als die vor ihrem Gesetz, sie verdammt als unrein und[2]) selbstsüchtig,[3]) was aus Mitleid und Dankbarkeit geschehen kann, sie demüthigt, ja verachtet die Demuth, und wenn Ihr von Reue sprecht, so redet sie von verlorner Zeit, die Ihr unnütz vermehrt. Auch muß Euer innerstes Gefühl ihr darin beipflichten, daß es mit allen diesen Empfindungen nicht auf[4]) Handeln abgesehen ist, sie kommen für sich (112) selbst und endigen in sich selbst als Funktionen[5]) Eures innersten und höchsten Lebens. (15) Was windet Ihr Euch also und bittet um Gnade für sie da, wo sie nicht hingehören? Lasset es Euch doch gefallen einzusehen,[6]) daß sie Religion sind, so braucht Ihr nichts für sie zu fordern als ihr eignes strenges Recht, und werdet Euch selbst nicht betrügen mit ungegründeten Ansprüchen, die Ihr in ihrem Namen zu machen geneigt seid. Es sei nun bei der Moral oder irgend sonst, wo Ihr ähnliche Gefühle findet, sie sind nur usurpirt,[7]) bringt sie der Religion zurück, ihr allein gehört dieser Schatz, und als Besitzerin desselben ist sie der Sittlichkeit und allem Andern, was ein Gegenstand des menschlichen Thuns ist, nicht Dienerin, aber unentbehrliche Freundin und ihre vollgültige Fürsprecherin und Vermittlerin bei der Menschheit. Das ist die Stufe, auf welcher die Religion steht und besonders das Selbstthätige in ihr, ihre Gefühle.[8]) Daß sie allein dem Menschen Universalität giebt,[9]) habe ich schon einmal angedeutet; jetzt kann ich es näher erklären. In allem Handeln und Wirken, es sei sittlich oder (philosophisch oder) künstlerisch, soll der Mensch nach Virtuosität[10])

---

[1]) II: Denn das Handeln soll nicht aus Erregungen der Liebe und Zuneigung unmittelbar hervorgehn, sonst würde es ein unsicheres und unbesonnenes, und [Zus.: es soll] nicht durch den augenblicklichen Einfluß ihres [eines] äußeren Gegenstandes erzeugt sein, daher kennt sie*)

[2]) III: ja fast als

[3]) III Zus.: alles

[4]) III Zus.: unmittelbares

[5]) III: freie Verrichtungen

[6]) III: sie dafür anzusehen

[7]) II: Ueberall [Zus.: sonst] wo Ihr diesen Gefühlen eine Stelle anweisen wollt, werden sie sich nicht halten können,

[8]) II: insofern sie der Inbegriff ist aller höhern Gefühle.

[9]) II: den Menschen der Einseitigkeit und Beschränktheit enthebe,

[10]) II: Meisterschaft

---

*) III: wie jene Gefühle es doch offenbar sind. Deshalb erkennt, wenn sie streng ist und rein, Eure Sittenlehre

streben, und alle Virtuosität[1]) beschränkt und **macht kalt,**[2]) ein-
(113) seitig und hart. Auf einen Punkt richtet sie zunächst das Gemüth des Menschen und dieser eine Punkt ist immer etwas Endliches.[3]) Kann der Mensch (so)[4]) von einem beschränkten Werk (**fortschreitend**) zum andern seine ganze (unendliche) Kraft wirklich verbrauchen? und[5]) wird nicht vielmehr der größere Theil derselben unbenutzt liegen, und sich deshalb gegen ihn selbst wenden und ihn verzehren? Wie viele von Euch gehen nur deshalb zu Grunde, weil sie sich selbst zu groß sind; ein Ueberfluß an Kraft und Trieb, der sie nicht einmal zu einem Werk kommen läßt, weil doch keines ihm angemessen wäre, treibt sie unstät umher und ist ihr Verderben. Wollt Ihr etwa auch diesem Uebel wieder so steuern, daß der, welchem einer zu groß ist, alle (jene drei) Gegenstände des menschlichen Strebens,[6]) oder wenn Ihr deren noch mehr wißt, auch diese, vereinigen soll? Das wäre freilich Euer altes Begehren, die Menschheit überall **aus einem Stück**[7]) zu haben, **welches**[8]) immer wiederkehrt — aber wenn es nur möglich wäre! wenn nur nicht jene Gegenstände, sobald sie einzeln ins Auge gefaßt werden, so sehr auf gleiche Weise das Gemüth anregten und zu herrschen strebten! **Jeder von ihnen will Werke ausführen, jeder**[9]) hat
(114) ein Ideal, dem **er entgegenstrebt**[10]) und eine Totalität, welche **er erreichen will,**[11]) und diese Rivalität[12]) kann nicht anders endigen, als daß einer den andern verdrängt. Wozu also soll der Mensch die Kraft verwenden, die ihm jede geregelte und kunstmäßige Anwendung seines Bildungstriebes übrig läßt? Nicht so, daß er wieder etwas Anderes bilden wolle, und auf etwas anderes Endliches thätig arbeite, sondern dazu, daß er sich[13])

---

[1]) II: Meisterschaft, wenn der Mensch ganz innerhalb ihres Gegenstandes festgehalten ist,

[2]) III: erkältet, macht

[3]) II: kann es nicht befriedigen,

[4]) III Zus.: fortschreitend

[5]) II: oder

[6]) II Zus.: Kunst, Wissenschaft und Leben

[7]) III: ganz

[8]) III: und auf einem Punkt wie auf dem andern, Eure Gleichheitssucht, die

[9]) III: Jede dieser Richtungen geht auf Werke aus, welche vollendet werden sollen, jede

[10]) III: nachzubilden ist,

[11]) III: umfaßt werden soll

[12]) III Zus.: mehrerer Gegenstände

[13]) II: Ja auch innerhalb jeder solchen Sphäre muß sich Jeder um so mehr auf ein Einzelnes beschränken, zu je trefflicherer Meisterschaft er gelangen will. Wenn nun diese ihn ganz beschäftigt, und er nur in dieser Production lebt: wie soll er zu seinem vollständigen Antheil an der Welt gelangen und sein Leben ein Ganzes werden?

ohne bestimmte Thätigkeit vom Unendlichen afficiren lasse und durch
jede[1]) Gattung religiöser Gefühle seine Gegenwirkung gegen
diese Einwirkung offenbare. Welchen jener Gegenstände[2]) Eures freien und kunstmäßigen Handelns Ihr auch gewählt
habt, es gehört nur wenig Sinn dazu, um von jedem aus das Universum zu finden, und in diesem entdeckt Ihr dann auch die übrigen
als Gebot oder als Eingebung oder als Offenbarung desselben; so im
Ganzen sie beschauen und betrachten, nicht als etwas Abgesondertes und in sich Bestimmtes,[3]) das ist die einzige Art,
wie Ihr Euch bei einer schon gewählten Richtung des Gemüths auch
das, was außer derselben liegt, aneignen könnt, nicht wiederum aus
Willkür als Kunst, sondern aus Instinkt fürs[4]) Universum als Religion, und weil sie auch in der religiösen Form wieder rivalisiren, so
erscheint auch die Religion[5]) öfter vereinzelt als Naturpoesie, (115)
Naturphilosophie oder Naturmoral, als[6]) in ihrer ganzen
Gestalt vollendet und alles vereinigend. So[7]) setzt der Mensch[8]) dem
Endlichen, wozu seine Willkür ihn hintreibt[9]) ein Unendliches,
dem zusammenziehenden Streben nach etwas Bestimmtem und Vollendetem das erweiternde Schweben im **Unbestimmten**[10]) und Uner-
schöpflichen an die Seite; so (schafft er seiner überflüssigen
Kraft einen unendlichen Ausweg, und) stellt[11]) das Gleichgewicht und die Harmonie seines Wesens wieder her, welche unwiederbringlich verloren geht, wenn er sich, ohne zugleich Religion zu

---

Daher die Einseitigkeit und Dürftigkeit der meisten Virtuosen, oder auch daß sie außerhalb ihrer Sphäre in eine niedere Art des Daseins versunken sind. Und kein anderes Heilmittel giebt es für dieses Uebel, als daß Jeder, indem er auf einem endlichen Gebiet auf eine bestimmte Weise thätig ist, sich zugleich

[1]) II: in jeder

[2]) II: alles dessen, was außerhalb jenes [des von ihm unmittelbar angebauten] Gebietes liegt, inne werde. Jedem liegt dies nahe, denn welchen Gegenstand

[3]) II: auffassen und genießen

[4]) II: für das

[5]) III Zus.: und das freilich ist menschliche Mangelhaftigkeit,

[6]) II: als eine gewisse eigenthümliche Empfänglichkeit und Geschmack für Kunst, Philosophie oder Sittlichkeit, als

III: in der Gestalt eigenthümlicher Empfänglichkeit und Geschmacks für Kunst, Philosophie oder Sittlichkeit, und eben daher oft verkannt, öfter sage ich erscheint sie so als wir sie von aller Theilnahme an der Einseitigkeit befreit finden

[7]) III: Das Höchste aber bleibt dieses Letztere, und nur so

[8]) III Zus.: mit ganzem und befriedigendem Erfolge

[9]) II: er besonders und beschränkend bestimmt ist,

[10]) III: Ganzen

[11]) II Zus.: er

haben,[1] einer einzelnen **Direction**[2] überläßt. Die Virtuosität[3] eines Menschen ist nur gleichsam die Melodie seines Lebens, und es bleibt bei einzelnen[4] Tönen, wenn (er ihr) nicht die Religion (beifügt. Diese begleitet) jene in unendlich reicher Abwechselung[5] mit allen Tönen, die ihr nur nicht ganz widerstreben, und (verwandelt) so den einfachen Gesang (des Lebens) in eine vollstimmige und prächtige Harmonie.[6]

Wenn dies[7] was ich, hoffentlich für Euch alle verständlich genug, angedeutet habe, eigentlich das Wesen der Religion ausmacht, so ist
(116) die Frage, wohin denn jene Dogmen und Lehrsätze[8] eigentlich gehören, die gemeiniglich für den Inhalt der Religion ausgegeben werden, nicht schwer zu beantworten. Einige sind nur abstrakte Ausdrücke religiöser Anschauungen, andere sind freie Reflexion über die ursprünglichen Verrichtungen des religiösen Sinnes, Resultate einer Vergleichung der religiösen Ansicht mit der gemeinen. Den Inhalt einer Reflexion für das Wesen der Handlung zu nehmen, über welche reflectirt wird, das ist ein so gewöhnlicher Fehler, daß es Euch wol nicht Wunder nehmen darf, ihn auch hier anzutreffen.[9] Wunder, Eingebungen, Offenbarungen, übernatürliche Empfindungen — man kann viel Religion[10] haben, ohne auf irgend einen dieser Begriffe gestoßen[11] zu sein; aber wer über seine Religion vergleichend reflectirt, der findet sie unvermeidlich auf seinem Wege und kann sie unmöglich umgehen. In diesem Sinn gehören allerdings alle

---

[1] III Zus.: irgend

[2] II: Richtung [Zus.: und wäre es die schönste und herrlichste]

[3] II: Der bestimmte Beruf

[4] II: einer einfachen dürftigen Reihe von

[5] II Zus.: begleitet

[6] II: zu einer vollstimmigen und prächtigen Harmonie erhebt.

[7] II: nun das

[8] III Zus.: die vielen für das innere Wesen der Religion gelten.

[9] II: und wie sie sich zu diesem Wesentlichen verhalten nicht schwer zu beantworten. Oder vielmehr ich habe sie Euch schon oben beantwortet. Denn alle diese Sätze sind Nichts Anders als das Resultat jener Betrachtung des Gefühls, jener vergleichenden Reflexion darüber, von welcher wir schon geredet haben. Und die Begriffe, welche diesen Sätzen zum Grunde liegen, sind, wie sich das mit Euren Erfahrungsbegriffen ebenfalls so verhält, Nichts Anders als für ein bestimmtes Gefühl der gemeinschaftliche Ausdruck, dessen aber die Religion für sich nicht bedarf, kaum um sich mitzutheilen, aber die Reflexion bedarf und erschafft ihn.

[10] II: Frömmigkeit

[11] II: irgend eines dieser Begriffe benöthiget

diese Begriffe in das Gebiet der Religion, und zwar unbedingt, ohne
daß man über die Gränzen ihrer Anwendung das Geringste bestimmen
dürfte. Das Streiten, welche Begebenheit eigentlich ein Wunder sei,
und worin der Charakter *desselben*[1]) eigentlich bestehe, wieviel
Offenbarung es wol gebe, und wiefern und warum man eigentlich
daran glauben dürfe, und das offenbare Bestreben, so viel sich mit (117)
Anstand und Rücksicht thun läßt, davon abzuleugnen und auf die
Seite zu schaffen, in der thörichten Meinung, der Philosophie und der
Vernunft einen Dienst damit zu leisten, das ist eine von den kindischen
Operationen der Metaphysiker und Moralisten in der Religion. Sie
werfen alle Gesichtspunkte unter einander und bringen die Religion in
das Geschrei,[2]) der *Totalität*[3]) wissenschaftlicher und physischer Urtheile
zu nahe **zu treten.**[4]) Ich bitte, laßt Euch nicht durch ihr sophistisches
Disputiren **und**[5]) ihr scheinheiliges Verbergen desjenigen, was
sie gar zu gern kund machen möchten, zum Nachtheil der Religion verwirren.
Diese läßt Euch, so laut sie auch alle jene verschrienen Begriffe
zurückfordert, Eure Physik, und so Gott will, auch Eure Psychologie
unangetastet. Was ist denn ein Wunder? *sagt mir doch in
welcher Sprache — ich rede freilich nicht von denen, die
wie die unsrige nach dem Untergange aller Religion
entstanden sind — es denn etwas Anders heißt als ein
Zeichen, eine Andeutung?*[6]) Und so besagen alle jene Ausdrücke
Nichts, als die unmittelbare Beziehung einer Erscheinung aufs Unendliche,
aufs Universum;[7]) schließet das aber aus, daß (es) nicht[8])
eine eben so unmittelbare[9]) aufs Endliche und auf die Natur **giebt?**[10]) (118)
Wunder ist nur der religiöse Name für Begebenheit, jede, auch die
allernatürlichste und gewöhnlichste, sobald sie sich dazu eignet, daß die
religiöse Ansicht von ihr die herrschende sein kann, ist ein Wunder.

---

[1]) II: eines solchen

[2]) III Zus.: als ob sie

[3]) II: allgemeinen Gültigkeit

[4]) III: trete.

[5]) III: oder, denn auch das mag es bisweilen sein, durch

[6]) II: Wißt Ihr etwa nicht, daß was wir so nennen im religiösen Sinn sonst überall soviel heißt als Zeichen, Andeutung, und daß unser Name, der lediglich den Gemüthszustand des Schauenden trifft, nur insofern schicklich ist, als ja freilich, was ein Zeichen sein soll, zumal wenn es noch irgend etwas Anderes ist, so muß geartet sein, daß man auch darauf und auf seine bezeichnende Kraft merken wird. Jedes Endliche ist aber in diesem Sinne ein Zeichen des Unendlichen,

[7]) III: und Ganze;

[8]) III Zus.: jede

[9]) III Zus.: Beziehung

[10]) III: habe?

Mir ist alles Wunder, und in Eurem Sinn ist mir nur das ein
Wunder, nämlich etwas Unerklärliches und Fremdes, was keines ist in
meinem. Je religiöser Ihr wäret, desto mehr Wunder würdet Ihr
überall sehen, und jedes Streiten hin und her über einzelne Begebenheiten, ob sie so zu heißen verdienen, giebt mir nur den schmerzhaften
Eindruck, wie arm und dürftig der religiöse Sinn der Streitenden ist.
Die Einen beweisen es [1]) dadurch, daß sie überall protestiren gegen
Wunder [2]) **und die Andern** [3]) dadurch, daß es ihnen auf dieses und
jenes besonders ankommt, und daß eine Erscheinung eben [4]) wunderlich
gestaltet sein muß, um ihnen ein Wunder zu sein. [5]) Was heißt Offenbarung? jede ursprüngliche und neue Anschauung des Universums ist eine, und Jeder muß doch wol am besten
wissen, was ihm ursprünglich und neu ist, und wenn
etwas von dem, was in ihm ursprünglich war, für Euch
noch neu ist, so ist [6]) seine Offenbarung auch für Euch eine, und
(119) ich will Euch rathen, sie wohl zu erwägen. Was heißt Eingebung?
Es ist nur der religiöse Name für Freiheit. Jede freie
Handlung, die eine religiöse That wird, jedes Wieder-
geben einer religiösen Anschauung, jeder Ausdruck
eines religiösen Gefühls, der sich wirklich mittheilt,
so daß auch auf andere die Anschauung des Universums
übergeht, war auf Eingebung geschehen; denn es war
ein Handeln des Universums durch den Einen auf die
Andern. Jedes Anticipiren [7]) der andern Hälfte einer reli-

---

[1]) III: diesen Mangel

[2]) II Zus.: wodurch [durch welche Protestation] sie nur beweisen, [zeigen] daß sie von der unmittelbaren Beziehung auf das Unendliche und auf die Gottheit nichts sehen wollen,

[3]) III: die Andern beweisen denselben Mangel

[4]) II: grade

[5]) II Zus.: womit sie nur beurkunden, daß sie eben schlecht aufmerken. (16)

[6]) II: Mittheilung des Universums [Weltalls und seines innersten Lebens] an den Menschen ist eine und so würde jeder solche Moment, auf welchen ich oben gedeutet, wenn Ihr Euch seiner bewußt würdet, eine Offenbarung sein; nun aber ist jede Anschauung und jedes Gefühl, wo sie sich ursprünglich aus einem solchen entwickeln, aus einer Offenbarung hervorgegangen, die wir freilich als eine solche nicht vorzeigen können, weil sie jenseit des Bewußtseins liegt, die wir aber doch nicht nur voraussetzen müssen im Allgemeinen, sondern auch im Besondern muß ja Jeder wol am besten wissen, was ihm ein Wiederholtes und anderwärts her Erfahrenes ist, oder was ursprünglich und neu, und wenn von dem Letzteren etwas sich in Euch noch nicht eben so erzeugt hatte, so wird

[7]) II: allgemeine Ausdruck für das Gefühl der wahren Sittlichkeit

giösen Begebenheit, wenn die eine gegeben ist,[1]) ist (*eine*) Weissagung, und es war sehr religiös von den alten Hebräern, die Göttlichkeit eines Propheten nicht darnach abzumessen, wie schwer das Weissagen war,[2]) sondern ganz einfältig nach dem Ausgang; denn eher kann man[3]) nicht wissen, *ob sich einer auf die Religion versteht*,[4]) bis man sieht, ob er die religiöse Ansicht grade dieses bestimmten *Dinges, welches ihn afficirte*,[5]) auch richtig gefaßt hat. — *Was sind Gnadenwirkungen? Alle religiösen Gefühle sind übernatürlich, denn sie sind nur in sofern religiös, als sie durchs Universum unmittelbar gewirkt sind, und ob sie religiös sind in Jemand, das muß er doch am besten beurtheilen.*[6]) *Alle diese Begriffe sind, wenn die Religion einmal Begriffe haben soll*,[7]) die ersten und wesentlichsten, sie bezeichnen auf die eigenthümlichste Art das Bewußtsein (120)
eines Menschen von seiner Religion; *sie sind um so wichtiger deswegen, weil sie nicht nur etwas bezeichnen, was allgemein sein darf in der Religion, sondern gerade dasjenige, was allgemein sein muß in ihr.*[8]) Ja, wer nicht eigne Wunder sieht auf seinem Standpunkt zur Betrachtung der Welt, in wessen Innern nicht eigene Offenbarungen aufsteigen, wenn seine Seele sich sehnt, die Schönheit der Welt einzusaugen, und von ihrem Geiste durch-

---

und Freiheit, nämlich versteht mich wohl, nicht jener wunderlichen, vielgepriesenen, welche nur versteht das Handeln mit Ueberlegungen hin und her zu begleiten und zu verzieren, sondern für jenes Gefühl, daß das Handeln trotz aller oder ohnerachtet aller äußeren Veranlassung aus dem Innern des Menschen hervorgeht. Denn in dem Maß, als es der weltlichen Verwickelung entrissen wird, wird es als ein göttliches gefühlt und auf Gott zurückgeführt. — Was ist Weissagung? Jedes religiöse Vorausbilden

[1]) II: war,

[2]) II Zus.: oder wie groß der Gegenstand,

[3]) II Zus.: aus dem Einzelnen

[4]) II: wie vollendet das Gefühl sich in Jedem gebildet hat,

[5]) II: Verhältnisses, welches ihn bewegte,

[6]) II: Was heißt Gnadenwirkung? (17) Nichts Anders ist dies offenbar als der gemeinschaftliche Ausdruck für Offenbarung und Eingebung, für jenes Spiel zwischen dem Hineingehen der Welt in den Menschen durch Anschauung und Gefühl und dem Eintreten des Menschen in die Welt durch Handeln und Bildung, beides in seiner Ursprünglichkeit und seinem göttlichen Charakter, so daß das ganze Leben des Frommen nur Eine Reihe von Gnadenwirkungen bildet. Ihr sehet

[7]) II: insofern als die Religion der Begriffe bedarf oder sie aufnehmen kann,

[8]) II: weil sie grade dasjenige bezeichnen, was nothwendig und allgemein sein muß in ihr.

drungen zu werden; wer nicht *hie und da*[1]) mit der lebendigsten Ueberzeugung fühlt, daß ein göttlicher Geist ihn treibt und daß er aus heiliger Eingebung redet und handelt; wer sich nicht wenigstens — denn **dies ist in der That der geringste Grad**[2]) — seiner Gefühle als unmittelbarer Einwirkungen des **Universums**[3]) bewußt ist, **und**[4]) etwas Eignes in ihnen kennt, was nicht nachgebildet sein kann, sondern ihren reinen Ursprung aus seinem Innersten verbürgt, der hat keine Religion. *Glauben*,[5]) was man gemeinhin so nennt, annehmen was ein Anderer[6]) gethan hat, nachdenken und nachfühlen wollen, was ein Anderer gedacht und gefühlt hat, ist ein harter und unwürdiger Dienst,
(121) und statt das Höchste in der Religion zu sein, wie man wähnt, muß er grade abgelegt werden von Jedem, der in ihr Heiligthum dringen will. **Ihn**[7]) haben und behalten wollen, beweiset, daß man der Religion unfähig ist; ihn von Andern fordern, zeigt, daß man sie nicht versteht. Ihr wollt überall auf Euren eignen Füßen stehen und Euren eignen Weg gehn, *aber*[8]) dieser würdige Wille schrecke Euch nicht zurück von der Religion. Sie ist kein Sklavendienst und keine Gefangenschaft;[9]) auch hier sollt Ihr Euch selbst angehören, ja dies ist sogar *die einzige Bedingung, unter welcher Ihr ihrer theilhaftig werden könnt.*[10]) Jeder Mensch, wenige Auserwählte ausgenommen, bedarf allerdings (eines **Mittlers**,) eines[11]) Anführers, der seinen Sinn für Religion aus dem ersten Schlummer wecke und ihm **eine**[12]) erste Richtung gebe, aber dies **soll**[13]) nur ein vorübergehender Zustand sein; mit eigenen Augen soll dann jeder sehen und selbst einen Beitrag zu Tage fördern zu den Schätzen der Religion, sonst verdient er keinen Platz in ihrem Reich und erhält auch keinen. Ihr habt Recht, die dürftigen Nachbeter **zu verachten**,[14])

---

[1]) II: in den bedeutendsten Augenblicken

[2]) III: noch geringeres könnte in der That nur für gar nichts gehalten werden

[3]) III: Weltalls

[4]) III: dabei aber doch

[5]) II Zus.: Aber in diesem Besitz sich zu wissen, das ist der wahre Glaube; glauben hingegen

[6]) III Zus.: gesagt oder

[7]) III: Einen solchen nachbetenden Glauben

[8]) II: und

[9]) III Zus.: am wenigsten für Eure Vernunft sondern

[10]) II: eine unerläßliche Bedingung um ihrer theilhaftig zu werden.

[11]) III Zus.: leitenden und aufregenden

[12]) III: seine

[13]) III: gebt Ihr ja zu für alle andern Kräfte und Verrichtungen der menschlichen Seele, warum nicht auch für diese? Und, zu Eurer Beruhigung sei es gesagt, wenn irgendwo so vorzüglich hier soll diese Vormundschaft

[14]) III: gering zu achten,

die ihre Religion ganz von einem Andern ableiten, oder an einer todten Schrift hängen, auf sie [1]) schwören und aus ihr beweisen. Jede heilige Schrift ist nur ein Mausoleum der Religion [2]) ein (122)
Denkmal, daß ein großer Geist da war, der nicht mehr da ist; denn wenn er noch lebte und wirkte, wie würde er einen so großen Werth auf den todten Buchstaben legen, der nur [3]) ein schwacher Abdruck von ihm sein kann. Nicht der [4]) hat Religion, der an eine heilige Schrift glaubt, sondern nur der, welcher keiner bedarf, und wol selbst eine machen könnte. [5]) (Und) eben diese Eure Verachtung [6]) gegen die armseligen und kraftlosen Verehrer der Religion, in denen sie aus Mangel an Nahrung vor der Geburt schon gestorben ist, eben diese beweiset mir, daß in Euch selbst eine Anlage ist zur Religion und die Achtung, die Ihr allen ihren wahren Helden [7]) immer erzeiget, **wie sehr Ihr Euch auch auflehnt gegen die Art, wie sie gemißbraucht und durch Götzendienst geschändet worden, bestätigt mich in dieser Meinung.** [8]) — Ich habe Euch [9]) gezeigt was eigentlich Religion ist, habt Ihr irgend etwas darin gefunden, was Eurer und der höchsten menschlichen Bildung unwürdig wäre? Müßt Ihr Euch nicht nach den ewigen Gesetzen der geistigen Natur um so ängstlicher nach dem Universum sehnen und nach einer selbstgewirkten Vereinigung mit ihm streben, je mehr Ihr [10]) durch die bestimmteste Bildung und Individualität in ihm (123)
gesondert und isolirt seid? und habt Ihr nicht oft diese heilige Sehn-

---

[1]) III: diese

[2]) II: an sich ein herrliches Erzeugniß, ein redendes Denkmal aus der heroischen Zeit der Religion, aber der [durch] knechtische(n) Verehrung ist [wird] sie nur ein Mausoleum,

[3]) II: so würde er mehr mit Liebe und mit dem Gefühl der Gleichheit auf sein früheres Werk sehen, welches doch [Zus.: immer] nur

[4]) II: jeder

[5]) II: sie lebendig und unmittelbar versteht und ihrer daher [Zus.: für sich allein] auch am leichtesten entbehren könnte.

[6]) II Zus.: nun

[7]) III Zus.: für ihre Person

[8]) III: denn die auch diese nur mit flachem Spotte behandeln und das Große und Kräftige in ihnen nicht anerkennen, rechne ich kaum noch zu Euch, — diese Achtung der Personen bestätigt mich in den Gedanken, daß Eure Verachtung der Sache nur auf Mißverstand beruht, und nur die kümmerliche Gestalt zum Gegenstand hat, welche die Religion bei der großen unfähigen Menge annimmt, und den Mißbrauch, welchen anmaßende Leiter damit treiben.

[9]) III Zus.: darum nun nach Vermögen

[10]) II: Müßt nicht vielmehr Ihr Euch um so mehr nach jener allgemeinen Verbindung mit der Welt sehnen, welche nur durch das Gefühl möglich ist, je mehr eben Ihr [Zus.: am meisten]

sucht als etwas Unbekanntes gefühlt? Werdet Euch doch, ich beschwöre Euch, des Rufs Eurer innersten Natur bewußt, und folget ihm. Verbannet die falsche Scham vor einem Zeitalter, welches nicht Euch bestimmen, sondern von Euch bestimmt und gemacht werden soll! Kehret zu demjenigen zurück, was Euch, gerade Euch so nahe liegt, und wovon die gewaltsame Trennung doch unfehlbar den schönsten Theil Eurer Existenz[1]) zerstört.

Es scheint mir aber, als ob Viele unter Euch nicht glaubten, daß ich mein gegenwärtiges Geschäft hier könne endigen wollen, als ob Ihr dennoch der Meinung wäret, es könne vom Wesen der Religion nicht gründlich geredet worden sein, wo von der Unsterblichkeit gar nicht, und von der Gottheit so gut als Nichts gesagt worden ist. Erinnert Euch doch, ich bitte Euch, wie ich mich von Anfang an dagegen erklärt habe, daß dies nicht die Angel und Hauptstücke der Religion seien; erinnert Euch, daß als ich die Umrisse derselben zeichnete, ich auch den Weg angedeutet habe, auf welchem die Gottheit zu finden ist; was verliert Ihr also noch? und warum soll ich einer religiösen An-
(124) schauungsart mehr thun als den übrigen?[2]) Damit Ihr

---

[1]) II: Eures Daseins

[2]) II: und daß ich gründlich könne vom Wesen der Religion geredet haben, [zu haben glauben,] da ich von der Unsterblichkeit gar nicht, und von Gott nur wie im Vorbeigehen weniges gesprochen, welches doch*) beides die Angel und Hauptstücke der Religion sein sollen. Allein ich bin über beides nicht Eurer Meinung. Nämlich ich glaube [zuerst glaube ich] keineswegs von der Unsterblichkeit gar nicht und von Gott nur so weniges geredet zu haben, sondern daß beides in allem und jedem gewesen ist, glaube ich, was ich Euch nur als Element der Religion aufgestellt habe,**) wie denn auch nur Göttliches und Unsterbliches (in ihr) Raum haben kann. [Zus.: von wo Religion geredet wird.] Und ebenso wenig dünken mich [Zus.: zweitens] die Recht zu haben, welche so wie beides gewöhnlich genommen wird, [Zus.: die Vorstellungen und Lehren von] Gott und Unsterblichkeit für die Hauptsache in der Religion halten, denn hierzu gehört nur [zur Religion kann von beiden nur gehören,] was Gefühl ist, und un-

---

*) III: sondern ganz vorzüglich müßte mir ja obliegen, von diesen beiden zu reden und Euch vorzuhalten, wie unselig Ihr wäret, wenn Ihr etwa auch dieses nicht glaubtet, weil ja für die meisten Frommen dieses

**) III Zus.: und daß ich von allem nichts hätte sagen können, was ich gesagt habe, wenn ich nicht Gott und Unsterblichkeit immer zum Voraus gesetzt hätte, aber nicht denket, ich fürchte mich ein ordentliches Wort über die Gottheit[1] zu sagen, weil es gefährlich werden will, davon zu reden, bevor eine zu Recht und Gericht beständige Definition von Gott und Dasein ans Licht gebracht[2] und im deutschen Reich sanctionirt[3] worden ist; oder damit Ihr nicht auf der andern Seite[4] glaubt, ich spiele[5] einen frommen Betrug und wolle, um allen alles zu werden, mit scheinbarer Gleichgültigkeit dasjenige herabsetzen, was für mich von ungleich größerer Wichtigkeit sein muß[6] als ich gestehen will; so will ich Euch noch einen Augenblick[7] Rede stehen, und Euch deutlich zu machen suchen, daß für mich die Gottheit Nichts Anders sein kann, als eine einzelne religiöse Anschauungsart, von der wie von jeder andern die übrigen unabhängig sind, und daß auf meinem Standpunkt und nach meinen Euch bekannten Begriffen der Glaube „kein Gott, keine Religion" gar nicht statt finden kann, und auch von der Unsterblichkeit will ich Euch unverhohlen meine Meinung sagen.[8]

Zuerst saget mir doch, was meinen sie von der Gottheit, und was wollt Ihr damit meinen? denn jene rechtskräftige Definition ist doch nicht vorhanden, und
es liegt am Tage, daß die größten Verschiedenheiten (125)
darüber statt haben.[9] Den mehrsten ist offenbar Gott

---

mittelbare Wahrnehmung, [unmittelbares Bewußtsein,] (Euer) Gott aber und (Eure) Unsterblichkeit [Zus.: wie sie in solchen Lehren vorkommen.] sind Begriffe*) und [Zus.: als Begriffe] können also auch [Zus.: diese] keinen größern Werth haben in der Religion, als welcher diesen [Begriffen überhaupt] wie ich Euch gezeigt habe, [Zus.: darin] zukommt.

1) II: diesen Gegenstand

2) II: gestellt

3) III: als gut und tauglich allgemein angenommen

4) III Zus.: vielleicht

5) III Zus.: mit Euch

6) III: müsse

7) II: gern auch hierüber

8) II: es sich [Zus.: nach meiner besten Ueberzeugung] wirklich so verhält, wie ich jetzt eben behauptet habe.

9) II: Zuerst erinnert Euch, daß uns jedes Gefühl nur insofern als [für] eine Regung der Frömmigkeit galt, als in demselben nicht das Einzelne [irgend ein Einzelnes] als solches, sondern in ihm und mit ihm [diesem] das Ganze [Zus.: als die Offenbarung Gottes] uns berührt,

---

*) III Zus.: wie denn viele, ja wol die meisten unter Euch von beiden oder wenigstens von einem glauben fest überzeugt zu sein, ohne daß Ihr deshalb fromm sein müßtet oder Religion haben,

Nichts Anders als der Genius der Menschheit. Der Mensch ist das Urbild ihres Gottes, die Menschheit ist ihr alles, und nach demjenigen, was sie für ihre Ereignisse und Führungen halten, bestimmen sie die Gesinnungen und das Wesen ihres Gottes. Nun aber habe ich Euch deutlich genug gesagt, daß die Menschheit nicht mein alles ist, daß meine Religion nach einem Universum strebt, wovon sie mit allem, was ihr angehört, nur ein unendlich kleiner Theil, nur eine einzelne vergängliche Form ist: kann also ein Gott, der nur der Genius der Menschheit wäre, das Höchste meiner Religion sein? Es mag dichterischere Gemüther geben, und ich gestehe, ich glaube, daß diese höher stehen, denen Gott ein

---

und also nicht (ein) Einzelnes und Endliches, sondern eben Gott, in welchem ja allein auch das Besondere Ein und Alles ist, in unser Leben eingeht, und so auch in uns selbst nicht etwa diese oder jene einzelne Function, sondern unser ganzes Wesen, wie wir damit der Welt gegenübertreten und zugleich in ihr sind, also unmittelbar das Göttliche, in uns [Zus.: durch das Gefühl] erregt wird und hervortritt. (18) Wie könnte also Jemand sagen, ich habe Euch eine Religion geschildert ohne Gott, da ich ja Nichts Anders dargestellt als eben das unmittelbare und ursprüngliche Sein Gottes in uns durch das Gefühl. Oder ist nicht Gott die einzige und höchste Einheit? ist es nicht Gott allein vor dem und in dem alles Einzelne verschwindet? Und wenn Ihr die Welt als ein Ganzes und eine Allheit seht, könnt Ihr dies anders als in Gott? Sonst sagt mir doch irgend etwas Anderes, wenn es dieses nicht sein soll, wodurch sich das höchste Wesen, das ursprüngliche und ewige Sein, unterscheiden soll von dem Einzelnen, Zeitlichen und Abgeleiteten! Aber auf eine andere Weise als durch diese Erregungen des Universums könnt Ihr Gott nicht haben*) im Gefühl und darum ist nicht anders als so von ihm geredet worden. Wollt Ihr daher dieses nicht gelten lassen, als ein Wissen um [Bewußtsein von] Gott, als ein Haben Gottes: so kann ich Euch weiter nicht belehren oder bedeuten, sondern nur sagen, daß wer dieses leugnet, der wird mir gottlos sein im Gefühl und ich will nicht aburtheilen wie es auch stehn wird um sein Erkennen. Denn in diesem giebt es freilich auch**) ein unmittelbares Wissen um

---

*) III: welche die Welt in uns hervorbringt, maßen wir uns nicht an, Gott zu haben

**) III: über dessen Erkennen, wie es damit steht, will ich nicht aburtheilen, denn es kommt mir hier nicht zu, aber in seinem Gefühl und seiner Empfindungsart betrachtet, wird ein solcher mir gottlos sein. Denn der Wissenschaft wird freilich auch nachgerühmt, es gebe in ihr

von der Menschheit gänzlich unterschiedenes Individuum, ein einziges Exemplar einer eigenen Gattung ist, und wenn sie mir die Offenbarungen zeigen, durch welche sie einen solchen Gott kennen, — einen oder mehrere, ich verachte in der Religion Nichts so sehr als die Zahl — so soll er mir eine erwünschte Entdeckung sein, und gewiß werden sich aus dieser Offenbarung in mir mehrere entwickeln; aber ich strebe nach noch mehr Gattungen

---

Gott, welches die Quelle ist alles andern, nur wir sprachen jetzt nicht von der Wissenschaft, sondern von der Religion. Jene Art aber Gott im Bewußtsein zu haben*) ist weder die Idee Gottes,**) noch [Zus.: ist sie] das Gefühl von Gott, und ist für die Religion***) etwas gar Untergeordnetes, weil sie nur ein Begriff ist. Aus Merkmalen ist dieser zusammengesetzt, [Ein Begriff, aus Merkmalen zusammengesetzt,] die sie Gottes Eigenschaften nennen, und diese sind [die] sämmtlich Nichts Anders [Zus.: sind] als das Auffassen und Sondern der verschiedenen Arten, wie im Gefühle die Einheit des Einzelnen und des Ganzen sich ausspricht. Denn daß grade auf diese Weise die einzelnen Eigenschaften Gottes den einzelnen [Zus.: oben] aufgestellten und andern ähnlichen [Zus.: hier aber übergangenen] Gefühlen entsprechen, dies wird Niemand leugnen. Daher kann ich schon nicht anders als auf diesen Begriff auch anwenden, was ich im Allgemeinen von Begriffen in Beziehung auf die Religion gesagt, daß nämlich viel Frömmigkeit sein kann ohne sie und daß sie sich erst bilden, wenn diese selbst wieder ein Gegenstand wird, den man in Betrachtung zieht. Nur daß dieser [es mit diesem] Begriff von Gott, wie er so [gewöhnlich] gedacht wird, nicht auf derselben Stufe steht wie jene [dieselbe Bewandtniß hat, wie mit den andern] oben angeführten [Zus.: Begriffen]; weil er nämlich der höchste sein und über allen stehen will und doch selbst unter einem Gegensatze steht, und das Sein dem Denken unterordnet.†) Also steht ihm auch ein anderer gegenüber, der das umgekehrte Verhältniß ausdrückt und ebensounzulänglich ist. Wie ziemt es sich nun wol, daß die

---

*) III: von Gott etwas zu wissen, deren sich die meisten rühmen und die ich Euch auch anrühmen sollte,

**) III Zus.: die Ihr an die Spitze alles Wissens stellt als die ungeschiedene Einheit, aus der Alles hervorquillt und aus der alles Sein sich ableitet,

***) III: dessen wir uns rühmen in unserm Innern; und wie sie gewiß hinter den Forderungen der Wissenschaft weit zurückbleibt, so ist sie auch für die Frömmigkeit

†) III: indem Gott uns zu ähnlich gedacht wird, und als persönlich Denkendes und Wollendes, in das Gebiet des Gegensatzes herabgezogen wird. Daher es auch natürlich scheint, daß je menschenähn-

(126) die Anhänger außer und über der Menschheit als nach einer, und jede Gattung mit ihrem Individuum ist dem Universum untergeordnet: kann also Gott in diesem Sinne für mich etwas Anderes sein als eine einzelne Anschauung? Doch dies mögen nur unvollständige Begriffe von Gott sein, laßt uns gleich zu dem Höchsten gehn, zu dem von einem höchsten Wesen, von einem Geist des Universums, der es mit Freiheit und Verstand regiert, so ist doch auch von dieser Idee die Religion nicht abhängig. Religion

---

Anhänger des einen so fest behaupten, ohne ihn wäre keine Religion? Fromm [Zus.: Sondern] kann Jeder sein er halte sich zu diesem oder zu jenem [Zus.: Begriff], aber seine Frömmigkeit, das Göttliche in seinem Gefühl, muß besser sein als sein Begriff, und je mehr er (es) in diesem sucht, [Zus.: und ihn für das Wesen der Frömmigkeit hält,] um desto weniger versteht er sich selbst. Seht nur wie menschlich [beschränkt] die Gottheit in dem einen dargestellt wird, und wiederum wie todt und starr in dem andern [Zus.: beides je mehr man sich in jedem an den Buchstaben hält], und gesteht, daß es beiden fehlt, daß keiner von beiden ein Beweis von Frömmigkeit sein kann, außer insofern er wirklich selbst gebildet ist, und dann auch nothwendig*) ein Element wenigstens des Gefühls darstellt, nichts werth aber beide sind, wenn sich dies nicht findet. Oder ist es nicht offenbar, daß gar viele einen solchen Gott zwar glauben und annehmen, aber nichts weniger sind als fromm, und daß auch nie dieser Begriff der Keim ist, aus welchem ihre Frömmigkeit erwachsen kann, weil er nämlich kein Leben hat in sich selbst, sondern nur durch das Gefühl. (19) So kann auch nicht die Rede davon sein, daß den einen oder den andern von beiden Begriffen zu haben [Zus.: an und für sich] das Zeichen sein könne von einer vollkommneren oder unvollkommneren Religion. Viel-

---

licher Gott im Begriff dargestellt wird, um so leichter sich eine andere Vorstellungsart dieser gegenüberstellt, ein Begriff des höchsten Wesens nicht als persönlich denkend und wollend, sondern als die über alle Persönlichkeit hinausgestellte allgemeine, alles Denken und Sein hervorbringende und verknüpfende Nothwendigkeit. Und nichts scheint sich weniger zu ziemen, als wenn die Anhänger des Einen die, welche von der Menschenähnlichkeit abgeschreckt, ihre Zuflucht zu dem Andern nehmen, beschuldigen, sie seien gottlos, oder ebenso wenn diese wollten jene wegen der Menschenähnlichkeit ihres Begriffs des Götzendienstes beschuldigen und ihre Frömmigkeit für nichtig erklären.

*) III: beide mangelhaft sind und wie keiner von beiden seinem Gegenstande entspricht, so auch keiner von beiden ein Beweis von Frömmigkeit sein kann, außer insofern ihm im Gemüth selbst etwas zum Grunde liegt, hinter dem er aber weit zurückgeblieben ist, und daß, richtig verstanden auch jeder von beiden

haben, heißt das Universum anschauen, und auf der Art, wie Ihr es anschauet, auf dem Princip, welches Ihr in seinen Handlungen findet, beruht der Werth Eurer Religion. Wenn Ihr nun nicht leugnen könnt, daß sich die Idee von Gott zu jeder Anschauung des Universums bequemt, so müßt Ihr auch zugeben, daß eine Religion ohne Gott besser sein kann, als eine andere mit Gott.

Das Universum stellt sich in seinen Handlungen dem rohen Menschen, der nur eine verwirrte Idee vom Ganzen und Unendlichen hat, und nur einen dunklen Instinkt, als eine [1]) Einheit (dar,) in der Nichts Mannichfaltiges [2]) zu unterscheiden ist, als ein Chaos gleichförmig in der Verwirrung, ohne Abtheilung, Ordnung und Gesetz, woraus [3]) nichts Einzelnes gesondert (127)
werden kann, als indem es willkürlich abgeschnitten wird in Zeit und Raum. Ohne den Drang es zu beseelen, repräsentirt ihm ein blindes Geschick den Charakter des Ganzen; mit diesem Drang wird sein Gott ein Wesen ohne bestimmte Eigenschaften, ein Götze, ein Fetisch, und wenn er mehrere annimmt, so sind sie durch Nichts zu unterscheiden, als durch die willkürlich gesetzten Grenzen ihres Gebiets. Auf einer andern Stufe der Bildung stellt sich das Universum dar als eine Vielheit ohne Einheit, als ein unbestimmtes Mannichfaltiges heterogener Elemente und Kräfte, deren beständiger und ewiger Streit seine Erscheinungen bestimmt. Nicht ein blindes Geschick bezeichnet seinen Charakter, sondern eine motivirte Nothwendigkeit, in welcher die Aufgabe liegt, nach Grund und Zusammenhang zu forschen, mit dem Bewußtsein, ihn nie finden zu können. Wird zu diesem Universum die Idee eines Gottes gebracht, so zerfällt sie natürlich in unendlich viele Theile, jede dieser Kräfte und Elemente, in denen keine Einheit ist, wird besonders beseelt, [4]) Götter entstehen in unendlicher Anzahl, unter-

---

mehr werden beide auf gleiche Weise verändert nach Maßgabe dessen, was wir wirklich als verschiedene Stufen ansehen können, nach denen der religiöse Sinn sich ausbildet. Und dies höret noch von mir; denn weiter weiß ich über diesen Gegenstand nichts zu sagen, um uns zu verständigen.

Da wo das Gefühl des Menschen noch ein dunkler Instinkt, wo sein gesammtes Verhältniß zur Welt noch nicht zur Klarheit gediehen ist, kann ihm auch die Welt nichts sein,

[1]) III Zus.: verworrene

[2]) III Zus.: bestimmt

[3]) III Zus.: abgesehen was sich am Unmittelbarsten auf das Bestehen des Menschen selbst bezieht.

[4]) II: Und hier werdet Ihr natürlich wenig Unterschied finden, ob der Begriff, inwiefern sich doch auch Spuren von ihm zeigen, auf

scheidbar durch verschiedene Objekte ihrer Thätigkeit, durch verschiedene Neigungen und Gesinnungen. Ihr
(128) müßt zugeben, daß diese Anschauung des Universums unendlich würdiger ist als jene, werdet Ihr nicht auch gestehen müssen, daß derjenige, der sich bis zu ihr erhoben hat, aber sich ohne die Idee von Göttern

---

die eine Seite sich neigt oder auf die andere. Denn ob ein blindes Geschick den Charakter des Ganzen darstellt, welches nur durch magische Verrichtungen kann bezeichnet werden, oder ein Wesen das zwar lebendig sein soll, aber ohne bestimmte Eigenschaften, ein Götze, ein Fetisch, gleichviel ob einer oder mehrere, weil sie doch durch nichts zu unterscheiden sind, als durch die willkürlich gesetzten Grenzen ihres Gebietes, darauf wollt Ihr gewiß keinen verschiedenen Werth setzen.*) Weiter fortschreitend wird das Gefühl bewußter, die Verhältnisse treten in Ihrer Mannichfaltigkeit und Bestimmtheit auseinander; daher tritt aber auch in dem Gefühl des Universum [Weltbewußtsein des Menschen] die [Zus.: bestimmte] Vielheit hervor der heterogenen Elemente und Kräfte, deren beständiger und ewiger Streit seine Erscheinungen bestimmt. Gleichmäßig ändert sich dann auch das Resultat der Betrachtung dieses Gefühls, auch die entgegengesetzten Formen des Begriffs treten bestimmter auseinander, das blinde Geschick verwandelt sich in eine höhere Nothwendigkeit, in welcher Grund und Zusammenhang aber unerreichbar und unerforschlich ruhen. Ebenso erhöht sich der Begriff des persönlichen Gottes, aber zugleich sich theilend und vervielfältigend; denn indem jene Kräfte und Elemente besonders beseelt werden, entstehen Götter in unendlicher Anzahl, unterscheidbar durch verschiedene Objekte [Gegenstände] ihrer Thätigkeit, [Zus.: wie] durch verschiedene Neigungen und Gesinnungen. Ihr müßt zugeben, daß dieses schon ein kräftigeres und schöneres Leben des Universums im Gefühl uns darstellt, als jener frühere Zustand, am schönsten wo am innigsten im Gefühl das erworbene Mannichfaltige und die einwohnende höchste Einheit verbunden sind, und dann auch, wie Ihr dieses bei den von Euch mit Recht so verehrten Hellenen findet, in der Reflexion beide Formen sich einigen, die eine mehr für den Gedanken ausgebildet, die andere mehr in der Kunst, diese mehr die Vielheit darstellend, jene mehr die Einheit. Wo aber auch eine solche Einigung nicht ist, gesteht Ihr doch, daß wer sich auf diese Stufe erhoben hat, auch vollkommner sei in der Religion, als wer noch auf die erste beschränkt ist. Also auch wer sich auf der höheren vor der ewigen und unerreichbaren Nothwendigkeit beugt,**) vollkommner

---

*) III Zus.: sondern werdet dieses für eine eben so unvollkommne Frömmigkeit erkennen als jenes, beides aber doch für eine Frömmigkeit.

**) III Zus.: und mehr in diese die Vorstellung des höchsten Wesens hineinlegt, als in die einzelnen Götter, auch der ist

vor der ewigen und unerreichbaren Nothwendigkeit beugt, dennoch mehr Religion hat, als der rohe Anbeter eines Fetisches? Nun laßt uns höher steigen, dahin, wo alles Streitende sich wieder vereinigt, wo das **Universum** [1]) sich als Totalität, als Einheit in der Vielheit, als System darstellt, und so erst seinen Namen verdient; sollte nicht der, der es so anschaut [2]) als Eins und Alles, auch ohne die Idee eines Gottes mehr Religion haben, als der gebildetste Polytheist? Sollte nicht Spinoza ebenso weit über einem frommen Römer stehen, als Lukrez über einem Götzendiener? [3]) Aber das ist die alte **Inconsequenz**, [4]) das ist das **schwarze** [5]) Zeichen der Unbildung, daß sie die am weitesten verwerfen, die auf Einer Stufe mit ihnen stehen, nur auf einem andern Punkt derselben! welche von diesen Anschauungen des Universums ein Mensch sich zueignet, das hängt ab von seinem Sinn fürs Universum, das ist der eigentliche Maßstab seiner Religiosität; ob er zu seiner Anschauung

---

[1]) III: Sein

[2]) II: wer es so wahrnimmt

[3]) II: und so auf das Vollständigste dem Ganzen gegenübertritt und wieder Eins wird mit ihm im Gefühl, sollte nicht der für seine Religion, wie [Zus.: diese] sich auch sein Begriff von ihr gestalten [im Begriff abspiegeln] mag, glücklicher zu preisen sein, als jeder noch nicht so weit Gediehene? Also durchgängig und auch hier entscheidet die Art, wie dem Menschen die Gottheit im Gefühl gegenwärtig ist, über den Werth seiner Religion, nicht die Art wie er diese, immer unzulänglich, in dem **Begriff** von welchem wir jetzt handeln, abbildet. Wenn (Ihr) also wie Ihr [es zu geschehen] pflegt, mit wie vielem Rechte will ich hier nicht entscheiden, den [der] auf dieser Stufe Stehenden [Stehende] aber den **Begriff** eines persönlichen Gottes Verschmähenden [Verschmähende] allgemein [Zus.: entweder ein Pantheist genannt wird, oder noch besonders] nach dem Namen des Spinoza (nennt): so gebet nur zu [will ich nur bevorworten,] daß dieses Verschmähen [die Gottheit persönlich zu denken,] nicht entscheidet gegen die Gegenwart der Gottheit in seinem Gefühl,*) und [dann aber ist wol gewiß] daß ein solcher ebenso weit stehen könne über dem Verehrer der zwölf großen Götter, wie ein Frommer auf dieser Stufe, den Ihr mit gleichem Recht nach dem Lucretius nennen könntet, über einem Götzendiener.

[4]) III: Verwirrung

[5]) III: unverkennbare

---

*) III Zus.: sondern daß das seinen Grund haben könne in einem demüthigen Bewußtsein von der Beschränktheit persönlichen Daseins überhaupt und besonders auch des an die Persönlichkeit gebundenen Bewußtseins.

einen Gott hat, das hängt ab von der Richtung seiner Phan-
(129) tasie. In der Religion wird das Universum angeschaut, es wird gesetzt als ursprünglich handelnd auf den Menschen. Hängt nun Eure Phantasie an dem Bewußtsein Eurer Freiheit, so daß sie es nicht überwinden kann, dasjenige, was sie als ursprünglich wirkend denken soll, anders als in der Form eines freien Wesens zu denken; wohl, so wird sie den Geist des Universums personificiren und Ihr werdet einen Gott haben; hängt sie am Verstande, so daß es Euch immer klar vor Augen steht, Freiheit habe nur Sinn im Einzelnen und fürs Einzelne, wohl, so werdet Ihr eine Welt haben und keinen Gott. Ihr, hoffe ich, werdet es für keine Lästerung halten, daß Glaube an Gott abhängt von der Richtung der Phantasie; Ihr werdet wissen, daß Phantasie das Höchste und Ursprünglichste ist im Menschen, und außer ihr alles nur Reflexion über sie; Ihr werdet es wissen, daß Eure Phantasie es ist, welche für Euch die Welt erschafft, und daß Ihr keinen Gott haben könnt ohne Welt.[1]). **Auch wird**

---

[1]) II: Zu welcher nun von diesen Stufen sich der Mensch erhebt, das beurkundet seinen Sinn für die Gottheit, das ist der eigentliche Maßstab seiner Religiosität. Welchen aber von jenen Begriffen, sofern er dessen überhaupt noch [überhaupt für sich noch des Begriffes] bedarf, er sich aneignen wird, das hängt lediglich davon ab, wozu er seiner noch bedarf und nach welcher Seite seine Phantasie vornämlich hängt, nach der des Seins und der Natur oder nach der des Bewußtseins und des Denkens. Ihr, hoffe ich, werdet es für keine Lästerung halten und für keinen Widerspruch, daß das Hinneigen zu diesem Begriff eines persönlichen Gottes oder das Verwerfen desselben [Zus.: und das Hinneigen zu dem einer unpersönlichen Allmacht] abhängen soll von der Richtung der Phantasie, Ihr werdet wissen, daß ich unter Phantasie*) das Höchste und Ursprünglichste (meine) im Menschen und [Zus.: daß] außer ihr alles nur Reflexion über sie sein kann, also auch abhängig von ihr; Ihr werdet es wissen, daß Eure Phantasie [Zus.: in diesem Sinne Eure freie Gedankenerzeugung] es ist, durch welche Ihr zur Welt und zur Gottheit gelangt auch für das Gefühl und dann erst zu jenem Begriff, welcher für Euch die Welt erschafft und daß Ihr keinen Gott haben könnt ohne Welt.**)

---

*) III Zus.: nicht etwas Untergeordnetes und Verworrenes verstehe, sondern

**) III: zu der Vorstellung einer Welt kommt, die Euch nirgend äußerlich kann gegeben werden und die Ihr auch nicht zuerst Euch zusammenfolgert; und in dieser Vorstellung ergreift Euch dann das Gefühl

er dadurch[1] niemanden[2] ungewisser werden,[3] noch wird sich jemand von der fast unabänderlichen Nothwendigkeit ihn anzunehmen[4]) um desto besser losmachen, weil er darum weiß, woher ihm diese Nothwendigkeit kommt. (In der Religion also steht die Idee von Gott (130) nicht so hoch als Ihr meint,) auch gab es unter wahrhaft religiösen Menschen nie Eiferer, Enthusiasten oder Schwärmer für das Dasein Gottes, mit großer Gelassenheit haben sie das, was man Atheismus nennt, neben sich gesehen,[5] und es hat immer etwas gegeben, was ihnen irreligiöser schien als dieses. Auch Gott kann in der Religion nicht anders vorkommen als handelnd, und göttliches Leben und Handeln des Universums hat noch niemand geläugnet, und mit dem seienden

---

[1]) III: Und fest überzeugt bin ich, daß durch das Gesagte der Begriff der Persönlichkeit Gottes

[2]) III Zus.: wird

[3]) III Zus.: der ihn in sich trägt,

[4]) II: sich ihn anzueignen

[5]) II: diesen Begriff, und sofern man das Verwerfen desselben Atheismus nennt, haben sie diesen mit großer Gelassenheit neben sich gesehen,*)

---

der Allmacht. Wie einer sich aber dieses hernach übersetzt in Gedanken, das hängt davon ab, wie der Eine sich willig im Bewußtsein seiner Ohnmacht in das geheimnißvolle Dunkel verliert, der Andere aber auf die Bestimmtheit des Gedankens vorzüglich gerichtet, nur unter der uns allein gegebenen Form des Bewußtseins und Selbstbewußtseins sich denken und steigern kann. Das Zurückschrecken aber vor dem Dunkel des unbestimmt Gedachten ist die eine Richtung der Phantasie, und das Zurückschrecken vor dem Schein des Widerspruchs, wenn wir dem Unendlichen die Gestalten des Endlichen leihen, ist die andere; sollte nun nicht dieselbe Innigkeit der Religion verbunden sein können mit der einen und mit der andern? Und sollte nicht eine nähere Betrachtung, die aber hierher eben deshalb nicht gehört, weil wir hier nur von dem innersten Wesen der Religion reden, sollte eine solche nicht zeigen, daß beide Vorstellungsarten gar nicht so weit auseinander liegen, als es den meisten scheint, nur daß man in die eine nicht den Tod hineindenken muß, aus der andern aber alle Mühe redlich anwenden, die Schranken hinwegzudenken. Dieses glaubte ich sagen zu müssen, damit Ihr mich verstehet, wie ich es meine mit diesen beiden Vorstellungsweisen; vorzüglich aber auch damit Ihr und Andere sich nicht täuschen über unser Gebiet, und Ihr nicht meint, alle seien Verächter der Religion, welche sich nicht befreunden wollen mit der Persönlichkeit des höchsten Wesens, wie sie von den meisten dargestellt wird.

*) III: wie es wol oft geschieht, unter Atheismus Nichts Anderes versteht als die Zaghaftigkeit und Bedenklichkeit in Bezug auf diesen Begriff: so würden die wahrhaft Frommen diesen mit großer Gelassenheit neben sich sehen,

und gebietenden Gott hat sie nichts zu schaffen, so wie ihr Gott den Physikern und Moralisten nichts frommt, deren traurige Mißverständnisse dies eben sind, und immer sein werden. Der handelnde Gott der Religion kann aber unsere Glückseligkeit nicht verbürgen;[1]) denn ein freies Wesen kann nicht anders wirken wollen auf ein freies Wesen, als nur daß es sich ihm zu erkennen gebe, einerlei ob durch Schmerz oder Lust.[2]) Auch kann es uns zur Sittlichkeit nicht reizen, denn **es wird nicht anders betrachtet als handelnd, und auf unsere Sittlichkeit kann nicht gehandelt und kein Handeln auf sie kann gedacht werden.**[3])

Was aber die Unsterblichkeit betrifft, so kann ich[4]) nicht

---

[1]) II: nämlich was es auch ist, wenn Einer das entbehrt, die Gottheit unmittelbar gegenwärtig zu haben in seinem Gefühl. Nur daß sie nicht glauben können,*) daß Einer [Zus.: in der That] ganz ohne Religion sei, [Zus.: und sich nicht darüber nur täusche] weil er sonst [ein solcher ja] auch ganz ohne Gefühl sein müßte, und ganz versunken mit seinem eigentlichen Dasein ins Thierische: denn nur ein solcher könnte [wer so tief gesunken ist, meinen sie, könne] von dem Gott in uns und in der Welt, von dem göttlichen Leben und Wirken des Universum [wodurch alles besteht] nichts inne werden. Mit dem persönlichen Gott aber, dem außerweltlichen und von außen her gebietenden, hat die Relion ursprünglich nichts zu schaffen, und die, welche ihn so unabhängig vom Gefühl über Alles stellen, wollen auch etwas, was ihr**) fremd ist, nämlich er soll ihnen von außen (her) ihre Glückseligkeit verbürgen und sie zur Sittlichkeit reizen. Sie mögen zusehen, wie das angehe;

[2]) II Zus.: weil dies nicht durch die Freiheit bestimmt wird, sondern durch die Nothwendigkeit.

[3]) III: jeder angebrachte Reiz, sei es nun Hoffnung oder Furcht vor was immer für Art, ist etwas Irrendes, dem zu folgen, wo es auf Sittlichkeit ankommt, unfrei ist, also unsittlich; das höchste Wesen aber, zumal sofern es selbst als frei gedacht wird, kann nicht wollen die Freiheit selbst unfrei machen und unsittlich die Sittlichkeit? (20)

[4]) III: Dies nun bringt mich auf das Zweite, nämlich die Unsterblichkeit und ich kann

---

*) III: das werden sie immer am meisten zaudern zu glauben,

**) III: Wer aber darauf beharrt, müßte er auch noch so viele und vortreffliche Männer ausschließen, das Wesen der Frömmigkeit bestehe in dem Bekenntniß, das höchste Wesen sei persönlich denkend und außerweltlich wollend, der muß sich nicht weit umgesehen haben in dem Gebiet der Frömmigkeit, ja die tiefsinnigsten Worte der eifrigsten Vertheidiger seines eigenen Glaubens müssen ihm fremd geblieben sein. Nur zu groß aber ist die Anzahl derer, welche von ihrem so gedachten Gott auch etwas wollen, was der Frömmigkeit

bergen,[1]) die Art, wie die meisten Menschen sie **nehmen**[2]) und ihre Sehnsucht darnach **ist ganz**[3]) irreligiös, dem Geist der **Religion**[4]) (131) grade zuwider,[5]) ihr Wunsch[6]) hat keinen andern Grund, als die Abneigung gegen das, was das Ziel der Religion ist. Erinnert Euch wie **in ihr alles**[7]) darauf hinstrebt, daß die scharf abgeschnittenen Umrisse unsrer Persönlichkeit sich erweitern und sich allmählich verlieren sollen ins Unendliche, daß wir **durch das Anschauen des Universums**[8]) soviel als möglich eins werden sollen mit ihm; sie aber sträuben sich gegen das Unendliche,[9]) sie wollen[10]) nicht hinaus, sie wollen nichts sein als sie selbst,[11]) und sind ängstlich besorgt um ihre Individualität.[12]) Erinnert Euch wie es das höchste Ziel der Religion war, ein Universum jenseits und über der Menschheit zu entdecken, und ihre einzige Klage, daß es damit nicht recht gelingen will auf dieser Welt; Jene aber wollen nicht einmal die einzige Gelegenheit ergreifen,[13]) die ihnen der Tod darbietet, um über die Menschheit[14]) hinaus zu kommen; sie sind[15]) bange, wie sie sie mitnehmen werden

---

[1]) II Zus.: daß hier noch weit wenigeres der Art entspricht,*) wie jeder Fromme ein unwandelbares und ewiges Dasein in sich trägt. (Und diese) glaube (eben) ich Euch [eben] dargestellt zu haben. Denn wenn unser Gefühl nirgend am Einzelnen haftet, sondern unsere Beziehung zu Gott sein Inhalt ist, in welcher alles Einzelne und Vergängliche untergeht: so ist ja auch Nichts Vergängliches darin, sondern nur Ewiges, und man kann mit Recht sagen, daß das religiöse Leben dasjenige ist, in welchem wir alles Sterbliche schon geopfert und veräußert haben, und die Unsterblichkeit wirklich genießen. Aber

[2]) III: sich bilden

[3]) III: erscheint mir

[4]) III: Frömmigkeit

[5]) III Zus.: ja

[6]) III Zus.: unsterblich zu sein

[7]) III: diese ganz

[8]) III: indem wir des Weltalls inne werden, auch

[9]) II: hiegegen,

[10]) II Zus.: aus der gewohnten Beschränkung

[11]) II: ihre [deren] Erscheinung

[12]) II: Persönlichkeit

[13]) II: also weit entfernt, daß sie sollten die einzige Gelegenheit ergreifen wollen,

[14]) II: dieselbe

[15]) II: sind sie vielmehr

---

*) III: in der gewöhnlichen Art sich mit ihr zu beschäftigen noch mehr ist, was mir nicht scheint, mit dem Wesen der Frömmigkeit zusammenzuhängen oder aus demselben hervorzugehen. Die Art nämlich

jenseits dieser Welt[1]) und streben höchstens nach weiteren Augen und besseren Gliedmaßen. Aber das Universum[2]) spricht zu Ihnen wie geschrieben steht: wer sein Leben verliert um meinetwillen, der wird es erhalten, und wer es erhalten will, der wird es verlieren.
(133) Das Leben was sie erhalten wollen ist ein **erbärmliches**,[3]) denn wenn es ihnen um die Ewigkeit ihrer[4]) Person zu thun ist, warum kümmern sie sich nicht eben so ängstlich um das, was sie gewesen sind,[5]) als um das was sie sein werden?[6]) und was hilft ihnen das Vorwärts wenn sie doch nicht rückwärts können? **Ueber die Sucht**[7]) nach einer Unsterblichkeit, die keine ist, und über die sie nicht Herren sind,[8]) verlieren sie **die**,[9]) welche sie[10]) haben könnten, und[11]) das sterbliche Leben dazu mit Gedanken, die sie vergeblich ängstigen und quälen. **Versucht doch**[12]) aus Liebe zum Universum[13]) **Euer**[14]) Leben aufzugeben. **Strebt darnach**[15]) schon hier **Eure**[16]) Individualität[17]) zu vernichten, und im Einen und Allen zu leben, **strebt darnach mehr zu sein als Ihr selbst, damit Ihr wenig verliert, wenn Ihr Euch verliert; und wenn Ihr so mit dem Universum, so viel Ihr hier davon findet, zusammengeflossen seid, und eine größere und heiligere Sehnsucht in Euch entstanden ist, dann wollen wir**[18]) weiter reden über die Hoffnungen, die uns der Tod giebt, und über die Unendlichkeit, zu der wir uns durch ihn unfehlbar emporschwingen. (21)

Das[19]) ist meine Gesinnung über diese Gegenstände. Gott

---

[1]) II: dieses Lebens

[2]) II: Gott

[3]) III: nicht zu erhaltendes

[4]) III Zus.: einzelnen

[5]) II: ist

[6]) II: wird?

[7]) III: Je mehr sie verlangen

[8]) III Zus.: sie sich zu denken, — denn wer kann den Versuch bestehen, sich ein zeitförmiges Dasein unendlich vorzustellen, desto mehr

[9]) III: von der Unsterblichkeit,

[10]) III Zus.: immer

[11]) III Zus.: verlieren

[12]) III: Möchten sie doch versuchen

[13]) II: zu Gott

[14]) III: ihr

[15]) III: Möchten sie danach streben,

[16]) III: ihre

[17]) II: Persönlichkeit

[18]) III: Wer gelernt hat mehr sein als er selbst, der weiß, daß er wenig verliert, wenn er sich selbst verliert; nur wer so sich selbst verleugnend mit dem ganzen Weltall, soviel er davon erreichen kann, zusammengeflossen, und in wessen Seele eine größere und heiligere Sehnsucht entstanden ist, nur der hat ein Recht dazu und nur mit dem auch läßt sich wirklich

[19]) II: Dies also

ist nicht **Alles** in der **Religion** sondern **Eins**, und das **Universum** ist **mehr**; auch **könnt** Ihr ihm nicht **glauben willkürlich**, oder weil Ihr ihn **brauchen wollt** zu Trost und Hülfe, **sondern weil Ihr müßt**. Die **Unsterblichkeit darf kein Wunsch sein**, wenn sie nicht erst eine **Aufgabe gewesen ist**, die Ihr **gelöst habt**.[1]) Mitten in der Endlichkeit Eins werden mit dem Unendlichen und ewig sein in **einem**[2]) Augenblick, das ist die Unsterblichkeit der Religion. (133)

[1]) II: Gott, wie er gewöhnlich gedacht wird, als ein einzelnes Wesen außer der Welt und hinter der Welt, ist nicht das Eins und Alles in der Religion, sondern nur eine zufällige und unzureichende Art sie auszusprechen, und einen solchen besonderen Gott glaubt, wer ihn glaubt nicht willkürlich, oder weil er ihn brauchen will zu Trost und Hülfe, sondern irgendwie durch seine Art zu denken genöthiget. Das wahre Wesen der Religion aber ist vielmehr die Gottheit in der Welt, die Eins ist und Alles zugleich, und der Charakter eines religiösen Lebens ist die Unsterblichkeit, nicht wie Ihr sie Euch wünschet außer der Zeit und hinter der Zeit, sondern wie wir sie unmittelbar haben, wie sie eine Aufgabe ist, die wir immerfort lösen.

III: Die gewöhnliche Vorstellung von Gott als einem einzelnen Wesen außer der Welt und hinter der Welt ist nicht das Eins und Alles für die Religion, sondern nur eine selten ganz reine, immer aber unzureichende Art sie auszusprechen. Wer sich einen solchen Begriff gestattet auf eine unreine Weise, weil es nämlich grade ein solches Wesen sein muß, das er soll brauchen können zu Trost und Hülfe, der kann einen solchen Gott glauben ohne fromm zu sein, wenigstens in meinem Sinne, ich denke aber auch in dem wahren und richtigen ist er es nicht. Wer sich hingegen diesen Begriff gestaltet, nicht willkürlich, sondern irgendwie durch seine Art zu denken genöthiget, indem er nur an ihm seine Frömmigkeit festhalten kann, dem werden auch die Unvollkommenheiten, die seinem Begriff immer ankleben bleiben, nicht hinderlich sein noch seine Frömmigkeit verunreinigen. Das wahre Wesen der Religion aber ist weder dieser noch ein anderer Begriff, sondern das unmittelbare Bewußtsein der Gottheit, wie wir sie finden ebenso sehr in uns selbst als in der Welt. Und eben so ist das Ziel und der Charakter eines religiösen Lebens nicht die Unsterblichkeit, wie viele sie wünschen und an sie glauben, oder auch nur zu glauben vorgeben, denn ihr Verlangen zu viel davon zu wissen macht sie sehr des Letzten verdächtig, nicht jene Unsterblichkeit außer der Zeit und hinter der Zeit, oder vielmehr nur nach dieser Zeit, aber doch in der Zeit, sondern die Unsterblichkeit, die wir schon in diesem zeitlichen Leben unmittelbar haben können, und die eine Aufgabe ist, in deren Lösung wir immerfort begriffen sind.

[2]) II: jedem

Erläuterungen zur zweiten Rede.

1) S. 42. Bei dem rednerischen Charakter dieses Buchs und da die Sache hier doch nicht weiter ausgeführt werden konnte, würde es wol erlaubt gewesen sein, dieses mit einer sehr leise gehaltenen Ironie — und wie leicht konnte ein Leser die in den Worten finden — zu sagen, wenn auch meine Meinung wirklich gewesen wäre, die Religion sei selbst diese wiederhergestellte Einheit des Wissens. Die Worte hätten dann nur gesagt, daß ich diese Ueberzeugung meinen Gegnern nicht aufdringen wollte, weil ich zwar wol anderwärts und unter einer andern Form, aber nicht gerade hier sie siegreich durchfechten könnte. Daher scheint es mir nöthig, mich gegen diese Auslegung noch besonders zu verwahren, und zwar um so mehr, als jetzt von vielen Theologen so scheint verfahren zu werden, als sei die Religion, aber freilich nicht überhaupt, sondern nur die christliche, wirklich das höchste Wissen, und nicht nur der Dignität, sondern auch der Form nach identisch mit der metaphysischen Speculation, und zwar so, daß sie die gelungenste und vortrefflichste sei, alle Speculation aber, welche nicht dieselben Resultate heraus brächte, und z. B. nicht die Dreieinigkeit deduciren könne, sei eben verfehlt. Damit hängt auch gewissermaßen zusammen die Behauptung Anderer, daß die unvollkommnern Religionen und namentlich die polytheistischen auch der Art nach gar nicht dasselbe wären wie die christliche. Von beidem muß ich mich besonders lossagen, wie ich denn, was das Letzte betrifft, sowol im weitern Verfolg dieses Buchs, als auch in der Einleitung zu meiner Glaubenslehre zu zeigen suche, wie auch die unvollkommensten Gestalten der Religion doch der Art nach dasselbige sind. Was aber das Erste betrifft, wenn ein Philosoph als solcher es wagen will, eine Dreiheit in dem höchsten Wesen nachzuweisen, so mag er es thun auf seine Gefahr; ich werde aber dann meinerseits behaupten, diese Dreiheit sei nicht unsere christliche, und habe, weil sie eine speculative Idee sei, gewiß an einem andern Ort in der Seele ihren Ursprung, als unsere christliche Vorstellung der Dreieinigkeit. Wäre aber die Religion wirklich das höchste Wissen, so müßte auch die wissenschaftliche Methode die einzig zweckmäßige sein zu ihrer Verbreitung, und die Religion selbst müßte können erlernt werden, was noch nie ist behauptet worden, und es gäbe dann eine Stufenleiter zwischen einer Philosophie, welche nicht dieselben Resultate wie unsre christliche Theologie brächte, und dies wäre die unterste Stufe; dann käme die Religion der christlichen Laien, welche als πίστις eine unvollkommene Art wäre, das höchste Wissen zu haben, endlich die Theologie, welche als γνῶσις die vollkommne Art wäre dasselbe zu haben und obenan stände, und keine von diesen dreien wäre mit der andern verträglich. Dieses nun kann ich eben gar nicht annehmen, eben deswegen auch die Religion nicht für das höchste Wissen halten, und also auch überhaupt für keines; und muß deshalb auch glauben, daß das, was der christliche Laie unvollkommner hat als der Theologe, und was offenbar ein Wissen ist, nicht die Religion selbst sei, sondern etwas ihr Anhängendes.

2) S. 51. Wie man dem rednerischen Vortrag überhaupt die strengen Definitionen erläßt und ihm statt deren die Beschreibungen gestattet, so ist eigentlich diese ganze Rede nur eine ausgeführte, mit Bestreitungen anderer nach meiner Ueberzeugung falscher Vorstellungen untermischte Beschreibung, deren Hauptmerkmale also zerstreut sind und sich zum Theil unvermeidlich an verschiedenen Stellen unter verschiedenen Ausdrücken wiederholen. Diese Abwechselung des Ausdrucks, wodurch doch jedesmal eine andere Seite der Sache ins Licht gesetzt wird, und welche ich selbst in wissenschaftlicheren Vorträgen, wenn nur die verschiedenen Formen zusammenstimmen und sich in einander auflösen lassen, zweckmäßig finde, um die bedenklichen Wirkungen einer zu starren Terminologie zu vermeiden, schien dieser Schreibart besonders angemessen. So kommen hier kurz hintereinander für denselben Werth drei verschiedene Ausdrücke vor. In der hier zunächst angezogenen Stelle wird der Religion zugeschrieben, daß durch sie das allgemeine Sein alles Endlichen im Unendlichen unmittelbar in uns lebe, und Seite 51 steht, Religion sei Sinn und Geschmack für das Unendliche. Sinn aber ist Wahrnehmungs- oder Empfindungsvermögen und hier das Letztere, wie denn auch in den früheren Ausgaben, wiewol nicht ganz sprachrichtig, statt Sinn und Geschmack für das Unendliche stand Empfindung und Geschmack. Was ich aber wahrnehme oder empfinde, das bildet sich mir ein, und eben dieses nenne ich das Leben des Gegenstandes in mir. Des Unendlichen aber, worunter hier nicht irgend etwas Unbestimmtes, sondern die Unendlichkeit des Seins über-

haupt verstanden wird, können wir nicht unmittelbar und durch sich selbst inne werden, sondern immer nur mittelst des Endlichen, indem unsre Welt setzende und suchende Richtung uns vom Einzelnen und Theil auf das All und Ganze hinführt. So ist demnach Sinn für das Unendliche und unmittelbares in uns Leben des Endlichen, wie es im Unendlichen ist, eins und dasselbe. Wenn aber in dem ersteren Ausdruck zu dem Sinn noch hinzugefügt wird der Geschmack und in dem letzteren ausdrücklich das allgemeine Sein alles Endlichen im Unendlichen: so sind wiederum beide Zusätze im Wesentlichen gleichbedeutend. Denn Geschmack für etwas haben, das schließt außer dem Sinn, als der bloßen Fähigkeit, auch noch die Lust dazu in sich, und eben diese Lust und Verlangen durch alles Endliche nicht nur dessen selbst, sondern auch des Unendlichen inne zu werden, ist es, vermöge deren der Fromme jenes Sein des Endlichen im Unendlichen auch allgemein findet. Aehnliches dieser Stelle steht schon S. 47, wo nur dem Zusammenhange nach der Ausdruck Betrachtung in dem weitern Sinne genommen werden muß, wie nicht nur die eigentliche Speculation darunter zu begreifen ist, sondern alles von äußerer Wirksamkeit zurückgezogene Erregtsein des Geistes. — Was aber den meisten hier am meisten aufgefallen sein wird, ist dieses, daß das unendliche Sein doch hier nicht das höchste Wesen als Ursache der Welt zu sein scheint, sondern die Welt selbst. Diesen aber gebe ich zu bedenken, daß meiner Ueberzeugung nach in einem solchen Zustande unmöglich Gott nicht kann mitgesetzt sein, und gebe ihnen den Versuch anheim, sich die Welt als ein wahres All und Ganzes vorzustellen ohne Gott. Darum bin ich hier bei jenem stehen geblieben, weil sonst leicht mit der Idee selbst eine bestimmte Vorstellungsart hervorgetreten wäre, und also eine Entscheidung gegeben oder wenigstens eine Kritik geübt worden wäre über die verschiedenen Arten, Gott und Welt zusammen und außer einander zu denken, welches gar nicht hierher gehörte, und nur den Gesichtskreis auf eine nachtheilige Weise beschränkt hätte.

3) S. 53. Diese Stelle über den verewigten Novalis ist erst in der zweiten Ausgabe hinzugekommen, und ich glaube wol, daß sich manche über diese Zusammenstellung werden gewundert haben, indem ihnen weder eine unmittelbare Aehnlichkeit beider Geister einleuchten wird, noch auch daß der eine sich zur Kunst auf eine eben so exemplarische Weise verhalte, wie ich von dem andern behauptet in Bezug auf die Wissenschaft. Allein dergleichen ist zu individuell, um mehr als angedeutet werden zu können, und ich konnte es nicht auf einen sehr ungewissen Erfolg wagen, einen späteren Zusatz über die Gebühr auszudehnen und dadurch das Ebenmaaß der Rede zu verderben. Auch hier kann ich aus demselben Grunde nicht in weitere Erörterungen hineingehen und auch aus noch einem andern, weil nämlich seit diesen 15 Jahren sowol die Aufmerksamkeit auf Spinoza wieder eingeschlafen zu sein scheint, welche durch die Jakobischen Schriften angeregt, deren Wirkung noch durch manche spätere Anregung verlängert ward, bei der Erscheinung dieses Buches noch ziemlich rege war, als auch Novalis schon nur zu vielen wieder fremd geworden ist. Damals aber schien mir die Erwähnung bedeutend und wichtig. Denn eben so viele tändelten damals in flacher Poesie mit Religion, und glaubten damit dem tiefsinnigen Novalis verwandt zu sein, wie es All-Einheitler genug gab, welche dafür gehalten wurden oder selbst hielten, auf der Bahn des Spinoza zu wandeln, von dem sie wo möglich noch weiter entfernt waren, als jene Dichterlinge von ihrem Urbilde. Und Novalis wurde von den Nüchterlingen eben so als schwärmerischer Mystiker verschrieen, wie Spinoza von den Buchstäblern als Gottloser. Gegen das Letztere nun zu protestiren lag mir ob, da ich das ganze Gebiet der Frömmigkeit ausmessen wollte. Denn es hätte etwas Wesentliches gefehlt an der Darlegung meiner Ansicht, wenn ich nicht irgendwie gesagt hätte, daß dieses großen Mannes Gesinnung und Gemüthsart mir ebenfalls von Frömmigkeit durchdrungen schien, wenngleich es nicht die christliche war. Und doch möchte ich nicht dafür stehen, was sie würde geworden sein, wenn nicht zu seiner Zeit das Christenthum so verkleidet gewesen wäre und unkenntlich gemacht durch trockene Formeln und leere Spitzfindigkeiten, daß einem Fremden nicht zuzumuthen war, die himmlische Gestalt lieb zu gewinnen. Dieses nun sagte ich in der ersten Ausgabe etwas jünglingsartig zwar, aber doch so, daß ich auch jetzt nichts zu ändern nöthig gefunden habe, indem ja keine Veranlassung war zu glauben, daß ich dem Spinoza den heiligen Geist in dem eigenthümlich christlichen Sinne des Wortes zuschreiben wollte; und da zumal in jener Zeit das Einlegen statt auszulegen nicht so an der Tagesordnung war, noch so vornehm einherging wie jetzt, so durfte

ich glauben, einen Theil meines Geschäftes gut verrichtet zu haben. Wie konnte ich auch erwarten was mir geschah, daß ich nämlich, weil ich dem Spinoza die Frömmigkeit zugeschrieben, nun selbst für einen Spinozisten gehalten wurde, ohnerachtet ich sein System auf keine Weise verfochten hatte, und, was irgend in meinem Buche philosophisch ist, sich offenbar genug gar nicht reimen läßt mit dem Eigenthümlichen seiner Ansicht, die ja ganz andere Angeln hat, um die sie sich dreht, als nur die so gar vielen gemeinsame Einheit der Substanz. Ja, auch Jakobi hat in seiner Kritik das Eigenthümlichste am wenigsten getroffen. Wie ich mich aber erholt hatte von der Betäubung, und bei Bearbeitung der zweiten Ausgabe mir die Parallele wie sie nun hier steht für sich einleuchtete: so hoffte ich ziemlich gewiß, da es ja bekannt genug ist, daß Novalis von manchen Punkten aus etwas in den Katholicismus hinüberspielte, man sollte mich, weil ich seine Kunst lobte, auch noch seines religiösen Abweges zeihen neben dem Spinozismus, dem ich huldigen sollte, weil ich Spinozas Frömmigkeit rühmte, und ich weiß noch nicht recht, warum mich diese Erwartung getäuscht hat.

4) S. 57. Wahrscheinlich werden auch unter den wenigen, die sich noch gefallen lassen, daß die Religion ursprünglich das in der höchsten Richtung aufgeregte Gefühl sei, doch noch genug sich finden, denen dieses viel zu viel behauptet scheint, daß alle gesunden Empfindungen fromm sind, oder daß alle es wenigstens sein sollten, um nicht krankhaft zu sein; denn wenn man dies auch allen geselligen Empfindungen zugestehen wollte, so sei doch nicht abzusehen, wie die Frömmigkeit auch in allen den Empfindungen gefunden werden könne, welche zu einem höheren oder auch sinnlicheren Lebensgenuß die Menschen vereinigen. Und doch weiß ich von der Allgemeinheit der Behauptung Nichts zurückzunehmen, und will sie keineswegs als eine rednerische Vergrößerung verstanden haben. Um nur einen festen Grund zu legen von einem Punkt aus, so muß wol einleuchten, daß der Protestantismus die Hausväterlichkeit der Geistlichen gegen den trübsinnigen Wahn von einer vorzüglichen Heiligkeit des ehelosen Lebens nur vollständig und folgerichtig behaupten kann, wenn er annimmt und nachweiset, daß auch die eheliche Liebe und also auch alle ihr vorangehenden natürlichen Annäherungen der Geschlechter nicht der Natur der Sache nach den frommen Gemüthszustand absolut abbrechen, sondern daß dies nur geschieht nach Maßgabe als der Empfindung etwas Krankhaftes, und, um es recht auf die Spitze zu stellen, eine Anlage zur bacchischen Wuth oder zur narcissischen Thorheit sich beigemischt hat. Nach dieser Analogie nun wird sich, glaube ich, dasselbe nachweisen lassen von jedem Empfindungsgebiet, welches man irgend als ein an sich der Sittlichkeit nicht wiederstreitendes anzusehen gewohnt ist. — Wenn aber unmittelbar nach dieser Stelle und aus derselben gefolgert wird, daß eben so wie alle ächt menschlichen Empfindungen dem religiösen Gebiet angehören, eben so alle Begriffe und Grundsätze aller Art demselben fremd seien: so schien mir diese Zusammenstellung recht geeignet, um zu zeigen, wie das Letzte gemeint sei, und wie in dieser Hinsicht die Religion an sich streng zu scheiden sei von dem, was ihr angehört. Denn auch jene Empfindungen, welche man gewöhnlich von dem religiösen Gebiete trennt, bedürfen, um sich mitzutheilen und darzustellen, was sie doch nicht entbehren können, der Begriffe, und um ihr richtiges Maß auszusprechen, der Grundsätze; aber diese Grundsätze und Begriffe gehören nicht zu den Empfindungen an sich. Ebenso ist es mit dem dogmatischen und ascetischen Bezug auf die Religion, wie dies im Folgenden weiter erörtert wird.

5) S. 59. Für das Verständniß meiner ganzen Ansicht kann mir Nichts wichtiger sein, als daß meine Leser zwei Darstellungen, die ihrer Form nach so sehr von einander verschieden sind, und von so weit auseinander liegenden Punkten ausgehen, wie diese Reden und meine christliche Glaubenslehre, doch ihrem Inhalte nach vollkommen in einander mögen auflösen können. Allein es war unmöglich, die gegenwärtigen Reden zu diesem Behuf mit einem vollständigen Commentar zu versehen, und ich muß mich nur mit einzelnen Andeutungen begnügen, an solchen Stellen, wo mir selbst vorkommt, als ob wol jemandem ein scheinbarer Widerspruch oder wenigstens ein Mangel an Zusammenstimmung auffallen könnte. So möchte auch vielleicht nicht jeder die hier gegebene Beschreibung, daß allen religiösen Erregungen ein Handeln der Dinge auf uns zum Grunde liege, übereinstimmend finden mit der durch die ganze Glaubenslehre hindurchgehenden Erklärung, daß das Wesen der religiösen Erregungen in dem Gefühl einer absoluten Abhängigkeit bestehe; die Sache ist aber diese. Auch dort wird eingeräumt, daß dieses Gefühl nur wirklich in uns werden könne auf Veranlassung der Einwirkungen einzelner Dinge, und davon, daß

die einzelnen Dinge dieses Gefühl veranlassen und in wie fern, davon ist auch hier die Rede. Sind uns aber die einzelnen Dinge in ihrer Einwirknug nur einzelne, so entsteht auch nur die in der Glaubenslehre ebenfalls als Substrat der religiösen Erregung postulirte Bestimmtheit des sinnlichen Selbstbewußtseins. Gegen das Einzelne aber, sei es nun groß oder klein, setzt sich unser einzelnes Leben immer in Gegenwirkung und so entsteht kein Gefühl der Abhängigkeit, als nur zufälligerweise, wenn die Gegenwirkung nicht der Einwirkung gleich kommt. Wirkt aber das Einzelne nicht als solches, sondern als ein Theil des Ganzen auf uns ein, welches lediglich auf der Stimmung und Richtung unseres Gemüthes beruht, und wird es uns also in seiner Einwirkung gleichsam nur ein Durchgangspunkt des Ganzen: so erscheint uns selbst unsre Gegenwirkung durch dasselbe und auf dieselbe Art bestimmt wie die Einwirkung, und unser Zustand kann dann kein andrer sein, als das Gefühl einer gänzlichen Abhängigkeit in dieser Bestimmtheit. Und hier zeigt sich auch, wie auf gleiche Weise bei der einen wie bei der andern Darstellung Welt und Gott nicht können getrennt werden. Denn abhängig fühlen wir uns von dem Ganzen nicht, sofern es ein Zusammengesetztes ist aus einander gegenseitig bedingenden Theilen, deren wir ja selbst einer sind: sondern nur sofern diesem Zusammenhang eine alles und auch unser Verhältniß zu allen übrigen Theilen bedingende Einheit zum Grunde liegt; und auch nur unter eben dieser Bedingung kann, wie es hier heißt, das Einzelne als eine Darstellung des Unendlichen so aufgefaßt werden, daß sein Gegensatz gegen anderes dabei ganz untergeht.

6) S. 61. Unter Mythologie verstehe ich nämlich im Allgemeinen, wenn ein rein ideeller Gegenstand in geschichtlicher Form vorgetragen wird; und so dünkt mich, haben wir ganz nach der Analogie der polytheistischen, auch eine monotheistische und christliche Mythologie. Und zwar bedarf es dazu nicht einmal der Gespräche göttlicher Personen miteinander, wie sie in dem Klopstockischen Gedicht und sonst vorkommen; sondern auch in der strengeren Lehrform, wo irgend etwas dargestellt wird als in dem göttlichen Wesen geschehend, göttliche Rathschlüsse, welche gefaßt werden in Bezug auf etwas in der Welt Vorgegangenes oder auch um andere göttliche Rathschlüsse also gleichsam frühere zu modificiren; nichts zu sagen von den einzelnen göttlichen Rathschlüssen, welche dem Begriff der Gebetserhörung seine Realität geben. Ja auch die Darstellungen vieler göttlichen Eigenschaften haben eben diese geschichtliche Form, und sind also mythologisch. Die göttliche Barmherzigkeit z. B., wie der Begriff größtentheils gefaßt wird, ist nur etwas, wenn man den göttlichen Willen, welcher das Uebel lindert, von demjenigen trennt, welcher es verfügt hat; denn sieht man beide als eines an, so ist der eine nicht einmal die Grenze des andern, sondern der das Uebel verhängende göttliche Wille verhängt es nur in einem bestimmten Maaß, und dann ist der Begriff der Barmherzigkeit ganz aufgehoben. Eben so wird in dem Begriff der Wahrhaftigkeit Gottes Versprechen und Erfüllung getrennt; und beide zusammen stellen einen geschichtlichen Verlauf dar. Denn wenn man die verheißende Thätigkeit als dieselbe ansieht, durch welche schon die Erfüllung wirklich gesetzt ist: so ist der Begriff der göttlichen Wahrhaftigkeit nur noch etwas, sofern manche göttliche Thätigkeiten mit einer Aeußerung derselben verbunden sind oder nicht, und in dieser Verschiedenheit ist auch eine Geschichte ausgedrückt. Sieht man aber im Allgemeinen die hervorbringende Thätigkeit und ihre Aeußerung als Eines an, so findet ein besonderer Begriff göttlicher Wahrhaftigkeit kaum noch Raum. Und so ließe sich dieses durch mehreres durchführen. Nun will ich diese Darstellungen durch den ihnen beigelegten Namen an und für sich keinesweges tadeln, ich erkenne sie vielmehr für unentbehrlich, weil man sonst über den Gegenstand nicht auf eine solche Weise reden könnte, daß irgend eine Unterscheidung des Richtigeren und minder Richtigen dadurch vermittelt wäre. Auch ist der Gebrauch derselben auf dem Gebiet der wissenschaftlicheren Darstellung der Religion mit keiner Gefahr verbunden, weil da die Aufgabe feststeht, die geschichtliche und überhaupt die Zeitform überall hinwegzudenken, und eben so sind sie unentbehrlich auf dem Gebiet der religiösen Dichtkunst und Redekunst, wo man es überall mit Gleichgesinnten zu thun hat, für welche der vornehmste Werth dieser Darstellungen darin besteht, daß sie sich dadurch ihre religiösen Stimmungen mittheilen und vergegenwärtigen, in denen dann die Berichtigung der mangelhaften Ausdrücke schon von selbst unmittelbar gegeben ist. Leere Mythologie aber nenne ich sie tadelnd, wenn man sie für sich als eigentliche Erkenntniß betrachtet, und, was nur ein Nothbehelf ist, weil wir es nicht besser machen können, für das Wesen der Religion ausgiebt.

7) S. 64. Wenn hier das System von Bezeichnungen, welches in seiner vollkommensten Gestalt den theologischen Lehrbegriff bildet, so dargestellt wird, daß es mehr durch äußere Verhältnisse bestimmt werde, als aus der religiösen Anlage selbst hervorgehe: so soll damit keineswegs die so oft wiederholte, allem geschichtlichen Sinn hohnsprechende Behauptung aufs neue vorgebracht werden, daß die religiösen Bewegungen, durch welche im Christenthum eine Menge der wichtigsten Begriffe bestimmt worden sind, nur zufällig und oft aus ganz fremdartigen Interessen hervorgegangen wären. Sondern nur daran habe ich erinnern wollen, was auch in meiner kurzen Darstellung und in der Einleitung zur Glaubenslehre auseinander gesetzt ist, daß die Begriffsbildung auch auf diesem Gebiet abhängt von der herrschenden Sprache und von dem Grade und der Art und Weise ihrer wissenschaftlichen Ausbildung; worin natürlich die Art und Weise zu philosophiren mit eingeschlossen ist. Auch dieses aber sind für die Religion an und für sich betrachtet nur äußere Verhältnisse, und abgesehen von dem allgemeinen göttlichen Zusammenhang aller Dinge kann man also sagen, es ließe sich denken, daß das Christenthum ohne wesentlich ein anderes zu sein, in einem ganz andern Lehrtypus zusammengefaßt worden wäre, wenn es z. B. früher eine große und vorherrschend orientalische Ausbreitung bekommen hätte und die hellenische und westliche dagegen wäre zurückgedrängt worden.

8) S. 65. Auch diese Stelle könnte leicht zu mancherlei Mißverständnissen Veranlassung geben. Was nun zuerst den Gegensatz von wahrer und falscher Religion betrifft: so berufe ich mich zunächst auf das, was in meiner Glaubenslehre u. a. Bd. I. S. 60 und 67 ausgeführt ist, und füge nur noch für diesen Ort hinzu, daß auf dem religiösen Gebiet nicht nur ebenfalls der Irrthum nur an der Wahrheit ist, sondern mit Recht gesagt werden kann, daß jedes Menschen Religion seine höchste Wahrheit ist; sonst wäre der Irrthum daran nicht nur Irrthum sondern Heuchelwesen. Ist nun dieses, so kann mit Recht gesagt werden, daß in der Religion unmittelbar alles wahr ist, da eben Nichts in ihren einzelnen Momenten ausgesagt wird als des Religiösen eigner Gemüthszustand. Und mit eben dem Rechte gilt auch von allen Gestaltungen religiöser Geselligkeit, daß sie gut sind, denn in ihnen muß ebenfalls das Beste in dem Dasein jedes Menschen niedergelegt sein. Wie wenig aber dieses dem Vorzug einer Glaubensweise vor der andern Eintrag thut, weil nämlich die eine einen vorzüglicheren Gemüthszustand aussagen, und eben so in der einen religiösen Gemeinschaft eine höhere geistige Kraft und Liebe niedergelegt sein kann, das ist ebenfalls theils dort unmittelbar ausgeführt, theils aus dem dort Gesagten leicht zu entnehmen. — Auch daß hier der Gedanke von der Allgemeinheit irgend einer Religion verworfen und behauptet wird, nur im Inbegriff aller Religionen sei der ganze Umfang dieser Gemüthsrichtung zu befassen, auch dieses drückt keineswegs einen Zweifel dagegen aus, daß das Christenthum sich über das ganze menschliche Geschlecht werden verbreiten können, wenn gleich bei vielen Stämmen unseres Geschlechtes erst bedeutende Veränderungen dieser größten unter allen vorhergehen müssen; und eben so wenig drückt es einen Wunsch aus, daß andere Religionsformen immer neben dem Christenthum bestehen möchten. Denn wie der Einfluß des Judenthums und des hellenischen Heidenthums auf das Christenthum lange Zeit hindurch in entgegengesetzt wogenden Bewegungen sichtbar gewesen ist, so daß beide immer noch im Christenthum erschienen und also auch in der Geschichte des Christenthums mit erscheinen: ebenso würde es auch gehen, wenn das Christenthum dereinst das Gebiet aller bisherigen großen Religionsformen in sich aufnähme; und sonach würde der Umfang des ganzen religiösen Gebietes hierdurch nicht in engere Grenzen eingeschlossen, alle anderen Religionen aber auf geschichtliche Weise im Christenthum zu schauen sein. Was aber das Erste betrifft, so ist aus dem Zusammenhange klar, daß nur in Bezug auf den Gegensatz zwischen wahr und falsch die Allgemeinheit irgend einer Religion geleugnet wird, in dem Sinne nämlich, als ob alles, was außerhalb der einen besteht oder bestanden hat, gar nicht Religion zu nennen sei. Ebenso ist auch das Folgende zu verstehen, daß nämlich jeder wahrhaft Fromme gern anerkenne, daß anderen Gestaltungen der Religion manches angehören könne, wofür ihm der Sinn fehlt. Denn auch, wenn das Christenthum alle anderen Religionsgebiete verdrängt hätte, so daß sie sich nur noch geschichtlich in ihm selbst spiegelten: so würde nicht jeder den Sinn haben für alles, was eben hierdurch im Christenthum selbst gesetzt sein würde; denn so wenig jemals als jetzt wird das Christenthum aller christlichen Völker ganz dasselbe sein. Hat also niemand jetzt den gleichen Sinn für alles Christliche, so auch nicht den Sinn für alles das in

anderen Religionen, was den Keim einer künftigen christlichen Eigenthümlichkeit in sich schließt.

9) S. 67. Es giebt jetzt noch christliche Gottesgelehrte und gab sie, als ich zuerst diese Stelle niederschrieb, in noch weit größerer Anzahl, welche das ganze Unternehmen der christlichen Dogmatik verwerfen, und meinen, das Christenthum würde eine gesundere Entwicklung und eine freiere und schönere Gestalt zeigen, wenn man niemals auf den Gedanken gekommen wäre, die christlichen Vorstellungen in einem geschlossenen Zusammenhange darzustellen; daher sie denn aus allen Kräften daran arbeiteten, diesen Zusammenhang möglichst zu lüften und zu lösen, und die christliche Glaubenslehre nur als eine Sammlung von Monographien, als ein zufällig entstandenes Aggregat einzelner Sätze von sehr ungleichem Werthe gelten zu lassen. Allein schon damals war ich weit entfernt, diesen Männern beizustimmen, deren gute Absichten ich übrigens nicht bezweifeln will. Und so würde es ein groẞes Mißverständniß sein, wenn jemand glauben wollte, diese Invective gegen die Systemsucht könne mit dem Bestreben einer Darstellung des christlichen Glaubens den möglichst genauen Zusammenhang zu geben nicht zusammen bestehen und eines von beiden nicht Ernst sein. Denn die Systemsucht ist nur eine krankhafte Ausartung dieses nicht nur an sich löblichen, sondern auch heilsamen Bestrebens, und es folgt nur, daß diejenige systematische Behandlung religiöser Vorstellungen die vorzüglichste ist, welche auf der einen Seite die Vorstellung und den Begriff nicht für das Ursprüngliche und Constitutive ausgiebt auf diesem Gebiet, und auf der andern Seite, damit der Buchstabe nicht ersterbe und den Geist mit sich in den Tod ziehe, die lebendige Beweglichkeit desselben sicher stellt, und innerhalb der großen Uebereinstimmung die eigenthümliche Verschiedenheit nicht etwa nur zu dulden versichert, sondern zu construiren versucht. Wenn nun jedermann dieses für die Hauptrichtung meiner Darstellung des christlichen Glaubens anerkennen muß, so darf ich auch glauben, in vollkommner Uebereinstimmung mit mir selbst zu sein.

10) S. 68. Einen zwiefachen schwierigen Anstoß giebt, wie ich wol fühle, diese Stelle. Zuerst daß ich das heidnische Rom wegen seiner grenzenlosen Religionsmengerei dem christlichen vorziehe, und dieses im Vergleich mit jenem gottlos nenne; und dann, daß ich das Ausstoßen der Ketzer verdamme, während ich doch selbst gewisse Ansichten als ketzerisch aufstelle, ja sogar die Ketzerei zu systematisiren suche. Ich fange bei dem letzten an, als dem Innersten und für mich Bedeutendsten. Mir scheint es nicht möglich, daß es ein gesundes dogmatisches Verfahren geben könne, wenn man nicht darauf ausgeht, als den Charakter des Christlichen eine solche Formel aufzustellen, durch deren Anwendung es möglich werde, von einem jeden Punkt der Abscissenlinie aus die Ordinaten abzuschneiden, und so den Umfang der christlichen Vorstellungen durch Annäherung zu beschreiben; und daraus folgt natürlich, daß, was außerhalb dieses Umfangs liegt und doch für christlich will gehalten sein, eben das sein muß, was man in der christlichen Kirche seit langer Zeit ketzerisch genannt hat. Dessen Aufstellung also konnte ich in der Dogmatik nicht umgehen, sondern muß nur wünschen, den dabei zum Grunde liegenden Zweck so vollständig als möglich erreicht zu haben. Allein diese Bestimmung über die Sache hat gar nichts gemein mit der Behandlung der Personen. Denn wie sich mancher im Streit gegen eine abweichende Meinung bei Vertheidigung der seinigen bis zu einem häretischen Ausdruck verlieren kann, ohne irgend etwas Häretisches zu meinen, das leuchtet ein, und habe ich mich auch hierüber in der Glaubenslehre Bd. I. S. 133 und 153 ausführlich erklärt. Ja seitdem von manchen Seiten in der evangelischen Kirche der Wunsch ausgesprochen ist, die alte Kirchenzucht auf eine verständige Art zu erneuern, damit eine christliche Gemeinde in Stand gesetzt werde, diejenigen auf ein geringeres Maß von Gemeinschaft zurückzuführen, welche die christliche Gesinnung durch ihr Leben verleugnen, seit dieser Zeit, sage ich, thut es besonders Noth, der Verwechselung vorzubeugen, als ob damit auch ein Recht angesprochen würde, diejenigen, die irgend jemand für ketzerisch halten möchte, mit dem Bann zu belegen. Vielmehr wird die evangelische Kirche gegen solche Menschen, wenn nicht zugleich auch jenes von ihnen gesagt werden kann, keine andere Pflicht anerkennen, als die Gemeinschaft mit ihnen zu unterhalten, damit sie um so eher durch gegenseitige Verständigung auf die richtigen Wege können zurückgeleitet werden; und wenn Einzelne oder kleine Gesellschaften eine entgegengesetzte Methode anwenden, und so viel an ihnen ist, diejenigen, ohne weitere Rücksicht auf ihre Gesinnungen zu nehmen, von ihrer Gemeinschaft ausschließen, welche nicht in demselben Buchstaben der Lehre mit ihnen übereinstimmen, so geschieht dies nicht in evangelischem

Sinne, indem die Anmaßung eines Ansehns darin liegt, welches unsere Kirche niemandem zugesteht. — Was nun aber das Erste betrifft, den Vorzug, den ich dem heidnischen Rom beilege vor dem christlichen, und von jenem sage, es sei durch aneignende Duldsamkeit voll der Götter geworden, das christliche aber wegen seines Verketzerungssystems gottlos nenne: so geht wol schon aus den gewählten Ausdrücken hervor, zunächst daß diese Stelle den rhetorischen Charakter des Buches besonders an sich trägt; was aber darin streng soll genommen werden, ist dieses, daß die dogmatisirende Systemsucht, welche, verschmähend die Verschiedenheit mit zu construiren, vielmehr alle Verschiedenheit ausschließt, allerdings die lebendige Erkenntniß Gottes, soviel an ihr ist, hemmet, und die Lehre in todten Buchstaben verwandelt. Denn eine so fest aufgestellte Regel, die alles anders Lautende verdammt, drängt alle Productivität zurück, in der doch allein die lebendige Erkenntniß sich erhält, und wird also selbst zum todten Buchstaben. Man kann sagen, dies sei die Geschichte der Bildung des römisch-katholischen Lehrbegriffs in seinem Gegensatz gegen den protestantischen, und die Entstehung der evangelischen Kirche sei von diesem Gesichtspunkt aus angesehn Nichts Anders, als das Sichlosreißen der eigenen Productivität aus der Gemeinschaft mit einer solchen Regel. Eben so ist auch ernstlich zu nehmen, daß ich des alten Roms Empfänglichkeit für fremde Gottesdienste rühme. Denn sie hing damit zusammen, daß die Beschränktheit und Einseitigkeit jedes individualisirten Polytheismus zur Anerkennung gekommen war und daß das religiöse Bedürfniß sich von den Schranken der politischen Formen befreien wollte, welches beides nicht nur an sich löblich ist, sondern auch der Verbreitung des Christenthumes weit förderlicher gewesen ist, als das wenngleich auch wohlgemeinte Verketzerungswesen jemals der Befestigung und Sicherstellung des Christenthums werden konnte.

11) S. 84. Auch in der Glaubenslehre habe ich mich S. 67 wie hier gegen die Meinung derer erklärt, welche die Idololatrie, worunter sie nach dem etwas perspectivischen Sprachgebrauch der heil. Schrift alle Arten des Polytheismus mitzählen, aus der Furcht entstehen lassen. Nur ging ich dort von einem anderen Standpunkt aus, indem es darauf ankam, auch die untergeordneten Stufen der Frömmigkeit dennoch ihrem Wesen nach den höheren gleichzustellen, welches nicht geschehen könnte, wenn jene nur in der Furcht ihre Entstehung hätten, diese aber nicht. Hier habe ich es mit der Vorstellung zu thun, welche alle Frömmigkeit überhaupt aus der Furcht entstehen läßt, und beide Darstellungen ergänzen also einander. Der hier im Allgemeinen geführte Beweis hätte auch dort für den besondern Fall gegolten, ohnerachtet des ziemlich schwankenden Sprachgebrauchs von δεισιδαιμονία. Denn man kann doch auch von den griechischen und römischen Polytheisten nicht sagen, daß ihnen der Glaube an die Götter ausgegangen wäre, wenn sie im muthigen Gebrauch des Lebens alle Furcht abgeschüttelt hatten. Und eben so ist das dort Gesagte auch hier allgemein anwendbar. Denn wenn die Furcht auf keine Weise eine Umbiegung der Liebe ist, so kann sie ihren Gegenstand nur als übelwollend setzen; wo also höhere Wesen nicht als böse angebetet — oder vielmehr abgebetet — werden, da kann auch nicht reine von Liebe ganz gesonderte Furcht das Motiv sein. Und so wird es dabei bleiben, daß in aller Religion schon von Anfang an Liebe wirksam ist, und alles Aufsteigen zum Vollkommenen in der Religion nur eine fortgehende Reinigung der Liebe.

12) S. 84. Kaum sollte es wol nöthig sein, den Ausdruck Weltgeist zu rechtfertigen, wo es darauf ankam, den für alle Menschen selbigen Gegenstand der frommen Verehrung auf eine Weise zu bezeichnen, welche allen verschiedenen Formen und Stufen der Religion genehm sein kann. Und besonders glaube ich nicht, daß mit Recht gesagt werden könnte, ich hätte bei der Wahl dieses Ausdrucks das Interesse der vollkommensten Religionsform dem der untergeordneten aufgeopfert; sondern ich glaube, daß nicht nur auch wir Christen uns diesen Ausdruck für das höchste Wesen vollkommen aneignen können, sondern sogar, daß der Ausdruck nur auf monotheistischem Boden habe entstehen können, und daß er zugleich eben so frei ist von dem jüdischen Partikularismus als von dem, was ich in der Glaubenslehre Bd. I. S. 66 als die Unvollkommenheit des muhamedanischen Monotheismus versuchsweise angegeben habe. Da er nun auch keineswegs eine Wechselwirkung zwischen der Welt und dem höchsten Wesen aussagt, da ja wol niemand Weltgeist und Weltseele mit einander verwechseln wird, oder sonst irgend eine Art von Unabhängigkeit der Welt vou demselben in sich schließt: so glaube ich, kann man alle christlichen Schriftsteller rechtfertigen, die sich desselben bedient haben, wenn er gleich nicht aus der eigenthümlichen Ansicht des Christenthumes hervorgegangen ist.

13) S. 93. In meiner Glaubenslehre, deren Einleitung, weil sie die Grundzüge dessen enthält, was nach meiner Ansicht unter Religionsphilosophie eigentlich soll verstanden werden, in mannichfaltigen Berührungen mit diesem Buche steht, habe ich als die Hauptverschiedenheit in dieser Hinsicht angegeben, was ich die ästhetische und die teleologische Form genannt. Hier scheint ein anderer Eintheilungsgrund, wiewol nicht bestimmt ausgesprochen, doch stillschweigend zum Grunde zu liegen, und es wird also nicht unnütz sein, auseinanderzusetzen, wie beide gegen einander stehen. Nämlich es scheint hier nur als etwas Einzelnes, wozu also ein oder mehrere Gegenstücke gedacht werden können, aufgeführt zu sein, daß für uns, an unserem Ort und auf unserer Bildungsstufe das Gemüth die eigentliche Welt der Religion sei: und das angedeutete Gegenstück ist, daß eben so auf der andern Seite die äußere Natur es sein könne. Was aber dort als der größte Unterschied gesetzt ist, das scheint hier beides auf der Seite der Gemüthsreligion zu liegen; denn ob die thätigen Zustände auf die leidentlichen, oder die leidentlichen auf die thätigen bezogen werden: so sind es doch immer Gemüthszustände, auf welche die religiösen Erregungen sich beziehen, und so scheint demnach die hier angedeutete Unterscheidung die höhere zu sein, dort aber ganz übergangen zu werden. Allein auch hier ist nicht die Meinung, als ob es eine Naturreligion in dem Sinne gebe, daß die religiösen Erregungen dem Menschen kommen könnten durch die Betrachtung der äußeren Welt. Sondern diese Betrachtung wird je höher gesteigert, desto mehr speculative Naturwissenschaft, immer aber Wissenschaft, und die religiösen Erregungen entstehen aus dieser nur, indem sich die Seele ihrer selbst in der Betrachtung bewußt wird, also wieder aus dem Gemüthszustande; so wie sie aus den unmittelbaren Beziehungen der Natur auf unser Leben und Dasein nur entstehn nach Maßgabe, wie sie auf unsere jedesmalige Stimmung wirkt, also wieder aus dem Gemüthszustande. Die in der Glaubenslehre angegebene Eintheilung bleibt also die obere, und auch die durch die Natur wie die durch das geschichtliche Leben vermittelten religiösen Erregungen werden in jener zweifachen Form vorkommen können und den theologischen oder ethischen Charakter an sich haben, wenn der Naturbetrachtung Einwirkungen auf die Seele, auf die Seelenthätigkeit und deren Gesetze bezogen werden, eine ästhetische aber in dem umgekehrten Fall. Der hier geltend gemachte Unterschied aber ist von der Art, daß dort nicht nöthig war, ihn in Betracht zu ziehen, da das Verhältniß des Christenthums zu demselben erst in der Behandlung der christlichen Lehre selbst recht ins Licht kann gesetzt werden.

14) S. 94. Dieses möge der Leser nur als eine Anwendung jener Erzählung nehmen, keineswegs als ob zu verstehen gegeben werden solle, der Schriftsteller habe diese Anwendung selbst gemacht und wolle sie allgemein mitgedacht haben. Demohnerachtet glaube ich läßt sich vollkommen vertheidigen, daß sie nothwendig darin liegt; und daß weder das Bewußtsein Gottes sich in dem Menschen entwickeln konnte, noch auch die Bildung allgemeiner Begriffe in ihm vor sich gehen, als nur indem er das Bewußtsein der Gattung gewonnen hatte und sich unmittelbar seiner als des Einzelnen Unterordnung unter dieselbe und Differenz von derselben bewußt geworden. Eben so gewiß aber ist, daß weder das Bewußtsein des höchsten Wesens noch auch das Bestreben sich die Welt zu ordnen je ganz verloren gehen kann in der Seele, bis auch das der Gattung ganz verloren gegangen ist.

Ich will hier noch ein Paar im Text nicht besonders bezeichnete Stellen erläutern. — S. 101 wird von der Demuth, welche vorher als eine natürliche Form der religiösen Erregung angegeben war, so gesprochen, als ob ihr ein Hochgefühl des eigenen Daseins gegenüberstehen müsse, und von der Reue, die ebenfalls als natürlich und der Frömmigkeit wesentlich war geschildert worden, so als ob sie nicht nur ohne Nachtheil der Frömmigkeit könnte, sondern vielleicht auch als ob sie müßte zu freudiger Selbstgenügsamkeit umgewandelt werden. Beides ist indeß meiner Ueberzeugung nach so wenig ein Widerspruch, daß vielmehr alle frommen Erregungen nur eingetheilt werden können in erhebende und in niederbeugende. Jede Art bedarf der anderen als ihrer Ergänzung, und jede ist nur wahrhaft fromm, sofern sie die andere mitsetzt. Auch in dem Christenthum, welches sich selbst nur durch Verbreitung und Fortpflanzung der niederbeugenden Erregungen fortpflanzt und verbreitet, soll dennoch die Reue auslöschen in dem Bewußtsein der göttlichen Vergebung, wie denn das Wort, laß dir an meiner Gnade genügen, eben die freudige Selbstgenügsamkeit ausdrückt, von welcher hier die Rede ist; und jenes der Demuth gegenübergestellte Gefühl, daß in jedem das Ganze der Menschheit lebt und wirkt, ist Nichts Anderes als das Bewußtsein, zu welchem der Christ besonders sich erheben soll, daß die Gläubigen insgesammt ein lebendiges organisches Ganze bilden, in welchem nicht nur — wie Paulus die Sache vorzüglich von dieser Seite darstellt — jedes Glied allen anderen unentbehrlich ist, sondern auch in jedem die eigenthümliche Wirksamkeit aller anderen mitgesetzt ist. — Wenn nun weiter ebendaselbst von dem, in welchem sich so beide Formen der religiösen Erregung in einander gearbeitet haben, gesagt wird, er bedürfe keines Mittlers mehr, sondern könne selbst Mittler sein für viele: so ist dieses Wort hier nur in der schon durch frühere Auseinandersetzungen bevorworteten untergeordneten Bedeutung genommen, daß nämlich nicht jeder in sich selbst den richtigen Schlüssel hat zum Verständniß alles Menschlichen, sondern fast allen vieles so fremd ist, daß nur, wenn sie es in einer andern ihnen verwandteren Form finden oder verbunden mit anderem, welches für sie einen besonderen Werth hat, sie es anerkennen. Daher in diesem Sinne diejenigen die Verständigung vermitteln, welche mit dem Anerkanntesten das Fremdeste in sich verbinden. In jenem der Demuth gegenübergestellten Gefühl ist nun vorzüglich das Selbstbewußtsein in solche Durchsichtigkeit und Genauigkeit gebildet, daß auch das Entfernteste aufhört fremd zu erscheinen und abzustoßen. Dieses Gefühl aber wird am reinsten sein, wenn alle menschliche Einseitigkeit in demjenigen angeschaut wird, aus welchem alle Einseitigkeit verbannt war, und so ist hier der höheren Mittlerwürde des Erlösers kein Abbruch geschehen.

15) S. 111. Ohne etwas zurücknehmen zu wollen von dem, was in dieser ganzen Rede die Hauptsache ist, daß nämlich alle höheren Gefühle der Religion angehören, so wie auch von dem nicht, daß Handlungen nicht unmittelbar aus den Erregungen des Gefühls einzelne aus einzelnen hervorgehen sollen, möchte ich doch bevorworten, daß das hier Gesagte vorzüglich nur von der Sittenlehre der damaligen Zeit gilt, nämlich der Kantischen und Fichteschen, vornämlich aber von der ersteren. Denn so lange die Sittenlehre die in jenen Systemen am strengsten befolgte imperativische Methode fest hält, können Gefühle in der Moral gar keinen Platz finden, weil es kein Gebot geben kann, du sollst dies oder jenes Gefühl haben. Ja am folgerechtesten bleibt immer für ein solches System, auf sie alle anzuwenden, was im Sinne desselben von der Freundschaft ist gesagt worden, daß man nämlich keine Zeit haben müsse eine anzuknüpfen und aufrecht zu halten. Auf diese enge Form allein sollte sich aber wol die Sittenlehre nicht beschränken, und in jeder anderen liegt ihr allerdings ob, eben dadurch, daß sie den Ort dieser Gefühle in der menschlichen Seele nachweiset, auch den sittlichen Werth derselben anzuerkennen, nicht als etwas das Einer sich machen kann oder soll zu irgend einem Behuf und wozu er eine Anleitung erhalten könnte in der Moral, sondern als freie natürliche Function des höheren Lebens, deren Verbindung aber mit den höheren Handlungsweisen und Maximen sich auf das Bestimmteste nachweisen läßt. In so fern könnte dann auch eine Sittenlehre die Religion in sich aufnehmen, eben so wie eine Darstellung der Religion auch die Sittlichkeit in jenem engeren Sinne in sich aufnehmen muß, ohne daß deshalb beides eines und dasselbe würde.

16) S. 116. Der hier gegebene Ausdruck, daß Wunder nur der religiöse Name für Begebenheit überhaupt, und also alles Wunder sei was geschieht, könnte leicht in den Verdacht kommen, als ob er doch eigentlich darauf ausginge, das Wunderbare zu leugnen; denn freilich, wenn alles ein Wunder ist, so ist auch wieder Nichts ein Wunder. Er steht aber in genauem Zusammenhange mit den in der Glaubenslehre Bd. I. S. 119. 184 und 247 folg. gegebenen Erklärungen. Denn wenn Beziehung einer Begebenheit auf die göttliche mitwirkende Allmacht und die Betrachtung derselben in ihrem Naturzusammenhang einander nicht ausschließen, sondern miteinander steigen können und fallen: so hängt nur, welche Ansicht zuerst gefaßt wird, von der Richtung der Aufmerksamkeit ab; wie wir denn überall, wo die Beziehung einer Begebenheit auf unsere Zwecke uns am meisten interessirt, die Untersuchung des Naturzusammenhanges aber zu sehr ins Kleinliche gehen würde, da am meisten die göttliche Fügung bemerken, umgekehrt aber den Naturlauf. Welche aber von beiden Ansichten uns die meiste Befriedigung gewährt, das hängt davon ab, auf der einen Seite, wie gewiß wir sind, die Begebenheit in ihrem innersten Gehalt gefaßt zu haben, so daß wir mit einiger Sicherheit sagen können, das ist das von Gott Gewollte, auf der andern Seite aber hängt es davon ab, wie tief wir in den Naturzusammenhang eindringen können. Dies alles nun sind nur subjective Unterschiede, und wenn auch alle Menschen in jedem Falle dieser Art in ihrer Ansicht zusammenstimmten. Daher

bleibt es allerdings wahr, daß alle Begebenheiten, die am meisten eine religiöse Aufmerksamkeit erregen, und in denen zugleich der Natur-Zusammenhang sich am meisten verbirgt, auch am meisten von allen als Wunder angesehn werden, eben so wahr aber auch, daß an sich und gleichsam von der göttlichen Ursächlichkeit aus angesehen alle gleich sehr Wunder sind. Wie nun in den Auseinandersetzungen der Glaubenslehre ohnerachtet der Ableugnung des absoluten Wunders dennoch das religiöse Interesse am Wunderbaren wahrgenommen und gedeckt worden ist: so geht auch hier die Absicht nur dahin, es in seiner Reinheit darzustellen, und alle fremdartigen Beimischungen zu entfernen, die mehr einem stumpfsinnigen Staunen verwandt sind, als sie von der freudigen Ahnung einer höheren Bedeutung zeugen.

17) S. 117. Schwierig ist es, einen Begriff wie den der Gnadenwirkungen, der uns fast nur in seiner eigenthümlich christlichen Gestalt geläufig ist, auf eine so allgemeine Weise zu behandeln, daß auch alles mit unter der Erklärung befaßt wird, was in anderen Religionsformen Analoges vorkommt. Dahin gehört aber alles, wodurch ein Mensch als ein besonderer Liebling der Gottheit ausgezeichnet erschien. In dem Begriff der Offenbarung nun ist mehr die Receptivität, in dem der Eingebung mehr die Productivität. Beides aber gehört zusammen in den Begriff der Gnadenwirkung, indem jenes mehr die Gnade, dieses mehr die Wirkung andeutet, und überall werden die ausgezeichnet Frommen durch dieses beides charakterisirt. Wenn aber in dem Folgenden dem Ausdruck Offenbarung der des Hineingehens der Welt in den Menschen substituirt wird, dem Ausdruck Eingebung aber der des ursprünglichsten Hineintretens des Menschen in die Welt: so wird das Letzte wol wenigem Zweifel unterworfen sein, da jede Eingebung hervortreten will und etwas bewirken in der Welt, und alles Ursprünglichste am wenigsten von außen Veranlaßte, immer am meisten ist als Eingebung angesehen worden. Das Erste aber ist zwar auch der hier vorangehenden Erklärung von Offenbarung angemessen, die ebenfalls um der hier nothwendigen Allgemeinheit willen nicht anders konnte gefaßt werden; aber doch könnte auch ihr leicht der Vorwurf gemacht werden, daß sie den unvollkommneren Religionsformen zu Liebe die christliche zurücksetze, und auf sie weniger passe. Allein es darf nicht übersehen werden, daß die Idee der Gottheit nicht anders als mit der der Welt zugleich in unser Bewußtsein tritt; daß aber hier an kein Auffassen derselben, welches nicht religiös sei, sondern etwa speculativ, gedacht werden könne, dafür scheint durch die Zusätze hinreichend gesorgt zu sein.

18) S. 122. Durch das, was in meiner Glaubenslehre §. 10 u. a. a. O. gesagt ist, wird, hoffe ich, das hier Gesagte, und vorzüglich dieses, daß alle frommen Erregungen das unmittelbare Sein Gottes in uns durch das Gefühl darstellen, in ein helleres Licht gesetzt sein. Denn kaum bedarf es wol noch der Erinnerung, daß das Sein Gottes überhaupt kein anderes sein kann als ein wirksames, wie denn hier auch von einem wirksamen, nämlich erregenden die Rede ist, und daß eben so umgekehrt die göttliche Wirksamkeit auf einen Gegenstand das ganze Sein Gottes in Beziehung auf denselben ist, da es ein leidendes Sein Gottes nicht geben kann. Nur dieses bedarf vielleicht einer Erörterung, daß ich hier die Einheit unseres Wesens im Gegensatz gegen die Vielheit der Functionen, als das Göttliche in uns darstelle, und von dieser Einheit sage, daß sie in den Erregungen der Frömmigkeit hervortritt, da doch aus anderen Aeußerungen geschlossen werden könnte, daß das Selbstbewußtsein auch nur eine einzelne Function ist; was aber das Erste betrifft, wol Zweifel dagegen erhoben werden könnten, daß die Einheit unseres Wesens das Göttliche in uns sei, sondern wenn etwas so genannt werden könne, sei es wol nur dasjenige, worin die Fähigkeit uns Gottes bewußt zu werden ihren Sitz habe. Auch wenn diese Ausstellungen gegründet wären, bliebe es immer dabei, daß in den frommen Erregungen gerade das Göttliche in uns aufgeregt sei, und dieses wäre doch hier die Hauptsache. Was aber das Uebrige betrifft, so kann freilich die Einheit unsers Wesens, weil sie das schlechthin Innerliche ist, nie an und für sich allein hervortreten, am unmittelbarsten aber erscheint sie doch in dem Selbstbewußtsein, sofern in demselben die einzelnen Beziehungen zurücktreten; so wie auf der andern Seite auch das Selbstbewußtsein am meisten dann, wenn die einzelnen Beziehungen in demselben hervortreten, auch am meisten als einzelne Function erscheint.

19) S. 124. Auch diese ganze Auseinandersetzung wird hoffentlich durch das, was in der Glaubenslehre vorzüglich §. 15 gesagt ist, mehr Licht erhalten, so wie wiederum hier das dort Gesagte ergänzt wird. Und da nun jeder beides zusammenstellen kann: so

ist wol nicht mehr nöthig, noch eine Vertheidigungsrede zu halten gegen die Vermuthung, denn Beschuldigung will ich es nicht gern nennen, welche aus dieser Rede sogar einige mir sehr verehrte nun zum Theil schon hinübergegangene Männer geschöpft haben, als ob ich für mich die unpersönliche Form das höchste Wesen zu denken vorzöge, und dies hat man denn bald meinen Atheismus bald meinen Spinozismus genannt. Ich aber meinte, es sei ächt christlich, die Frömmigkeit überall aufzusuchen, und unter welcher Gestalt es auch sei anzuerkennen, wenigstens finde ich, daß Christus dies selbst seinen Jüngern anbefohlen, und daß auch Paulus nicht nur unter den Juden und Judengenossen, sondern auch zu Athen unter den Heiden es also gehalten hat. Indem ich aber ganz unbefangen sagte, wie es doch keineswegs einerlei sei, ob Einer sich eine bestimmte Form das höchste Wesen vorzustellen nicht aneignen könne, oder ob Einer es ganz leugne, und überhaupt die Frömmigkeit in sich nicht auskommen lasse: so dachte ich nicht daran, gegen alle Consequenzen besonders zu protestiren, und erinnerte mich nicht, wie oft derjenige, der geradeaus geht, von den rechts Gehenden dafür angesehen wird, links zu gehen. Wer nun die wenigen Worte wenigstens beherzigt, die a. d. a. O. über den Pantheismus gesagt sind, der wird mir doch keinen materialistischen Pantheismus zutrauen, und wird auch wol bei einigem guten Willen finden, wie jemand auf der einen Seite es als fast unabänderliche Nothwendigkeit für die höchste Stufe der Frömmigkeit erkennen kann, sich die Vorstellung eines persönlichen Gottes anzueignen, nämlich überall wo es darauf ankommt, sich selbst oder Andern die unmittelbaren religiösen Erregungen zu dolmetschen, oder wo das Herz im unmittelbaren Gespräch mit dem höchsten Wesen begriffen ist, und wie derselbe doch auf der anderen Seite die wesentlichen Unvollkommenheiten in der Vorstellung von einer Persönlichkeit des höchsten Wesens anerkennen, ja das Bedenkliche daran, wenn sie nicht auf das Vorsichtigste gereinigt wird, andeuten kann. Auf diese Reinigung sind denn auch die Tiefsinnigsten unter den Kirchenlehrern immer bedacht gewesen, und wenn man diese das Menschliche und Beschränkte in der Form der Persönlichkeit hinweg zu tilgen bestimmte Aeußerungen zusammenstellte: so würde sich zeigen, daß man alles zusammen genommen eben sowol sagen könnte, sie sprächen Gott die Persönlichkeit ab, als sie legten sie ihm bei; und daß, da es so schwer sei, eine Persönlichkeit wahrhaft unendlich und leidensunfähig zu denken, man einen großen Unterschied machen sollte zwischen einem persönlichen Gott und einem lebendigen. Das Letztere allein ist eigentlich der vom materialistischen Pantheismus und von der atheistischen blinden Nothwendigkeit scheidende Begriff. Wie aber Einer innerhalb dieses Kanons schwankt in Bezug auf die Persönlichkeit, das muß man seiner vergegenwärtigenden Phantasie und seinem dialektischen Gewissen überlassen; und ist der fromme Sinn vorhanden, so werden diese einander gegenseitig hüten. Will jene eine zu menschliche Persönlichkeit bilden, so wird dieses ein Schreckbild bedenklicher Folgerungen vorhalten; will dieses die Vergegenwärtigung zu sehr hemmen durch negative Formeln, so wird jene schon ihr Bedürfniß geltend zu machen wissen. Hier lag mir in dieser Hinsicht besonders ob, aufmerksam darauf zu machen, daß wenn die eine Form der Vorstellung nicht an und für sich alle Frömmigkeit ausschließt, diese eben so wenig durch die andere Form schon an und für sich gesetzt ist. Wie viele Menschen giebt es nicht auch, in deren Leben die Frömmigkeit wenig Gewicht und Einfluß hat, und denen doch diese Vorstellung unentbehrlich ist, als allgemeines Supplement ihrer nach beiden Seiten hin abgebrochenen Causalitätsreihen! Und wie viele dagegen offenbaren die tiefste Frömmigkeit, die in ihren Aeußerungen über das höchste Wesen den Begriff der Persönlichkeit immer nicht recht entwickeln.

20) S. 130. Diese Stelle weicht von der vorigen Ausgabe ab. Theils schien mir der Satz, daß auf die Sittlichkeit überhaupt nicht gehandelt werden könne, wiewol richtig im Zusammenhang mit dem Vorigen, doch um nicht Mißverständnisse hervorzubringen, einer näheren Bestimmung bedürftig, die nicht hieher gehört hätte, theils scheint mir die ganze Betrachtung erst recht vollendet zu werden durch den Zusatz, daß Freiheit und Sittlichkeit durch Vorhaltung göttlicher Belohnungen gefährdet werden. In dem Streit über diese Sache, wie er zwischen den Kantianern vornämlich und den Eudämonisten ist geführt worden, hat man nicht selten übersehen, welch ein großer Unterschied es ist, göttliche Belohnungen als Reizmittel vorhalten und sie theoretisch gebrauchen, um sich und andere über die Weltordnung zu verständigen. Das Erste ist wie ein unsittliches, so auch vorzüglich ein unchristliches Verfahren und von ächten Verkündigern des Christenthums auch gewiß niemals ange-

wendet worden, wie es denn auch in der Schrift ganz keinen Grund hat. Das Letzte ist natürlich und nothwendig, indem nur dadurch eingesehen werden kann, wie das göttliche Gesetz sich über die ganze Natur des Menschen erstrecke, und weit entfernt einen Zwiespalt in derselben zu veranlassen, ihre Einheit auf das Vollkommenste bewahre. Aber diese Verständigung ist freilich sehr verschieden, je nachdem Wahrheitsliebe und Wißbegierde schon von allen fremden Einmischungen frei, oder denselben noch unterworfen ist. Und da wird schwerlich abzuleugnen sein, daß die Forderungen der Eigenliebe am meisten Willkür für die göttlichen Belohnungen in Anspruch nehmen, und daß eben damit auch die beschränktesten Vorstellungen von göttlicher Persönlichkeit zusammenhängen, weil nur in der Persönlichkeit die Willkür ihren Sitz haben kann.

21) S. 132. Sehr ähnlich dem über die Persönlichkeit Gottes Gesagten ist es auch dieser Stelle ergangen, welche eben so gegen beschränkte und in ihrem tiefsten Grunde unreine Vorstellungen gerichtet ist, und eben solche Mißverständnisse erregt hat. Denn auch hier hat man zu finden gemeint, daß ich die Hoffnung der Unsterblichkeit in dem herrschenden Sinne des Wortes herabsetzen, und indem ich sie als eine Schwachheit darstelle, ihr entgegenarbeiten wolle. Es war aber hier gar nicht der Ort, über die Wahrheit der Sache mich zu erklären, oder die eigne Ansicht, die ich davon als Christ habe, vorzutragen, sondern diese wird man im zweiten Theile meiner Glaubenslehre finden, und auch dieses beides soll einander ergänzen. Hier aber war nur die Frage zu beantworten, ob diese Hoffnung so wesentlich mit der frommen Richtung des Gemüthes verbunden sei, daß eines mit dem andern stehe und falle. Wie konnte ich aber anders als dieses verneinen, da von den meisten heutiges Tages angenommen ist, daß auch das alte Bundesvolk in früheren Zeiten diese Hoffnung nicht gekannt habe, und da leicht nachzuweisen ist, daß in dem Zustand frommer Erregung die Seele mehr im Augenblick versenkt, als der Zukunft zugewendet ist. Nur scheint es hart, daß diese Rede die unter den edelsten Menschen so weit verbreitete Hoffnung auf die Erneuerung des dann nicht wieder abzubrechenden Einzellebens nicht undeutlich aus der niedrigsten Stufe der Selbstliebe ableiten will, da es so nahe lag, sie mehr aus dem Interesse der Liebe an den geliebten Gegenständen abzuleiten. Allein indem mir alle Formen, unter denen die Hoffnung der Unsterblichkeit als das höchste Selbstgefühl des Geistes vorkommen kann, vor Augen schwebten: so schien es mir eben gegenüber den Gegnern des Glaubens natürlich und nothwendig, auch hier dagegen zu warnen, daß nicht eine bestimmte Vorstellungsweise und gerade diejenige, welche die unverkennbarsten Spuren eines sich dahinter verbergenden untergeordneten Interesses an sich trägt, mit der Sache selbst verwechselt werde, und die Aufgabe vorzubereiten, daß man die Frage so fasse, wie sie nicht dem ganz auf die Persönlichkeit beschränkten oder an einzelne Wahlverwandtschaften geketteten Selbstbewußtsein, sondern so wie sie demjenigen natürlich ist, in welchem das persönliche Interesse schon durch Unterordnung unter das zum Bewußtsein der menschlichen Gattung und Natur veredelte Selbstbewußtsein gereinigt ist. Auf der anderen Seite aber war es nöthig, um endlose und, je weiter sie sich hinaus spinnen möchten, desto mehr dem Hauptgegenstand fremde Auseinandersetzungen zu vermeiden, daß eben die Gegner des Glaubens aufmerksam darauf gemacht würden, es könne von dieser Sache auf eine rein religiöse Weise nur unter denen die Rede sein, welche das, allein des Sieges über den Tod würdige, höhere Leben, welches die wahre Frömmigkeit giebt, schon in sich erbaut haben. Ist nun hier der Widerwille etwas stark aufgetragen gegen die Selbsttäuschung einer geringen Denkungsart und Gesinnung, welche sich etwas damit weiß, daß sie die Unsterblichkeit auffassen könne, und daß sie durch die damit verbundene Hoffnung und Furcht geleitet werde: so weiß ich dies nur dadurch zu rechtfertigen, daß es Nichts rednerisch Erkünsteltes ist, sondern daß dieses in der That in mir ein sehr starkes Gefühl immer gewesen ist, und daß ich Nichts mehr wünsche, als jeder Mensch möge, wenn er sich über seine Frömmigkeit prüfen will, sich selbst sehen, nicht nur wie Plato sagt, daß die Seelen vor den Richtern der Unterwelt erscheinen, entkleidet von allem fremden Schmuck, den sie den äußeren Lebensverhältnissen verdanken, sondern auch, nachdem er diese Ansprüche auf unendliche Fortdauer abgelegt, damit er dann, wenn er sich selbst ganz wie er ist betrachtet, entscheiden möge, ob jene Ansprüche etwas mehr sind als die Titel, womit oft die Mächtigen der Erde sich schmücken zu müssen meinen, von Ländern, die sie nie weder besessen haben noch besitzen werden. Wer nun dann so entkleidet doch das ewige Leben bei

sich findet, worauf das Ende dieser Rede deutet, mit dem wird es leicht sein, sich so zu verständigen, wie meine Darstellung des christlichen Glaubens es versucht. — Uebrigens aber ist die auch hier angedeutete Parallele zwischen beiden Ideen, Gott und Unsterblichkeit, in Absicht der verschiedenen Vorstellungsarten nicht zu übersehen. Denn so wie die menschenähnlichste Persönlichkeit Gottes sich vorstellen ein gewöhnlich auch sittlich verunreinigtes Bewußtsein voraussetzt: so ist es dasselbe mit einer solchen Vorstellung der Unsterblichkeit, welche wie die elyseischen Gefilde nur eine verschönerte und erweiterte Erde abbildet. Und wie ein großer Unterschied ist zwischen Gott auf eine solche Weise persönlich nicht denken können, und dem gar keinen lebendigen Gott denken, und nur dieses erst den Atheismus bezeichnet; so auch ist derjenige, der an einer solchen sinnlichen Vorstellung der Unsterblichkeit nicht hängt, noch weit entfernt davon, gar keine Unsterblichkeit zu hoffen. Und wie wir jeden fromm nennen wollen, der einen lebendigen Gott glaubt, so auch jeden, der ein ewiges Leben des Geistes glaubt, ohne irgend eine Art und Weise ausschließen zu wollen.

Dritte Rede.

Ueber die Bildung zur Religion. (134)

Was ich selbst bereitwillig eingestanden habe als tief im Charakter der Religion liegend, das Bestreben Proselyten machen zu wollen aus den Ungläubigen, das ist es doch nicht, was mich jetzt antreibt auch über die Bildung der Menschen zu dieser erhabenen[1]) Anlage und über ihre Bedingungen zu Euch zu reden. Zu jenem Endzweck **kennt die Religion**[2]) kein anderes Mittel, als nur dieses, daß **sie sich frei äußert und mittheilt.**[3])

Wenn sie sich[4]) mit aller ihr eignen Kraft bewegt, wenn sie alle Vermögen des eignen Gemüths[5]) in dem Strom dieser **Bewegung zu ihrem Dienst**[6]) mit fortreißt: so **erwartet sie**[7]) auch, daß sie hindurchdringen werde bis ins Innerste eines jeden **Individuums, welches in ihrer**[8]) **Atmosphäre**[9]) athmet, daß jedes **homogene Theilchen**[10]) (135) werde berührt werden, und von **derselben**[11]) Schwingung ergriffen zum Bewußtsein seines Daseins gelangend durch einen antwortenden, verwandten Ton das harrende Ohr des Auffordernden erfreuen werde. Nur so, durch die natürlichen Aeußerungen des eignen Lebens will sie[12]) das Aehnliche aufregen, und wo ihr das[13]) nicht gelingt, ver-

---

1) II: für diese erhabene [Zus.: zu dieser erhabenen]
2) III: kennen wir Gläubigen
3) III: die Religion sich frei äußere und mittheile.
4) II Zus.: in einem Menschen
5) II: seines Geistes
6) III: Bewegungen gebieterisch
7) III: erwarten wir dann
8) II: seiner
9) III: Einzelnen, der in solchem Kreise lebt und
10) III: Gleichartige in Jedem
11) III: der belebenden
12) III: der Fromme
13) II: ihr dies [ihm dies]

schmäht **sie stolz** [1]) jeden fremden Reiz, jedes gewaltthätige Verfahren, beruhigt bei der Ueberzeugung, die Stunde sei noch nicht da, wo sich hier etwas **ihr** [2]) Verschwistertes regen könne. Nicht neu ist *mir* [3]) dieser mißlingende Ausgang. Wie oft habe [4]) ich die Musik meiner Religion angestimmt, um die Gegenwärtigen zu bewegen, von einzelnen leisen Tönen anhebend und *mit jugendlichem Ungestüm sehnsuchtsvoll fortschreitend* [5]) bis zur vollesten Harmonie der religiösen Gefühle: aber nichts regte sich und antwortete in ihnen! [6]) Von wie vielen werden auch diese Worte, die ich *einer größern und beweglichern Atmosphäre* [7]) vertraue, mit allem was sie Gutes darbieten sollten, traurig zu mir zurückkehren ohne verstanden zu sein, [8]) ohne auch nur die leiseste Ahnung von ihrer Absicht erweckt zu haben? Und wie oft **werde ich und** [9]) alle Verkündiger der Religion [10]) dieses uns von An-
(130) beginn bestimmte Schicksal noch erneuern. Dennoch wird (es) uns [11]) nie quälen, denn wir wissen, daß es nicht anders begegnen darf; und nie werden wir **versuchen unsere Religion** [12]) aufzudringen auf irgend einem andern Wege, weder diesem noch dem künftigen Geschlechte. **Da ich selbst nicht weniges an mir vermisse,** [13]) was zum Ganzen der Menschheit gehört; da so viele vieles entbehren: welches Wunder, wenn auch die Anzahl derer groß ist, denen die Religion [14]) versagt wurde. Und sie muß nothwendig groß sein: denn wie kämen wir sonst zu einer Anschauung von ihr selbst [15]) und von den Grenzen, welche sie nach allen Seiten hinaus den übrigen Anlagen des Menschen absteckt? [16]) woher wüßten wir, wie weit er [17]) es hier und dort bringen kann ohne sie, und wo sie ihn aufhält und fördert? woher ahneten

---

[1]) III: er vornehm

[2]) III: ihm

[3]) II: auch mir [uns allen]

[4]) III Zus.: auch

[5]) II: [Zus.: bald] durch jugendlichen Ungestüm (*bald*) fortgerissen

[6]) III: den Hörern

[7]) II: einem größern und beweglichern Kreise

[8]) III Zus.: ja,

[9]) III: werden

[10]) III Zus.: und ich mit ihnen

[11]) III Zus.: dies

[12]) III: aus unserm ruhigen Gleichgewicht herausgerissen den Versuch machen unsere Sinnesart

[13]) III: jeder von uns nicht weniger an sich selbst vermißt

[14]) II Zus.: in sich auszubilden

[15]) III Zus.: in ihrem daß ich so sage fleischgewordenen geschichtlichen Dasein

[16]) III Zus.: von ihnen wieder auf mannichfaltige Weise begrenzt?

[17]) III: der Mensch

wir, wie sie, auch ohne daß er es weiß, in ihm geschäftigt ist? Besonders ist es der Natur der Dinge gemäß, daß in diesen Zeiten allgemeiner Verwirrung und Umwälzung ihr schlummernder Funke in
vielen nicht aufglüht und wie liebevoll und langmüthig wir sein[1]
pflegen möchten, doch[2] nicht zum Leben gebracht wird, da[3] er unter
glücklichern Umständen sich (in ihnen) durch alle Hindernisse würde
hindurchgearbeitet haben. Wo Nichts unter allen menschlichen Dingen
unerschüttert bleibt; wo jeder grade das, was seinen Platz in der (137)
Welt bestimmt, und ihn an die irdische Ordnung der Dinge fesselt, in
jedem Augenblick im Begriff steht, nicht nur ihm zu entfliehen und sich
von einem Andern ergreifen zu lassen, sondern unterzugehen im allgemeinen Strudel; wo die Einen[4] keine Anstrengung ihrer[5] Kräfte
schonen,[6] und[7] noch nach allen Seiten um Hülfe rufen, um dasjenige festzuhalten, was sie für die Angeln der Welt und der Gesellschaft, der Kunst und der Wissenschaft **halten**,[8] die sich nur durch
ein unbegreifliches Schicksal wie von selbst aus ihren innersten Gründen[9]
emporheben, und fallen lassen, was sich so lange um sie bewegt hatte,
(und) wo die Andern mit eben dem rastlosen Eifer geschäftig sind, die
Trümmer eingestürzter Jahrhunderte aus dem Wege zu räumen, um
unter den Ersten zu sein, die sich ansiedeln auf dem fruchtbaren Boden,
der sich unter ihnen bildet aus der schnell erkaltenden Lava des schreck-
lichen Vulkans; wo Jeder, auch ohne seine Stelle zu verlassen, von
den heftigen Erschütterungen des Ganzen so gewaltig bewegt wird, daß
er in dem allgemeinen Schwindel froh sein muß, irgend einen einzelnen
Gegenstand fest genug ins Auge zu fassen, um sich an ihn halten und
sich allmälich überzeugen zu können, daß doch etwas noch stehe; in (138)
einem solchen Zustande wäre es thöricht zu erwarten, daß viele geschickt sein könnten das Unendliche wahrzunehmen. Sein
Anblick ist freilich[10] mehr als je majestätisch und erhaben, und in
Augenblicken lassen sich[11] bedeutendere Züge ablauschen, als[12] in

---

1) III Zus.: auch
2) III Zus.: selbst in solchen
3) III: in denen
4) III Zus.: nicht nur
5) III Zus.: eigenen
6) II: scheuen
7) III: sondern auch
8) III: ansehen,
9) III Zus.: plötzlich
10) II: religiöse Gefühle festzuhalten und auszubilden, [auszubilden und festzuhalten,] die am besten in der Ruhe gedeihen. Freilich ist [Zwar ist mitten in dieser Gährung] der Anblick der sittlichen Welt
11) III Zus.: jetzt
12) II Zus.: sonst [Zus.: wol]

Jahrhunderten: aber wer kann sich retten vor dem allgemeinen Treiben und Drängen! wer kann der Gewalt **eines**[1]) beschränkteren Interesses entfliehen? wer hat Ruhe (**und Festigkeit**) genug, um still zu stehen und[2]) anzuschauen? **Aber auch in den glücklichsten Zeiten, auch mit dem besten Willen,**[3]) die Anlage zur Religion nicht nur da, wo sie ist, durch Mittheilung aufzuregen, sondern sie auch einzuimpfen und anzubilden auf jedem Wege, der dazu führen könnte: wo giebt es denn einen solchen?[4]) Was durch **Kunst und fremde Thätigkeit in einem**[5]) Menschen gewirkt werden kann, ist nur dieses, **daß Ihr ihm Eure Vorstellungen mittheilt, und ihn**[6]) zu einem Magazin Eurer Ideen macht,[7]) daß (**Ihr sie so weit in die seinigen verflechtet,**) bis er sich Ihrer erinnert[8]) zu gelegener Zeit:[9]) aber nie **könnt Ihr bewirken, daß er die, welche Ihr wollt,**[10]) aus sich hervorbringen. — Ihr seht den Widerspruch, der schon aus den Worten nicht herausgebracht werden kann. Nicht einmal **gewöhnen könnt Ihr**
(139) **jemand**[11]) auf einen bestimmten Eindruck, so oft er ihm kommt, eine bestimmte Gegenwirkung erfolgen zu **lassen,**[12]) viel weniger, **daß Ihr ihn**[13]) dahin bringen (**könntet**), über diese Verbindung hinauszugehen, und eine innere Thätigkeit (dabei)[14]) frei zu erzeugen. Kurz, auf den Mechanismus des Geistes **könnt Ihr**[15]) wirken, aber in die Organisation desselben, in diese geheiligte Werkstätte des Universums **könnt Ihr**[16]) nach (**Eurer**) Willkür (**nicht**) eindringen, da **vermögt Ihr nicht**[17]) irgend etwas zu ändern oder zu verschieben, wegzuschneiden oder zu ergänzen, nur **zurückhalten könnt Ihr**[18]) **seine Entwickelung**

---

[1]) III: jedes
[2]) III Zus.: Festigkeit, um unbefangen
[3]) III: Jedoch auch die glücklichsten Zeiten vorausgesetzt und den besten Willen
[4]) III Zus.: Weg?
[5]) III: eines Andern Thätigkeit und Kunst in den
[6]) III: ihnen seine Vorstellungen mittheilen und sie
[7]) II: zu einer Niederlage Eurer [seiner] Gedanken macht [machen, sie soweit in die seinigen verflechten,]
[8]) II: daß er sich Ihrer erinnert [deren erinnere]
[9]) III Zus.: dieses möchte wol Einer vermögen
[10]) III: kann Einer bewirken, daß Andere die Gedanken, welche er will
[11]) III: dazu läßt sich Einer gewöhnen, daß er
[12]) III: lasse,
[13]) III: wird man Einen
[14]) III Zus.: welche man will
[15]) III: kann Jeder wol einigermaßen
[16]) III: kann Keiner
[17]) III: vermag Keiner
[18]) II: gewaltsam, eben vermöge des Mechanismus,

und gewaltsam einen Theil des Gewächses verstümmeln. Aus dem[1] Innersten seiner Organisation (**aber**) muß alles hervorgehen, was zum wahren Leben des Menschen gehören und ein immer reger und wirksamer Trieb in ihm sein soll. Und von dieser Art ist die Religion; in dem Gemüth, welches sie bewohnt, ist sie ununterbrochen wirksam und lebendig, macht alles zu einem Gegenstande für sich, und jedes Denken und Handeln zu einem Thema ihrer himmlischen Phantasie. Alles[2] was, wie sie, ein Continuum[3] sein soll im menschlichen Gemüth, (**liegt**) weit außer dem Gebiet des Lehrens und Anbildens. Darum ist jedem, der die Religion so ansieht, Unterricht in ihr[4] ein abgeschmacktes und sinnleeres Wort. Unsere Meinungen (140)
und Lehrsätze können wir Andern wol mittheilen, dazu bedürfen wir nur[5] Worte, und sie nur der auffassenden und nachbildenden Kraft des **Geistes**:[6] aber wir wissen sehr wohl, daß das nur die Schatten unserer **Anschauungen und unserer Gefühle sind, und ohne diese mit uns zu theilen, würden sie nicht verstehen was sie sagen und was sie zu denken glauben.** Anschauen[7] **können wir sie nicht lehren, wir können nicht aus uns in sie übertragen die Kraft und Fertigkeit, vor welchen Gegenständen wir uns auch befinden, dennoch überall das ursprüngliche Licht des Universums aus ihnen einzusaugen in unser Organ; das mimische Talent** (ihrer Phantasie) **können wir vielleicht soweit aufregen,**[8] daß es ihnen leicht wird, wenn Anschauungen der Religion ihnen mit starken Farben vorgemalt[9] werden, einige Regungen in sich hervorzu-

---

[1]) III: vielleicht gewaltsam zurückhalten läßt sich, eben vermöge des Mechanismus, die Entwickelung des Geistes. So kann man denn freilich einen Theil des Gewächses gewaltsam verstümmeln, bilden aber nicht, denn eben aus diesem jeder Gewalt unerreichbaren

[2]) II: Aber alles III: Eben deshalb also liegt sie, wie alles

[3]) II: immer Gegenwärtiges und Lebendiges

[4]) III Zus.: in dem Sinn als ob die Frömmigkeit selbst lehrbar wäre,

[5]) II Zus.: der

[6]) III: Verstandes

[7]) II: Wahrnehmen und Fühlen

[8]) III: religiösen Erregungen sind und wenn unsere Schüler diese nicht mit uns theilen, so haben sie, auch wenn sie das Mitgetheilte als Gedanken wirklich verstehen, doch daran keinen wahrhaft lohnenden Besitz. Denn dieses Insichergriffensein und darin sein selbst Innewerden läßt sich nicht lehren; ja auch der erregteste, der, vor welchen Gegenständen er sich auch befinde, dennoch überall das ursprüngliche Licht des Universums aus ihnen einzusaugen weiß im Organ, vermag doch nicht durch das Wort der Lehre die Kraft und Fertigkeit dazu aus sich in Andere zu übertragen. Es giebt zwar ein nachahmendes Talent, welches wir in einigen vielleicht soweit aufregen können,

[9]) II: heilige Gefühle ihnen mit kräftigen Tönen dargestellt

bringen, die dem von ferne gleichen, wovon sie unsere Seele erfüllt
sehen; aber durchdringt das ihr [1]) Wesen, ist das [2]) Religion? Wenn
Ihr den Sinn für das Universum mit dem für die Kunst vergleichen
wollt, so müßt Ihr diese Inhaber einer passiven Religiosität — wenn
(141) man es noch so nennen will — nicht etwa denen gegenüberstellen, die
ohne selbst Kunstwerke hervorzubringen, dennoch von jedem was zu
ihrer Anschauung kommt, gerührt und ergriffen werden; denn die
Kunstwerke der Religion sind immer und überall ausgestellt; die ganze
Welt ist eine Gallerie religiöser Ansichten und ein Jeder **ist mitten
unter sie gestellt:** [3]) sondern denen müßt Ihr sie vergleichen, die nicht
eher zur Empfindung gebracht werden, bis man ihnen Commentare
und Phantasien über Werke der Kunst als **Arzneimittel auflegt,
und** [4]) auch dann in einer übel verstandenen Kunstsprache nur einige
unpassende Worte herlallen wollen, die nicht ihr eigen sind. *Das* [5])
ist das Ziel alles (**Lehrens und**) absichtlichen Bildens [6]) in diesen
Dingen. Zeigt mir Jemand, dem Ihr Urtheilskraft, Beobachtungsgeist,
Kunstgefühl oder Sittlichkeit angebildet und eingeimpft habt; dann will
ich mich anheischig machen, auch Religion zu lehren. Es giebt freilich
in ihr ein Meisterthum und eine Jüngerschaft, es giebt Einzelne, an
welche Tausende sich anschließen: aber dieses Anschließen ist keine blinde
Nachahmung, und Jünger sind das nicht, weil ihr Meister sie dazu
gemacht hat; sondern er ist ihr Meister, weil sie ihn dazu gewählt
haben. (1) Wer [7]) durch die Aeußerungen seiner eignen Religion
sie in Andern aufgeregt hat, der hat nun [8]) diese nicht mehr in seiner
(142) Gewalt sie bei sich festzuhalten: frei ist auch ihre Religion, sobald sie
lebt und geht ihres eignen Weges. Sobald der heilige Funke aufglüht in einer Seele, breitet er sich aus zu einer freien und lebendigen
Flamme, die aus ihrer eignen Atmosphäre ihre Nahrung saugt. Mehr
oder weniger erleuchtet sie der Seele den ganzen Umfang *des Universums* [9]) und nach eigner **Willkür** [10]) kann diese sich ansiedeln
auch fern von dem Punkt, auf welchem sie **sich zuerst erblickt hat.** [11])
Nur vom Gefühl ihres Unvermögens und ihrer Endlichkeit [12]) gedrungen,

---

[1]) III Zus.: innerstes

[2]) III Zus.: im wahren Sinne des Wortes

[3]) III: befindet sich mitten unter ihnen

[4]) III: ärztliche Reizmittel für das abgestumpfte Lebensgefühl beibringt, und die

[5]) II: Soweit und weiter nicht könnt Ihr es bringen. [Zus.: durch die bloße Lehre.] *Das* [dies]

[6]) III Zus.: und Uebens

[7]) III Zus.: aber auch

[8]) III Zus.: doch

[9]) II: der Welt

[10]) III: eignem Triebe

[11]) III: zuerst entzündet ward für das neue Leben.

[12]) II Zus.: von einer ursprünglichen innern Bestimmtheit

sich in irgend eine bestimmte Gegend niederzulassen, wählt sie ohne deshalb undankbar zu werden gegen ihren ersten Wegweiser jedes Klima, welches ihr am besten **behagt**,[1]) da sucht sie sich einen Mittelpunkt, bewegt sich durch freie Selbstbeschränkung in ihrer neuen Bahn, und nennt den ihren Meister, der diese ihre Lieblingsgegend zuerst aufgenommen und in ihrer Herrlichkeit dargestellt hat, seine Jüngerin durch eigene Wahl und freie Liebe. (2)

Nicht also, als ob ich Euch oder Andere bilden wollte zur Religion, oder Euch lehren, wie Ihr Euch selbst absichtlich oder kunstmäßig dazu bilden **müßt**:[2]) ich will nicht aus dem Gebiet der Religion
herausgehn, was ich somit thun würde, sondern noch länger mit Euch (143)
innerhalb desselben verweilen. Das Universum bildet sich selbst seine Betrachter und Bewunderer, und wie das geschehe, wollen wir nur anschauen, so weit es sich anschauen läßt. Ihr wißt die Art, wie jedes einzelne Element der Menschheit (in) einem Individuum *erscheint*, *hängt davon ab*,[3]) wie es durch die übrigen begrenzt oder frei gelassen wird; nur durch diesen allgemeinen Streit erlangt jedes in jedem eine bestimmte Gestalt und Größe, und dieser wiederum wird nur durch die Gemeinschaft der Einzelnen und durch die Bewegung des Ganzen unterhalten. So ist Jeder und Jedes in Jedem ein Werk des **Universums**,[4]) und nur so kann **die Religion den Menschen betrachten.**[5]) **In diesen Grund unseres bestimmten Seins** *und*[6]) **die religiöse**[7]) Beschränkung unserer Zeitgenossen möchte ich Euch zurückführen; ich möchte Euch deutlich machen, warum wir so und nicht anders sind und was geschehen müßte, wenn nun[8]) unsere Grenzen auf dieser Seite[9]) sollten erweitert werden;[10]) ich wollte,[11]) Ihr könntet Euch[12]) bewußt werden, wie auch Ihr durch Euer Sein und Wirken zugleich Werkzeuge des Universums seid und wie Euer auf ganz andere Dinge gerichtetes Thun Einfluß hat auf die Religion und ihren nächsten Zustand.

Der Mensch wird mit der religiösen Anlage geboren wie mit jeder (144)
andern, und wenn nur sein Sinn[13]) nicht gewaltsam unterdrückt, wenn

---

[1]) III: zusagt,

[2]) III: möget! nein,

[3]) II: einwohnt, giebt sich daran zu erkennen,

[4]) III: Ganzen,

[5]) III: der fromme Sinn den Menschen auffassen.

[6]) II: in Beziehung auf

[7]) III: Auf diesen Grund der unleugbaren von Euch gepriesenen, von mir aber beklagten religiösen

[8]) III: wie es mir hohe Zeit scheint,

[9]) III Zus.: wieder

[10]) III Zus.: Und

[11]) III Zus.: nur

[12]) III Zus.: hierbei

[13]) III Zus.: für seines eignen Wesens innerste Tiefe

nur nicht jede Gemeinschaft zwischen ihm und dem **Universum**[1]) gesperrt und verrammelt wird[2]) — dies sind eingestanden die beiden Elemente der Religion — so müßte sie sich auch in Jedem unfehlbar auf seine eigene Art entwickeln; aber das ist es eben, was leider von der ersten Kindheit an in so reichem Maße geschieht zu unserer Zeit. Mit Schmerzen sehe ich es täglich, wie die Wuth des *Verstehens*[3]) den Sinn gar nicht aufkommen läßt, und wie alles sich vereinigt, den Menschen an das Endliche und an einen sehr kleinen Punkt desselben zu befestigen, damit das Unendliche ihm soweit als möglich aus den Augen gerückt werde. Wer hindert das Gedeihen der Religion? Nicht[4]) die Zweifler und Spötter; wenn diese[5]) (**auch**) gern den Willen **mittheilen**,[6]) keine Religion zu haben, so **stören**[7]) sie doch die Natur nicht, **welche sie hervorbringen will**;[8]) auch nicht die Sittenlosen,[9]) wie man[10]) meint, ihr Streben und Wirken ist einer ganz andern Kraft entgegengesetzt, als dieser; **sondern**[11]) die verständigen und praktischen Menschen,[12]) diese sind in dem jetzigen Zustande der Welt das *Gegengewicht*[13]) gegen die Religion, und ihr großes
(145) Uebergewicht ist die Ursache, warum sie eine so dürftige und unbedeutende Rolle spielt. Von der zarten Kindheit an mißhandeln sie den Menschen und unterdrücken sein Streben nach dem Höheren. Mit großer Andacht kann ich der Sehnsucht junger Gemüther nach dem Wunderbaren und Uebernatürlichen zusehen. **Schon mit dem Endlichen und Bestimmten zugleich suchen sie**[14]) etwas Anderes, was sie ihm entgegensetzen können; auf allen Seiten greifen sie **darnach**,[15]) ob nicht etwas über die **sinnlichen**[16]) Erscheinungen und **ihre Gesetze**[17])

---

[1]) III: Urwesen

[2]) III Zus.: denn

[3]) II: Berechnens und Erklärens

[4]) III Zus.: Ihr, nicht

[5]) III Zus.: Ihr auch wie diese

[6]) III: mittheilet

[7]) III: störet Ihr doch, weil Eure Einwirkungen erst später einen empfänglichen Boden finden,

[8]) III: indem sie aus dem innersten Grunde der Seele die Frömmigkeit herausarbeiten will,

[9]) III Zus.: hindern am meisten das Gedeihen der Religion,

[10]) III Zus.: wol

[11]) III: Aber

[12]) II Zus.: von heut zu Tage,

[13]) II: Feindselige

[14]) III: Wie freudig sie auch den bunten Schein der Dinge in sich aufnehmen, doch suchen sie zugleich

[15]) III: umher

[16]) III: gewohnten

[17]) III: das leichte Spiel des Lebens

hinausreiche; und wie sehr auch ihre Sinne mit irdischen
Gegenständen angefüllt[1]) werden, es ist immer, als hätten sie
außer diesen[2]) noch andere, welche ohne Nahrung vergehen müßten.
Das ist die erste Regung der Religion. Eine geheime unverstandene
Ahnung treibt sie über den Reichthum dieser Welt hinaus; daher ist
ihnen jede Spur einer andern so willkommen; daher ergötzen sie sich
an Dichtungen von überirdischen Wesen, und alles, wovon ihnen am
klarsten ist, daß es hier nicht sein kann, umfassen sie[3]) mit (aller)
der[4]) eifersüchtigen Liebe, die man einem Gegenstande widmet, auf
den[5]) man ein **offenbares**[6]) Recht hat, (welches man aber nicht
geltend machen kann.) Freilich ist es eine Täuschung, das
Unendliche grade außerhalb des Endlichen, das Entgegengesetzte (146)
außerhalb dessen zu suchen; dem es entgegengesetzt
wird;[7]) aber ist sie nicht höchst natürlich bei denen, welche[8]) das
Endliche[9]) selbst **noch nicht**[10]) kennen? und ist es nicht die Täuschung
ganzer Völker und ganzer Schulen der Weisheit? Wenn es Pfleger
der Religion gäbe unter denen, die sich **der werdenden Menschen**[11])
annehmen, wie leicht wäre dieser von der Natur selbst veranstaltete
Irrthum[12]) berichtigt, und wie begierig würde dann in helleren Zeiten
die junge Seele sich den Eindrücken des Unendlichen in seiner Allgegenwart überlassen. Ehedem ließ man **ihn**[13]) ruhig walten; der Geschmack an grotesken Figuren, meinte man, sei der jungen Phantasie eigen in der Religion wie in der Kunst; man befriedigte ihn in reichem Maße, ja man knüpfte unbesorgt genug die ernste und heilige Mythologie, das was man selbst für[14]) Religion hielt, unmittelbar an diese luftigen Spiele der Kindheit an: **Gott,**[15]) Heiland und[16]) Engel waren nur eine andere Art von Feen und Sylphen. **So wurde frei-**

---

[1]) II: viel auch ihrer Wahrnehmung irdische Gegenstände dargeboten
[2]) II Zus.: Sinnen
[3]) II Zus.: am stärksten
[4]) III: jener
[5]) II: welchen
[6]) III: tief gefühltes
II Zus.: aber nicht [Zus.: äußerlich] geltend zu machendes
[7]) II: das Geistige und Höhere außerhalb des Irdischen und Sinnlichen zu suchen;
[8]) III Zus.: auch
[9]) II Zus.: und Sinnliche
[10]) III: nur noch ganz von der Oberfläche
[11]) III: des jungen Geschlechts
[12]) III Zus.: hernach
[13]) III: hierin das Leben selbst
[14]) III Zus.: das innerste Wesen der
[15]) III: der himmlische Vater, der
[16]) III Zus.: die

lich **durch die Dichtung frühzeitig genug** der Grund gelegt zu den Usurpationen der Metaphysik über die Religion:[1]) **aber der Mensch blieb doch**[2]) mehr sich selbst überlassen, und leichter fand
(147) ein gradsinniges, unverdorbenes Gemüth, das sich frei zu halten wußte von dem Joch des Verstehens und Disputirens, in späteren Jahren den[3]) Ausgang aus diesem Labyrinth. Jetzt hingegen wird **dieser Hang**[4]) von Anfang an gewaltsam unterdrückt, alles **Uebernatürliche**[5]) und Wunderbare ist proscribirt,[6]) die Phantasie soll nicht mit **leeren**[7]) Bildern angefüllt werden, man kann ja[8]) unterdeß eben so leicht **Sachen hineinbringen**[9]) und Vorbereitungen[10]) aufs Leben (treffen). So werden die armen[11]) Seelen, die nach ganz **etwas Anderem dursten,**[12]) mit moralischen Geschichten gelangweilt und[13]) lernen, wie schön und nützlich es ist, fein artig und verständig zu sein; sie bekommen Begriffe von gemeinen Dingen,[14]) und ohne Rücksicht auf das zu nehmen, was ihnen fehlt, reicht man ihnen noch immer mehr von dem, wovon sie **schon**[15]) zuviel haben.[16]) Um den Sinn einigermaßen gegen die An=

---

[1]) II: die Veranlassung gegeben mißverstandener Weise dies und ähnliches auch dogmatisch festzusetzen in der Religion;

[2]) III: Und wurde auch durch manches in diesen kindlichen Vorstellungen bei vielen der Grund gelegt zu einer leichteren Herrschaft eines unzureichenden und todten Buchstaben, wenn die früheren Bilder erbleichten, das Wort aber, als der leere Name, [IV: Rahmen,] in dem sie befestigt gewesen waren, hängen blieb: dennoch blieb bei jener Behandlung der Mensch

[3]) II: Kitzel des Grübelns und Klügelns zu rechter Zeit den natürlichen

[4]) III: jene Neigung

[5]) III: Geheimnißvolle

[6]) II: geächtet,

[7]) III: luftigen

[8]) II Zus.: sagen sie,

[9]) III: das Gedächtniß mit wahren Gegenständen anfüllen

[10]) II Zus.: treffen

[11]) II Zus.: jugendlichen

[12]) III: anderer Nahrung verlangt,

[13]) III Zus.: sollen

[14]) II: gemeine Begriffe werden ihnen eingeprägt von einzelnen Dingen,

III: von einzelnen Dingen, die ihnen bald genug von selbst entgegentreten würden, werden ihnen die überall geläufigen Vorstellungen, als ob es große Eile damit hätte, je eher je lieber eingeprägt,

[15]) III: nur gar zu bald

[16]) III Zus.: werden.

maßungen der andern Vermögen zu schützen, ist jedem
Menschen ein eigner Trieb eingepflanzt, bisweilen jede
andere[1]) Thätigkeit ruhen zu lassen, und nur alle Organe zu öffnen,
um (sich) von allen Eindrücken durchdringen zu lassen;[2]) und
durch eine geheime höchst wohlthätige Sympathie ist dieser Trieb
grade[3]) am stärksten, wenn sich das allgemeine Leben in der eignen
Brust und in der umgebenden Welt am vernehmlichsten offenbart: aber
daß es ihnen[4]) nicht vergönnt wäre, diesem Triebe in behaglicher
unthätiger Ruhe nachzuhängen; denn aus dem Standpunkt des bürger- (148)
lichen Lebens ist[5]) dies Trägheit und Müssiggang. Absicht und Zweck
muß in allem sein, sie müssen immer etwas verrichten, und wenn der
Geist nicht mehr dienen kann, mögen sie den Leib üben; Arbeit und
Spiel, nur keine ruhige, hingegebene Beschauung. — Die Hauptsache
aber ist die, daß sie alles verstehen[6]) sollen, und mit dem Verstehen[7]) werden sie völlig betrogen um ihren Sinn: denn so wie
jenes betrieben wird, ist es diesem schlechthin entgegengesetzt. Der
Sinn sucht sich Objekte,[8]) er geht ihnen entgegen und bietet sich
ihren Umarmungen dar; **sie sollen etwas an sich tragen, was sie[9])
als sein Eigenthum, als sein Werk charakterisirt,[10])** er will finden
und sich finden lassen; ihrem Verstehen kommt es gar nicht
darauf an, wo die Objekte herkommen; mein Gott! sie
sind ja da, ein wolerworbenes angeerbtes Gut, wie
lange sind sie schon aufgezählt und definirt;[11]) nehmt sie

---

[1]) II: In dem Maß, als der Mensch sich mit dem Einzelnen auf eine beschränkte Weise beschäftigen muß, regt sich auch, damit die Allgemeinheit des Sinnes nicht untergehe, in Jedem der Trieb, die herrschende und jede ähnliche

[2]) II: durchdrungen zu werden,

[3]) II Zus.: dann

[4]) II Zus.: nur

[5]) II: wäre

[6]) II: begreifen und erklären [Zus.: zerlegend erklären]

[7]) II: diesem Erklären

[8]) II: Gegenstände selbstthätig auf,

[9]) III: er theilt ihnen etwas mit, was sie auch wieder

[10]) III: bezeichnet,

[11]) II: ihrem Erklären ist dies gar nichts Wichtiges, ob die Gegenstände auch so die ihrigen seien; denn mein Gott! sie sind ja da, ein wolerworbenes, angeerbtes Gut für Jedermann, wie lange schon aufgezählt und bestimmt; darum

III: jenes Erklären aber weiß Nichts von dieser lebendigen Aneignung, von dieser lichtenden Wahrheit und diesem wahrhaften Erfindungsgeist in der kindlichen Anschauung. Sondern von Anfang an sollen sie alle Gegenstände als ein schlechthin Gegebenes nur genau abschreiben in Gedanken, so wie sie ja wirklich, Gott sei Dank, da sind,

nur, wie das Leben sie bringt, denn grade die, die es bringt, **müßt** Ihr verstehen: sich selbst welche machen und suchen[1]) wollen, (das) ist (ja) excentrisch, es ist[2]) hochfahrend, es ist ein vergebliches Treiben, denn was fruchtet's[3]) im menschlichen Leben?[4]) Freilich
(149) Nichts; aber ohne das wird kein Universum gefunden.[5]) —

Der Sinn strebt den ungetheilten Eindruck von etwas Ganzem zu fassen; was und wie etwas für sich ist, will er erschauen, und jedes in seinem eigenthümlichen Charakter erkennen: daran ist **ihrem**[6]) Verstehen nichts gelegen; das Was und Wie liegt ihnen zu weit, denn sie meinen es besteht nur in dem[7]) Woher und Wozu, in welchem sie sich ewig herumdrehen.[8]) (**Dies ist ihr großes Ziel, der Platz, den ein Gegenstand einnimmt in der Reihe der Erscheinungen, sein Anfangen und Aufhören ist ihr Alles. Auch fragen sie nicht darnach,**) ob und wie das, was sie verstehen wollen, ein Ganzes ist — das würde sie **freilich**[9]) weit führen, und mit einer solchen Tendenz[10]) würden sie[11]) so ganz ohne Religion wol nicht abkommen — **sie wollen es ja ohnedies**[12]) zerstückeln und anatomiren. So[13]) gehen sie sogar mit demjenigen um, was eben[14]) dazu da ist, den Sinn in[15])

---

für alle immer dasselbe, ein wolerworbenes, angeerbtes Gut für Jedermann, wer weiß wie lange schon in guter Ordnung aufgezählt und nach allen ihren Eigenschaften bestimmt. Darum

[1]) II: selbst aber gestalten oder suchen [suchen und gleichsam lebendiges Gespräch mit den Dingen führen]

[2]) II: und

[3]) II: nichts fruchtend

[4]) II Zus.: wo alles nur so angesehen und behandelt wird, wie es sich Euch schon von selbst darbietet.

[5]) II: Freilich nichts fruchtend dort, nur daß kein eignes Leben gefunden wird ohne dies. [ein reges Leben auf wahrer innerer Bildung ruhend, nicht gefunden wird ohne dies.]

[6]) III: ihnen für ihr

[7]) II: es ist nur das

[8]) II Zus.: und nur in bestimmten einzelnen Beziehungen wollen sie etwas begreifen.

III Zus.: nicht an und für sich, sondern nur in bestimmten einzelnen Beziehungen, und eben darum nicht ganz, sondern stückweise wollen sie etwas begreifen. Denn freilich danach fragen oder gründlich untersuchen,

[9]) III: viel zu

[10]) II: wenn sie dies begehrten,

[11]) III Zus.: auch

[12]) III: sondern gebrauchen wollen sie nur zu was immer für trefflichen Zwecken und zum Behuf des Gebrauchs

[13]) II: Und auf diese Art

[14]) II: recht [vorzüglich]

[15]) II: auf

seiner höchsten Potenz[1]) zu befriedigen, mit dem, was gleichsam
ihnen zum Trotz ein Ganzes ist in sich selbst, ich meine mit allem, was
Kunst ist in der Natur und in den Werken des Menschen: sie vernichten es, ehe es seine Wirkung thun kann, [2]) **im (Einzelnen soll (es)
verstanden und dies und jenes aus abgerissenen Stücken erlernet
werden.)** Ihr werdet zugeben müssen, daß dies in der That die (150)
Praxis der[3]) verständigen Leute ist; Ihr werdet gestehen, daß ein
reicher und kräftiger Ueberfluß an Sinn dazu gehört, wenn auch nur
etwas davon **diesen feindseligen Behandlungen**[4]) entgehen soll, und
daß schon um deswillen die Anzahl derer nur gering sein kann, welche
sich **bis zur Religion erheben.**[5]) Noch mehr aber **schmilzt sie dadurch
zusammen,**[6]) daß nun noch das Mögliche geschieht, damit der Sinn,
welcher noch übrig blieb, sich nur nicht auf's Universum hinwende.
In den Schranken des bürgerlichen Lebens **müssen sie**[7]) festgehalten
werden mit allem, was in **ihnen**[8]) ist. Alles Handeln soll sich ja
doch auf dieses beziehn, und so, meinen sie, bestehe auch die gepriesene
innere Harmonie des Menschen in Nichts Anderm, als daß sich alles
wieder auf sein Handeln beziehe.[9]) Stoff genug, meinen sie,
habe er[10]) für seinen Sinn und reiche Gemälde vor sich, wenn er
auch nie[11]) aus diesem Gesichtspunkt, der zugleich sein[12]) Stand und

---

[1]) II: Stufe

[2]) II Zus.: weil es

III: weil sie es im Einzelnen erklären, es durch Auflösung erst seines Kunstcharakters berauben und dann dies und jenes aus abgerissenen Stücken lehren und eindrücklich machen wollen.

[3]) II: unserer

[4]) III: dieser feindseligen Behandlung

[5]) III: zu einer solchen Betrachtung irgend eines Gegenstandes zu erheben vermögen, die etwas Religiöses in ihnen aufregen kann.

[6]) III: wird diese Entwicklung dadurch gehemmt,

[7]) III: muß die Jugend

[8]) III: ihr

[9]) II Zus.: Nur bedenken sie nicht, daß doch das Sein eines Jeden im Staate ihm auch lebendig und aus dem Ganzen wie der Staat selbst entstanden ist, muß entstanden sein, wenn es ein wahres [Zus.: und freies] Leben sein soll.

[10]) II: Und so meinen sie, vorausgesetzt, daß nur Jeder Stoff genug habe

III: Sondern in eine blinde Vergötterung des gegebenen bürgerlichen Lebens versunken, sind sie auch überzeugt, daß in demselben Jeder Stoff genug finde

[11]) II: hätten sie schon Recht, keinen herausgehen zu lassen

III: sähe, und daß sie deshalb schon Recht hätten, lieber zu verhüten, daß nicht einer noch etwas Anderes suche und ungenügsam heraustrete

[12]) III Zus.: natürlicher

Drehpunkt ist (*herausgehe*). Daher *sind*[1]) alle **Empfindungen,**[2])
welche damit[3]) nichts zu thun haben, gleichsam unnütze Ausgaben,
durch welche man sich erschöpft[4]) und von denen **das Gemüth**[5])
möglichst abgehalten werden muß durch zweckmäßige Thätigkeit. Daher
(151) ist reine Liebe zur Dichtung und zur Kunst[6]) eine Ausschweifung, die
man nur duldet, weil sie nicht ganz so arg ist als andere.[7]) So wird
auch das Wissen mit einer weisen und nüchternen Mäßigung[8]) betrieben,
damit es diese Grenzen nicht überschreite, und indem[9]) das Kleinste, was
auf diesem Gebiet Einfluß hat, nicht aus der Acht gelassen wird, verschreien sie[10]) das Größte (**eben weil es weiter zielt**) als *etwas
Sinnliches.*[11]) Daß es[12]) Dinge giebt, die bis auf eine gewisse Tiefe
erschöpft werden müssen, ist ihnen ein nothwendiges Uebel, und dankbar
gegen die Götter, daß sich[13]) immer noch einige aus unbezwinglicher
Neigung (**dazu**) hergeben, *sehen*[14]) sie diese als freiwillige Opfer mit
heiligem Mitleid (*an*). Daß es Gefühle giebt, die sich nicht zügeln
lassen wollen durch ihre *gebietende praktische Nothwendigkeit*[15]) und daß so viele Menschen bürgerlich unglücklich oder unsittlich
werden auf diesem Wege — denn auch die rechne ich zu dieser Klasse,
die ein wenig über *die Industrie*[16]) hinausgehen und denen **der
sittliche Theil**[17]) des bürgerlichen Lebens alles ist — das ist der Gegenstand ihres herzlichsten Bedauerns, und sie nehmen es für einen
der tiefsten Schäden der Menschheit, dem sie doch bald möglichst abgeholfen zu sehen wünschten. Das ist das große Uebel, daß die guten
(152) Leute *glauben,*[18]) ihre Thätigkeit sei **universell und die Menschheit
erschöpfend,**[19]) und wenn man thue, was sie thun, **brauche**[20]) man

---

[1]) II: dünken ihnen
[2]) III: Erregungen und Versuche
[3]) II: hiermit
[4]) II: die nur erschöpfen,
[5]) III: die Seele
[6]) II: ja, auch zur Natur, ihnen
[7]) II: und weil manche Trost und Ersatz darin finden für *manche* [allerlei] Uebel.
[8]) III: und nie ohne Beziehung auf das Leben
[9]) III Zus.: auch
[10]) III Zus.: eben weil es weiter zielt,
[11]) II: wäre es etwas Geringeres oder Verkehrtes.
[12]) III Zus.: dem ohnerachtet
[13]) III Zus.: hiezu
[14]) II: betrachten
[15]) II: äußerlich gebietenden Formeln und Vorschriften,
[16]) II: den Gewerbfleiß
[17]) III: die sittliche Seite
[18]) II: meinen,
[19]) III: alles, und erschöpfe die Aufgabe der Menschheit
[20]) III: bedürfe

auch keinen Sinn,[1]) als nur für das, was man thut. Darum verstümmeln sie alles mit ihrer Scheere, und nicht einmal eine originelle[2]) Erscheinung, die ein Phänomen werden[3]) könnte, (für die Religion) möchten sie aufkommen lassen; denn[4]) was von ihrem Punkt aus gesehen und umfaßt werden kann, das heißt alles, was sie gelten lassen wollen, ist[5]) ein kleiner und unfruchtbarer Kreis ohne Wissenschaft, ohne Sitten, ohne Kunst, ohne Liebe, ohne Geist, und[6]) wahrlich auch ohne Buchstaben (3); kurz ohne alles, von wo aus sich die Welt entdecken ließe, wenngleich[7]) mit viel hochmüthigen Ansprüchen auf alles dieses. Sie freilich meinen, sie hätten die wahre und wirkliche Welt, und sie wären es eigentlich, die alles in seinem rechten Zusammenhange nähmen.[8]) Möchten sie doch einmal einsehen, daß man jedes Ding, um es als Element des Ganzen anzuschauen, nothwendig in seiner eigenthümlichen Natur und in seiner höchsten Vollendung muß betrachtet haben. Denn im Universum kann es nur etwas sein durch die Totalität seiner Wirkungen und Verbindungen; auf diese kommt alles an, und um ihrer inne zu werden, muß man eine[9]) Sache nicht von einem Punkt außer ihr, sondern von (153)
ihrem eignen Mittelpunkt aus und von allen Seiten in Beziehung auf ihn betrachtet haben, das heißt, in ihrem abgesonderten Dasein, in ihrem eignen Wesen. Nur Einen Gesichtspunkt zu wissen für alles, ist grade das Gegentheil von dem, alle zu haben für jedes, es ist der Weg, sich in grader Richtung vom Universum zu entfernen, und in die jämmerlichste Beschränkung versunken, ein wahrer glebae adscriptus[10]) des Flecks zu werden, auf dem man eben von Ohngefähr steht. Es giebt in dem Verhältniß des Menschen zu dieser Welt gewisse Uebergänge ins Unendliche, durchgehauene Aussichten, vor denen jeder vorübergeführt wird, damit sein Sinn den Weg finde zum Universum,[11]) und bei deren Anblick Gefühle erregt werden, die zwar nicht unmittelbar Religion sind, aber doch, daß ich so sage, ein Schematismus derselben[12]). Auch diese Aus-

---

[1]) III: keines Sinnes weiter
[2]) II: eigenthümliche
[3]) II: religiöses Interesse erregen
[4]) II: sondern
[5]) II Zus.: nur
[6]) III: ja ich möchte fast sagen, zuletzt
[7]) II: wol aber
[8]) II: faßten und behandelten.
[9]) III: jede
[10]) II: handlangender Leibeigener
[11]) II: Ganzen,
[12]) II: wenn auch nicht unmittelbar Gefühle von bestimmtem Gehalt hervorgebracht werden, so doch eine allgemeine Erregbarkeit für alle religiöse Gefühle.

sichten verstopfen sie weislich und stellen in die Oeffnung so **irgend**
etwas, womit man sonst einen unansehnlichen Platz verdeckt, ein
schlechtes Bild, eine philosophische Karikatur;[1]) und wenn ihnen,
wie es doch bisweilen geschieht, damit auch an ihnen die Allgewalt des
Universums offenbar werde, irgend ein Strahl zwischendurch in die
(154) Augen fällt, und ihre Seele sich einer schwachen Regung von jenen
Empfindungen nicht erwehren kann, so ist das Unendliche nicht das
Ziel, dem sie zufliegt, um daran zu ruhen, sondern wie das Merkzeichen am Ende einer Rennbahn nur der Punkt, um welchen sie sich,
ohne ihn zu berühren, mit der größten Schnelligkeit herumbewegt, um
nur je eher je lieber auf ihren alten Platz zurückkehren zu können.
Geboren werden und sterben sind solche Punkte, bei deren Wahrnehmung es uns nicht entgehen kann, wie unser eignes Ich überall vom
Unendlichen umgeben ist, und die[2]) allemal eine stille Sehnsucht und
eine heilige Ehrfurcht erregen;[3]) das Unermeßliche der sinnlichen Anschauung ist doch (auch) eine Hindeutung wenigstens auf eine andere
und höhere Unendlichkeit; aber ihnen wäre eben Nichts lieber, als wenn
man den größten Durchmesser des Weltsystems auch[4]) brauchen könnte
zu Maß und Gewicht im gemeinen Leben, wie jetzt den größten Kreis
der Erde, und wenn die Anschauung[5]) von Leben und Tod sie
einmal ergreift,[6]) wie viel sie auch dabei sprechen mögen von
Religion, (glaubt mir) es liegt ihnen Nichts so[7]) am Herzen, als
bei jeder Gelegenheit dieser Art[8]) unter den jungen Leuten **(einige)**
(155) zu gewinnen für den Hufeland.[9]) Gestraft sind sie freilich genug;
denn da sie auf keinem **höheren**[10]) Standpunkt stehen, **um**[11]) wenigstens diese Lebensweisheit, an der sie hängen, nach Principien
selbst zu machen,[12]) so bewegen sie sich sklavisch und ehrerbietig in
alten Formen oder ergötzen sich an kleinlichen Verbesserungen, das[13])

---

[1]) III: irgend eine philosophische Karikatur, wie man ja auch sonst einen unansehnlichen Platz mit einem schlechten Bilde zu verdecken pflegt;

[2]) III Zus.: trotz ihrer Alltäglichkeit, sobald sie uns näher berühren

[3]) II Zus.: auch

[4]) II: ebenso

[5]) II: Bilder

[6]) II: ihnen einmal nahe treten, glaubt mir,

[7]) III Zus.: sehr

[8]) III Zus.: einige

[9]) II: die Kunst der Lebensverlängerung.
III: die Behutsamkeit und Sparsamkeit im Gebrauch ihrer Kräfte und für die edle Kunst der Lebensverlängerung.

[10]) III: so hohen

[11]) III: daß sie

[12]) II: von Grund aus selbst zu bauen. [Zus.: vermöchten]

[13]) II: Dies

ist das Extrem des Nützlichen, zu dem das Zeitalter mit raschen Schritten hingeeilt ist, von der unnützen scholastischen Wortweisheit, eine
neue Barbarei als ein würdiges Gegenstück der alten, das[1]) ist die
schöne Frucht der väterlichen eudämonistischen Politik, die[2]) die Stelle
des rohen Despotismus eingenommen[3]) hat. Wir alle sind dabei
hergekommen und im frühen Keim hat die Anlage zur Religion gelitten,
daß sie nicht gleichen Schritt halten kann in ihrer Entwickelung mit
den übrigen. Diese Menschen[4]) — Euch, mit denen ich rede, kann
ich sie gar nicht beigesellen,[5]) denn sie verachten die Religion nicht,
obgleich sie sie[6]) vernichten, und sie sind auch nicht Gebildete zu nennen, obwol sie das Zeitalter bilden und die Menschen aufklären, und
dies gern thun möchten bis zur leidigen Durchsichtigkeit — diese sind
immer noch der herrschende Theil, Ihr und wir ein kleines Häufchen.
Ganze Städte und Länder werden nach ihren Grundsätzen erzogen, und
wenn die Erziehung überstanden ist, findet man sie wieder in der Ge- (156)
sellschaft, in den Wissenschaften und in der Philosophie: ja auch in
dieser, denn nicht nur die alte[7]) — man theilt jetzt (wie Euch bekannt sein wird,) die Philosophie mit viel historischem Geist nur
in die alte, neue und neueste — ist ihr eigentlicher Wohnsitz, sondern
selbst die neue haben sie in Besitz genommen. Durch ihren mächtigen
Einfluß auf jedes weltliche Interesse und durch den falschen Schein
von Philantropie, womit sie[8]) auch die gesellige Neigung blendet,
hält diese Denkungsart noch immer die Religion im Druck und widerstrebt jeder Bewegung, durch welche sie[9]) irgendwo ihr Leben offenbaren
will, mit voller Kraft. Nur **bei dem stärksten Oppositionsgeist**[10])
gegen diese allgemeine Tendenz kann sich also jetzt die Religion empor-
arbeiten und **nie**[11]) in einer andern Gestalt erscheinen, als in der,
welche Jenen am meisten zuwider sein muß. Denn so wie alles dem
Gesetz der Verwandtschaft folgt, so kann auch der Sinn nur da die
Oberhand gewinnen, wo er einen Gegenstand in Besitz genommen hat,
an dem das[12]) ihm feindselige Verstehen[13]) nur lose hängt und den

---

1) II: dies
2) II: welche
3) III Zus.: und alle Verzweigungen des Lebens durchdrungen
4) III Zus.: die gebrechlichen Stützen einer baufälligen Zeit,
5) II Zus.: wie Ihr selbst Euch ihnen auch wol nicht gleichstellen wollt,
6) III Zus.: so viel an ihnen ist,
7) II Zus.: Ihr wißt wol
8) II: welcher
9) III: sich
10) III: mit Hülfe des stärksten Oppositionsgeistes
11) III: nirgends kann sie für's Erste
12) II: jenes
13) II: Verständniß

er also sich am leichtesten und mit einem Uebermaß freier Kraft zueignen kann. Dieser Gegenstand aber ist die innere Welt, nicht die äußere: die erklärende Psychologie, dieses Meisterstück jener Art des Verstandes,
(157) hat zuerst (nachdem sie) sich durch Unmäßigkeit erschöpft und fast **ehrlos gemacht**[1]) (hat,) der Anschauung wieder[2]) das Feld geräumt. Wer also ein religiöser Mensch ist, der ist gewiß in sich gekehrt mit seinem Sinn, in der Anschauung[3]) seiner selbst begriffen,[4]) und alles Aeußere, das Intellectuelle sowol als das Physische für jetzt noch den Verständigen überlassend zum großen Ziel ihrer Untersuchungen. Ebenso finden[5]) nach demselben Gesetz diejenigen am leichtesten den Uebergang zum Unendlichen,[6]) die von dem Centralpunkt aller[7]) Gegner des Universums[8]) durch ihre Natur am weitesten abgetrieben werden. Daher kommt es (**denn**), daß seit langem her alle wahrhaft religiösen Gemüther sich durch einen mystischen Anstrich auszeichnen, und daß alle phantastischen Naturen, die sich **mit dem Realen der weltlichen Angelegenheiten nicht befassen mögen**,[9]) Anfälle von Religion[10]) haben: dies ist der Charakter aller religiösen Phänomene[11]) unserer Zeit, dies sind die beiden Farben, aus denen sie immer, wenngleich in den verschiedensten Mischungen, zusammengesetzt sind. Phänomene,[11]) sage ich, denn mehr ist nicht[12]) zu erwarten in dieser Lage der Dinge. Den phantastischen Naturen gebricht es an durchdringendem Geist, an Fähigkeit, sich des
(158) Wesentlichen zu bemächtigen. Ein leichtes abwechselndes Spiel von schönen, oft entzückenden, aber immer nur zufälligen und ganz subjektiven Combinationen genügt ihnen und ist ihr Höchstes; ein tiefer und innerer Zusammenhang bietet sich ihren Augen vergeblich dar. Sie suchen eigentlich nur die Unendlichkeit und Allgemeinheit des reizenden Scheines — die[13]) weit weniger oder auch weit mehr ist, als wohin

---

[1]) III: um allen guten Namen gebracht,

[2]) II: und so [Zus.: hat] auf diesem Gebiet zuerst der berechnende Verstand wieder der reinen Wahrnehmung

[3]) II: Betrachtung

[4]) III Zus.: aber dabei der innersten Tiefe zugewendet,

[5]) II: entwickelt sich

[6]) II: in denen am leichtesten das Gefühl für das Unendliche,
III: das Gefühl für das Unendliche am leichtesten in denen,

[7]) III Zus.: jener

[8]) II: allgemeinen vollständigen Lebens

[9]) III: zu luftig sind, um sich mit den derben und starren weltlichen Angelegenheiten zu befassen, wenigstens

[10]) II: Regungen von Frömmigkeit

[11]) II: Erscheinungen

[12]) II: schwerlich

[13]) III Zus.: je nachdem man es nimmt,

der[1]) Sinn wirklich reicht — an den sie[2]) gewohnt (sind) sich zu halten, und daher *bleiben alle ihre Ansichten abgerissen und flüchtig.*[3]) **Bald**[4]) entzündet sich ihr Gemüth, aber nur mit einer unstäten, gleichsam leichtfertigen Flamme: sie haben nur *Anfälle*[5]) von Religion, wie sie sie haben von Kunst, von Philosophie und allem Großen und Schönen, dessen Oberfläche sie einmal an sich zieht. Denjenigen dagegen, zu deren innerem Wesen die Religion[6]) gehört, deren Sinn aber immer in sich gekehrt bleibt, weil er sich eines Mehreren in der gegenwärtigen Lage der Welt nicht zu bemächtigen weiß,[7]) gebricht es zu bald an Stoff, um *Virtuosen oder Helden der Religion zu werden.*[8]) Es giebt eine große kräftige Mystik, die auch der frivolste Mensch nicht ohne Ehrerbietung und Andacht betrachten kann, und die dem Vernünftigsten Bewunderung abnöthigt durch ihre heroische Einfalt und ihre stolze Weltverachtung. Nicht eben gesättigt und überschüttet von äußern *Anschauungen*[9]) (159) des **Universums**,[10]) aber von jeder einzelnen durch einen geheimnißvollen Zug immer wieder zurückgetrieben auf sich selbst und sich findend als den Grundriß und Schlüssel des Ganzen, durch eine große Analogie und einen kühnen Glauben überzeugt, daß es nicht nöthig sei, sich selbst zu verlassen, sondern daß der Geist genug habe an sich, um auch alles dessen, was *ihm das Aeußere*[11]) geben könnte, inne zu werden; (so) verschließt er durch einen freien Entschluß die Augen auf immer gegen alles, was nicht Er ist: aber diese Verachtung ist keine Unbekanntschaft, dieses Verschließen des Sinnes ist kein Unvermögen. So aber ist es[12]) mit den Unsrigen: sie haben *Nichts sehen gelernt außer sich, weil ihnen alles nur in der schlechten Manier der gemeinen Erkenntniß mehr vorgezeichnet, als gezeigt worden ist,*[13]) sie haben nun weder Sinn noch Licht genug übrig von ihrer Selbstbeschauung, um diese alte Finsterniß zu durchdringen,

---

[1]) II: ihr

[2]) III: aber an Schein sind sie einmal

[3]) II: gelangen sie statt zu einem gesunden und kräftigen Leben nur zu zerstreuten und flüchtigen Regungen des Gefühls.

[4]) III: Leicht

[5]) II: Regungen

[6]) II Zus.: zwar vorzüglich

[7]) II Zus.: diesen

[8]) II: ihr Gefühl zu einer selbständigen Frömmigkeit auszubilden.

[9]) II: Einwirkungen

[10]) III: Alls

[11]) II: man ihm von außen

[12]) III Zus.: leider heutigen Tages

[13]) II: nicht gelernt sich der Natur (zu) öffnen, das lebendige Verhältniß zu ihr ist ihnen verleidet, durch die schlechte Art, wie ihnen immer nur das Einzelne mehr vorgezeichnet worden ist als gezeigt,

und zürnend mit dem Zeitalter, dem sie Vorwürfe zu machen haben,
mögen sie gar nicht mit dem zu schaffen haben, was sein Werk in
ihnen ist. Darum ist das Universum[1]) in ihnen ungebildet und
dürftig, sie haben zu wenig anzuschauen,[2]) und allein wie sie
(160) sind mit ihrem Sinn, gezwungen, sich in einem allzu engen Kreise ewig
umher zu bewegen, erstirbt[3]) ihr religiöser Sinn nach einem kränklichen[4]) Leben aus Mangel an Reiz an indirekter Schwäche. Für
die, deren Sinn fürs Universum[5]) (bei größerer Kraft aber
eben so weniger Bildung) sich kühn nach außen wendend
auch dort mehr und neuen Stoff[6]) sucht, giebt es ein anderes
Ende, das ihr Mißverhältniß gegen die Zeit[7]) nur zu deutlich offenbart, einen sthenischen Tod,[8]) also wenn Ihr wollt, (eine Euthanasie,) aber eine furchtbare — den Selbstmord des Geistes, der[9])
nicht verstehend die Welt zu fassen, deren inneres Wesen, deren großer
Sinn ihm fremd blieb unter den kleinlichen Ansichten seiner Erziehung,[10]) getäuscht von verwirrten Erscheinungen, hingegeben
zügellosen Phantasien, suchend das Universum und seine Spuren, da
wo es nimmer war, endlich unwillig den Zusammenhang des Innern
und Aeußern gänzlich zerreißt, den ohnmächtigen Verstand verjagt, und
in einem heiligen Wahnsinn endet, dessen Quelle fast Niemand erkennt,
ein lautschreiendes und doch nicht verstandenes Opfer der allgemeinen
Verachtung und Mißhandlung des Innersten im Menschen. Aber doch
nur ein Opfer, kein Held: wer untergeht, gemeiniglich[11]) in der
(161) letzten Prüfung, kann nicht unter die gezählt werden, welche die
innersten Mysterien empfangen haben. — Diese Klage, daß es keine
beständige und vor der ganzen Welt anerkannte Repräsentanten der
Religion[12]) unter uns giebt, soll dennoch nicht zurücknehmen, was ich
früher, wohl wissend, was ich sagte, behauptet habe, daß[13]) auch unser
Zeitalter der Religion nicht ungünstiger sei, als jedes andere. Gewiß,
die Masse derselben in der Welt ist nicht verringert, aber zerstückelt
und zu weit auseinander getrieben durch einen gewaltigen Druck

---

[1]) II: höhere Gefühl

[2]) II: krankhaft und beschränkt ihre wahre innere Gemeinschaft mit der Welt,

[3]) II: stirbt

[4]) II: schwächlichen [kränklichen]

[5]) III: für das Höchste

[6]) II: sein Leben mehr auszubreiten und zu erneuern

[7]) II: das Zeitalter

[8]) II Zus.: eine Euthanasie

[9]) II: wenn er

[10]) II: auf die ein äußerer Zwang ihn beschränkte,

[11]) II: wenn auch nur

[12]) II: Religiosität,

[13]) II Zus.: nämlich

offenbart sie sich nur in kleinen und leichten aber **vielen** [1]) Erscheinungen, die [2]) mehr die Mannichfaltigkeit des Ganzen erhöhen, und das Auge des Beobachters ergötzen, als daß sie für sich einen großen und erhabenen Eindruck machen [3]) könnten. Die Ueberzeugung, daß es viele giebt, die den frischesten Duft des jungen Lebens in heiliger Sehnsucht und Liebe zum Ewigen und Unvergänglichen ausathmen, und spät erst, vielleicht nie ganz von der Welt überwunden werden, daß es keinen giebt, dem nicht einmal wenigstens der hohe Weltgeist erschienen wäre, und dem Beschämten über sich selbst, dem Erröthenden über seine unwürdige **Beschränkung** [4]) einen von jenen tiefdringenden Blicken zugeworfen hätte, die das niedergesenkte Auge fühlt, ohne sie zu sehen; — hier stehe sie noch einmal, und das Bewußtsein eines (162)
Jeden unter Euch möge sie richten. Nur an Heroen der Religion, an heiligen Seelen, wie man sie ehedem sah, denen sie alles ist, und die ganz von ihr durchdrungen sind, fehlt es diesem Geschlecht, und muß es ihm fehlen. Und so oft ich darüber nachdenke was geschehen, und welche Richtung unsere Bildung nehmen muß, wenn religiöse Menschen, in einem höheren Stil wieder [5]) als seltene zwar, aber doch natürliche Produkte ihrer Zeit (**erscheinen sollen**,) so finde ich, daß Ihr durch Euer ganzes Streben — ob mit Eurem Bewußtsein, mögt Ihr selbst entscheiden — einer Palingenesie der Religion nicht wenig zu Hülfe kommt, und daß theils Euer allgemeines Wirken, theils die Bestrebungen eines engern Kreises, theils die erhabenen Ideen einiger außerordentlicher Geister im Gange der Menschheit benutzt werden zu diesem Endzweck. (4)

Der Umfang und die Wahrheit der Anschauung [6]) hängt ab von der Schärfe und Weite [7]) des Sinnes, und der Weiseste ohne Sinn ist [8]) der Religion nicht näher, als der Thörichtste, [9]) der [10]) einen richtigen Blick hat. [11]) Alles also muß davon an-

---

[1]) III: häufigen

[2]) II: welche

[3]) II: hervorbringen

[4]) III: Beschränktheit

[5]) III Zus.: erscheinen sollen

[6]) II Die Stärke und der Umfang, sowie die Reinheit und Klarheit jeder Wahrnehmung

[7]) II: Tüchtigkeit

[8]) II: wenn es einen geben könnte ohne Sinn, wie Ihr Euch doch immer auch solche abgezogene in sich beschlossene Weise gedacht habt, ist

III: aber ohne geöffnete Sinne, wenn es einen solchen geben könnte, aber wir haben uns ja wol immer auch solche abgezogene in sich beschlossene Weise gedacht, ein solcher wäre

[9]) II Zus.: und Leichtfertigste

[10]) III Zus.: nur

[11]) II: offnen und treuen Sinn hätte.

heben, daß der Sklaverei ein Ende gemacht werde, worin der Sinn
(163) der Menschen gehalten wird zum Behuf jener Verstandesübungen,
durch die Nichts geübt wird, jener Erklärungen, die Nichts hell machen,
jener Zerlegungen, die Nichts auflösen; und dies ist ein Zweck, auf
den Ihr alle mit vereinten Kräften bald hinarbeiten werdet. **Es**[1]) ist
mit den Verbesserungen der Erziehung gegangen wie mit allen Revolutionen,
die nicht aus den höchsten Prinzipien angefangen wurden; sie
gleiten allmählich wieder zurück in den alten Gang der Dinge, und
nur einige Veränderungen im Aeußern erhalten das Andenken der
Anfangs für Wunder wie groß gehaltenen Begebenheit: **die**[2]) verständige
und praktische Erziehung[3]) unterscheidet sich nur noch wenig
— und dies Wenige liegt weder im Geist noch in der Wirkung —
von der alten mechanischen. Dies ist Euch nicht entgangen, sie **ist Euch
größtentheils schon**[4]) eben so verhaßt,[5]) und eine reinere Idee verbreitet
sich von der Heiligkeit des kindlichen Alters und von der Ewigkeit
der unverletzlichen **Willkür**,[6]) auf deren Aeußerungen man auch
bei den **werdenden**[7]) Menschen schon warten und lauschen müsse.
Bald werden diese Schranken gebrochen werden, die anschauende Kraft
wird von ihrem ganzen Reiche Besitz nehmen, jedes Organ wird sich
anfthun und die Gegenstände werden sich auf alle Weise mit dem
(164) Menschen in Berührung setzen können. Mit dieser **unbegrenzten**[8])
Freiheit des Sinnes kann aber sehr wol bestehen eine Beschränkung
und feste Richtung der Thätigkeit. Dies ist die große Forderung, mit
welcher die Bessern unter Euch jetzt hervortreten an die Zeitgenossen
und an die Nachwelt. Ihr seid müde, das fruchtlose encyklopädische
Herumfahren mit anzusehen, Ihr seid selbst nur auf dem Wege dieser
Selbstbeschränkung das geworden, was Ihr seid und Ihr wißt, daß es keinen
andern giebt um sich zu bilden; Ihr dringt also darauf, Jeder solle etwas
Bestimmtes zu werden suchen und solle irgend etwas mit Stätigkeit
und ganzer Seele betreiben. Niemand kann die **Wahrheit**[9]) dieses
Raths besser einsehen als der, welcher schon zu **jener**[10]) Allgemeinheit
des Sinnes herangereift ist, denn er muß wissen, daß es[11]) keine
Gegenstände geben würde, wenn nicht alles gesondert und beschränkt
wäre. Und so freue auch ich mich dieser Bemühungen, und wollte
sie wären schon weiter gediehen. Der Religion werden sie trefflich zu

---

[1]) III: Denn es
[2]) III: So auch unsere
[3]) III Zus.: von heute
[4]) III: fängt an allen wahrhaft Gebildeten
[5]) III Zus.: zu werden als sie es mir ist
[6]) III: Freiheit,
[7]) III: noch in der ersten Entwicklung begriffenen
[8]) III: wiedergewonnenen
[9]) III: Richtigkeit
[10]) III: einer gewissen
[11]) III Zus.: auch für die Wahrnehmung

Nutze kommen. Denn grade diese Beschränkung der Kraft, wenn **nur
der Sinn nicht mit**[1]) beschränkt wird, bahnt ihm[2]) desto sicherer den
Weg zum Unendlichen und eröffnet wieder die so lange gesperrte Gemeinschaft. Wer vieles angeschaut hat und kennt, und sich dann ent- (165)
schließen kann etwas Einzelnes mit ganzer Kraft und um sein selbst
willen zu thun und zu fördern, der kann doch nicht anders, als auch
das übrige Einzelne für etwas **(zu)** erkennen, was um sein selbst
willen gemacht werden und da sein soll, weil er sonst sich selbst widersprechen würde, und wenn er dann, was er wählte, so hoch getrieben
hat als er kann, so wird es ihm grade auf dem Gipfel der Vollendung
am wenigsten entgehen, daß es[3]) eben Nichts ist ohne das Uebrige.
Dieses einem sinnigen Menschen sich überall aufdringende Anerkennen
des Fremden und Vernichten des Eigenen, dieses zu gleicher Zeit[4])
geforderte Lieben und Verachten alles Endlichen und Beschränkten ist
nicht möglich ohne eine dunkele Ahnung des Universums[5]) und
muß nothwendig eine lautere und bestimmtere Sehnsucht (nach dem
Unendlichen) nach dem Einen in Allem herbeiführen. Drei verschiedene Richtungen[6]) des Sinnes kennt jeder aus seinem eigenen
Bewußtsein, die eine nach innen zu auf das Ich selbst, die
andere nach außen auf das Unbestimmte der Weltanschauung, und eine dritte die beides verbindet,[7]) indem
der Sinn in ein stetes Hin- und Herschweben zwischen beiden[8])
versetzt, nur in der **(unbedingten)** Annahme ihrer[9]) innigsten Vereinigung Ruhe findet; dies ist die Richtung auf das in sich (166)
Vollendete, auf die Kunst und ihre Werke. Nur eine unter
ihnen kann die herrschende Tendenz eines Menschen sein,[10])

---

[1]) III: er nur nicht selbst auch

[2]) III: dem Sinn

[3]) III: dies

[4]) III Zus.: abwechselnd

[5]) II: der Welt und Gottes

[6]) II: Gebiete

[7]) II Zus.: in welche sich die verschiedenen Aeußerungen desselben theilen. Das eine ist das Innere des Ich selbst; dem andern gehört alles Aeußere zu, inwiefern es ein [Zus.: in sich] Unbestimmtes in sich [und] Unvollendetes ist, Ihr mögt es Masse nennen [Zus.: Stoff oder Element] oder wie Ihr sonst wollt; das dritte endlich scheint beide zu verbinden

[8]) II: den Richtungen nach innen und nach außen

[9]) III: unbedingten

[10]) II: das Gebiet des Individuellen, des in sich Vollendeten, oder alles dessen, was Kunst ist in der Natur und in den Werken des Menschen. Nur eines von diesen Gebieten vorzüglich kann wie es scheint, der Einzelne völlig beherrschen [Nicht jeder Einzelne ist allen diesen Gebieten gleich befreundet]

aber von jeder aus[1]) giebt es einen Weg **zur Religion**[2]) und
sie nimmt[3]) eine eigenthümliche Gestalt (an)[4]) nach der Verschieden=
heit des Weges, auf welchem sie gefunden worden ist. — Schaut
Euch selbst an mit unverwandter Anstrengung, sondert alles ab, was
nicht Euer Ich ist, fahrt so immer fort mit immer **geschärfterem**[5])
Sinn, und je mehr Ihr Euch selbst verschwindet,[6]) desto
klarer wird das Universum vor Euch dastehen, desto herrlicher werdet
Ihr belohnt werden für den Schreck der Selbstvernichtung[7]) durch das
Gefühl des Unendlichen[8]) in Euch. Schaut außer Euch **auf irgend
einen Theil, auf irgend ein Element der Welt und faßt es auf in
seinem ganzen Wesen, aber sucht auch alles zusammen was es ist,
nicht nur in sich, sondern in Euch, in diesem und jenem und überall,**[9])
wiederholt Euren Weg vom Umkreise zum Mittelpunkte immer öfter
und in weiteren Entfernungen: Das Endliche werdet Ihr bald[10])
verlieren und das Universum gefunden haben. Ich wünschte, wenn
es nicht frevelhaft wäre, über sich hinaus zu wünschen,
daß ich eben so klar anschauen könnte, wie der Kunstsinn
(167) für sich allein übergeht in Religion, wie trotz der Ruhe,
in welche das Gemüth durch jeden einzelnen Genuß ver=
senkt wird, es sich dennoch getrieben fühlt, die Fort=
schreitungen zu machen, die es zum Universum führen
können. Warum sind die, welche dieses Weges gegangen
sein mögen, so schweigsame Naturen? Ich kenne ihn nicht,
das ist meine schärfste Beschränkung, es ist die Lücke, die
ich tief fühle in meinem Wesen, aber auch mit Achtung

---

[1]) II: jedem aus [jedem derselben]

[2]) III: zu frommen Erhebungen des Gemüths,

[3]) II: die nur

[4]) II: annimmt [annehmen . . . . . sind]

[5]) III: schärfer auf das rein Innere gerichtetem

[6]) II: Ihr in Persönlichkeit und abgesondertem Dasein Euch selbst verschwindet,

III: indem Ihr alles Fremde in Abrechnung bringt, Eure Persönlichkeit und Euer abgesondertes Dasein Euch verringert erscheinen, ja beinahe ganz selbst verschwinden,

[7]) III Zus.: des Vergänglichen

[8]) II: Ewigen

[9]) III: auf irgend eines von den weit verbreiteten Elementen der Welt, und faßt es auf in seinem eigensten Wesen, oder sucht es auch auf überall wo es ist, nicht nur an und für sich, sondern in diesem und jenem in Euch und überall,

[10]) II: so werdet Ihr das Einzelne und Abgesonderte bald

III: so werdet Ihr, indem Ihr jedes überall wiederfindet, und indem Ihr es nicht anders erkennen könnt als im Verhältniß zu seinem Gegensatz, bald alles Einzelne und Abgesonderte

behandle. Ich bescheide mich nicht zu sehen, aber ich — glaube; die Möglichkeit der Sache steht klar vor meinen Augen, nur daß sie mir ein Geheimniß bleiben soll.[1]) (Ja,) wenn es[2]) wahr ist, daß es schnelle Bekehrungen giebt, Veranlassungen, durch welche dem Menschen, der an Nichts weniger dachte, als sich über das Endliche zu erheben, in einem Moment wie durch eine innere unmittelbare Erleuchtung der Sinn für's Universum[3]) aufgeht, und es ihn überfällt mit seiner Herrlichkeit; so glaube ich, daß mehr als irgend etwas Anderes der Anblick großer und erhabener Kunstwerke dieses Wunder verrichten kann; nur daß ich es nie fassen werde: doch ist dieser Glaube mehr auf die Zukunft gerichtet als auf die Vergangenheit oder die Gegenwart.[4]) Auf dem[5]) Wege[6]) der abgezogensten Selbstbeschauung[7]) das Universum zu finden, war das Geschäft des uralten (168)

[1]) II: Welcher Weg nun aber zur Religion führe aus dem dritten Gebiet, dem des Kunstsinns, dessen unmittelbarer Gegenstand doch auch keineswegs das Universum selbst ist, sondern ebenfalls Einzelnes [Zus.: nur aber in sich selbst vollendetes und abgeschlossenes] was ihn befriedigt (nur aber in sich selbst vollendetes und abgeschlossenes), von welchem aus also das in jedem einzelnen Genusse befriedigte und sich ruhig darin versenkende Gemüth nicht zu einer solchen Fortschreitung getrieben wird, wodurch das Einzelne gleichsam allmählich verschwindet und das Ganze an seine Stelle geschoben wird; oder ob es [Zus.: vielleicht] einen solchen Weg [Zus.: überall] nicht giebt, sondern dieses Gebiet abgeschlossen in [für] sich bleibt und die Künstler vielleicht [Zus.: deshalb] verurtheilt sind irreligiös zu sein, oder ob vielleicht [nur] ein ganz anderes Verhältniß stattfindet zwischen Kunst und Religion, als das obige: dies ziemt mir besser [sollte ich wol lieber] Euch als Aufgabe zur eignen Lösung aufzustellen [aufstellen], als es ebenso bestimmt wie das Vorige Euch darzulegen [darlegen]. Denn mir wäre wol die Untersuchung zu schwer und zu fremd. Ihr aber wißt Euch nicht wenig mit Eurem Sinn für die Kunst und Eurer Liebe zu ihr, so daß ich Euch auch gern allein gewähren lasse auf Eurem einheimischen [heimischen] Boden. Eins nur wünsche ich möchte nicht bloß Wunsch sein und Ahnung, sondern Einsicht und Weissagung, was ich hierüber denke; sehet aber zu, was es sein mag.

[2]) II Zus.: nämlich

[3]) III: für das Höchste

[4]) II: und daß also auch Ihr, ohne daß eine allmähliche Annäherung vorangeht, vielleicht plötzlich einmal von einem solchen Strahl Eurer Sonne getroffen, umkehrt zur Religion.

[5]) II Zus.: ersten

[6]) II Zus.: dem

[7]) II: Selbstbetrachtung

morgenländischen Mysticismus, der mit bewundernswerther Kühnheit [1]) das unendlich Große unmittelbar anknüpfte an das unendlich Kleine, und alles fand dicht an der Grenze des Nichts. Von der Weltanschauung weiß ich, ging [2]) jede Religion aus, deren Schematismus der Himmel war oder die organische [3]) Natur, und das vielgöttrige Egypten war lange die vollkommenste Pflegerin dieser Sinnesart, in welcher — es läßt sich wenigstens ahnen — die reinste Anschauung des ursprünglichen (Unendlichen) und Lebendigen in demüthiger Duldsamkeit dicht neben der finstersten Superstition und der sinnlosesten Mythologie mag gewandelt haben, (5) von einer Kunstreligion, die Völker und Zeitalter beherrscht hätte, habe ich nie etwas vernommen. Nur das weiß ich, daß sich der Kunstsinn nie [4]) jenen beiden Arten der Religion genähert hat, ohne sie mit neuer Schönheit und Heiligkeit zu überschütten und ihre ursprüngliche Beschränktheit freundlich zu mildern. So wurde durch die älteren Weisen und Dichter [5]) der Griechen die Naturreligion in eine schönere und fröhlichere Gestalt umgewandelt und so erhob ihr göttlicher Plato die heiligste Mystik [6]) auf den höchsten
(169) Gipfel der Göttlichkeit und der Menschlichkeit. Laßt mich huldigen der mir unbekannten Göttin, daß sie ihn und seine Religion so sorgsam und uneigennützig gepflegt hat. Die schönste Selbstvergessenheit bewundere ich in allem, was er in heiligem Eifer gegen sie sagt, [7]) wie ein gerechter König, der auch der zu weichherzigen Mutter nicht schont, [8]) denn

---

[1]) II Zus.: und nahe genug der neuern Erscheinung des Idealismus unter uns

[2]) II: Weltbetrachtung aber ging offenbar

III: Betrachtung der Massen und ihrer Gegensätze aber ging offenbar

[3]) II: elementarische

[4]) II: Und wenn nichts zu sagen ist von einer Religion, die von der Kunst ursprünglich ausgegangen, Völker und Zeiten beherrscht hätte: so ist dieses desto deutlicher, daß der Kunstsinn sich niemals

[5]) III Zus.: und vorzüglich durch die bildenden Künstler

[6]) II: erblicken wir in allen mythischen Darstellungen des göttlichen Platon und der Seinigen, die Ihr doch selbst mehr für religiös werdet gelten lassen als für wissenschaftlich, eine schöne Steigerung jener mystischen Selbstbeschauung

[7]) II: und ein nur durch das gewohnte Leben im Gebiete der Kunst und durch die ihnen einwohnende Kraft vornämlich der Dichtkunst bewirktes lebendiges Bestreben von dieser Form der Religion zu der entgegengesetzten hindurchzubringen, [hindurchdringend] (und) beide mit einander zu vereinigen. Daher kann man nur bewundern die schöne Selbstvergessenheit, womit er im heiligen Eifer

[8]) II Zus.: gegen die Kunst redet,

alles [1]) galt nur dem freiwilligen Dienst, den sie der unvollkommenen Naturreligion leistete. Jetzt dient sie keiner, und alles ist anders und schlechter. Religion und Kunst stehen neben einander wie zwei befreundete Seelen, [2]) deren innere Verwandtschaft, ob sie sie gleich ahnen, ihnen doch noch unbekannt ist. [3]) Freundliche Worte und Ergießungen des Herzens schweben ihnen immer auf den Lippen und kehren immer wieder zurück, weil sie die rechte Art und den letzten Grund ihres Sinnens und Sehnens noch nicht [4]) finden können. Sie harren einer näheren Offenbarung, und unter gleichem Druck leidend und seufzend sehen sie einander dulden, mit inniger Zuneigung und tiefem Gefühl vielleicht, aber doch ohne [5]) Liebe. Soll nur dieser gemeinschaftliche Druck den glücklichen Moment ihrer Vereinigung herbeiführen? oder **werdet Ihr bald einen großen Streich ausführen für die Eine, die Euch so werth ist, so wird** sie [6]) gewiß eilen, wenigstens mit schwesterlicher Treue sich der andern [7]) anzunehmen. — Aber für jetzt entbehren (**nicht nur**) beide (170)
Arten der Religion [8]) der Hülfe der Kunst, auch an sich ist ihr Zustand übler als sonst. Groß und prächtig strömten beide Quellen der Anschauung des [9]) Unendlichen zu einer Zeit wo wissenschaftliches Klügeln ohne wahre Prinzipien [10]) durch seine Gemeinheit der Reinigkeit des Sinnes (noch nicht) Abbruch that, obschon keine für sich reich genug war, um das Höchste hervorzubringen; jetzt sind sie außerdem getrübt durch den Verlust der Einfalt und durch den verderblichen Einfluß einer eingebildeten und falschen Einsicht. Wie reinigt man sie? wie schafft man ihnen Kraft und Fülle genug, um zu mehr als ephemeren Produkten den Erdboden zu befruchten? Sie zusammenzuleiten und in einem Bett zu vereinigen, das ist das Einzige, was die Religion auf dem Wege, den wir gehen, zur Vollendung bringen kann,

---

[1]) II Zus.: was nicht dem Verfall gilt, oder ein durch ihn erzeugter Mißverstand ist,

[2]) II: Wesen,

[3]) II: [Zus.: wiewohl gegenseitig] unerkannt und kaum geahnet doch auf mancherlei Weise herausbricht. (6) Wie die ungleichartigen Pole zweier Magnete werden sie von einander angezogen, heftig bewegt, vermögen aber nicht bis zum gänzlichen Zusammenstoßen und Einswerden ihren Schwerpunkt zu überwinden.

[4]) III Zus.: wieder

[5]) II Zus.: wahrhaft vereinigende

[6]) III: wird aus reiner Liebe und Freude bald ein neuer Tag aufgehen für die Eine, die Euch so werth ist? Wie es auch komme, jede zuerst befreite wird

[7]) II: der andern sich [sich der andern]

[8]) III Zus.: nicht nur

[9]) II: Wahrnehmung und des Gefühls vom

[10]) II Zus.: noch nicht

das wäre eine Begebenheit, aus deren Schooß sie bald in einer neuen
und herrlichen Gestalt bessern Zeiten entgegengehen würde. Sehet
da,[1]) das Ziel Eurer gegenwärtigen höchsten Anstrengungen (ist) zugleich die Auferstehung der Religion! Eure Bemühungen sind es,
welche diese Begebenheit herbeiführen müssen, und ich feiere Euch als
(171) die, wenngleich unabsichtlichen Retter und Pfleger der Religion.
Weichet nicht von Eurem Posten und Eurem Werke, bis Ihr das
Innerste der Erkenntniß aufgeschlossen und in priesterlicher Demuth
das Heiligthum der wahren Wissenschaft eröffnet habt, wo allen, welche
hinzutreten, und auch den Söhnen der Religion, alles ersetzt wird,
was ein halbes Wissen und ein übermüthiges Pochen darauf verlieren
machte. a. Die *Moral*[2]) in ihrer züchtigen himmlischen Schönheit,
fern von Eifersucht und despotischem Dünkel, wird *ihnen*[3]) selbst
beim Eingang die himmlische Leier und den magischen Spiegel reichen,
um **ihr ernstes stilles Bilden**[4]) mit göttlichen Tönen zu begleiten,
(*und es in unzähligen Gestalten immer dasselbe durch die
ganze Unendlichkeit zu erblicken*). b. Die Philosophie, den
Menschen erhebend zum *Begriff*[5]) seiner Wechselwirkung mit der
Welt, ihn sich kennen lehrend nicht nur als *Geschöpf, sondern
als Schöpfer*[6]) zugleich, wird nicht länger leiden, daß unter ihren
Augen der seines Zweckes verfehlend arm und dürftig verschmachte,
welcher das Auge seines Geistes standhaft in sich gekehrt hält, dort
das Universum zu suchen. Eingerissen ist die ängstliche Scheidewand,
alles außer ihm ist nur ein Anderes in ihm, alles ist der Widerschein seines Geistes, sowie sein Geist der Abdruck von allem ist; er
(172) darf sich suchen in diesem Widerschein, ohne sich zu verlieren oder aus
sich heraus zu gehen, er kann sich nie erschöpfen im Anschauen seiner
selbst, denn alles liegt in ihm*) Die *Physik*[7]) stellt den, welcher
um sich schaut, (*um*) das Universum zu erblicken, mit kühnen Schritten in den Mittelpunkt der Natur und leidet nicht länger, daß er sich
fruchtlos zerstreue und bei einzelnen kleinen Zügen verweile. *Er verfolgt nur das Spiel ihrer Kräfte*[8]) bis in ihr geheimstes Ge-

---

[1]) III Zus.: so ist, Ihr möget es nun wollen oder nicht,
[2]) II: Sittenlehre
[3]) II: ihm
[4]) III: das ernste stille Bilden des Geistes
II Zus.: in unzähligen Gestalten, immer dasselbe durch *die ganze Unendlichkeit* [das ganze unendliche Gebiet der Menschheit] zu erblicken und es
[5]) II: Bewußtsein
[6]) II: Abgesondertes und Einzelnes, sondern als lebendiges, mitschaffendes Glied des Ganzen
[7]) II: Naturwissenschaft
[8]) II: Das Spiel ihrer Kräfte darf er dann verfolgen

---

*) Abschnitt a und b später umgestellt.

biet, von den unzugänglichen Vorrathskammern des beweglichen Stoffs bis in die künstliche Werkstätte des organischen Lebens, er ermißt ihre Macht von den Grenzen des Welten gebärenden Raumes bis in den Mittelpunkt seines eigenen Ichs und findet sich überall mit ihr im ewigen Streit und in unzertrennlichster[1]) Vereinigung, sich ihr innerstes Centrum und ihre äußerste Grenze. Der Schein ist geflohen und das Wesen errungen; fest ist sein Blick und hell seine Aussicht, überall unter allen Verkleidungen dasselbe erkennend und nirgends ruhend als in dem Unendlichen und Einen. Schon sehe ich einige bedeutende Gestalten eingeweiht in diese Geheimnisse aus dem Heiligthum zurückkehren, die sich nur noch reinigen und schmücken, um
im priesterlichen Gewande hervorzugehen. Möge denn auch die eine (173)
Göttin noch (lange) säumen mit ihrer hülfreichen Erscheinung, auch dafür bringt uns die Zeit einen großen und reichen Ersatz. Das[2]) größte Kunstwerk ist das, dessen Stoff die Menschheit[3]) ist, welches das Universum[4]) unmittelbar bildet, und für dieses muß vielen der Sinn bald aufgehen. Denn es bildet jetzt eben[5]) mit kühner und kräftiger Kunst, und Ihr werdet die Neokoren sein, wenn die neuen Gebilde aufgestellt sind im Tempel der Zeit. Leget den Künstler aus mit Kraft und Geist, erklärt aus den früheren Werken die späteren, und diese aus jenen. Laßt uns Vergangenheit, Gegenwart und Zukunft umschlingen, eine endlose Gallerie der erhabensten Kunstwerke durch tausend glänzende Spiegel ewig vervielfältigt. Laßt die Geschichte, wie es derjenigen ziemt, der Welten zu Gebote stehen, mit reicher Dankbarkeit der Religion lohnen als ihrer ersten Pflegerin, und der ewigen Macht und Weisheit wahre und heilige Anbeter erwecken. Seht wie das himmlische Gewächs[6]) mitten in Euern Pflanzungen gedeiht (**ohne Euer Zuthun**[7]). Stört es nicht und rauft es nicht aus! **(Es ist ein Beweis vom Wohlgefallen der Götter und von der Unvergänglichkeit Eures Verdienstes)**, es ist ein Schmuck, der es[8]) ziert, ein Talisman, der es[9]) schützt.

---

[1]) II: der unzertrennlichsten
[2]) II: Denn das
[3]) II Zus.: selbst
[4]) II: die Gottheit
[5]) II: sie bildet auch jetzt
[6]) III Zus.: ohne Euer Zuthun
[7]) III Zus.: zum Beweise von dem Wohlgefallen der Götter und von der Unvergänglichkeit Eures Verdienstes.
[8]) II: sie
[9]) II: sie

Erläuterungen zur dritten Rede.

1) S. 152. Diese Aeußerung scheint im Widerspruch zu stehen mit den Worten Christi, welcher zu seinen Jüngern sagt: Ihr habt mich nicht erwählet, sondern ich habe euch erwählet. Indeß ist dieser Widerspruch doch nur scheinbar. Denn auch Christus fragte bei einer andern Gelegenheit seine Jünger, ob sie auch hinter sich gehen wollten, wie andere gethan, und erkennt dadurch an, daß ihr bei ihm Bleiben ihre freie That sei, welches alles ist, was hier behauptet werden soll. Ja man kann sagen, in der Erklärung ihres standhaften Beharrens liege dieses, daß sie ihn gleichsam auf's Neue zu ihrem Meister wählten mit einem geweckteren Sinn und einem reiferen Urtheil, als da sie sich zuerst an ihn anschlossen. Auch würde man Unrecht thun, die oben angeführten Worte Christi so zu deuten, als habe er es auf diese oder andere Einzelne besonders angelegt, welches in einem solchen Sinne partikularistisch wäre, wie ich es nicht vertheidigen möchte. Vielmehr liegt darin vorzüglich dieses, daß nicht etwa — wie man von untergeordneten Bewegungen in der Religion, z. B. der Kirchenverbesserung sehr füglich sagen kann — eine in ihm und ihnen gleich ursprüngliche göttliche Aufregung das Reich Gottes gegründet, wobei sie ihn als den Tiefsten und Kräftigsten, wie hernach den Petrus, zu ihrem Vertreter ausersehen; sondern daß die Erregung ursprünglich in ihm allein gewesen, in ihnen aber nur die Empfänglichkeit durch ihn erweckt zu werden. So stimmt das hier Gesagte mit der Darstellung Christi ganz wol zusammen, wie denn auch sein Verhältniß zu seinen Jüngern dabei als Urbild vorgeschwebt hat. Denn es ist gewiß, wäre Christus nicht auch von dieser Ansicht ausgegangen, daß jede wenn gleich noch so individuelle lebendige Aeußerung doch in einem Andern das Gleiche nur auf eine universelle Weise aufregen kann, und daß das volle Anschließen an die Eigenthümlichkeit eines Andern immer freie That ist: so hätte er niemals seine Jünger auf einen solchen Fuß der Gleichheit behandeln können, daß er sie seine Brüder und Freunde nennt.

2) S. 153. Was hier gesagt ist, folgt schon von selbst aus dem eben Erläuterten. Und das beste Beispiel dazu finden wir ebenfalls in der ältesten christlichen Geschichte, wenn wir an diejenigen Judengenossen aus den Heiden denken, welche hernach, diejenigen verlassend, die zuerst die Ahnung des Einen höchsten Wesens in ihnen erweckt hatten, zum Christenthume übergingen. Es scheint mir aber besonders in jeder Zeit eines regeren religiösen Lebens, wie sie unläugbar, seitdem ich dieses zuerst schrieb, bei uns eingetreten ist, für alle diejenigen, welche, sei es nun amtlich oder auch ohne äußeren nur kraft ihres inneren Berufs, eine merkliche religiöse Wirksamkeit ausüben, zu ihrer eigenen Beruhigung höchst nothwendig sich zu dieser freieren Ansicht zu erheben, damit sie sich nicht wundern, wenn viele von denjenigen, welche zuerst von ihnen sind angeregt worden, hernach doch in einer ziemlich verschiedenen Ansicht und Empfindungsweise erst ihre volle Beruhigung finden. Jeder freue sich Leben erregt zu haben, denn dadurch bewährt er sich als ein Werkzeug des göttlichen Geistes; keiner aber glaube, daß die Gestaltung desselben in seiner Gewalt stehe.

3) S. 161. Nur durch diesen letzten Zug wird das Bild der Denkungsart vollendet, die ich hier zeichnen wollte. Denn diese Menschen fliehen auch den Buchstaben. Und wie sie ein moralisches oder politisches oder religiöses Bekenntniß nur insofern gestatten wollen, als ein jeder sich dabei denken kann was er will: so lassen sie auch keine praktischen Regeln gelten, als nur unter dem Vorbehalt beständiger Ausnahmen, damit alles, wie das Prinzip der absoluten Nützlichkeit es mit sich bringt, vollkommen einzeln da stehe als Nichts durch Nichts für Nichts. — Sollten aber irgend Leser von anderem Schlage scheel dazu sehen, daß der hier gewählte Ausdruck doch dem Buchstaben einen Werth beilege und zwar keinen geringen, weil er allem andern hier Genannten doch dem Wesen nach gleich gesetzt ist, und daß ich dadurch Mißverständnisse begünstige, welchen man heutzutage vorzüglich entgegenarbeiten sollte, den wollte ich doch warnen, daß durch solches absichtliches Herabsetzen des zu hoch Gestellten der Wahrheit nicht gedient wird, sondern nur theils Hartnäckigkeit erzeugt, theils das Umschlagen in das entgegengesetzte Aeußerste begünstiget. Darum wollen wir zu allen Zeiten unverhohlen des Buchstaben, sofern er nur nicht vom Geist getrennt und erstorben ist, hohen Werth in allen ernstlichen Dingen an-

erkennen. Denn ist gleich das unmittelbare Leben in den großen Einheiten, die zu verschlossen sind, um vom Buchstaben durchdrungen zu werden! — denn welcher Buchstabe faßte wol das Dasein eines Volkes? — und in dem Einzelnen, was zu fließend ist, um in den Buchstaben gebannt zu werden: — denn welcher Buchstabe spräche wol das Wesen eines einzelnen Menschen aus? — so ist doch der Buchstabe überall die unentbehrliche sondernde Besonnenheit, ohne welche wir nur schwindelnd zwischen jenen beiden kreisen könnten, und der wir es verdanken, daß uns die chaotische unbestimmte Menge sich zur bestimmten Vielheit wandele. Ja es ist unverkennbar, daß im größten Sinne die Zeiten sich scheiden durch den Buchstaben, und daß es das Meisterstück der höchsten menschlichen Weisheit ist, richtig zu schätzen, wann die menschlichen Dinge eines neuen Buchstaben bedürfen. Denn erscheint er zu früh, so wird er verworfen von der noch regen Liebe zu dem, der verdrängt werden soll; und gestaltet er sich zu spät, so ist jener Schwindel schon eingetreten, den er dann nicht mehr beschwören kann.

4) S. 167. Niemand wolle doch glauben, daß ich die Erscheinungen eines erwachten religiösen Lebens, die jetzt in Deutschland besonders so häufig sind, als die Erfüllung der hier ausgesprochenen Hoffnung ansehe. Dies geht schon aus dem Folgenden deutlich genug hervor. Denn eine Wiederbelebung der Frömmigkeit, die von einem mehr geöffneten Sinn erwartet wird, müßte sich anders gestalten als das, was wir unter uns sehen. Die unduldsame Lieblosigkeit unserer neuen Frommen, die sich nicht mit dem Zurückziehen von dem was ihnen zuwider ist, begnügt, sondern jedes gesellige Verhältniß zu Verunglimpfungen benutzt, welche bald allem freien geistigen Leben gefährlich werden dürften, ihr ängstliches Horchen auf bestimmte Ausdrücke, nach denen sie den Einen als weiß bezeichnen und den Andern als schwarz, die Gleichgültigkeit der meisten gegen alle große Weltbegebenheiten, der engherzige Aristokratismus Anderer, die allgemeine Scheu vor aller Wissenschaft, dies sind keine Zeichen eines geöffneten Sinnes, sondern vielmehr eines tief eingewurzelten krankhaften Zustandes, auf welchen mit Liebe, aber auch mit strenger Festigkeit gewirkt werden muß, wenn nicht daraus dem Ganzen der Gesellschaft mehr Nachtheil erwachsen soll, als das erweckte religiöse Leben Einzelner ihr geistigen Gewinn bringt. Denn das wollen wir nicht in Abrede stellen, daß viele der Geringeren aus ihrer Stumpfsinnigkeit, der Vornehmeren aus ihrer Weltlichkeit nur durch diese herbe Art und Weise der Frömmigkeit geweckt werden konnten, wollen aber dabei wünschen und auf das kräftigste dazu mitwirken, daß dieser Zustand für die meisten nur ein Durchgang werde zu einer würdigeren Freiheit des geistigen Lebens. Dies sollte wol um so leichter gelingen, als es ja deutlich und unverhohlen genug zu Tage liegt, wie leicht sich Menschen, denen es um etwas ganz Anderes als um wahre Frömmigkeit zu thun ist, dieser Form bemächtigen, und wie sichtlich der Geist abzehrt, wenn er eine Zeitlang in derselben eingeschnürt gewesen ist.

5) S. 172. Die hier besonders herausgehobenen Formen der Religion scheinen mit der in der Glaubenslehre I. §. 16 aufgestellten Haupteintheilung nicht zusammenzutreffen. Denn was die Unterordnung der thätigen Zustände unter die leidentlichen oder umgekehrt betrifft, so kann sowol die abgezogenste Selbstbetrachtung, als die äußerlichste Weltbetrachtung eben so leicht den einen Gang nehmen als den andern. Allein es ist auch in dieser Rede nicht die Absicht, die Hauptformen der Religion selbst zu unterscheiden; sondern weil von der Bildung zu derselben durch Eröffnung des Sinnes gehandelt wird, und zwar von einer solchen Bildung, durch welche der Einzelne nicht gleich in eine bestimmte Form hineingeführt, sondern jeder erst fähig gemacht wird, die ihm am genauesten anpassende Form der Religion zu unterscheiden und sich danach zu bestimmen: so kam es weit mehr darauf an, die Hauptrichtungen des Sinnes aufzuzeigen, und so heben sich auch von selbst diejenigen Religionsformen am meisten heraus, in denen die eine und die andere von jenen Hauptrichtungen am ausschließendsten gilt. Wiewol auch hier eine völlige Einseitigkeit nicht gemeint ist. Denn die Selbstbetrachtung muß ja doch auch auf das in der Weltbetrachtung begriffene Ich gehen, und die Weltbetrachtung doch auch auf die in der Erregung und Erhaltung des geistigen Lebens begriffene Welt. Daher wäre es auch vergeblich zu fordern, daß eben so unter den beiden hier ausgezeichneten Formen dem Christenthume seine Stelle müsse angewiesen werden, wie es dort die seinige unter den ethischen oder teleologischen Religionsformen fand. Vielmehr liegt schon in der Rede selbst angedeutet, daß der Geschichtssinn, welcher die vollständigste Ineinanderbildung

beider Richtungen ist, auch am vollkommensten zur Frömmigkeit führe. Daß dieser aber ganz vorzüglich dem Christenthume zum Grunde liege, in welchem ja alles darauf zurückgeführt wird, wie sich der Mensch zu dem Reich Gottes verhalte, bedarf wol keiner Bestätigung; und so folgt von selbst, daß das Christenthum eine Frömmigkeit darstelle, welche eben so sehr durch die Weltbetrachtung als durch die Selbstbetrachtung genährt wird; am meisten aber immer, insofern jede von beiden auf jenes Ineinandersein beider bezogen wird. Daß es hier wieder untergeordnete Gegensätze der Empfänglichkeit gebe, versteht sich von selbst; aber diese sind natürlich ganz subjektiv, und bestimmen nicht etwa die verschiedenen kirchlichen Gestaltungen des Christenthums.

6) S. 173. Diese Verwandtschaft wird wol jetzt Niemand mehr in Abrede stellen. Denn es bedurfte nur, daß sich die Aufmerksamkeit auf diesen Gegenstand lenkte, um sogleich zu finden, daß einerseits in allen Künsten alle größten Werke religiöse Darstellungen sind, und daß andererseits in allen Religionen, das Christenthum nicht ausgenommen, die Feindschaft gegen die Kunst — nur daß nicht jeder Religion alle Zweige der Kunst gleich angemessen sind; aber die Feindschaft gegen alle Kunst überhaupt bringt auch überall eine besondere Trockenheit und Erkältung mit sich. Ja wenn man auf die allen Künsten gemeinsame Zwiefältigkeit des Stils achtet, daß sie alle einen strengeren und gebundenen unterscheiden von einem freieren und loseren: so ist nicht zu leugnen, daß die religiöse Kunst überall am meisten den strengeren Stil aufrecht hält, so daß, wenn auch religiöse Gegenstände im leichten Stil behandelt werden, der Verfall der Religion entschieden ist, aber dann auch der Verfall der Kunst bald nachfolgt, und daß auch der leichtere Stil nur, wenn er an dem strengeren sein Maß und seine Haltung findet, den wahren Kunstcharakter behält, je mehr er sich aber von jenem und also von dem Zusammenhang mit der Religion lossagt, um desto sicherer und unaufhaltsamer in Verkünstelung und Schmeichelkunst ausartet. Wie sich denn alles dieses in der Geschichte der Kunst im Ganzen schon oft wiederholt hat, und im Einzelnen sich noch beständig wiederholt.

Vierte Rede.

Ueber das Gesellige in der Religion oder über Kirche und Priesterthum.

Diejenigen unter Euch, welche gewohnt sind, die Religion nur als (174)
eine Krankheit des Gemüths anzusehen, pflegen auch wol *die Idee*[1])
zu unterhalten, daß sie ein leichter zu duldendes, ja, **vielleicht**[2]) zu be-
zähmendes Uebel sei, so lange nur hie und da Einzelne abgesondert
damit behaftet *wären*,[3]) daß aber die gemeine Gefahr aufs Höchste
gestiegen **und alles verloren** sei,[4]) sobald unter mehreren **Unglücklichen**[5]) dieser Art eine allzunahe Gemeinschaft *bestände*.[6])
In jenem Fall könne man durch eine zweckmäßige Behandlung, gleichsam
durch *eine*[7]) der Entzündung *widerstehende Diät*[8]) und durch
gesunde Luft[9]) die Paroxismen schwächen, und den eigenthümlichen
Krankheitsstoff, wo nicht völlig besiegen, doch bis zur Unschädlichkeit
verdünnen; in diesem (*Falle*) aber müsse man **jede Hoffnung** (175)
**zur Rettung aufgeben, weit verheerender werde das Uebel
und von den gefährlichsten Symptomen begleitet,**[10]) wenn

---

[1]) II: Vorstellung

[2]) III: wenn auch nicht

[3]) II: sind

[4]) III: sei, und alles auf dem Spiele stehe,

[5]) III: Leidenden

[6]) II: besteht.

[7]) II: ein

[8]) II: widerstehendes Verhalten,

[9]) III: eine gesunde geistige Atmosphäre

[10]) III: an jeder andern Rettung verzweifeln, als an der, die aus einer innern wohlthätigen Bewegung der Natur hervorgehen kann. Denn das Uebel werde von den gefährlichsten Symptomen begleitet, weit verheerender,

die zu große Nähe **der Anderen**[1]) es bei jedem Einzelnen hegt und schärft; durch wenige werde dann bald die ganze **Atmosphäre**[2]) vergiftet, auch die gesundesten Körper (werden) angesteckt, alle Kanäle, in denen der Proceß des Lebens vor sich gehen soll, zerstört, alle Säfte aufgelöset und von dem gleichen, fieberhaften Wahnsinn ergriffen, sei es um **ganze**[3]) Generationen und Völker unwiederbringlich gethan. Daher (ist) Euer Widerwille gegen die Kirche, gegen jede Veranstaltung, bei der es auf Mittheilung der Religion abgesehen ist, immer noch **größer**[4]) als der gegen die Religion selbst, daher sind Euch die Priester, als die Stützen und die eigentlich thätigen Mitglieder solcher Anstalten die Verhaßtesten unter den Menschen.

Aber auch diejenigen unter Euch, welche von der Religion eine etwas gelindere Meinung haben, und sie mehr für eine Sonderbarkeit als eine Zerrüttung des Gemüths, mehr für eine unbedeutende als gefährliche Erscheinung halten, haben von allen geselligen Einrichtungen
(176) für dieselbe vollkommen eben so nachtheilige Begriffe. Knechtische Aufopferung des Eigenthümlichen und Freien, geistloser Mechanismus und leere Gebräuche, dies meinen sie, seien[5]) die unzertrennlichen Folgen **davon, und**[6]) das kunstreiche Werk derer, die sich mit unglaublichem Erfolg große Verdienste machen aus Dingen, die entweder Nichts sind, oder die jeder Andere[7]) gleich gut auszurichten im Stande wäre. Ich würde über **den**[8]) Gegenstand, der mir so wichtig ist, mein Herz nur sehr unvollkommen gegen Euch ausgeschüttet haben, wenn ich mir nicht Mühe gäbe, Euch auch hierüber auf den richtigen Gesichtspunkt zu stellen. Wieviel von den verkehrten Bestrebungen und den traurigen Schicksalen der Menschheit Ihr den **Religionsvereinigungen**[9]) Schuld gebt, habe ich nicht nöthig zu wiederholen, es liegt in tausend Aeußerungen der Vielgeltendsten unter Euch zu Tage; noch will ich mich damit aufhalten, diese Beschuldigungen einzeln zu widerlegen und das Uebel auf andere Ursachen zurückzuwälzen: laßt uns vielmehr den ganzen Begriff[10]) einer neuen Betrachtung unterwerfen und ihn vom Mittelpunkt der Sache aus aufs neue erschaffen, unbekümmert um das, was bis jetzt **wirklich**[11]) ist, und was die Erfahrung uns[12]) an die Hand giebt.

---

[1]) III: anderer Angesteckten
[2]) III: gemeinsame Lebensluft
[3]) III: das gesunde geistige Leben und Wirken ganzer
[4]) III: stärker heraustritt,
[5]) II: wären
[6]) III: jeder solchen Veranstaltung und dies
[7]) III Zus.: wenigstens
[8]) III: unsern
[9]) III: religiösen Vereinigungen
[10]) II Zus.: der Kirche
[11]) III: davon wirklich geworden
[12]) III Zus.: darüber

Ist die Religion einmal, so muß sie nothwendig auch gesellig (177)
sein: es liegt in der Natur des Menschen nicht nur, sondern auch ganz
vorzüglich in der ihrigen. Ihr müßt gestehen, daß es etwas [1]) höchst
Widernatürliches ist, wenn der [2]) Mensch dasjenige, was er in sich erzeugt und ausgearbeitet hat, auch in sich verschließen will. In der
*beständigen, nicht nur praktischen, sondern auch intellek-
tuellen Wechselwirkung,* [3]) worin er mit den Uebrigen seiner
Gattung steht, soll er alles äußern und mittheilen, was in ihm ist, und je
heftiger ihn etwas bewegt, je inniger es sein Wesen durchdringt, desto
stärker wirkt auch *der Trieb, die Kraft desselben* [4]) auch außer
sich an Andern anzuschauen, um sich vor sich selbst zu *legitimiren,* [5])
daß ihm Nichts als Menschliches begegnet sei. Ihr seht, daß hier gar
nicht von jenem Bestreben die Rede ist, Andere *uns* [6]) ähnlich zu
machen, noch von dem Glauben an die Unentbehrlichkeit dessen, was
in *uns* [7]) ist für alle; sondern nur davon, *des Verhältnisses
unserer besonderen Ereignisse zur gemeinschaftlichen
Natur inne zu werden.* [8]) Der **eigentlichste** [9]) Gegenstand aber
für **dieses Verlangen** [10]) ist unstreitig dasjenige, wobei der Mensch
sich ursprünglich als leidend fühlt, *Anschauungen* [11]) und Gefühle; (178)
da drängt es ihn zu wissen, ob es keine fremde und unwürdige Gewalt
sei, *der er weichen muß.* [12]) Darum sehen wir auch von Kindheit
an den Menschen damit beschäftigt, vornämlich diese mitzutheilen:
eher läßt er seine Begriffe, über deren Ursprung ihm ohnedies kein
Bedenken entstehen kann, in sich ruhen; [13]) aber was zu seinen Sinnen
eingeht, was seine Gefühle aufregt, darüber will er Zeugen, daran
will er Theilnehmer haben. Wie sollte er grade die [14]) Ein-

---

[1]) III Zus.: Krankhaftes

[2]) II Zus.: einzelne

[3]) II: unentbehrlichen Gemeinschaft und gegenseitigen Abhängigkeit des Handelns nicht nur, sondern auch des geistigen Daseins,

[4]) II: jener gesellige Trieb wenn *Ihr* [wir] ihn auch nur aus dem Gesichtspunkt ansehn *wollt,* [wollen] daß Jeder strebt, was ihn bewegt

[5]) II: auszuweisen,

[6]) II: sich

[7]) II: Einem

[8]) II: das wahre Verhältniß unseres besonderen Lebens zu der gemeinsamen Natur des Menschen inne zu werden und es darzustellen.

[9]) III: eigentliche

[10]) III: diesen Mittheilungstrieb

[11]) II: seine Wahrnehmungen

[12]) II: die sie in ihm erzeugt hat.

[13]) III Zus.: noch leichter entschließt er sich, mit seinem Urtheilen zurückzuhalten,

[14]) III Zus.: umfassendsten und allgemeinsten

wirkungen **des Universums**[1]) für sich behalten, die ihm als das Größte und Unwiderstehlichste erscheinen? Wie sollte er grade das in sich **festhalten**[2]) wollen, was ihn am stärksten aus sich heraustreibt, und **ihm Nichts so sehr einprägt, als dieses,**[3]) daß er sich selbst aus sich allein nicht erkennen kann? Sein erstes Bestreben ist es vielmehr, wenn eine religiöse Ansicht ihm klar geworden ist, oder ein frommes Gefühl seine Seele durchdringt, auf **den**[4]) Gegenstand auch Andere hinzuweisen und die Schwingungen seines Gemüths wo möglich auf sie fortzupflanzen. Wenn also von seiner Natur gedrungen der **Religiöse**[5]) nothwendig spricht, so ist es eben diese Natur, die ihm auch Hörer verschafft. *Bei keiner Art zu denken und zu empfinden, hat der Mensch ein so lebhaftes Gefühl von seiner gänzlichen Unfähigkeit ihren Gegen-*
(179) *stand jemals zu erschöpfen, als bei der Religion.*[6]) Sein Sinn für sie ist nicht sobald aufgegangen, als er auch ihre Unendlichkeit und seine Schranken fühlt; er ist sich bewußt, nur einen kleinen Theil von ihr zu umspannen, und was er nicht unmittelbar erreichen kann,[7]) will er wenigstens durch **ein fremdes Medium wahrnehmen.**[8]) Darum *interessirt ihn jede*[9]) Aeußerung derselben, und seine Ergänzung suchend, lauscht er auf jeden Ton, den er für den ihrigen erkennt. So organisirt sich gegenseitige Mittheilung, so ist Reden und Hören Jedem gleich unentbehrlich. Aber religiöse Mittheilung ist nicht in Büchern zu suchen, *wie etwa andere Begriffe und Erkenntnisse.*[10]) Zuviel geht verloren von dem **ursprünglichen**[11]) Eindruck[12]) in diesem Medium, **worin alles verschluckt wird, was nicht in die einförmigen Zeichen paßt, in**[13]) denen es wieder hervor-

---

[1]) III: der Welt

[2]) III: verschließen

[3]) III: woran er ganz vorzüglich inne wird,

[4]) III: denselben

[5]) III: Fromme

[6]) II: Mit keinem Element des Lebens ist wol dem Menschen zugleich ein so lebhaftes Gefühl eingepflanzt, von seiner gänzlichen Unfähigkeit es für sich allein jemals zu erschöpfen, als mit der Religion.

[7]) III Zus.: des

[8]) III: die Darstellung Anderer, die es sich angeeignet haben, nach Vermögen inne werden und es mit genießen.

[9]) II: drängt er sich zu jeder

[10]) II: gleich der, wobei es auf Begriffe und Erkenntnisse ankommt. (1)

[11]) III: reinen

[12]) III Zus.: der ursprünglichen Erzeugung

[13]) III: welches, wie dunkel gefärbte Stoffe den größten Theil der Lichtstrahlen einsaugen, so von der frommen Erregung des Gemüths

gehen soll, **wo**[1]) alles einer doppelten und dreifachen Darstellung (**bedürfte**,) indem das ursprünglich Darstellende wieder müßte dargestellt werden, und dennoch die Wirkung auf den ganzen Menschen in ihrer großen Einheit nur schlecht nachgezeichnet werden könnte, durch vervielfältigte Reflexion;[2]) nur wenn sie verjagt ist aus der Gesellschaft der Lebendigen, muß s i e[3]) ihr vielfaches Leben verbergen im todten Buchstaben. Auch kann dieses Verkehr mit dem Innersten des Menschen (180)
nicht getrieben werden im gemeinen Gespräch. Viele, die voll guten Willens sind für die Religion, haben **Euch**[4]) das zum Vorwurf gemacht, warum doch von allen[5]) wichtigen Gegenständen **unter Euch**[6]) die Rede sei, **so**[7]) im freundschaftlichen Umgange, nur nicht von Gott und göttlichen Dingen. Ich möchte **Euch**[8]) d a r ü b e r[9]) vertheidigen, daß **daraus**[10]) wenigstens weder Verachtung noch Gleichgültigkeit spreche, sondern ein glücklicher und sehr richtiger Instinkt. Wo Freude und Lachen auch wohnen, und der Ernst selbst sich nachgiebig paaren soll mit Scherz und Witz, da kann kein Raum sein für dasjenige, was von heiliger Scheu und Ehrfurcht immerdar umgeben sein muß. Religiöse Ansichten, fromme Gefühle und ernste R e f l e x i o n e n[11]) darüber kann man sich auch nicht[12]) so (**in**) kleinen Brosamen (**einander**) zuwerfen, wie die Materialien eines leichten Gesprächs:[13]) wo von (**so**) heiligen Gegenständen die Rede wäre,[14]) würde es mehr Frevel sein als Geschick, auf jede Frage sogleich eine Antwort bereit zu haben, und auf jede Ansprache eine Gegenrede.[15]) (2) I n d i e s e r

---

alles verschluckt, was nicht in die unzulänglichen Zeichen gefaßt werden kann, aus

[1]) III: Ja, in der schriftlichen Mittheilung der Frömmigkeit bedürfte

[2]) III Zus.: sondern

[3]) II: die Religion

[4]) III: unserer Zeit und Art

[5]) III Zus.: anderen

[6]) III: so oft

[7]) III: im geselligen Gespräch und

[8]) III: uns

[9]) II: hierüber

[10]) III: hieraus

[11]) II: Betrachtungen

[12]) III Zus.: einander in

[13]) II Zus.: und

[14]) III Zus.: da

[15]) II Zus.: Daher zieht sich i n d i e s e m K r e i s e [aus solchen noch zu weiten Kreisen] das Religiöse zurück in die [Zus.: noch] vertrauten Unterhaltungen der Freundschaft und [Zus.: in der Zwiespruch] der Liebe, wo Blick und Gestalt deutlicher werden als Worte, und wo auch ein heiliges Schweigen verständlich ist.

Manier[1]) eines leichten und schnellen Wechsels treffender Einfälle, lassen
(181) sich göttliche Dinge nicht behandeln: in einem größern Stil muß die Mittheilung der Religion geschehen, und eine andere Art von Gesellschaft,
die ihr eigen gewidmet ist, muß daraus entstehen. Es gebührt sich,
auf das Höchste was die Sprache erreichen kann, auch die ganze Fülle
und Pracht der menschlichen Rede zu verwenden, nicht als ob es irgend
einen Schmuck gäbe, dessen die Religion nicht entbehren könnte, sondern
weil es unheilig und leichtsinnig wäre, nicht zu zeigen, daß alles
zusammengenommen wird, um sie[2]) in angemessener Kraft und
Würde darzustellen. Darum ist es unmöglich[3]) Religion anders auszusprechen und mitzutheilen als rednerisch, in aller **Anstrengung**[4]) und Kunst
der Sprache, (3) und willig dazu nehmend den Dienst aller Künste,
welche der flüchtigen und beweglichen Rede beistehen können. Darum
öffnet sich auch nicht anders der Mund desjenigen, dessen Herz ihrer
voll ist, als vor einer Versammlung, wo mannichfaltig wirken kann,
was so **stattlich**[5]) ausgerüstet hervortritt. Ich wollte, ich könnte Euch
ein Bild machen von dem reichen schwelgerischen Leben in dieser Stadt
Gottes, wenn ihre Bürger zusammen kommen, jeder voll eigner Kraft,
welche ausströmen will ins Freie, und[6]) voll heiliger Begierde alles
(182) aufzufassen und sich anzueignen, was die Andern ihm darbieten **mögen.**[7])
Wenn einer hervortritt vor den Uebrigen,[8]) ist es nicht ein Amt oder
eine Verabredung, die ihn berechtigt, nicht Stolz oder Dünkel, der ihm
Anmaßung einflößt: es ist freie Regung des Geistes, Gefühl der herzlichsten Einigkeit, jedes mit allen und der vollkommensten Gleichheit,
gemeinschaftliche Vernichtung jedes Zuerst und Zuletzt und aller irdischen
Ordnung. (4) Er tritt hervor um seine eigene Anschauung[9])
hinzustellen, als **Objekt für die Uebrigen,**[10]) sie hinzuführen in die
Gegend der Religion, wo er einheimisch ist, **und**[11]) seine heiligen Gefühle
ihnen einzuimpfen: er spricht das **Universum**[12]) aus, und im
heiligen Schweigen folgt die Gemeine seiner begeisterten Rede. Es

---

[1]) II: Aber in der gewohnten geselligen Weise

[2]) II: nicht zu nehmen was man besitzt, alles zusammen, um sie
III: von ihren Herolden, wenn sie nicht ihr alles weihen und alles zusammen nehmen wollten, was sie Herrliches besitzen, um so vielleicht die Religion

[3]) II Zus.: ohne Dichtkunst

[4]) III: Kraft

[5]) III: reichlich

[6]) III Zus.: zugleich jeder

[7]) III: möchten

[8]) III Zus.: so

[9]) II: sein eignes von Gott bewegtes Innere [Zus.: den Andern]

[10]) III: einen Gegenstand theilnehmender Betrachtung,

[11]) III: damit er ihnen . . . . . einimpfe

[12]) III: Göttliche

sei nun, daß er ein verborgenes Wunder enthülle, oder in weissagender
Zuversicht die Zukunft an die Gegenwart knüpfe; es sei, daß er durch
neue Beispiele alte Wahrnehmungen befestige, oder daß seine feurige
Phantasie in erhabenen Visionen ihn in andere Theile der Welt und [1])
eine andere Ordnung der Dinge entzücke: der geübte Sinn der Gemeine
begleitet überall den seinigen; und wenn er zurückkehrt von seinen
Wanderungen durchs Universum [2]) in sich selbst, so ist sein Herz
und das eines jeden nur der gemeinschaftliche Schauplatz [3]) desselben
Gefühls. Dann entgegnet [4]) (ihm das laute Bekenntniß von der) (183)
Uebereinstimmung seiner Ansicht mit dem, was in ihnen ist, und [5])
heilige Mysterien, nicht nur bedeutungsvolle Embleme, sondern recht
angesehen, natürliche Andeutungen eines bestimmten Bewußtseins und
bestimmter Empfindungen — (werden so) erfunden und (so) gefeiert;
gleichsam ein höherer Chor, der in einer eigenen erhabenen Sprache
der auffordernden Stimme antwortet. Aber nicht nur gleichsam: [6]) so
wie eine solche Rede Musik ist auch ohne Gesang und Ton, so ist [7])
auch eine Musik unter den Heiligen, die zur Rede wird ohne Worte,
zum bestimmtesten verständlichsten Ausdruck des Innersten. Die Muse
der Harmonie, deren vertrautes Verhältniß zur Religion noch, [8]) (zu
den Mysterien gehört, hat von jeher die prächtigsten) und
vollendetsten Werke ihrer geweihtesten Schüler dieser (auf ihren
Altären) dargebracht. In heiligen Hymnen und Chören, denen die
Worte der Dichter nur lose und luftig anhängen, wird ausgehaucht,
was die bestimmte Rede nicht mehr fassen kann, und so unterstützen
sich und wechseln die Töne des Gedankens und der Empfindung, bis
alles gesättigt ist und voll des Heiligen und Unendlichen. Das [9]) ist
die Einwirkung religiöser Menschen auf einander, das [10]) ihre natürliche (184)
und ewige Verbindung. Verarget es ihnen nicht, daß dies himmlische
Band, das vollendetste Resultat der menschlichen Geselligkeit, zu
welchem sie nur gelangen kann, wenn sie vom höchsten Standpunkt
aus in ihrem innersten Wesen erkannt wird, ihnen mehr werth ist,

---

[1]) III Zus.: in
[2]) II: durch das Reich Gottes
[3]) III: Wohnsitz
[4]) II: Entgegnet dann
III: Verkündigt sich ihm dann laut oder leise die
[5]) II: dann werden
[6]) III Zus.: sondern
[7]) II: giebt es
[8]) II Zus.: fast
III: wiewol längst ausgesprochen und dargelegt, doch von wenigen nur anerkannt wird, hat von jeher auf ihren Altären die prachtvollsten
[9]) III: Solcher Art
[10]) III: so beschaffen

als **Euer irdisches politisches Band, welches** doch nur[1]) **ein erzwungenes, vergängliches, interimistisches Werk**[2]) **ist.**[3]) — **Wo ist** denn in dem Allen[4]) jener Gegensatz zwischen Priestern und Laien, den Ihr als die Quelle so vieler Uebel zu bezeichnen pflegt? Ein falscher Schein hat Euch geblendet: dies ist gar kein Unterschied zwischen Personen, sondern nur ein Unterschied des Zustandes und der **Verrichtungen.**[5]) Jeder ist Priester, indem er die Andern zu sich hinzieht auf das Feld, welches er sich besonders zugeeignet hat, und wo er sich als Virtuosen[6]) darstellen kann: jeder ist Laie, indem er der Kunst und Weisung eines Andern dahin folgt,[7]) wo er selbst **Fremder**[8]) ist, (**in der Religion**). Es giebt nicht jene tyrannische Aristokratie, die Ihr so gehässig beschreibt:[9]) ein priesterliches Volk (5) ist diese Gesellschaft, eine vollkommene Republik, wo jeder abwechselnd Führer und Volk ist, jeder derselben Kraft im Andern folgt, die er
(185) auch in sich fühlt, und womit auch Er die Andern regiert. — **Wo ist**[10]) der Geist der Zwietracht und der Spaltungen,[11]) den Ihr als die unvermeidliche Folge aller **Religionsvereinigungen**[12]) anseht? Ich sehe Nichts, als daß alles Eins ist, und daß alle Unterschiede, die es in der Religion selbst wirklich giebt, eben durch die gesellige Verbindung[13]) sanft in einander fließen. Ich habe Euch selbst auf verschiedene Grade (in) der Religiosität aufmerksam gemacht, ich habe auf zwei verschiedene Sinnesarten hingedeutet und auf verschiedene Richtungen, nach[14]) denen die **Phantasie**[15]) sich **den**[16]) höchsten Gegenstand

---

[1]) II: bis jetzt immer nur als

[2]) II Zus.: erschienen

[3]) III: Erzeugniß der geselligen Natur des Menschen zu welchem sie aber nicht eher gelangt, als bis sie sich in ihrer höchsten Bedeutung erkannt hat, daß dieses ihnen mehr werth ist als der von Euch soweit über alles Andere gestellte bürgerliche Verein, der noch nirgend zur männlichen Schönheit reifen will und mit jenem verglichen weit mehr erzwungen scheint als frei und weit mehr vergänglich als ewig.

[4]) II: nun wol in dem allen
III: aber wol in allem was ich von der Gemeine der Frommen geschildert,

[5]) III: Verrichtung

[6]) II: Meister

[7]) III Zus.: im Gebiet der Religion,

[8]) III: minder einheimisch

[9]) III Zus.: sondern

[10]) II Zus.: da
III: Wie sollte also hier

[11]) III Zus.: einheimisch sein

[12]) III: religiösen Vereinigungen

[13]) III Zus.: der Frommen

[14]) II: in

[15]) III: Seele

[16]) III: ihren

(der Religion) individualisirt.[1]) Meint Ihr, daraus müßten nothwendig Sekten entstehen, und es[2]) müßte die freie Geselligkeit in der Religion hindern? In der (idealen) Betrachtung gilt es wol, daß alles, was außer einander gesetzt und unter verschiedene Abtheilungen befaßt ist, sich auch entgegengesetzt und widersprechend sein muß, **macht Euch aber doch davon los, wenn Ihr das Reale[3]) selbst anschaut, da fließt alles in einander.**[4]) Freilich werden diejenigen, die sich in einem dieser Punkte am ähnlichsten sind, sich auch einander am stärksten anziehen, aber sie können deswegen kein abgesondertes Ganzes ausmachen: denn die Grade dieser Verwandtschaft nehmen unmerklich ab und zu, und bei soviel Uebergängen giebt es (186)
auch zwischen den entferntesten Elementen kein absolutes Abstoßen, keine gänzliche Trennung. (6) Nehmt welche Ihr wollt von diesen Massen, die sich einzeln chemisch[5]) bilden, wenn Ihr sie nicht durch irgend eine mechanische Operation gewaltsam isolirt, wird keine ein eignes Individuum sein: ihre[6]) äußersten Theile[7]) werden zugleich mit **andern**[8]) zusammenhängen, die[9]) eigentlich schon einer andern Masse angehören. Wenn die[10]) sich näher verbinden, welche auf derselben niederen Stufe stehn, so giebt es auch einige unter ihnen,[11]) die[12]) eine Ahnung des Besseren haben, **und Jeder der wirklich höher gestellt ist, versteht sie besser, als sie sich selbst; er ist sich des Vereinigungspunktes bewußt, der jenen verborgen ist.**[13])

---

[1]) II: vorzüglich aufsucht.

[2]) III: das

[3]) II: Leben

[4]) III: aber bedenkt doch, wie das Leben sich ganz anders gestaltet, wie in diesem das Entgegengesetzte sich sucht und eben deshalb, was wir in der Betrachtung trennten, dort alles in einander fließt.

[5]) III: durch eigenthümliche Kraft organisch

[6]) II: durchaus Gleichartiges und Getrenntes bilden: ihre [darstellen, sondern die]

[7]) III Zus.: einer jeden

[8]) III: solchen

[9]) II Zus.: eine andere Eigenschaft zeigen und
III: andere Eigenschaften zeigen und

[10]) II: solche [solche Fromme]

[11]) II: werden [Zus.: doch] immer einige [Zus.: in den Verein] mit aufgenommen, [Zus.: werden] (giebt es auch einige unter ihnen,)

[12]) III Zus.: schon

[13]) III: Diese werden dann von jedem, der einer höher gestellten Gesellschaft angehört, besser verstanden, als sie sich selbst verstehen, und es giebt zwischen diesem und ihnen einen Vereinigungspunkt, der nur ihnen selbst noch verborgen ist.

Wenn **die**[1]) sich aneinander schließen, in denen die eine Sinnesart herrschend ist, so **giebt es doch Einige**,[2]) welche beide[3]) verstehen und[4]) beiden angehören,[5]) **und**[6]) der, in dessen Natur es liegt, das Universum zu personificiren,[7]) (ist) doch im Wesentlichen, (im Stoff) der Religion gar nicht von dem unterschieden, der dies nicht thut,[8]) und es wird nie an solchen fehlen, welche sich auch in die entgegengesetzte Form mit Leichtigkeit hineindenken können.[9]) Wenn unbeschränkte Universalität[10]) des Sinnes die erste und ursprüngliche Bedingung der Religion, und
(187) also wie natürlich auch ihre schönste und reifste Frucht ist, so seht Ihr wol, es ist nicht anders möglich; je weiter **Ihr**[11]) fortschreitet in der Religion,[12]) desto mehr muß **Euch**[13]) die ganze religiöse Welt als ein untheilbares Ganzes erscheinen: nur in den niedern Gegenden kann vielleicht ein gewisser Absonderungstrieb wahrgenommen werden,[14]) die Höchsten und Gebildetsten sehen[15]) einen allgemeinen Verein, und eben dadurch, daß sie ihn sehen, stiften sie ihn auch. Indem Jeder nur mit dem Nächsten in Berührung steht, aber auch nach allen Seiten und Richtungen einen Nächsten hat, ist er in der That mit dem Ganzen unzertrennlich verknüpft. Mystiker und Physiker in der Religion, Theisten und Pantheisten,[16])

---

[1]) III: solche

[2]) III: wird es doch unter ihnen immer einige geben,

[3]) III Zus.: Sinnesarten wenigstens

[4]) III Zus.: indem sie gewissermaßen

[5]) III Zus.: ein bindendes Mittelglied zwischen zwei sonst getrennten Sphären darstellen.

[6]) III: So ist

[7]) II: welchem es angemessener ist, sich mehr mit der Natur in religiöse Beziehung zu setzen,

[8]) II: dem irgend entgegengesetzt, der mehr in der Geschichte die Spuren der Gottheit findet,

[9]) II: beide Wege mit gleicher Leichtigkeit wandeln können.*)

[10]) II: Allgemeinheit

[11]) III: Einer

[12]) III Zus.: und je mehr sich seine Frömmigkeit reiniget,

[13]) III: ihm

[14]) II: Der Absonderungstrieb ist in dem Maße, als er auf eine strenge Scheidung ausgeht, ein Beweis der Unvollkommenheit, (aber)

[15]) III Zus.: immer

[16]) II: die, denen die Gottheit ein Persönliches wird, und die, denen sie es nicht wird,

---

*) III Zus.: und wie Ihr auf andere Weise das große Gebiet der Religion theilen wollt, Ihr würdet immer auf denselben Punkt zurückkommen.

die, welche sich zur systematischen Ansicht des Universums erhoben haben, und die, welche es nur noch in den Elementen oder im dunkeln Chaos anschauen, alle sollen dennoch nur Eins sein, Ein Band umschließt sie alle, und sie können[1] nur gewaltsam und willkürlich getrennt werden; jede einzelne[2] Vereinigung ist nur ein[3] fließender integrirender Theil des Ganzen, in unbestimmten Umrissen sich in dasselbe verlierend, und fühlt sich auch nur so.[4] — **Wo ist**[5] die verschrieene wilde Bekehrungssucht zu einzelnen bestimmten Formen der
Religion, und (**wo**) der schreckliche Wahlspruch: kein Heil außer uns? (188)
(7) So wie ich Euch die Gesellschaft der **Religiösen**[6] dargestellt habe, und wie sie ihrer Natur nach sein muß, geht sie nur auf gegenseitige Mittheilung und **existirt**[7] nur zwischen solchen, die schon Religion haben, welche es auch sei: wie könnte es also wol ihr Geschäft sein, diejenigen umzustimmen, die schon eine bestimmte bekennen oder diejenigen herbeizuführen und einzuweihen, denen es noch ganz daran fehlt? Die Religion **der**[8] **Gesellschaft**[9] zusammengenommen (**ist**) die (**ganze**) Religion,[10] die unendliche, die kein Einzelner ganz umfassen **kann**,[11] und zu der sich also auch keiner bilden und erheben läßt. Hat also Jemand schon einen Antheil davon,[12] welcher es auch sei, für sich erwählt, wäre es nicht ein widersinniges Verfahren von der Gesellschaft, wenn sie ihm das entreißen wollte, was seiner Natur gemäß ist, da sie doch auch dieses in sich befassen soll, und also nothwendig einer es besitzen muß? Und wozu sollte sie diejenigen bilden wollen, denen die Religion überhaupt noch fremd ist? Ihr Eigenthum, das unendliche Ganze kann doch auch sie selbst ihnen nicht mittheilen;[13] also etwa das Allgemeine, das Unbestimmte, welches sich vielleicht ergeben würde, wenn man das aufsuchte, was etwa bei allen
ihren Gliedern anzutreffen ist? Aber Ihr wißt ja, daß überall gar (189)

---

[1]) II: gänzlich können sie

[2]) II: besondere

[3]) II Zus.: fast

[4]) II: die Besseren wenigstens fühlen sich darin auch nur so.
III: wenigstens werden die, welche sich so darin fühlen, immer die Besseren sein.

[5]) III: Woher also anders als durch bloßen Mißverstand

[6]) III: Frommen

[7]) III: besteht

[8]) III: dieser

[9]) III Zus.: als solcher ist nur

[10]) III Zus.: aller Frommen, wie jeder sie in den übrigen schaut,

[11]) II Zus.: weil sie als Einzelnes nicht Eins ist

[12]) II: daran

[13]) II Zus.: und die Mittheilung irgend eines Besonderen daraus, kann nicht vom Ganzen ausgehn, sondern nur vom Einzelnen.

Nichts **als etwas Allgemeines und Unbestimmtes,** [1]) sondern nur als etwas Einzelnes und in einer durchaus bestimmten Gestalt wirklich gegeben und mitgetheilt werden kann, weil es sonst nicht Etwas, sondern in der That Nichts wäre. An jedem Maßstabe und an jeder Regel würde es ihr also fehlen bei diesem Unternehmen. Und wie käme sie überhaupt dazu, aus sich hinauszugehn, da das Bedürfniß, aus welchem sie entstanden ist, das Prinzip der religiösen Geselligkeit auf gar nichts dergleichen hindeutet. [2]) Was also von dieser Art geschieht in der Religion, ist immer nur ein Privatgeschäft des Einzelnen für sich. [3]) Genöthiget (sich) aus dem Kreise der religiösen Vereinigung, wo Anschauung des Universums [4]) ihm den erhabensten Genuß gewährt, und von heiligen Gefühlen durchdrungen, sein Geist auf dem höchsten Gipfel des Lebens schwebt, [5]) zurückzuziehen in die niedrigen Gegenden des Lebens, ist es sein Trost, daß er auch alles, womit er sich da beschäftigen muß, zugleich auf das beziehen kann, was seinem Gemüth immer das Höchste bleibt. Wie er von da [6]) herabkommt unter die, welche sich auf irgend ein irdisches Streben und
190) Treiben beschränken, glaubt er leicht, und verzeiht es ihm nur, aus dem Umgang mit Göttern und Musen unter ein Geschlecht roher Barbaren versetzt zu sein. Er fühlt sich als einen Verwalter der Religion unter den Ungläubigen, als einen Missionär [7]) unter den Wilden, **ein neuer Orpheus** [8]) hofft er manchen (unter ihnen) zu gewinnen durch himmlische Töne, und stellt sich dar, unter ihnen als eine priesterliche Gestalt, seinen höhern Sinn klar und hell ausdrückend in allen Handlungen und in seinem ganzen Wesen. Regt dann der Eindruck [9]) des Heiligen und Göttlichen etwas Aehnliches auf, wie gern pflegt er dann die [10]) ersten Ahnungen der Religion in einem neuen Gemüth, einen schönen Beweis seines [11]) Gedeihens auch in einem fremden und rauhen Klima, wie triumphirend zieht er den Neuling mit sich empor zu der erhabenen Versammlung! Diese Geschäftigkeit um die Verbreitung der Religion ist nur die fromme

---

[1]) III: in der Gestalt des Allgemeinen und Unbestimmten

[2]) II Zus.: Die Einzelnen schließen sich an einander, und werden zum Ganzen: das Ganze als sich genügend ruht in sich und strebt nicht hinaus.

[3]) II Zus.: und daß ich so sage, mehr sofern er außer der Kirche ist als in ihr.

[4]) II: das gemeinschaftliche Sein und Leben in Gott

[5]) III Zus.: sich

[6]) II: dort

[7]) II: Bekehrer

[8]) III: auch ein Orpheus oder Amphion

[9]) II: in ihnen die Wahrnehmung

[10]) II: dieser

[11]) II: als einer schönen Bürgschaft ihres

Sehnsucht des Fremdlings nach seiner Heimath, das Bestreben, sein
Vaterland mit sich zu führen, und die Gesetze und Sitten desselben, [1]
sein höheres schöneres Leben überall anzuschauen, [2] das Vaterland
selbst in sich selig und sich vollkommen genug, kennt auch dieses Bestreben nicht. —

Nach *alle diesem* [3] werdet Ihr vielleicht sagen, daß ich ganz
einig mit Euch zu sein scheine, ich habe *die Kirche construirt* (191)
aus dem Begriff ihres Zwecks, [4] und indem ich ihr alle die
Eigenschaften, welche sie jetzt auszeichnen, abgesprochen, so habe ich
ihre gegenwärtige Gestalt eben so strenge gemißbilliget, als Ihr selbst.
Ich versichere Euch aber, daß ich nicht von dem geredet habe, was sein
soll, sondern von dem was ist, wenn Ihr anders nicht leugnen wollt,
daß dasjenige wirklich schon ist, was nur durch Beschränkungen des
Raumes gehindert wird, auch dem gröberen Blick zu erscheinen. Die
wahre Kirche ist in der That immer so gewesen, und ist noch so, und
wenn Ihr sie nicht so sehet, so liegt die Schuld doch eigentlich an Euch
und in einem ziemlich handgreiflichen Mißverständniß. Bedenkt nur,
ich bitte Euch, daß ich um mich eines alten aber sehr sinnreichen Aus-
druckes zu bedienen, nicht von der streitenden, sondern von der triumphirenden Kirche geredet habe, nicht von der, welche noch kämpft gegen
alle Hindernisse (*der religiösen Bildung*), **welche** [5] ihr das
Zeitalter und der Zustand der Menschheit in den Weg legt, sondern
von der, die schon alles, was ihr entgegenstand, überwunden und sich
selbst *constituirt* [6] hat. Ich habe Euch eine Gesellschaft von Menschen
dargestellt, die mit ihrer **Religion** [7] zum Bewußtsein gekommen sind
und [8] denen die religiöse Ansicht des Lebens eine **der herrschenden** [9] (192)
geworden ist, und da ich Euch überzeugt zu haben hoffe, daß *das* [10]
Menschen von einiger Bildung und [11] vieler Kraft sein müssen, und
daß ihrer (**also**) immer nur sehr wenige sein können, so *müßt* [12] Ihr
freilich ihre Vereinigung da nicht suchen, wo viele Hunderte versammelt
sind in großen Tempeln und ihr Gesang schon von fern Euer Ohr
erschüttert: so nahe, wißt Ihr wol, stehen Menschen dieser Art nicht
bei einander. Vielleicht ist sogar nur in einzelnen abgesonderten von

---

1) III Zus.: als
2) III: wiederzufinden,
3) II: *allem diesen* [dem allen]
4) II: gezeigt, was die Kirche sein *muß* [müsse] ihrer Natur nach
5) III: die
6) II: [Zus.: fertig] gebildet
7) III: Frömmigkeit
8) III Zus.: in
9) III: vor andern herrschend
10) II: dies
11) II Zus.: von
12) II: dürft

der großen Kirche gleichsam ausgeschlossenen Gemeinheiten etwas Aehnliches in einem bestimmten Raum zusammengedrängt zu finden: *das*[1]) aber ist gewiß, daß alle wahrhaft religiösen Menschen, soviel es ihrer je gegeben hat, nicht nur den Glauben, **sondern**[2]) das lebendige Gefühl von einer solchen Vereinigung mit sich herumgetragen **und**[3]) in ihr eigentlich gelebt haben, und daß sie alle das, was man gemeinhin die Kirche nennt, sehr nach seinem Werth, das heißt eben nicht sonderlich hoch, zu schätzen wußten.

Diese große Verbindung nämlich, auf welche Eure harten Beschuldigungen sich eigentlich beziehen, ist, weit entfernt eine Gesellschaft
religiöser Menschen zu sein, vielmehr nur eine Vereinigung solcher,
(193) welche die Religion erst suchen, und so finde ich es sehr natürlich, daß
sie jener fast in allen Stücken entgegengesetzt ist. (8) Leider *werde*[4])
ich, um Euch dies so deutlich zu machen als es mir ist, in eine Menge
irdischer weltlicher Dinge hinabsteigen und mich durch ein Labyrinth
der wunderlichsten Verirrungen hindurchwinden (*müssen*); es geschieht
nicht ohne Widerwillen, aber *es sei*[5]) darum, Ihr müßt dennoch mit
mir einig werden. Vielleicht, daß schon die ganz verschiedene Form
der[6]) Geselligkeit,[7]) wenn ich Euch aufmerksam darauf mache, Euch
im Wesentlichen von meiner Meinung überzeugt. Ich hoffe, Ihr seid
aus dem Vorigen mit mir einverstanden darüber, daß in der wahren
religiösen **Geselligkeit**[8]) alle Mittheilung gegenseitig ist, das Prinzip,
welches uns zur Aeußerung des Eigenen antreibt, innig verwandt mit
dem, was uns zum Anschließen an das Fremde geneigt macht und so
Wirkung und **Gegenwirkung**[9]) aufs Unzertrennlichste mit einander
verbunden. Hier im Gegentheil findet Ihr gleich eine durchaus andere
Form:[10]) Alle wollen empfangen und nur Einer ist da, der geben
soll; völlig *passiv lassen sie auf einerlei Art*[11]) in sich einwirken
durch alle Organe, und helfen höchstens dabei selbst von innen nach,
(194) so viel sie Gewalt über sich haben, ohne an eine **Gegenwirkung**[12]) auf
Andere auch nur zu denken. (9) Zeigt das nicht deutlich genug, daß
auch das Prinzip ihrer Geselligkeit ein ganz anderes sein muß? Es
kann wol bei ihnen nicht die Rede davon sein, daß sie nur ihre

---

[1]) II: soviel
[2]) III: oder vielmehr
[3]) III: sondern auch
[4]) II: muß
[5]) II: sei es
[6]) III Zus.: religiösen
[7]) III Zus.: in der einen und in der andern
[8]) III: Gesellschaft
[9]) III: Rückwirkung
[10]) II: Weise
[11]) II: leidend lassen sie nur immer
[12]) III: Rückwirkung

Religion ergänzen wollten durch die der Andern: denn wenn in der That welche[1]) in ihnen wohnte, würde diese sich wol, weil es in ihrer Natur liegt, auch **auf irgend eine Art thätig**[2]) auf Andere beweisen. Sie **thun**[3]) keine Gegenwirkung, weil sie keiner fähig sind, und sie können nur darum keiner fähig sein, weil keine Religion in ihnen wohnt. Wenn ich mich eines Bildes bedienen darf aus der Wissenschaft, der ich am liebsten Ausdrücke abborge in Angelegenheiten der Religion, so möchte ich sagen, sie sind negativ religiös und drängen sich nun in großen Haufen zu den wenigen Punkten hin, wo sie das positive Prinzip der Religion ahnen, um sich mit diesem zu vereinigen. Haben sie aber dieses in sich aufgenommen, so fehlt es ihnen wiederum an Capacität, um das **neue Produkt**[4]) festzuhalten; der feine Stoff, der gleichsam nur ihre Atmosphäre umschweben konnte, entweicht ihnen,[5]) und sie gehen **nun**[6]) in einem gewissen Gefühl von Leere **wieder eine Weile hin, bis** sie sich[7]) aufs neue negativ angefüllt haben. Dies ist in wenig Worten die Ge- (195) schichte ihres religiösen Lebens, und der Charakter der geselligen Neigung, welche mit **darin eingeflochten**[8]) ist. Nicht Religion, nur ein wenig Sinn für sie, und ein mühsames, auf eine **klägliche**[9]) Art vergebliches Streben zu ihr selbst zu gelangen, das ist alles, was man auch den Besten unter ihnen, denen, die es mit Geist und Eifer treiben, zugestehen kann. Im Lauf ihres häuslichen und bürgerlichen Lebens,[10]) auf dem größeren Schauplatz von[11]) dessen Ereignissen sie Zuschauer sind, begegnet natürlich vieles, was auch[12]) **einen geringen Antheil religiösen Sinnes afficiren muß. Aber es bleibt nur**[13]) eine dunkle Ahnung, ein schwacher Eindruck auf einer zu weichen Masse, dessen Umrisse gleich ins Unbestimmte zerfließen; alles wird bald hinweggeschwemmt von den Wellen des praktischen[14]) Lebens[15]) in die un-

---

1) II: eine eigene
2) III: irgend wie wirksam
3) III: üben . . . . aus
4) III: Aufgenommene
5) II: die Erregung, welche gleichsam nur ihre Oberfläche umspielen konnte, verschwindet wieder [bald genug]
6) III: dann
7) III: so lange hin, bis die Sehnsucht erwacht ist, und sie sich allmählich
8) III: in dasselbe verflochten
9) III: bedauernswürdige
10) II Zus.: wie
11) II: bei
12) II Zus.: schon
13) III: den aufregen muß, in dem nur ein geringer Antheil religiösen Sinnes lebt; aber diese Erregungen bleiben nur wie
14) II: geschäftigen
15) III Zus.: und lagert sich nur

besuchteste Gegend der Erinnerung, **und**[1]) auch dort von weltlichen
Dingen bald ganz **verschüttet**. Indeß entsteht aus der öfteren
Wiederholung dieses kleinen Reizes dennoch zuletzt ein Bedürfniß: die
dunkle Erscheinung im Gemüth, die immer wiederkehrt, will endlich
klar gemacht sein. Das beste Mittel dazu, so sollte man freilich denken,
wäre dieses, wenn sie sich Muße nähmen, das was so auf sie wirkt,
(196) gelassen und genau zu betrachten: aber dieses Wirkende ist **das Universum**, [2]) und in diesem liegen doch unter andern auch alle die einzelnen *Dinge*, [3]) an die sie in den übrigen Theilen ihres Lebens zu
denken, (*und*) mit denen sie zu schaffen haben. Auf diese würde sich
aus alter Gewohnheit ihr Sinn unwillkürlich richten, und das Erhabene und Unendliche würde sich ihren Augen wieder zerstückeln in
lauter Einzelnes und Geringes. Das fühlen sie, und darum vertrauen
sie sich selbst nicht *und*[4]) suchen fremde Hülfe: im Spiegel einer
fremden Darstellung wollen sie anschauen was (**sie**) in der unmittelbaren Wahrnehmung **nur verderben würden**.[5]) — *So suchen sie
nach Religion*:[6]) aber sie mißverstehen am Ende dies ganze
Streben. Denn wenn nun die Aeußerungen eines religiösen Menschen
alle jene Erinnerungen geweckt haben, **und sie nun von ihnen vereint afficirt mit einem stärkeren Eindruck**[7]) von dannen gehn: so
meinen sie, ihr Bedürfniß sei gestillt, der Andeutung der Natur sei
Genüge geschehen, und sie haben nun die *Religion selbst in sich*,
die[8]) ihnen doch — **grade**[9]) wie ehedem, *nur*[10]) in einem höheren
Grade — nur als eine flüchtige Erscheinung von außen gekommen
ist.[11]) Dieser Täuschung (**bleiben sie**) immer unterworfen, weil sie
von der wahren und lebendigen Religion weder *Begriff* noch
(197) *Anschauung*[12]) haben, (**und**) wiederholen[13]) in vergeblicher Hoffnung

---

[1]) III: um . . . . . verschüttet zu werden.

[2]) III: nichts Einzelnes, was sie von allem Andern abzöge, es ist das menschliche All

[3]) II: Verhältnisse

[4]) II: sondern

[5]) III: ihnen bald wieder zerfließen würde.

[6]) II: So suchen sie zu höheren Gefühlen zu gelangen
III: Auf diesem Wege suchen sie zu einem bestimmteren höheren Bewußtsein zu gelangen,

[7]) III: wenn sie nun den vereinten Eindruck von ihnen empfangen haben und stärker erregt

[8]) II: Kraft und das Wesen aller dieser Gefühle *selbst in sich die* [in sich selbst, da sie]

[9]) III: eben

[10]) II: wenngleich

[11]) II: sind

[12]) II: Ahnung noch Kenntniß

[13]) III Zus.: sie

endlich auf das Rechte zu kommen, tausendmal *dieselbe Operation*,[1] und bleiben **immer**[2] wo und was sie gewesen sind. (10) Kämen sie weiter, würde ihnen auf diesem Wege die Religion selbstthätig und lebendig eingepflanzt, so würden sie bald *die verlassen*,[3] deren Einseitigkeit und Passivität ihrem Zustande *alsdann nicht länger*[4] angemessen wäre, noch auch erträglich sein könnte; sie würden sich wenigstens neben ihr einen andern Kreis suchen, wo **ihre Religion sich auch thätig zeigen** und *außer sich wirken*[5] **könnte, und dieser müßte bald ihr Hauptwerk und ihre ausschließende Liebe werden.**[6] Und so wird auch in der That die Kirche **den Menschen**[7] um so gleichgültiger, je mehr sie zunehmen in der Religion, und die Frömmsten sondern sich stolz und kalt von ihr aus. Es kann *in der That Nichts*[8] deutlicher sein: man ist in dieser Verbindung nur deswegen, weil man *keine Religion hat*,[9] man verharret darin nur so *lange als man keine hat*.[10] — Eben das geht aber auch aus der Art hervor, wie sie[11] die Religion behandeln. Denn gesetzt auch, es wäre unter wahrhaft religiösen Menschen eine einseitige Mittheilung und ein Zustand freiwilliger Passivität und Entäußerung *möglich, so herrscht*[12] doch in ihrem gemeinschaftlichen (198)
Thun *überdies durchaus die größte*[13] Verkehrtheit und Unkenntniß *(der Sache)*.[14] Verständen *sie*[15] sich auf die Religion, so würde ihnen doch das die Hauptsache sein, daß der, welchen sie für sich zum Organ der Religion gemacht haben, ihnen seine klarsten **individuellsten**[16] *Anschauungen*[17] und Gefühle mittheilte; das mögen sie aber nicht, sondern setzen vielmehr den Aeußerungen seiner *Individualität*[18] Schranken auf allen Seiten, und begehren, daß er

---

[1]) II: denselben Versuch,
[2]) III: dennoch
[3]) II: nicht mehr unter denjenigen sein wollen,
[4]) II: von da an weder
[5]) II: vor Andere hintreten
[6]) III: Frömmigkeit sich Andern lebendig und belebend erweisen könnte, und bald würden sie dann nur in diesem leben wollen, und ihm ihre ausschließende Liebe weihen.
[7]) III: wie sie bei uns besteht, allen
[8]) II: kaum etwas
[9]) II: religiös zu werden erst sucht,
[10]) II: sofern man es noch nicht ist. (11)
[11]) III: die Mitglieder der Kirche selbst
[12]) II: denkbar, so könnte
[13]) II: unmöglich die durchgängige
[14]) II Zus.: herrschen, welche sich *hier* [dort] findet. Denn
[15]) II: die Genossen der Kirche
[16]) III: und eigenthümlichsten
[17]) II: Ansichten
[18]) II: Eigenthümlichkeit

ihnen vornämlich Begriffe, Meinungen, Lehrsätze, kurz statt der **eigentlichen**[1]) Elemente der Religion, die Abstraktionen[2]) darüber ins
Licht setzen soll. Verständen sie sich auf die Religion, so würden sie
aus ihrem eigenen Gefühl wissen, daß jene symbolischen Handlungen,
von denen ich gesagt habe, daß sie der wahren religiösen Geselligkeit
wesentlich sind, ihrer Natur nach Nichts sein können als Zeichen der
Gleichheit des in allen hervorgegangenen Resultats, **Andeutung**[3])
der Rückkehr[4]) zum gemeinschaftlichen Mittelpunkt, Nichts als das
vollstimmigste Schlußchor nach allem, was Einzelne rein und kunstreich
mitgetheilt haben: davon aber wissen sie Nichts, sondern sie[5]) sind
ihnen etwas für sich Bestehendes und nehmen bestimmte Zeiten ein. (12)
(199) Was geht daraus hervor als dieses, daß ihr gemeinschaftliches Thun
Nichts an sich hat von jenem Charakter einer hohen und freien Begeisterung, der der Religion durchaus eigen ist, sondern ein schüler-
haftes, mechanisches Wesen ist? und worauf deutet dieses wiederum,
als darauf, daß sie die Religion erst von außen überkommen möchten?
Das wollen sie auf alle Weise versuchen. Darum hängen sie so an
den todten Begriffen, an den Resultaten der Reflexion über die Religion und saugen sie begierig ein, in der Hoffnung, daß diese in ihnen
den Rückweg ihrer eigentlichen Genesis[6]) machen und sich
wieder in die lebendigen Anschauungen[7]) und Gefühle zurück
verwandeln werden, aus denen sie ursprünglich abgeleitet sind. Darum
brauchen[8]) sie die symbolischen Handlungen, die **eigentlich**[9]) das
Letzte sind in der religiösen Mittheilung, als Reizmittel, um das aufzuregen, was ihnen eigentlich vorangehen müßte.

Wenn ich von dieser größeren und weitverbreiteten Verbindung
in Vergleichung mit der vortrefflicheren, die (**allein**) nach meiner
Idee[10]) die wahre Kirche ist, nur sehr herabsetzend und als von etwas
Gemeinem und Niedrigem gesprochen habe, so ist das freilich in der
Natur der Sache gegründet, und ich konnte meinen Sinn darüber nicht
(200) verhehlen: aber ich verwahre mich feierlichst gegen jede Vermuthung,
die Ihr wol hegen könntet, als stimmte ich den immer allgemeiner
werdenden Wünschen bei, diese Anstalt lieber ganz zu zerstören. Nein,
wenn die wahre Kirche doch immer nur denjenigen offen stehen wird,
welche schon im Besitz der Religion[11]) sind, so muß es doch

---

[1]) III: eigenthümlichen
[2]) II: [Zus.: gemeingeltenden] Reflexionen
[3]) III: Andeutungen
[4]) III Zus: von der persönlichsten Belebtheit
[5]) III: diese Handlungen
[6]) II: umgekehrten Proceß ihrer Entstehung
[7]) II: Erregungen
[8]) II: gebrauchen
[9]) III: ihrer Natur nach
[10]) III Zus.: allein
[11]) II: die schon zur Frömmigkeit in sich gebildet [gereift]

irgend ein Bindungsmittel geben zwischen ihnen und denen, welche sie noch suchen, und[1]) das soll doch diese Anstalt sein, denn sie muß ihrer Natur[2]) nach ihre Anführer und Priester immer aus jener hernehmen.[3]) Und soll[4]) grade die Religion die einzige menschliche Angelegenheit sein, in der es keine Veranstaltungen gäbe zum Behuf der Schüler und Lehrlinge? Aber freilich der ganze Zuschnitt dieser Anstalt müßte ein anderer sein, und ihr Verhältniß zur wahren Kirche ein ganz anderes Ansehn gewinnen. Es ist mir nicht erlaubt hierüber zu schweigen. Diese Wünsche und Aussichten hängen zu genau mit der Natur der religiösen Geselligkeit zusammen, und der bessere Zustand der Dinge, den ich mir denke, gereicht so sehr zu ihrer Verherrlichung, daß ich meine Ahnungen nicht in mich verschließen darf. Das[5]) wenigstens ist durch den schneidenden Unterschied, den wir zwischen beiden festgestellt haben, gewonnen, daß wir sehr ruhig und einträchtig über alle Mißbräuche, die in der kirchlichen Gesellschaft obwalten, und (201)
über ihre Ursachen mit einander nachdenken können; denn Ihr müßt gestehen, daß die Religion, da sie[6]) eine solche Kirche nicht hervorgebracht hat,[7]) von aller Schuld an jedem Unheil, welches dieses angerichtet haben soll und[8]) an dem verwerflichen Zustande, worin sie sich befinden mag, vorläufig[9]) freigesprochen werden (muß), so gänzlich freigesprochen, daß man ihr nicht einmal den Vorwurf machen kann, sie könne in so etwas ausarten; denn[10]) wo sie noch gar nicht gewesen ist (kann sie) auch unmöglich[11]) ausgeartet sein. Ich gebe zu, daß es in dieser Gesellschaft einen verderblichen Sektengeist giebt, und nothwendig geben müsse. Wo die religiösen Meinungen gleichsam als Methode gebraucht werden, um zur Religion zu gelangen, da müssen sie freilich in ein bestimmtes Ganzes gebracht werden, denn eine Methode muß durchaus bestimmt und auch endlich[12]) sein, (14) und wo sie als etwas das nur von außen gegeben werden kann, angenommen werden auf die Autorität des Gebenden, da muß jeder **Andersdenkende**[13]) als ein Störer des ruhigen und sichern Fortschreitens angesehen werden, weil er durch sein bloßes

---

[1]) II Zus.: eben
[2]) II: welche auch deshalb ihrer Natur [der Natur der Sache]
[3]) II Zus.: muß. (13)
[4]) II: Oder soll etwa
[5]) II: Soviel
[6]) III Zus.: für sich
[7]) III Zus.: und sich in ihr nicht darstellt, auch
[8]) III Zus.: von allem Antheil
[9]) II Zus.: muß
[10]) II: da sie ja
[11]) II Zus.: kann
[12]) II: geschlossen
[13]) III: der seine religiöse Sprache anders ausprägt,

Dasein und die Ansprüche, die damit verbunden sind, diese Autorität
(202) schwächt;[1]) ich gestehe sogar, daß er[2]) in der alten Vielgötterei, wo
das Ganze der Religion von selbst nicht in Eins befaßt war, und sie
sich jeder Theilung und Absonderung williger darbot, weit gelinder
und humaner[3]) war, und daß er erst in den sonst besseren Zeiten
der systematischen Religion sich organisirt und in seiner ganzen Kraft
gezeigt hat, denn wo jeder ein ganzes System und einen Mittelpunkt
dazu zu haben glaubt, da muß der Werth, der auf jedes Einzelne gelegt wird, ungleich größer sein: ich gebe beides zu; aber Ihr werdet
mir einräumen, daß jenes der Religion überhaupt nicht zum Vorwurf
gereicht, und daß dieses nichts dagegen[4]) beweisen kann, (daß)
die Ansicht des Universums als System[5]) nicht die höchste Stufe der
Religion (wäre). Ich gebe zu, daß (es) in dieser Gesellschaft mehr
mit dem[6]) Verstehen oder Glauben, und mit dem[6]) Handeln
und Vollziehn von Gebräuchen, als mit dem Anschaun und
Fühlen gehalten wird,[7]) und daß sie daher immer, wie auf-
geklärt auch ihre Lehre sei, an den Grenzen der Superstition einher-
geht und an irgend einer Mythologie hängt: aber Ihr werdet gestehen:
daß sie[8]) nur um so weiter von der wahren Religion entfernt ist.
Ich gebe zu, daß diese Verbindung nicht[9]) bestehen kann ohne einen
(203) permanenten[10]) Unterschied zwischen Priestern und Laien;[11]) denn
wer unter diesen dahin käme, selbst Priester sein zu können, das heißt
wahre Religion in sich zu haben,[12]) der könnte unmöglich Laie
bleiben und sich noch ferner so gebehrden, als ob er keine hätte;[13])
er wäre vielmehr frei und verbunden,[14]) diese Gesellschaft zu verlassen,
und die wahre Kirche aufzusuchen:[15]) aber das bleibt gewiß, daß diese
Trennung mit allem, was sie Unwürdiges hat, und mit allen übeln

---

[1]) II Zus.: Ja,

[2]) II: dieser Sektengeist

[3]) II: friedlicher

[4]) II: keineswegs

[5]) II Zus.: sei

[6]) II: auf das

[7]) II Zus.: gesehen wird, als daß eine freie Entwickelung religiöser Wahrnehmungen und Gefühle begünstiget würde,

[8]) II: ihr ganzes Wesen deshalb

[9]) II: kaum

[10]) II: feststehenden

[11]) III Zus.: als zwei verschiedenen religiösen Ständen,

[12]) II: eigenthümlich und vollständig und zur Leichtigkeit in irgend einer Art der Darstellung sein Gefühl in sich ausgebildet zu haben,

[13]) II: dies alles ihm fehlte;

[14]) III Zus.: entweder

[15]) III Zus.: oder von dieser vielleicht sich wieder zu jener zurückschicken zu lassen, um ihr mit vorzustehen als Priester:

Folgen, die ihr eigen sein können, nicht von der Religion herrührt, sondern **selbst etwas ganz Irreligiöses ist.**[1])

Jedoch eben hier höre ich Euch einen neuen Einwurf machen, der alle diese Vorwürfe wieder auf die Religion zurückzuwälzen scheint. Ihr werdet mich daran erinnern, daß ich selbst gesagt habe, die große kirchliche Gesellschaft, jene Anstalt für die Lehrlinge in der Religion meine ich, müsse der Natur der Sache nach ihre Anführer, die Priester, nur aus den Mitgliedern der wahren Kirche nehmen, weil es in ihr selbst an dem wahren Prinzip der Religion[2]) fehle. Ist dies so, werdet Ihr sagen, wie können denn die Virtuosen der Religion[3]), da wo sie zu herrschen haben, wo alles auf ihre Stimme hört, und wo sie selbst nur die[4]) Stimme der Religion (hören) sollten,[5]) so vieles dulden, ja **mehr als dulden**[6]) — denn wem verdankt die (204)
Kirche wol alle ihre Einrichtungen, als den Priestern? — was dem Geist der Religion ganz zuwider sein soll? Oder wenn es nicht so ist, wie es sein sollte, wenn sie sich vielleicht die Regierung ihrer Tochtergesellschaft haben entreißen lassen, wo ist dann der hohe Geist, den wir mit Recht bei ihnen suchen?[7]) warum haben sie ihre wichtige Provinz so schlecht verwaltet? warum haben sie es geduldet, daß niedrige Leidenschaften das zu einer Geißel der Menschheit machten, was unter[8]) den Händen der Religion ein Segen geblieben wäre? sie, für deren jeden, wie du selbst gestehst, die Leitung derer, die ihrer Hülfe (so) sehr bedürfen, das erfreulichste und zugleich heiligste Geschäft sein muß. — Freilich ist es leider nicht so, wie ich behauptet habe, daß es sein soll:[9]) wer möchte wol sagen, daß alle diejenigen, daß auch nur der größte Theil, daß nachdem einmal solche Unterordnungen gemacht sind, auch nur die Ersten und Vornehmsten unter denen, welche die große Kirchengesellschaft[10]) regiert haben, Virtuosen[11]) der Religion oder auch nur Mitglieder der wahren Kirche gewesen wären? Nehmt nur, ich bitte Euch, das was ich sagen muß um sie zu entschuldigen, nicht für eine hinterlistige Retorsion. Wenn Ihr[12]) der Religion entgegenredet, thut Ihr es gewöhnlich im Namen der Philosophie; wenn Ihr der Kirche Vorwürfe macht, sprecht Ihr im Namen des Staats: (205)

---

[1]) III: nur von dem Mangel an Religiosität in der Masse.
[2]) II: Religiosität
[3]) II: in der Religion Vollkommenen
[4]) II: der
[5]) II Zus.: Gehör geben
[6]) III: vielmehr selbst hervorbringen
[7]) III Zus.: dürfen?
[8]) II: in
[9]) II: solle
[10]) III Zus.: seit langer Zeit
[11]) II: Vollkommne in
[12]) II Zus.: nämlich

Ihr wollt die politischen Künstler aller Zeiten darüber vertheidigen, daß durch Dazwischenkunft der Kirche ihr Kunstwerk so viel unvollkommene und übel berathene Stellen bekommen habe. Wenn nun ich, der ich im Namen der religiösen (Virtuosen,) und für sie rede, die Schuld davon, daß sie ihr Geschäft nicht mit besserem Erfolg haben betreiben können, dem Staat und den Staatskünstlern beimesse, werdet Ihr mich nicht im Verdacht jenes Kunstgriffs haben? Dennoch hoffe ich, Ihr werdet mir mein Recht nicht versagen können, wenn Ihr mich über die eigentliche Entstehung aller dieser Uebel anhört.

Jede neue Lehre und Offenbarung, jede neue Ansicht des Universums, welche den Sinn für dasselbe anregt auf einer Seite, wo es bisher noch nicht ergriffen worden ist, gewinnt auch einige Gemüther der Religion, für welche grade dieser Punkt der einzige war, durch welchen sie eingeführt werden konnten in die neue und unendliche[1]) Welt, (und) den meisten unter ihnen bleibt dann natürlich grade diese Anschauung[2]) der Mittelpunkt der Religion, sie bilden um ihren
(206) Meister her eine eigene Schule, ein abgesondertes Bruchstück[3]) der wahren und allgemeinen Kirche, welches[4]) erst still und langsam seiner Vereinigung im Geist mit diesem[5]) großen Ganzen entgegenreift. Aber ehe diese erfolgt, werden sie gewöhnlich, wenn erst die neuen Gefühle ihr ganzes Gemüth durchdrungen und gesättigt haben, heftig ergriffen von dem Bedürfniß zu äußern, was in ihnen ist, damit das innere Feuer sie nicht verzehre. So verkündiget jeder wo und wie er kann, das neue Heil, welches ihm aufgegangen ist; von jedem Gegenstande finden sie den Uebergang zu dem neuentdeckten Unendlichen, jede Rede verwandelt sich in eine Zeichnung ihrer besondern religiösen Ansicht, jeder Rath, jeder Wunsch, jedes freundliche Wort in eine begeisterte Anpreisung des Weges, den sie als den einzigen kennen zum Tempel der Religion.[6]) Wer es weiß, wie die Religion wirkt, der findet es natürlich, daß sie alle reden, sie würden[7]) fürchten, daß die Steine es ihnen zuvor thäten. Und wer es weiß, wie ein neuer Enthusiasmus wirkt, der findet es natürlich, daß dieses lebendige Feuer gewaltsam um sich greift, manche verzehrt, viele erwärmt (und) Tausenden[8]) den falschen oberflächlichen Schein einer innern Glut mittheilt. Und diese Tausende sind eben das Verderben.
(207) Das jugendliche Feuer der neuen Heiligen nimmt auch sie für wahre Brüder, „was hindert, sprechen sie nur allzurasch, daß auch diese den

---

[1]) II: höhere, ihnen noch unbekannte
[2]) II: Beziehung
[3]) II: einen für sich bestehenden besonderen Theil
[4]) II: welcher
[5]) II: dem
[6]) II: zur Seligkeit.
[7]) II Zus.: sonst
[8]) III Zus.: aber auch nur

heiligen Geist empfahen," [1]) sie selbst nehmen sich dafür und lassen sich im freudigen Triumph einführen in den Schoß der frommen Gesellschaft. Aber wenn der Rausch der ersten Begeisterung vorüber, wenn die glühende Oberfläche ausgebrannt ist, so zeigt sich, daß sie den Zustand, in welchem die Andern sich befinden, nicht aushalten und nicht theilen können, mitleidig stimmen sich diese herab zu ihnen, und entsagen ihrem eignen höheren und innigeren Genuß, um ihnen wieder nachzuhelfen, und so nimmt alles die [2]) unvollkommene Gestalt an. Auf diese Art bildet sich [3]) ohne äußere Ursachen durch das allen menschlichen Dingen gemeine Verderbniß, der [4]) ewigen Ordnung gemäß, nach welcher dieses Verderben grade das feurigste und regsamste Leben am schnellsten ergreift, *um jedes einzelne Bruchstück* [5]) der wahren Kirche, *welches* [6]) irgendwo in der Welt isolirt entsteht, nicht abgesondert von jenem, sondern in und mit ihm, eine falsche und ausgeartete Kirche. [7]) So ist es zu allen Zeiten, unter allen Völkern und in jeder besondern Religion ergangen. Wenn man aber alles ruhig sich selbst überließe, so könnte dieser Zustand unmöglich irgendwo lange gewährt haben. Gießt Stoffe von verschiedener Schwere und Dichtigkeit und die wenig (208) innere Anziehung gegen einander haben, in ein Gefäß, rüttelt sie auch aufs heftigste durch einander, daß Alles Eins zu sein scheint, und Ihr werdet sehen, wie Alles, wenn Ihr es nur ruhig stehen laßt, sich allmählich wieder sondert, und nur Gleiches sich zu Gleichem gesellt. So wäre es auch hier ergangen, denn das ist der natürliche Lauf der Dinge. Die wahre Kirche hätte sich still wieder ausgeschieden, um der vertrauteren und höheren Geselligkeit zu genießen, welcher die Andern nicht fähig *wären;* [8]) das Band der letzteren unter einander wäre dann so gut als gelöst gewesen, und ihre natürliche *Passivität hätte* [9]) irgend etwas Aeußeres *erwarten müssen* [10]), um zu bestimmen, was aus ihnen werden sollte. Sie wären aber nicht verlassen geblieben von jenen: wer hätte wol außer ihnen *das geringste Interesse gehabt* [11]), sich ihrer anzunehmen? was für eine Lockung hätte wol ihr Zustand den Absichten anderer Menschen dargeboten? Was wäre zu gewinnen, oder was für Ruhm wäre zu erlangen gewesen mit [12]) ihnen? Ungestört also wären die Mitglieder

---

[1]) II Zus.: ja,
[2]) III: jene
[3]) III: geschieht es
[4]) III: jener
[5]) II: [Zus.: daß sich] um jeden einzelnen Theil
[6]) II: welcher
[7]) III Zus.: bildet.
[8]) II: waren
[9]) II: Stumpfheit müßte
[10]) II: erwartet haben
[11]) II: den leisesten Beruf
[12]) III: an

der wahren Kirche im Besitz geblieben, ihr priesterliches Amt unter ihnen[1]) in einer neuen und besser angelegten Gestalt wieder anzu-
(209) treten. Jeder hätte diejenigen um sich versammelt, die grade ihm am besten verstehn, auf die nach seiner Art am meisten gewirkt werden konnte,[2]) und statt der ungeheuren Verbindung, deren Dasein Ihr jetzt beseufzt, wären eine große Menge kleinerer und unbestimmter Gesellschaften entstanden, worin die Menschen sich auf allerlei Art bald hier bald dort geprüft hätten auf die Religion, und der Aufenthalt darin wäre nur ein vorübergehender Zustand gewesen, vorbereitend für den, dem der Sinn für die Religion aufgegangen wäre, entscheidend für den, der sich unfähig gefunden hätte, auf irgend eine Art davon ergriffen zu werden. (15) (O goldnes Zeitalter der Religion, wann werden die Umwälzungen der menschlichen Dinge dich künstlich herbeiführen, nachdem du auf dem einfachen Wege der Natur verfehlt worden bist!) Heil denen, welche dann[3]) berufen werden! gnädig sind ihnen die Götter, und reicher Segen folgt ihren Bemühungen auf ihrer Mission[4]) den Anfängern zu helfen und den Unmündigen den Weg eben zu machen zum Tempel des Ewigen, Bemühungen, die uns Heutigen so karge Frucht bringen unter den ungünstigsten Umständen. (16) Es ist wol ein unheiliger Wunsch,[5]) aber ich kann (ihn) mir kaum
(210) versagen.[6]) Möchte doch allen Häuptern des Staats, allen Virtuosen und Künstlern der Politik auf immer fremd geblieben sein, auch die entfernteste Ahnung von Religion! möchte doch nie einer ergriffen worden sein von der Gewalt jenes epidemischen Enthusiasmus, wenn sie doch ihre Individualität[7]) nicht zu scheiden wußten von ihrem Beruf und ihrem öffentlichen Charakter! Denn das ist uns die Quelle alles Verderbens geworden. Warum mußten sie die kleinliche Eitelkeit und den wunderlichen Dünkel, daß[8]) die Vorzüge, welche sie **mittheilen könnten**,[9]) überall ohne Unterschied

---

[1]) II: diesen

[2]) II: grade ihn am besten verstanden, die nach seiner [durch seine] Weise am kräftigsten konnten erregt werden,

[3]) II: wann die Umwälzungen der menschlichen Dinge dieses goldne Zeitalter der Religion, nachdem es auf dem einfachen Wege der Natur verfehlt worden ist, auf einem langsameren und künstlicheren Wege herbeizuführen, alsdann erst

[4]) II: Sendung

[5]) II: Es scheint wol ein unheiliger Wunsch
III: Hört einen dem Anschein nach vielleicht unheiligen Wunsch,

[6]) II Zus.: ihn zu äußern.

[7]) II: jener ansteckenden Begeisterung wenn sie doch ihr eigenthümlichstes Inneres

[8]) II: als ob

[9]) III: mitzutheilen haben,

etwas Wichtiges sind,[1]) mitbringen in die Versammlung der Heiligen. Warum mußten sie die Ehrfurcht vor den Dienern des Heiligthums von dannen mit zurücknehmen in ihre Paläste und Richtsäle? Ihr habt[2]) Recht zu wünschen, daß nie der Saum eines priesterlichen Gewandes den Fußboden eines königlichen Zimmers[3]) möchte berührt haben, aber laßt[4]) uns nur wünschen, daß nie der Purpur den Staub am Altar geküßt haben möchte;[5]) wäre dies nicht geschehen, so würde jenes nicht erfolgt sein. Ja, hätte man nie einen Fürsten in den Tempel gelassen, bevor er[6]) den schönsten königlichen Schmuck, das reiche Füllhorn aller seiner Gunst und Ehrenzeichen abgelegt hätte vor der Pforte! Aber sie haben **es mitgenommen,**[7]) sie haben gewähnt, die (211)
einfache Hoheit des himmlischen Gebäudes schmücken zu können durch abgerissene Stücke ihrer irdischen Herrlichkeit, und statt **eines geheiligten Herzens**[8]) haben sie weltliche Gaben zurückgelassen als Weihgeschenke für den Höchsten. —

So oft ein Fürst eine Kirche für eine Corporation[9]) erklärte, (für eine Gemeinschaft) mit **eigenen**[10]) Vorrechten, für eine **ansehnliche**[11]) Person in der bürgerlichen Welt — und **es**[12]) geschah nie anders als wenn bereits jener unglückliche Zustand eingetreten war, **wo**[13]) die Gesellschaft der Gläubigen und die der Glaubensbegierigen, **das Wahre und das Falsche, was sich bald wieder auf immer geschieden hätte, bereits vermischt war,**[14]) denn ehe war nie eine religiöse Gesellschaft groß genug, um die Aufmerksamkeit der Herrscher zu erregen — so oft ein Fürst, sage ich, zu dieser gefährlichsten und verderblichsten aller **Handlungen**[15]) sich verleiten ließ, war das Verderben dieser Kirche[16]) unwiderruflich beschlossen und eingeleitet. Wie das furchtbare Medusenhaupt wirkt eine solche Constitutionsakte politischer **Existenz**[17]) auf die religiöse Gesellschaft: alles versteinert sich so wie

---

[1]) II: wären,
[2]) III Zus.: vielleicht
[3]) II: Gemaches
[4]) II Zus.: auch
[5]) II: hätte, denn
[6]) II Zus.: nicht
[7]) III: sich dessen bedient wie anderwärts
[8]) III: heilige Gelübde zu erfüllen
[9]) II: Gemeinheit
[10]) III: besonderen
[11]) III: ausgezeichnet angesehene
[12]) III: dies
[13]) III: daß
[14]) III: sich auf jene unrichtige Art, die immer zum Nachtheil der ersteren ausfallen muß, mit einander vermischt hatten,
[15]) III: Vergünstigungen
[16]) III Zus.: fast
[17]) III: Präponderanz

sie erscheint. Alles nicht Zusammengehörige, was nur für einen Augenblick in einander geschlungen war, ist nun unzertrennlich an einander gekettet;
(212) alles Zufällige, was leicht h ä t t e [1]) abgeworfen werden (k ö n n e n), ist nun auf immer befestigt; das Gewand ist mit dem Körper aus einem Stück, und jede unschickliche Falte ist wie für die Ewigkeit. Die größere und unechte Gesellschaft läßt sich nun nicht mehr trennen von der höheren und kleineren, wie sie doch getrennt werden müßte; sie läßt sich nicht mehr theilen noch auflösen; sie kann weder ihre Form noch ihre Glaubensartikel mehr ändern; ihre Einsichten, ihre Gebräuche, alles ist verdammt in dem Zustande zu verharren, in dem es sich eben befand. Aber das ist noch nicht alles: die Mitglieder der wahren Kirche, die mit in ihr enthalten sind, sind von nun an von jedem Antheil an ihrer Regierung so gut als ausgeschlossen mit Gewalt, und außer Stand gesetzt, das Wenige für sie zu thun, was noch gethan werden könnte. Denn es giebt nun mehr zu regieren als sie regieren können und wollen: weltliche Dinge sind jetzt zu ordnen und zu besorgen, [2]) und wenn sie sich gleich **auch darauf** [3]) verstehn in ihren häuslichen und bürgerlichen Angelegenheiten, so können sie (**sie**) doch [4]) nicht als (**eine**) Sache ihres priesterlichen Amtes behandeln. Das ist ein Widerspruch, der in ihren Sinn nicht eingeht, und mit dem sie sich nie aussöhnen
(213) können; es geht nicht zusammen mit ihrem hohen und reinen Begriff von Religion und religiöser Geselligkeit. Weder für die wahre Kirche, der sie angehören, noch für die größere Gesellschaft, die sie leiten sollen, können sie begreifen, was sie denn nun machen sollen mit den Häusern und Aeckern (**die sie erworben**) und (**den**) Reichthümern, die sie besitzen können, (17) (**und was das helfen soll für ihren Zweck**). **Sie** [5]) sind außer Fassung gesetzt und verwirrt durch diesen widernatürlichen Zustand, und wenn nun [6]) durch dieselbe Begebenheit zugleich alle die angelockt werden, die sonst immer draußen geblieben sein würden, wenn es nun das Interesse aller Stolzen, Ehrgeizigen, (u n d) Habsüchtigen und Ränkevollen geworden ist, sich einzudrängen in die Kirche, in deren Gemeinschaft sie sonst nur die bitterste Langeweile empfunden hätten, wenn diese nun anfangen Theilnahme an heiligen Dingen und Kunde davon zu heucheln, um den weltlichen Lohn davon zu tragen; wie sollen jene wol ihnen nicht unterliegen? Wer trägt also die Schuld, wenn unwürdige Menschen den Platz der V i r t u o s e n d e r H e i l i g k e i t [7]) einnehmen, und wenn unter ihrer Aufsicht alles sich einschleichen und festsetzen darf, was dem Geist der Religion am meisten

---

[1]) II: konnte
[2]) III Zus.: Vorzüge zu behaupten und geltend zu machen
[3]) III: auf dergleichen auch
[4]) III Zus.: Dinge dieser Art
[5]) III: und die Mitglieder der wahren Kirche
[6]) III Zus.: noch überdies
[7]) II: gereiften Heiligen

zuwider ist? wer anders als der Staat mit seiner übel verstandenen
Großmuth. Er ist aber auf eine noch unmittelbarere Art Ursach, daß (214)
das Band zwischen der wahren Kirche und der äußern Religionsgesellschaft sich gelöst hat. Denn nachdem er dieser jene unselige Wohl-
that erwiesen, meinte er ein Recht auf ihre thätige Dankbarkeit zu
haben, und hat sie belehnt mit drei höchst wichtigen Aufträgen in
seinen Angelegenheiten. (18) Der Kirche hat er mehr oder weniger
übertragen die Sorge und Aufsicht auf die Erziehung; unter den
Auspicien der Religion und in der Gestalt einer Gemeine, will er,
daß das Volk unterrichtet werde in den Pflichten, **die seine Gesetze
nicht fassen, und beredet** [1]) zu s i t t l i c h e n [2]) Gesinnungen; und von der
Kraft der Religion und den Unterweisungen der Kirche fordert er, daß
sie ihm seine Bürger wahrhaft mache in ihren Aussagen. (U n d) zur
Vergeltung [3]) für diese Dienste, die er begehrt, beraubt er sie nun —
so ist es ja fast in allen Theilen der gesitteten Welt, wo es einen
Staat und eine Kirche giebt — ihrer Freiheit, er behandelt sie als
eine Anstalt, die er eingesetzt und erfunden hat, und freilich ihre Fehler
und Mißbräuche sind fast alle seine Erfindung, und er allein maßt
sich die Entscheidung darüber an, wer tüchtig sei als Vorbild und als
Priester der Religion aufzutreten in dieser Gesellschaft.

Und dennoch wollt Ihr es von der Religion fordern, wenn **es** (215)
nicht alles [4]) heilige Seelen sind? Aber ich bin noch nicht am Ende
mit meinen Anklagen: sogar in die innersten Mysterien der religiösen
Geselligkeit trägt er sein Interesse hinein und verunreinigt sie. Wenn
die Kirche in prophetischer Andacht die Neugeborenen der Gottheit und
dem Streben nach dem Höchsten weihet, so will er sie dabei zugleich
aus ihren Händen empfangen in die Liste seiner Schutzbefohlenen;
wenn sie den Heranwachsenden den ersten Kuß der Brüderschaft giebt,
als solchen, die nun den ersten Blick gethan haben in die Heiligthümer
der Religion, so soll das auch für ihn das Zeugniß sein von dem
ersten Grade ihrer bürgerlichen Selbständigkeit; (19) wenn sie mit gemeinschaftlichen frommen Wünschen die Verschmelzung zweier Personen
heiligt, **wodurch sie zu** [5]) **Werkzeugen des schaffenden Universums
werden,** [6]) so soll das zugleich seine Sanktion sein für ihr bürgerliches Bündniß; und selbst daß ein Mensch verschwunden ist vom
Schauplatz dieser Welt, will er nicht eher glauben, bis sie ihn versichert, daß sie seine Seele wiedergegeben haben dem Unendlichen, und

---

[1]) III: welche unter die Form des Gesetzes nicht können befaßt werden und daß es angeregt werde

[2]) II: wahrhaft bürgerlichen

[3]) II Zus.: aber

[4]) III: diese nicht insgesammt

[5]) II Zus.: Sinnbildern und

[6]) III: welche als Sinnbilder und Werkzeuge der schaffenden Natur sich zugleich zu Trägern des höhern Lebens weihen,

seinen Staub eingeschlossen in den **Schoß der heiligen Erde.**[1] Es zeigt
(216) Ehrfurcht vor der Religion und ein Bestreben, sich immer im Bewußtsein seiner eigenen Schranken zu erhalten, daß *er*[2]) sich so jedesmal (**beugt**) vor ihr und ihren Verehrern,[3]) wenn er etwas empfängt aus den Händen der Unendlichkeit, oder es wieder abliefert in dieselben: aber wie auch dies alles nur zum Verderben der religiösen Gesellschaft wirkt, ist klar genug. Nichts giebt es nun in allen ihren Einrichtungen, was sich auf die Religion allein bezöge, oder worin sie auch nur die Hauptsache wäre: in den heiligen Reden und Unterweisungen sowol als in den geheimnißvollen und symbolischen Handlungen ist alles voll von *moralischen und politischen*[4]) Beziehungen, (20) alles ist abgewendet von *seinem ursprünglichen Zweck und Begriff.*[5]) Viele giebt es daher unter ihren Anführern, die Nichts verstehn von der Religion[6]) und viele **unter ihren Mitgliedern,**[7]) denen es nicht in den Sinn kommt, **sie**[8]) suchen zu wollen.[9])

Daß einer Gesellschaft, welcher so etwas begegnen kann, welche mit eitler Demuth Wohlthaten *empfängt,*[10]) die ihr zu nichts **dienen,**[11]) und mit kriechender Bereitwilligkeit Lasten übernimmt, die sie ins Verderben stürzen, welche sich mißbrauchen läßt von einer fremden Macht, welche (**ihre**) Freiheit und Unabhängigkeit, die ihr doch angeboren **ist,**[12])
(217) fahren läßt für einen leeren Schein, welche ihren hohen und erhabenen Zweck aufgiebt, um Dingen nachzugehen, die ganz außer ihrem Wege liegen, daß dies nicht eine Gesellschaft von Menschen sein kann, die ein bestimmtes Streben haben und genau wissen, was sie wollen, das denke ich springt in die Augen; und diese kurze Hinweisung auf die **Begebenheiten**[13]) der kirchlichen Gesellschaft ist, denke ich, der beste Beweis davon, daß sie nicht die eigentliche Gesellschaft der religiösen Menschen ist, daß höchstens einige Partikeln von dieser mit ihr vermischt waren, überschüttet von fremden Bestandtheilen, und daß das Ganze, um den ersten Stoff dieses unermeßlichen Verderbens aufzu-

---

[1]) III: heiligen Schoß der Erde.
[2]) II: der Staat
[3]) III Zus.: beugt
[4]) II: rechtlichen und bürgerlichen
[5]) II: seiner ursprünglichen Art und Natur.
[6]) III Zus.: aber doch im Stande sind, sich große amtliche Verdienste zu erwerben als Diener derselben,
[7]) III: giebt es unter den Mitgliedern der Kirche
[8]) III: Religion auch nur
[9]) III Zus.: und die doch Interesse genug haben in der Kirche zu bleiben und Theil an ihr zu nehmen.
[10]) II: annimmt,
[11]) III: frommen
[12]) III: sind
[13]) III: Geschichten

nehmen, schon in einem Zustande krankhafter Gährung sein mußte, in
welcher die wenigen gesunden Theile bald gänzlich entwichen. Voll
heiligen Stolzes hätte die wahre Kirche Gaben verweigert, die sie nicht
brauchen konnte, wol wissend, daß diejenigen, welche die Gottheit gefunden haben und sich ihrer gemeinschaftlich erfreuen, in ihrer reinen
Geselligkeit, in der sie nur ihr innerstes Dasein ausstellen und mittheilen wollen, eigentlich Nichts gemein haben, dessen Besitz ihnen ge-
schützt werden müßte durch eine weltliche Macht, daß sie Nichts brauchen
auf Erden, und auch Nichts brauchen können als eine Sprache, um sich (218)
zu verstehen, und einen Raum, um bei einander zu sein, Dinge, zu
denen sie keiner Fürsten und ihrer Gunst bedürfen.

Wenn es aber doch eine vermittelnde Anstalt geben soll, durch
welche die wahre Kirche in eine gewisse Berührung kommt mit der
profanen Welt, mit der sie[1]) unmittelbar nichts zu schaffen **hat,**[2])
gleichsam eine Atmosphäre, durch welche sie (sich) zugleich[3]) reinigt
und auch neuen Stoff an sich zieht und bildet: welche Gestalt soll diese
Gesellschaft denn annehmen, und wie wäre sie zu befreien von dem
Verderben, welches sie eingesogen hat? Das Letzte bleibe der Zeit zu
beantworten überlassen: es giebt zu allem was irgend einmal geschehen muß, tausend verschiedene Wege, und für alle Krankheiten der
Menschheit mannichfaltige Heilarten: jede wird an ihrem Ort versucht
werden und zum Ziele führen. Nur dies Ziel sei mir erlaubt anzudeuten, um Euch desto klarer zu zeigen, daß es auch hier nicht die
Religion und ihr Streben gewesen ist, worauf Euer Unwille sich ge-
worfen hat.[4]) Der eigentliche Hauptbegriff **davon**[5]) ist doch dieser,
daß denjenigen, die in einem gewissen Grade Sinn für die Religion
haben, **die aber, weil sie**[6]) in ihnen noch nicht zum Ausbruch und
zum Bewußtsein gekommen ist, **noch nicht fähig sind der wahren Kirche** (219)
einverleibt zu werden,[7]) (a b s i c h t l i c h) soviel Religion g e z e i g t
w e r d e,[8]) daß dadurch ihre Anlage für dieselbe nothwendig entwickelt
werden muß. Laßt uns sehen was eigentlich verhindert, daß dies in
der gegenwärtigen Lage der Dinge nicht geschehen kann. — Ich will
nicht noch einmal daran erinnern, daß der Staat jetzt diejenigen, die
in dieser Gesellschaft Anführer und Lehrer sind — nur ungern[9]) be-
diene ich mich (a u s M a n g e l) dieses Worts, welches für das Ge-

---

[1]) III Zus.: sonst
[2]) III: hätte
[3]) III Zus.: sich
[4]) III: hätte werfen sollen
[5]) III: einer solchen Hülfsanstalt
[6]) III: ohne jedoch weil sie nämlich
[7]) III: schon der Einverleibung in die wahre Kirche fähig zu
sein, daß diesen
[8]) II: als solche lebendig dargestellt werde,
[9]) II Zus.: und aus Mangel

schäft sich nicht schickt — nach seinen Wünschen auswählt, die mehr auf Beförderung der übrigen Angelegenheiten, *die*[1]) er mit dieser Anstalt verbunden hat, gerichtet sind; daß *man*[2]) ein höchst verständiger *Pädagog*[3]) und ein sehr reiner trefflicher *Moralist*[4]) sein kann **ohne von der Religion das Mindeste zu verstehen:**[5]) *und daß*[6]) es daher vielen, die er unter seine würdigsten Diener in dieser Anstalt zählt, leicht *ganz daran*[7]) fehlen mag; ich will annehmen, alle die er *einsetzt, wären wirklich Virtuosen in der Religion:*[8]) so würdet Ihr doch zugeben, daß kein Künstler seine Kunst einer Schule mit einigem Erfolg mittheilen kann, wenn nicht unter den Lehrlingen eine gewisse Gleichheit der Vorkenntnisse Statt findet;
(220) *und doch ist diese*[9]) in jeder Kunst, wo der Schüler seine Fortschritte durch Uebungen macht, und der Lehrer vornämlich durch Kritik nützlich *ist,*[10]) minder nothwendig[11]) als **in der Religion,**[12]) wo der Meister nichts thun kann als zeigen und darstellen. Hier muß alle seine Arbeit vergeblich sein, wenn nicht allen dasselbe, nicht nur verständlich, sondern auch angemessen und heilsam ist. Nicht also in Reihe und Glied, wie sie ihm zugezählt sind nach einer alten Vertheilung, nicht wie ihre Häuser neben einander stehen, oder wie sie verzeichnet sind in den Listen der Polizei, muß der heilige Redner seine Zuhörer bekommen, sondern nach einer gewissen Aehnlichkeit der Fähigkeiten und der Sinnesart. (21) — *Laßt aber auch nur solche sich bei Einem Meister versammeln,*[13]) die der Religion gleich nahe sind, so sind sie es doch nicht auf gleiche Weise, und es ist höchst widersinnig, irgend einen Lehrling auf einen bestimmten Meister beschränken zu wollen, weil es nirgend einen *solchen Virtuosen*[14]) in der Religion[15]) geben kann, welcher im Stande wäre, Jedem der

---

[1]) II: welche

[2]) II: einer in dem Sinne des Staats

[3]) II: Erzieher

[4]) II: Pflichtenlehrer [Zus.: für das Volk]

[5]) III: ohne im eigentlichen Sinne des Worts selbst religiös erregt zu sein,

[6]) II: an welcher [woran]

[7]) II: gänzlich

[8]) II: eingesetzt wären wirklich von Frömmigkeit durchdrungen und beseelt,

[9]) II: welche dennoch

[10]) II: wird

[11]) II Zus.: ist

[12]) III: hier bei unserm Gegenstande,

[13]) II: Setzet aber auch es versammelten sich um einen Meister nur solche,

[14]) II: so allseitig (*empfänglichen und*) ausgebildeten

[15]) III Zus.: noch einen auf alle Weise ausströmenden

ihm vorkommt durch seine Darstellung und Rede den verborgenen
Keim der Religion ans Licht zu locken. Gar[1]) zu viel umfassend ist
ihr Gebiet. Erinnert Euch der verschiedenen Wege, auf denen der
Mensch — von der Anschauung des Endlichen[2]) zu der des[3]) (221)
Unendlichen übergeht, und daß[4]) dadurch seine Religion einen eignen
und bestimmten Charakter annimmt; denkt an die verschiedenen Modi-
fikationen,[5]) unter denen das Universum angeschaut werden
kann[6]) und an die tausend einzelnen Anschauungen[7]) und die
verschiedenen Arten, wie diese zusammengestellt werden mögen, um
einander wechselseitig zu erleuchten; bedenkt daß Jeder, der Religion
sucht, sie unter der bestimmten Form antreffen muß, die seinen Anlagen und seinem Standpunkt angemessen ist, wenn die seinige dadurch
wirklich aufgeregt werden soll: so werdet Ihr finden, daß es
jedem Meister unmöglich sein muß, allen alles und jedem das zu
werden, was er bedarf, weil unmöglich Einer zugleich ein Mystiker,
ein physischer Gottesgelehrter und ein heiliger Künstler
sein kann, zugleich ein Deist und ein Pantheist,[8]) zugleich
ein Meister[9]) in Weissagungen, **Visionen**[10]) und Gebeten, und
in Darstellungen aus Geschichte und Empfindung, und noch vieles
andere, wenn es nur möglich wäre, alle die herrlichen Zweige
aufzuzählen, in welche der himmlische Baum der priesterlichen Kunst
seine Krone vertheilt. Meister und Jünger müssen einander in
vollkommener Freiheit aufsuchen und wählen dürfen, sonst ist
Einer für den Andern verloren; Jeder muß suchen dürfen, was (222)
ihm frommt, und Keiner genöthigt sein[11]) mehr zu geben als
das, was er hat und versteht. — **Wenn aber auch**[12]) jeder
nur (**das**) lehren soll,[13]) was er versteht, so kann er ja auch das
nicht, sobald er zugleich, ich meine in derselben Handlung, noch etwas
Anderes thun soll. Es kann keine Frage darüber sein, ob nicht
ein priesterlicher Mensch seine Religion darstellen, sie mit Fleiß[14])

---

[1]) III Zus.: Denn
[2]) II: Wahrnehmung des Einzelnen und Besonderen
[3]) II Zus.: Ganzen und
[4]) II Zus.: schon
[5]) II: Bestimmungen,
[6]) II: den Menschen erregt,
[7]) II: Wahrnehmungen
[8]) II: sein kann und ein Physiker, und ein Meister in jeder heiligen Kunst, durch welche die Religion sich ausspricht;
[9]) II: Geweiheter
[10]) III: Gesichten
[11]) II: etwa verpflichtet werden sollen
[12]) III: Wenn wir aber auch dies erreicht hätten, daß
[13]) III: darf
[14]) II: Eifer

und Kunst, wie sichs gebührt, darstellen, und zugleich noch irgend ein bürgerliches Geschäft treu und in großer Vollkommenheit ausrichten könne. Warum also sollte nicht auch, wenn es sich eben so schickt, derjenige, welcher Profession macht vom Priesterthum, zugleich Moralist[1]) sein dürfen, im Dienst des Staates? Es ist Nichts dagegen: nur muß er beides neben einander, und nicht in und durch einander sein, er muß nicht beide Naturen zu gleicher Zeit an sich tragen und beide Geschäfte in derselben Handlung verrichten sollen. Begnüge sich der Staat, wenn es ihm so gut däucht, mit einer religiösen Moral: die Religion aber verleugnet jeden[2]) moralisirenden Propheten und Priester; wer sie verkündigen[3]) will, der thue es rein. Es widerspräche allem Ehrgeiz eines Virtuosen,[4]) wenn ein wahrer Priester sich auf so unwürdige und inconsequente[5]) Be-
223) dingungen einlassen wollte mit dem Staat. Wenn dieser andere Künstler in Sold nimmt, es sei nun um ihre Talente besser zu pflegen oder um Schüler zu ziehen, so entfernt er von ihnen alle fremden Geschäfte und[6]) macht es ihnen wol zur Pflicht, sich deren zu enthalten, er empfiehlt ihnen, sich auf den besondern Theil ihrer Kunst vorzüglich zu legen, worin sie am mehresten leisten zu können glauben und läßt da ihrem Genie[7]) volle Freiheit; nur an den Künstlern der Religion thut er grade das Gegentheil. Sie sollen das ganze Gebiet ihres Gegenstandes umfassen, und dabei schreibt er ihnen noch vor, von welcher Schule sie sein sollen, und legt ihnen (noch) unschickliche Lasten auf. Entweder gebe er ihnen auch[8]) Muße sich für irgend einen einzelnen Theil der Religion[9]) besonders auszubilden, für den[10]) sie am meisten[11]) gemacht zu sein (glauben) und spreche sie von allem Uebrigen[12]) los, oder nachdem er seine moralische[13]) Bildungsanstalt (22) für sich angelegt hat, was er doch in jenem Falle auch thun muß, lasse er sie ihr Wesen ebenfalls treiben für sich,

---

[1]) II: Beruf hat zum Priesterthum zugleich Sittenlehrer

[2]) II Zus.: absichtlich und einzeln und aus diesem Gesichtspunkt

[3]) II: verkünden

[4]) II: Ehrgefühl nicht nur jedes Meisters in seiner Sache, sondern der religiösen Reinheit besonders,

[5]) II: unausführbare

[6]) III: ja er

[7]) II: ihrer Natur

[8]) III: wenn sie seine Geschäfte zugleich versehen sollen, gewähre er ihnen doch

[9]) II: eine einzelne Weise der religiösen Darstellung [Zus.: was doch für sie die Hauptsache ist,]

[10]) II: die

[11]) II Zus.: glauben

[12]) III: den lästigen Beschränkungen

[13]) II: bürgerlich sittliche

und kümmere sich gar nicht um die priesterlichen Werke, die in seinem Gebiet vollendet werden, da er sie doch weder zur Schau noch zum Nutzen braucht, wie etwa andere Künste und Wissenschaften.

Hinweg also mit jeder solchen Verbindung zwischen Kirche und (224)
Staat! (23) — das bleibt mein Catonischer Rathsspruch bis ans Ende, oder bis ich es erlebe, sie wirklich zertrümmert zu sehen. — Hinweg mit allem, was einer geschlossenen Verbindung der Laien und Priester unter sich oder mit einander auch nur ähnlich sieht! (24) Lehrlinge sollen ohnedies keinen Körper bilden, man sieht an den mechanischen Gewerben (*und an den Zöglingen der Musen*) wie wenig es frommt; aber auch die Priester sollen, als solche meine ich, keine Brüderschaft ausmachen unter sich, sie sollen sich weder ihre Geschäfte noch ihre Kunden zunftmäßig theilen, sondern ohne sich um die Andern zu bekümmern und ohne mit einem in dieser Angelegenheit näher verbunden zu sein als mit dem Andern, thue Jeder das Seine; und auch zwischen Lehrer und Gemeine sei kein festes [1]) Band. Ein Privatgeschäft ist nach den Grundsätzen der wahren Kirche die Mission eines Priesters in der Welt; ein Privatzimmer sei auch der Tempel, wo seine Rede sich erhebt, um die Religion auszusprechen; eine Versammlung sei vor ihm und keine Gemeine; ein Redner sei er für alle, die hören wollen, aber nicht ein Hirt für eine bestimmte Heerde. Nur
unter diesen Bedingungen können sich wahrhaft priesterliche Seelen (225)
derjenigen annehmen, welche die Religion suchen; nur so kann diese vorbereitende Verbindung wirklich zur Religion führen, und sich würdig machen als ein Anhang der wahren Kirche und als das Vorzimmer derselben betrachtet zu werden: denn nur so verliert sich alles, was in ihrer jetzigen Form unheilig und irreligiös ist. Gemildert wird durch die allgemeine Freiheit der Wahl, der Anerkennung und des Urtheils der allzu harte und schneidende Unterschied zwischen Priestern und Laien, bis die Besseren unter diesen dahin kommen, wo sie jenes zugleich sind. Aus einander getrieben und zertheilt wird alles, was durch die unheiligen Bande der Symbole (25) zusammengehalten ward; wenn es gar keinen Vereinigungspunkt dieser Art mehr giebt, wenn keiner den Suchenden ein [2]) System der Religion anbietet, sondern jeder nur *einen Theil*, [3]) und das ist [4]) das einzige Mittel, diesen [5]) Unfug einmal zu enden. Es ist nur ein schlechter Behelf der frühern Zeit, die Kirche — um auch in diesem schlechtesten aller Sinne das Wort zu brauchen — zu zerschneiden: [6]) sie ist

---

[1]) II Zus.: äußerliches
[2]) II Zus.: auf ausschließende Wahrheit Anspruch machendes
[3]) II: eine eigenthümliche besondere Darstellung
[4]) III: dies scheint
[5]) III: jenen
[6]) III: der das Uebel nur für den Augenblick lindern konnte, wenn entweder veraltete Formeln zu ängstlich drückten oder allzu ver-

eine Polypennatur, aus jedem ihrer Stücke wächst wieder ein Ganzes hervor, und wenn der *Begriff*[1]) dem Geist der Religion widerspricht,
(226) so sind mehrere *Individuen*[2]) doch um Nichts besser als wenigere. Näher gebracht wird der allgemeinen Freiheit und der majestätischen Einheit der wahren Kirche die äußere Religionsgesellschaft nur dadurch, daß sie eine fließende Masse wird, *wo*[3]) es keine[4]) Umrisse giebt, wo jeder Theil sich bald hier bald dort befindet, und alles sich friedlich unter einander mengt. Vernichtet wird der gehässige Sekten- und Proselytengeist, der vom Wesentlichen der Religion immer weiter abführt, nur dadurch, wenn keiner mehr *fühlen kann*,[5]) daß er[6]) einem bestimmten Kreise angehört (*und*) ein Andersglaubender[7]) einem andern.

Ihr seht, daß in Rücksicht auf diese Gesellschaft unsere Wünsche ganz dieselben sind: was Euch anstößig ist, steht auch uns im Wege, nur daß es — vergönnt mir immer dies zu sagen — gar nicht in die Reihe der Dinge gekommen sein würde, wenn man uns allein hätte geschäftig sein lassen in dem, was doch eigentlich unser Werk war. Daß es wieder hinweggeschafft werde, ist unser gemeinschaftliches Interesse.[8]) *Wie dies unter uns*[9]) geschehen wird, ob auch nur nach einer großen Erschütterung wie im nachbarlichen Lande, **oder ob**[10]) der Staat durch eine gütliche Uebereinkunft, und ohne daß beide erst sterben um aufzuerstehen, sein mißlungenes Ehebündniß mit der
(227) Kirche trennen, oder ob er nur dulden wird, daß eine andere jungfräulichere erscheine, (26) neben der, welche einmal an ihn verkauft ist, ich weiß es nicht: bis aber etwas von dieser Art geschieht, werden von einem harten Geschick alle heiligen Seelen gebeugt, welche von der Glut der Religion durchdrungen, auch in dem größeren Kreise der profanen Welt ihr Heiligstes darstellen und etwas damit ausrichten möchten. Ich will diejenigen, welche aufgenommen sind in den vom Staat **begünstigten**[11]) Orden, nicht verführen, für den innersten

---

schiedenartige sich in denselben Banden nicht vertragen wollten, daß man durch Theilung der Symbole die Kirche zerschnitt.

[1]) II: Charakter

[2]) II: Einzelne, die ihn an sich tragen.

[3]) II: in der

[4]) II Zus.: bestimmte

[5]) II: darauf hingeführt wird,

[6]) II Zus.: selbst

[7]) II Zus.: aber

[8]) III Zus.: aber wenig können wir dabei thun als wünschen und hoffen,

[9]) III: Wie eine solche Veränderung bei uns Deutschen
II: Wie dies unter den Deutschen

[10]) III: und dann überall auf einmal, oder ob einzeln

[11]) III: bevorrechteten

Wunsch ihres Herzens große Rechnung auf dasjenige zu machen, was
sie in diesem Verhältniß redend etwa bewirken könnten. Sie mögen
sich hüten[1]) immer **oder auch nur oft Religion**[2]) und unvermischt sie nie anders als bei feierlichen Veranlassungen zu reden, um
nicht untreu zu werden ihrem **moralischen**[3]) Beruf, zu dem sie gesetzt
sind.[4]) Das aber wird man ihnen lassen müssen, daß sie durch ein
priesterliches Leben den Geist der Religion verkündigen können, und
dies sei ihr Trost und ihr schönster Lohn. An einer heiligen Person
ist alles bedeutend, an einem anerkannten Priester der Religion hat
alles einen kanonischen Sinn. So mögen sie denn das Wesen derselben darstellen in allen ihren Bewegungen, Nichts möge verloren
gehen auch in den gemeinen Verhältnissen des Lebens von dem Aus- (228)
druck eines frommen Sinnes, die heilige Innigkeit mit der sie alles
behandeln, zeige, daß auch bei Kleinigkeiten, über die ein profanes
Gemüth leichtsinnig hinweggleitet, die Musik erhabener Gefühle in
ihnen ertöne; die majestätische Ruhe, mit der sie Großes und Kleines
gleichsetzen, beweise, daß sie alles auf das Unwandelbare beziehn, und
in allem auf gleiche Weise die Gottheit erblicken; die lächelnde Heiterkeit, mit der sie an jeder Spur der Vergänglichkeit vorübergehen,
offenbare jedem, wie sie über der Zeit und über der Welt leben; die
gewandteste Selbstverleugnung deute an, wieviel sie schon vernichtet
haben von den Schranken der Persönlichkeit; und der immer rege und
offne Sinn, dem das Seltenste und das Gemeinste nicht entgeht, zeige, wie
unermüdet sie das Universum suchen und seine[5]) Aeußerungen
belauschen. Wenn so ihr ganzes Leben und jede Bewegung ihrer
innern und äußern Gestalt ein priesterliches Kunstwerk ist, so wird
vielleicht durch diese stumme Sprache manchen der Sinn aufgehn für
das, was in ihnen wohnt. Nicht zufrieden aber das Wesen der Religion auszudrücken, müssen sie auch eben so den falschen Schein derselben vernichten, indem sie mit kindlicher Unbefangenheit und in der (229)
hohen Einfalt eines völligen Unbewußtsein, welches keine Gefahr sieht
und keinen Muth[6]) zu bedürfen glaubt, über alles hinwegtreten, was
grobe Vorurtheile und feine Superstition mit einer unechten Glorie
der **Göttlichkeit**[7]) umgeben haben, indem sie sich sorglos wie der
kindische Herkules von den Schlangen der heiligen Verleumdung um-
zischen lassen, die sie eben so still und ruhig in einem Augenblick er-
drücken können. Zu diesem heiligen Dienste mögen sie sich weihen
bis auf bessere Zeiten, und ich denke, Ihr selbst werdet Ehrfurcht

---

[1]) II: Wenn viele unter ihnen sich gebunden glauben, nicht
[2]) III: ja, auch nicht einmal oft vorzüglich nur Frömmigkeit
[3]) III: politischen
[4]) II Zus.: so weiß ich wenig dagegen zu sagen.
[5]) II: die Spuren der Gottheit suchen und ihre
[6]) II: keines Muthes
[7]) III: Heiligkeit

haben vor dieser anspruchslosen Würde und Gutes weissagen von
ihrer Wirkung auf die Menschen. Was soll ich aber denen sagen,
welchen Ihr, weil sie einen bestimmten Kreis eitler Wissenschaften[1]) nicht auf eine bestimmte Art durchlaufen haben, das
priesterliche Gewand versagt? wohin soll ich sie weisen mit dem geselligen Triebe ihrer Religion, sofern er nicht allein auf die höhere
Kirche, sondern auch hinaus gerichtet ist auf die Welt? Da es ihnen
fehlt an einem größern Schauplatz, wo sie auf eine auszeichnende Art
erscheinen könnten, so mögen sie sich genügen lassen an dem priesterlichen Dienst ihrer Hausgötter. (27) Eine Familie kann das gebildetste
Element und das treueste Bild des Universums sein;[2]) wenn still
(230) und mächtig[3]) alles in einander greift, so wirken hier alle Kräfte, die
das Unendliche beseelen; wenn leise und sicher[4]) alles fortschreitet,
so waltet der hohe Weltgeist hier wie dort; wenn die Töne der Liebe
alle Bewegungen begleiten,[5]) hat sie die Musik der Sphären unter
sich. Dieses Heiligthum mögen sie bilden, ordnen und pflegen, klar
und deutlich mögen sie es hinstellen in sittlicher[6]) Kraft, mit Liebe
und Geist mögen sie es auslegen, so wird mancher von ihnen und
unter ihnen das Universum anschauen lernen in der kleinen verborgenen Wohnung, sie wird ein Allerheiligstes sein, worin mancher
die Weihe der Religion empfängt. Dies Priesterthum war das erste
in der heiligen und kindlichen Vorwelt und es wird das letzte sein,
wenn kein anderes mehr nöthig ist.

Ja, wir warten am Ende unserer künstlichen Bildung einer Zeit,
wo es keiner andern vorbereitenden Gesellschaft für die Religion bedürfen wird, als der frommen Häuslichkeit. Jetzt seufzen Millionen
von Menschen beider Geschlechter (und) aller Stände unter dem Druck
mechanischer und unwürdiger Arbeiten. Die ältere Generation erliegt
unmuthig und überläßt mit verzeihlicher Trägheit (die jüngere) in
(231) allen Dingen fast[7]) dem Zufall, nur darin nicht, daß sie gleich nach-
ahmen und lernen muß dieselbe Erniedrigung. Das ist die Ursache,
warum sie[8]) den freien und offnen Blick nicht gewinnen,[9]) mit dem
allein man das Universum findet.[10]) Es giebt kein größeres Hinderniß
der Religion als dieses, daß wir unsere eigenen Sklaven sein müssen,
denn ein Sklave ist jeder, der etwas verrichten muß, was durch todte

---

[1]) II: der Wissenschaft
[2]) II Zus.: denn
[3]) III: sicher
[4]) III: in ruhiger Fröhlichkeit
[5]) III Zus.: so erklingt die Musik der Sphären auch in dem kleinsten Raum,
[6]) III: frommer
[7]) III Zus.: die jüngere
[8]) III: die Jugend des Volks
[9]) III: gewinnt,
[10]) III: der Gegenstand der Frömmigkeit gefunden wird.

Kräfte sollte bewirkt werden können. Das hoffen wir von der Vollendung der Wissenschaften und Künste, daß sie uns diese todten Kräfte
werden dienstbar machen, daß sie die körperliche Welt, und alles von
der geistigen, was sich regieren läßt, in einen Feenpalast[1]) verwandeln werde, wo der Gott der Erde nur ein Zauberwort[2]) auszusprechen, nur eine Feder zu drücken braucht, wenn geschehen soll, was
er gebeut. Dann erst wird jeder Mensch ein Freigeborner sein, dann
ist jedes Leben praktisch und beschaulich zugleich, über keinem hebt sich
der Stecken des Treibers und jeder hat Ruhe und Muße in sich die
Welt zu betrachten. Nur für die Unglücklichen, denen es **daran**[3])
fehlte, deren[4]) Organen **die**[5]) Kräfte entzogen **waren, welche ihre
Muskeln in seinem Dienst unaufhörlich verwenden mußten,**[6]) war
es nöthig, daß einzelne Glückliche auftraten, und sie um sich her ver- (232)
sammelten, um ihr Auge zu sein und ihnen in wenigen flüchtigen
Minuten die Anschauungen[7]) eines Lebens mitzutheilen. In
der glücklichen Zeit, wenn[8]) jeder seinen Sinn frei üben und
brauchen kann, wird[9]) beim ersten Erwachen der höheren Kräfte,
in der heiligen Jugend unter der Pflege väterlicher Weisheit jeder
der Religion theilhaftig, der ihrer fähig ist; alle einseitige Mittheilung
hört dann auf und der belohnte Vater geleitet den kräftigen Sohn
nicht nur in eine fröhlichere Welt und in ein leichteres Leben, sondern
auch unmittelbar in die heilige, nun zahlreichere und geschäftigere Versammlung der Anbeter des Ewigen.

In dem dankbaren Gefühl, daß wenn einst diese bessere Zeit
kommt, wie fern sie auch noch sein möge, auch die Bemühungen, denen
Ihr Eure Tage widmet, etwas beigetragen haben werden sie herbeizuführen, vergönnt mir Euch auf die schöne Frucht auch Eurer Arbeit
noch einmal aufmerksam zu machen; laßt Euch noch einmal hinführen
zu der erhabenen Gemeinschaft wahrhaft religiöser Gemüther, die zwar
jetzt zerstreut und fast unsichtbar ist, deren Geist aber doch überall
waltet, wo auch nur wenige im Namen der Gottheit versammelt sind.
Was daran sollte Euch wol nicht mit Bewunderung und Achtung erfüllen, Ihr Freunde und Verehrer alles Schönen und Guten! — Sie (233)
sind unter einander eine Akademie von Priestern. Die Religion[10])

---

1) II: ein Zauberschloß
2) II: magisches Wort
3) III: hieran
4) III Zus.: geistigen
5) III: alle nährenden
6) III: wurden, weil das ganze Dasein unermüdet verwendet werden mußte in mechanischem Dienst, nur für diese
7) II: den höchsten Gehalt
8) II: Kommt die glückliche Zeit, da
9) II: dann wird gleich
10) II: Die Darstellung des heiligen Lebens,

(*die*) ihnen das Höchste (*ist*) behandelt jeder unter ihnen als Kunst und Studium,[1]) aus ihrem unendlichen Reichthum ertheilt (*sie*) dazu einem jeden ein eignes Loos. Mit allgemeinem Sinn für alles, **das** in ihr[2]) heiliges Gebiet gehört, verbindet jeder, wie es Künstlern gebührt, das Streben, sich in irgend einem einzelnen Theile zu vollenden; ein edler Wetteifer herrscht, und das Verlangen, etwas darzubringen, das einer solchen Versammlung würdig sei, läßt jeden mit Treue und Fleiß einsaugen alles, was in sein abgestecktes Gebiet gehört. In reinem Herzen wird es bewahrt, mit gesammeltem Gemüth wird es geordnet, von himmlischer Kunst wird es *geschmückt*[3]) und vollendet, und so erschallt auf jede Art und aus jeder Quelle[4]) Preis (*und Erkenntniß*) des Unendlichen, indem jeder die reifsten Früchte seines Sinnens und Schauens, seines Ergreifens und Fühlens mit fröhlichem Herzen herbeibringt. — Sie sind unter einander ein Chor von Freunden. Jeder weiß, daß auch Er ein Theil und ein Werk des Universums ist, daß auch in ihm sein[5]) göttliches Wirken und Leben
(234) sich offenbart. Als einen würdigen Gegenstand der *Anschauung*[6]) sieht er sich also an für die Uebrigen. Was er in sich wahrnimmt von den Beziehungen des Universums, was sich in ihm eigen gestaltet von den Elementen der Menschheit, alles wird aufgedeckt mit heiliger Scheu, aber mit bereitwilliger Offenheit, daß jeder hineingehe und schaue. Warum sollten sie auch etwas verbergen **unter einander?**[7]) Alles Menschliche ist heilig, denn alles ist göttlich. — Sie sind unter einander ein Bund von Brüdern — oder habt Ihr einen innigeren Ausdruck für das gänzliche Verschmelzen ihrer Naturen, nicht in Absicht auf das Sein und *Wollen*,[8]) aber in Absicht auf den Sinn und das Verstehen? Je mehr sich jeder dem Universum nähert, je mehr sich jeder dem Andern mittheilt, desto vollkommener werden sie Eins, keiner hat ein Bewußtsein für sich, jeder hat zugleich das des Andern, sie sind nicht mehr nur Menschen, sondern auch Menschheit, und aus sich selbst herausgehend, über sich selbst triumphirend, sind sie auf dem Wege zur wahren Unsterblichkeit und Ewigkeit.

Habt Ihr etwas Erhabeneres[9]) gefunden in einem andern Gebiet des menschlichen Lebens oder in einer andern Schule der Weisheit, so theilt es mir mit: das Meinige habe ich Euch gegeben.

---

[1]) III Zus.: und die Gottheit
[2]) III: was in der Religion
[3]) II: ausgebildet
[4]) II Zus.: Anerkennung und
[5]) III: dessen
[6]) II: Aufmerksamkeit
[7]) III: gegenseitig?
[8]) II: Wirken
[9]) II Zus.: als dieses

Erläuterungen zur vierten Rede.

1) S. 182. Die Behauptung, daß zur Erregung der Frömmigkeit die bloße Schrift am wenigsten ausrichten könne, scheint die Erfahrung sehr gegen sich zu haben von den heiligen Schriften aller Religionen an bis zu unsern zum Theil so ungeheuer weit verbreiteten Erbauungsbüchern, und den kleinen religiösen Pamphlets, durch welche man jetzt vorzüglich das Volk zu erregen sucht. Die Sache verdient daher eine nähere Erläuterung. Was zuerst die heiligen Schriften betrifft, so ist unter denen der monotheistischen Religionen, bei welchen doch wol nur nöthig ist zu verweilen, der Koran die einzige, welche rein als Schrift entstanden ist, und dieser ist unstreitig mehr als Lehrbuch anzusehen und als ein Repertorium, woraus gleichsam die Themen zu religiösen Compositionen sollen genommen werden, ganz dem wenig ursprünglichen Charakter dieser Religion gemäß. Und so möchte die unmittelbare im eigentlichen Sinne des Worts religiöse Gewalt, welche der Koran ausübt, wohl auch nicht hoch anzuschlagen sein. Der sehr mannichfaltige jüdische Codex hat etwas von diesem Charakter an sich vorzüglich in seinen gnomischen Büchern, der eigentlich geschichtliche Theil gehört streng genommen nicht hieher, und der poetische ist theils wie der größere Theil der Psalmen für die unmittelbare Darstellung bei bestimmten Gelegenheiten, nicht aufs gerathewohl für einen unbestimmten Gebrauch hervorgebracht, also auch nicht bloß Schrift im strengen Sinn. Und wer wollte leugnen, daß ihre Wirkung in diesem ganzen Zusammenhange weit kräftiger muß gewesen sein, so daß diejenige, welche sie jetzt als bloße Schrift hervorbringen, nur ein Schatten davon ist. Auch die prophetische Dichtung aus der früheren Periode ist wol größtentheils ursprünglich ins Leben hineingeredet, und ein nicht unbedeutender Theil davon ist auch der Nachwelt in derjenigen Vermischung mit der Geschichte überliefert, wodurch der Moment sich individuell vergegenwärtigt, was bei dem ursprünglich als Schrift Hervorgebrachten gar nicht der Fall war. Je mehr indes diese lebendige traditionelle Kraft sich verlor, und die Schrift auch innerhalb des jüdischen Volkes ein gelehrtes Studium wurde, desto mehr verlor sich auch ihre unmittelbare Wirkung, und sie wurde nur Träger der sich daran knüpfenden lebendigen Mittheilung. Was aber die neutestamentischen Schriften anlangt, so sind diese so wenig als möglich Schrift im strengen Sinne des Worts. Denn in den Geschichtsbüchern ist doch mit die darin überlieferte unmittelbare Rede das Wesentliche, und das Geschichtliche ist vorzüglich nur da, um jene als lebendigen Moment zu erhalten. Selbst von der Leidensgeschichte ist dies unverkennbar, daß das eigentlich Erhabene und tief Ergreifende auch hier die Worte Christi sind, die Erzählung aber von Schmerzen und Qualen nur eine leicht zu verfälschende Wirkung hervorbringt. Nur die Apostelgeschichte scheint hiervon eine Ausnahme zu machen, und vorzüglich als Wurzel aller Kirchengeschichte ihren Platz im Kanon zu haben. Aber eben deshalb, weil sie sonst ganz auf diese untergeordnete Wirksamkeit beschränkt wäre, widerstrebt es dem Gefühl, wenn man die Reden darin nach Art anderer Historienbücher als hintennach gemacht ansieht. Unsere didaktischen Bücher sind als Briefe so wenig als möglich bloße Schrift, und Niemand wird leugnen, daß die Wirkung auf die unmittelbaren Empfänger, welche den ganzen Moment gegenwärtig hatten, eine weit größere war. Von dieser kann jetzt und zwar auch nicht ohne gelehrte Hülfsdarstellung, welche uns in jene Zeiten zurückzuversetzen sucht, immer nur ein Schatten erreicht werden, und die wesentlichste Wirkung jener Schriften für unsere Zeiten bleibt doch die aus der Synagoge entlehnte, daß unsere lebendige religiöse Mittheilung sich an sie anknüpft. Ja nur durch diese erhält die eigene Schriftlesung der Laien ihre Haltung, sonst würde die Wirkung derselben nicht zwar ganz verschwinden, aber doch ganz in's Unbestimmte ausarten. Denn so ungeheuer war die ursprüngliche Kraft dieser Hervorbringungen, daß eine Fülle anregenden Geistes auch jetzt, nachdem sie gänzlich Schrift geworden sind, in ihnen wohnt, welches für ihre göttliche Kraft das lauteste Zeugniß ablegt; aber die objektive Seite dieser Wirkung, das eigentliche Verstehen, würde für den Privatgebrauch der Laien ohne jenen Zusammenhang mit der gelehrten Erläuterung bald Null werden. Daher es auch natürlich ist, daß die katholische Kirche, weil sie auf die Predigt weniger Werth legt, auch den Schriftgebrauch der Laien einschränkt, und daß wir hingegen, weil wir diesen nicht einschränken zu dürfen glauben, die öffentliche Schrifterklärung in der Predigt weit mehr hervorheben müssen, weshalb

es auch immer verderblich werden muß für das ganze religiöse Leben, wenn allgemein die Schrift für die Predigt nur als Motto gebraucht wird. Wie lebendig aber das Bestreben ist, das in den heiligen Büchern Niedergelegte aus diesem Zustand, daß es nur bloße Schrift geworden ist, zu erlösen, dafür spricht die bei den frömmsten Christen so leicht Eingang findende für jedes Werk, was von vorne herein als eigentliches Buch gemacht wäre, höchst unnatürliche Methode, daß man aus dem Zusammenhange heraus gerissene einzelne Schriftstellen nicht etwa nur nach Auswahl und Erinnerung, sondern rein auf's Ohngefähr in jedem religiöser Erregung oder Erleuchtung bedürftigen Moment gebraucht. Vertheidigen läßt sich zwar dieses nicht, weil es zu leicht in ein magisches frivoles Spiel ausartet, aber das Bestreben bekundet sich, dadurch den religiösen Mittheilungen der heiligen Männer eine lebendige Wirksamkeit wiederzugeben, welche unmittelbar sei und von ihren Wirkungen als Buch unabhängig. — Was aber unsere Erbauungsschriften betrifft, die doch größtentheils ganz eigentlich als Bücher entstehen, so läßt sich freilich die große Wirksamkeit derselben nicht leugnen, die zahllosen Auflagen, in denen manche sich durch eine lange Reihe von Generationen fortpflanzen, sprechen zu deutlich dafür; und wer sollte nicht von Achtung durchdrungen sein für Werke, die sich so bewähren, und die außerdem auch soviel dazu beitragen, daß eine große Menge Menschen von dem gefährlichen Wirbelwind wechselnder Lehre nicht ergriffen wird. Aber Niemand wird doch wol leugnen, daß das lebendige Wort und die religiöse Erregung in einer Gemeine eine weit höhere Kraft hat als der geschriebene Buchstabe. Ja bei genauer Erwägung wird man finden, daß die Wirkung ascetischer Schriften doch vornehmlich darauf beruht, weniger daß sie als ein Ganzes genau gefaßt werden, als vielmehr daß sie eine Menge von kräftigen und großartigen Formeln enthalten, unter welche viele religiöse Momente können zusammengefaßt werden, und also auch viele in der Erinnerung sich auffrischen. Dann aber auch darauf, daß sie eine Sicherheit für die eigenen religiösen Bewegungen gewähren, wenn sie sich an jene anlehnen, daß sie sich gewiß von dem Charakter des gemeinsamen religiösen Lebens nicht entfernen. Daher auch das individuelle Geistreiche in dieser Gattung sich selten so großer Erfolge zu erfreuen hat. Dieses gute Zeugniß indeß sei nur tüchtigen und umfassenden ascetischen Werken gegeben. Das jetzige Bestreben aber so vieler wohlmeinender Gesellschaften, eine Menge von kleinen religiösen Flugblättern unter das Volk zu verbreiten, die gar keinen recht objektiven Charakter haben, sondern die subjektivsten innern Erfahrungen in dem todten Buchstaben einer weder schriftmäßigen noch kirchmäßigen Terminologie mittheilen wollen, beruht auf einem tiefen Mißverstand, und wird schwerlich andere Wirkungen haben, als unser Kirchenwesen, dessen Schlechtigkeit es eben voraussetzt, in noch tiefern Verfall zu bringen, und wird eine Menge von Menschen erzeugen, welche sich vielerlei erheucheln, ohne daß wirklich etwas in ihnen vorginge, oder welche in traurige Verwirrung gestürzt werden, weil das was wirklich in ihnen religiöses vorgehet, an das Muster nicht paßt, was ihnen vorgehalten wird. Ist das öffentliche kirchliche Leben krank oder schwach, so thue ein Jeder das Seinige dazu es zu heilen, Niemand aber glaube es durch einen todten Buchstaben zu ersetzen. Daß das religiöse Leben aus den Leihbibliotheken soll hervorgehen, gemahnt mich ganz dasselbe, als wenn die großen Akte der Gesetzgebung und Verwaltung in zwanglose Journale verwandelt werden, von denen man jedoch je mehr Hefte je lieber haben möchte, und wovon die verbesserten Auflagen wenigstens im Einzelnen sich schnell genug wiederholen.

2) S. 184. Vielleicht haben viele von denen, welche sonst den wohlgemeinten Wunsch hegten, die leer und frivol gewordene Geselligkeit durch Einmischung des religiösen Elements auf's neue zu vergeistigen, schon bei sich den Spruch angewendet, daß wir gar leicht mit der Zeit dessen zu viel haben, was wir uns früher eifrig gewünscht. Denn Zerrüttung und Unheil ist schon genug daraus entstanden, daß religiöse Gegenstände auch in glänzenden Zirkeln in der Form der Conversation behandelt werden, wo so gar leicht das Persönliche überwiegend wird. Ich schrieb damals aus der Erfahrung meiner in der Brüdergemeinde verlebten Jugendzeit. Dort giebt es besondere dazu bestimmte Zusammenkünfte, daß freies religiöses Gespräch darin soll geführt werden; aber wenn auch dort nicht leicht möglich war, daß abwesende anders Denkende konnten besprochen werden, so habe ich doch nie etwas recht Lebhaftes oder Würdiges daraus hervorgehn sehen, und ich glaube den allgemeinen Grund davon hier richtig gefaßt zu haben. Jener Wunsch sollte also dahin modificirt werden,

daß auch in unserer freien Geselligkeit nicht sowol religiöse Gegenstände behandelt werden, welches besser nur beiläufig und im Vorbeigehn geschieht, sondern daß darin ein religiöser Geist walte, welches gewiß nicht fehlen wird, sobald ein bedeutender Theil der Gesellschaft aus religiösen Menschen besteht.

3) S. 184. Ein größerer Abstand ist schwerlich zu denken als der zwischen dieser Beschreibung und dem was ich selbst in einer nun beinahe dreißigjährigen Amtsführung — einem Zeitraum binnen dessen doch Jeder muß seinem Ideale so nahe kommen können als er überhaupt vermag — auf dem Gebiet der religiösen Rede geleistet habe. Wäre nun wirklich Theorie und Praxis so weit aus einander: so bliebe wol wenig mehr zu meiner Entschuldigung zu sagen übrig, als daß, wie dem Sokrates die übrige Weisheit versagt worden und nur dies eine verliehen, zu wissen daß er Nichts wisse, so sei auch mir jene höhere Beredtsamkeit nicht verliehen, sondern nur soviel, daß ich mich lieber mit schlichter Rede begnüge als nach unechtem Schmuck strebe. Aber es ist doch nicht ganz so, sondern meine Ausübung ist auch in dem Unterschied begründet, der in derselben Rede weiter unten auseinandergesetzt wird, und von dem auch hier noch die Rede sein muß zwischen der kirchlichen Gesellschaft wie sie unter uns besteht, und dem was ich in dieser Rede die wahre Kirche nenne. Denn die Vorträge in jener haben immer, ihr Inhalt sei, welcher er wolle, zugleich einen didaktischen Charakter, weil der Redner doch seinen Zuhörern zum Bewußtsein bringen soll, was er zwar in ihnen voraussetzt, zugleich aber auch, daß es sich nicht von selbst so in ihnen würde entwickelt haben. Der didaktische Charakter aber verträgt nur je mehr er hervortritt desto weniger Schmuck; und so ruht dort unverkennbar Segen auch auf der schmucklosen Rede. Und dasselbe bewährt sich auch auf dem Gebiet anderer religiöser Kunst. Denn denken wir uns die fromme Dichtung in aller der Kraft und Herrlichkeit, welche sich eignet zur Verherrlichung Gottes in einem Kreise ganz durchgebildeter religiöser Menschen, wie wir dieses Herrlichen viel haben in den Gesängen unsers Klopstock und unsers Hardenberg: so wird doch Niemandem einfallen, daß man denselben Maßstab anlegen dürfe bei der Sammlung eines kirchlichen Liederbuchs.

4) S. 184. Kaum ist wol nöthig, daß ich mich hier gegen die Mißdeutung verwahre, als wolle ich alle Ordnung überhaupt verbannen aus der Versammlung der wahrhaft Frommen, und sie denen mancher fanatischen Sekte ähnlich machen, welche Nichts voraus bedenken für ihre Zusammenkünfte, sondern alles dem Augenblick überlassen. Im Gegentheil je größer der Stil der religiösen Mittheilung ist, je mehr sie also ein kunstreich gegliedertes Ganze darstellt, um desto mehr bedarf sie einer strengen Ordnung. Sondern nur davon ist die Rede, daß alles was zur bürgerlichen Ordnung gehört ganz herausgelassen werde und sich hier alles nur auf die Grundlage einer ursprünglichen allgemeinen Gleichheit gestalten könne: aber dies kann man auch unmöglich strenger fassen als es hier gemeint ist, denn ich halte es für die unnachläßliche Bedingung alles Gedeihens einer solchen Gemeinschaft nicht minder der wirklich bestehenden als der hier ideal dargestellten. So wie Unordnung jede Gemeinschaft verdirbt, so auch muß jede verdorben werden durch eine Ordnung, die für eine andre gemacht ist, denn die ist für sie auch Unordnung. Wenn nun schon der Gegensatz zwischen Priester und Laien nicht scharf gefaßt sein darf: wieviel weniger noch darf man unter den Laien selbst einen Unterschied geltend machen, der einem ganz andern Gebiet gehört. Wenn ein Mitglied der Gemeine, und mag es auch äußerlich in irgend einem schutzherrlichen Verhältniß gegen dieselbe stehen, deshalb weil es in der bürgerlichen Gesellschaft ausgezeichnet ist, ein Recht zu haben glaubt sich in die Anordnung der Gemeinschaft, in die Einrichtung ihrer Zusammenkünfte zu mischen und priesterlich zu fungiren: so würde jedem andern Mitglied, und stehe es in der bürgerlichen Gesellschaft auch noch so niedrig, dasselbe Recht zukommen, und die wahre und angemessene Ordnung der Gesellschaft völlig aufgehoben sein.

5) S. 186. Jeder schriftkundige Leser wird hierbei an den Apostel Petrus denken, welcher die Christen insgesammt vermahnt, sich zu erbauen zum heiligen Priesterthum, und ihnen insgesammt das Zeugniß giebt, sie seien ein königliches Priesterthum. Es ist also dieses ein echt christlicher Ausdruck, und sonach auch die hier vorgetragene Ansicht von der Gleichheit aller wahren Mitglieder der religiösen Gemeinschaft, so daß keiner blos darauf beschränkt sein müßte empfangend zu sein, und das Mittheilen nicht das ausschließliche Vorrecht Einiger sei, ist eine ächt christliche An-

sicht, wie denn auch das Christenthum sein Ziel erkannt hat in jenem prophetischen Ausspruch, daß alle sollten von Gott gelehrt sein. Denken wir uns nun dieses Ziel erreicht und an demselben die Gemeinschaft abgeschlossen, so daß nicht mehr die Rede davon ist die Religion in Andern zu erwecken, und auch von dem Heranwachsen der Jugend in dieser Beziehung abgesehen wird: so ist dann kein andrer Unterschied mehr übrig als der vorübergehende, der sich auf die jedesmalige Verrichtung bezieht. Wenn wir also in allen Religionsformen vom frühesten Alterthume her den Gegensatz zwischen Priestern und Laien eingerichtet und feststehend finden, was bleibt anders übrig als anzunehmen, daß hierbei entweder eine ursprüngliche Verschiedenheit stattgefunden, und ein religiös gebildeter Stamm sich mit einem rohen verbunden habe, ohne daß ihm je gelungen sei, diesen zu der ihm selbst eigenen Fülle des religiösen Lebens zu erheben, welche dann unter den Priestern selbst in ihren Mysterien und ihrem öffentlichen Leben müßte zu finden sein. Oder es müßte sich das religiöse Leben in einem Volk so ungleich entwickelt haben, daß es nothwendig geworden, damit es sich nicht ganz wieder zerstreue, diejenigen in denen es stärker hervorgetreten, besonders zu organisiren, um ihrer Einwirkung auf die übrigen mehr Kraft zu geben; aber dann muß doch diese Einrichtung um desto gewisser mit der Zeit überflüssig werden, je vollkommner sie ist. Das christliche Priesterthum in engerem Sinne des Wortes — über dessen Gebrauch ich mich nicht erst rechtfertige, da wir in der protestantischen Gemeinschaft vollkommen darüber einverstanden sind, inwiefern der Ausdruck im Christenthum überhaupt keine Gültigkeit haben könne — ist offenbar nur von der letzteren Art, und das Bedürfniß danach hat sich erst allmählich fühlbar gemacht; welches ja um so deutlicher ist, als anfänglich selbst der apostolische Charakter keinen bestimmten Vorzug in der Gesellschaft begründete. Es bekommt aber dieser engere Ausschuß der Gemeinschaft noch eine besondere von der religiösen Begeisterung der Uebrigen unabhängige Haltung dadurch, daß die Geschichte des Christenthums und namentlich die genauere Kenntniß des Urchristenthums nothwendig ein wissenschaftlicher Gegenstand werden mußte, und an dieser wissenschaftlichen Kunde nothwendig alle, die einen gewissen Antheil haben müssen, deren religiöse Mittheilungen in einer bewußten Uebereinstimmung mit der Geschichte sein sollen. Ganz verschwinden also könnte dieser Unterschied nur, wenn allen Christen diese Wissenschaft zugänglich wäre; ist nun dies auch nicht zu erwarten, so muß sich doch die Gültigkeit desselben immer mehr auf dieses Gebiet beschränken, in welchem er zuletzt allein begründet bleiben kann.

6) S. 187. Die hier aufgestellte Behauptung, zufolge welcher Behauptung weiter unten auch an die äußere Religionsgesellschaft die Forderung gemacht wird, soviel möglich eine fließende Masse zu werden, diese Behauptung, daß es keine gänzliche Absonderungen und bestimmte Grenzen in der religiösen Mittheilung gebe anders als durch ein mechanisches, d. h. ein in gewissem Sinne willkürliches und in der Natur der Sache selbst nicht begründetes Verfahren, scheint im Widerspruch zu stehen mit dem, was ich in der Einleitung zur Glaubenslehre §. 12—17 ausführlich entwickelt habe. Und nicht etwa könnte man sagen, dort sei doch eigentlich die Gemeinschaft nur die Nebensache und die Hauptabsicht gehe vielmehr darauf, das Eigenthümliche der verschiedenen Glaubensweisen ihrem Inhalte nach und besonders des Christenthumes aufzufinden. Denn eben zu diesem Behuf mußte auf die christliche Kirche als eine bestimmt begrenzte Gemeinschaft zurückgegangen werden. Die Ausgleichung besteht vielmehr in Folgendem. Auf der einen Seite wird auch hier zugegeben, daß gewisse Massen von Gemeinschaft sich organisch bilden, welches mit der dortigen Behauptung zusammen trifft, daß jeder begrenzten Gemeinschaft ein besonderer geschichtlicher Anfangspunkt zum Grunde liege, der eben der Herr der organischen Entwicklung ist. Wäre durch diese Anfangspunkte nicht zugleich eine innere Verschiedenheit gesetzt: so wären diese Massen nur numerisch verschieden, und etwa an Größe und solcher Art von Trefflichkeit, die von der Begünstigung äußerer Umstände abhängt, wie Früchte eines Stammes. Stießen sie aber in ihren Grenzen zusammen: so wäre dann natürlich, daß sie zusammenwüchsen, und dann nur mechanisch könnten wieder getheilt werden, wie es auch mit solchen Früchten bisweilen geht. Auf der anderen Seite wird dort eine innere Verschiedenheit in den Glaubensweisen, durch welche zugleich die Gemeinschaften getrennt werden, behauptet, aber doch nur eine Verschiedenheit in der Unterordnung und gegenseitigen Beziehung der einzelnen Theile, und diese schließt einen solchen geringen Grad von Gemeinschaft,

wie hier als allgemein dargestellt wird, nicht aus. Denn wenn es nicht möglich wäre, von einer Glaubensweise aus die andern zu verstehen: so wäre der ganze dort gemachte Versuch eitel. Versteht man sie aber in ihrem innern Wesen: so muß es auch möglich sein, ihre Aeußerungsweisen also ihre Gottesdienste nicht nur als Zuschauer zu verstehen, sondern auch sie sich in gewissem Maße anzueignen, und die dies nicht können, werden nur in jeder Gemeinschaft die Ungebildeten sein. Und dies ist dasselbe was hier behauptet wird, daß der Absonderungstrieb, wenn er auf strenge Scheidung ausgeht, ein Beweis der Unvollkommenheit sei. Da nun die Ungebildeten doch nicht für sich allein, sondern nur mit den Gebildeten zusammen die Gemeinschaft bilden: so läßt sich mit den dortigen Behauptungen auch diese vereinigen, daß die religiöse Gemeinschaft zwar in sich gesondert und gegliedert, aber doch in anderer Hinsicht wieder nur Eine sei, wenn nicht mechanisch, sei es nun mit dem Schwert oder mit dem Buchstaben, dazwischen gefahren wird. Oder scheint es uns nicht gewaltsam und irreligiös, wenn den Mitgliedern einer religiösen Gemeinschaft untersagt wird, den Gottesdienst einer andern in der Absicht der Erbauung zu besuchen? und nur durch ein solches Verfahren, also völlig mechanisch würden die Gemeinschaften gänzlich getrennt werden.

7) S. 189. Es würde allerdings verdienstlich sein nachzuweisen, daß die wilde und also dieser Beschaffenheit wegen tadelnswerthe Bekehrungssucht nirgend in der Religion selbst gegründet sei; allein es scheint hier zuviel zu geschehen, indem auch das milde Bekehren, jedes Hinüberziehenwollen Anderer von einer fremden Form in die eigene und jedes Einpflanzenwollen der Religion in noch unfromme Gemüther weggeleugnet werden soll. Es scheint sonach, als solle gegen das Zeugniß der ganzen Geschichte, ja gegen die klaren Worte des Stifters selbst nicht minder als gegen das, was auch ich in der Glaubenslehre über das Verhältniß des Christenthums zu andern Religionsformen gesagt habe, behauptet werden, die Verbreitung des Christenthums in der Welt sei nicht von dem christlich frommen Sinne selbst ausgegangen. Dieses unleugbare Bestreben aber hängt doch immer auch irgendwie zusammen mit der hier gleichfalls ganz allgemein verworfenen Vorstellung, daß das Heil entweder überhaupt, oder doch ein gewisser höherer Grad desselben, nicht eben so außer einer bestimmten Religionsgemeinschaft zu finden sei als innerhalb derselben. Also auch in dieser Hinsicht scheint hier Wahres und Falsches nicht gehörig geschieden. Wenn also, wie die Darstellung doch annimmt, die hier vorgetragene Behauptung von gänzlicher Unzuläßlichkeit des Bekehrungsgeschäfts aus der vorangegangenen Theorie der religiösen Gemeinschaft richtig folgt, so müßte der Fehler doch in dieser gesucht werden. Allein das genauere Zurückgehen auf diese Theorie und die richtige Benutzung dessen, was unten zugegeben wird, daß das Verbreiten der eigenen Religionsform doch ein natürliches und auch zuläßiges Privatgeschäft des Einzelnen sei, wird wol auch hier die Schwierigkeiten lösen. Wenn es nur Eine allgemeine religiöse Gemeinschaft im strengsten Sinne giebt, in welcher alle verschiedenen Religionsformen sich gegenseitig anerkennen und anschauen, und also hier auf Zerstörung der Mannichfaltigkeit auszugehn und das Ganze verringern zu wollen scheint, wer die Genossen Einer Form in eine andere hinüberführt: so ist doch offenbar, daß auch hier manches sich von selbst zerstört, was nur auf untergeordneten Bildungsstufen bestehen kann, und also auch von dem Kundigen nur als Durchgangspunkt angeschaut wird; und so kann es denn nichts Unrechtes sein, diesen Prozeß beschleunigen und leiten zu wollen. Je mehr also die Bekenner der einen Glaubensweise genöthiget sind, manche andere nur als solche Durchgänge zu betrachten, um desto kräftiger wird sich unter ihnen das Bekehrungsgeschäft organisiren. Und fragt man, in welcher dann am meisten mit Recht und in Beziehung auf welche andere dieses Gefühl sein kann; so wird es zunächst im Allgemeinen den monotheistischen Religionen beigelegt werden können, in dem ausgedehntesten Sinne aber auch von dem gegenwärtigen Standpunkt dem Christenthume, wie auch in der Glaubenslehre nur in Folge eines wissenschaftlicheren Gedankenganges dasselbe ist ausgeführt worden. Immer aber setzt das Bekehrungsgeschäft eben die eine eingetheilte Gemeinschaft voraus, auf welche hier immer zurückgegangen wird. Denn wie es Paulus machte in Athen, daß er die hellenischen Gottesdienste beschaute, um eine Schätzung anzulegen und einen Anknüpfungspunkt zu gewinnen für die Mittheilung seiner eigenen Frömmigkeit; so muß es immer geschehen, und hierin liegt schon jene Gemeinschaft zweier Religionsformen, die also auf allen Punkten entsteht, wo sich ein

solches assimilirendes Bestreben entwickelt. Und man kann wol füglich sagen, daß dieses der wahre Unterschied sei zwischen dem löblichen Bekehrungseifer, der nur eine Reinigung und Herausbildung der schon begonnenen und auch in den leisesten Spuren doch anerkannten Frömmigkeit sein will, und jener wilden immer irreligiösen Bekehrungssucht, welche ebenso leicht in Verfolgung ausarten kann, daß nämlich jene mit dem unbefangenen und liebevollen Auffassen auch der unvollkommensten Glaubensweise anfängt, diese aber sich dessen überheben zu können glaubt. Nehmen wir nun noch dazu, daß das nicht ängstlich genau zu nehmen ist, daß das Bekehren nur ein Privatgeschäft Einzelner sein könne, sondern daß hier die Einzelnen nur der alles umfassenden Gemeinschaft gegenüber stehn: so folgt, daß auch Verbindungen von Einzelnen ja ganze Glaubensweisen für Einzelne zu halten sind. — Was aber den Wahlspruch nulla salus betrifft, so hat er für die große Gemeinschaft der Frommen eine absolute Wahrheit, weil sie ohne alle Frömmigkeit kein Heil anerkennen kann; aber nur in wiefern eine Religionspartei ihn gegen die andere ausspricht, hat er zerstörend gewirkt, also nur sofern eine allgemeine Gemeinschaft geleugnet wird, und so hängt er freilich mit der wilden Bekehrungssucht zusammen. Von der besondern Wahrheit desselben im Christenthume wird übereinstimmend mit diesen Ansichten in der Glaubenslehre gehandelt.

8) S. 192. Die in allen großen Religionsformen unter den verschiedensten Gestalten und zu allen Zeiten, wenn auch nicht immer gleich lebendig vorkommende Neigung, in der großen Gesellschaft kleinere und innigere zu bilden, geht unleugbar überall von der Voraussetzung aus, daß die große Gesellschaft in einen tiefen Verfall gerathen sei. Dieselbe spricht sich in dem Separatismus aus, welcher sich im Ganzen zwar zu einer bestimmten Religionslehre bekennt, aber indem er mit den Ordnungen der Religionsgesellschaft Nichts zu schaffen haben will, offenbar behaupten muß, daß die Ordnungen einer Gesellschaft unabhängig seien von ihrer Lehre, also durch etwas Fremdes bestimmt, und daher der religiöse gesellschaftliche Zustand ein Krankheitszustand der Mitglieder. Nach dem was oben gesagt ist, wie die Frömmigkeit ihrer Natur nach gesellig sei, wird niemand glauben, es solle hier der separatistischen Frömmigkeit das Wort geredet werden, wol aber jenen andern Versuchen engere Verbindungen zu stiften, welche der Idee der wahren Kirche näher kommen. Aber diesen Ruhm verdienen sie nur dann, wenn sie eine reiche Produktivität in der religiösen Mittheilung entfalten, und nicht, indem sie sich auf einen eng abgeschlossenen Buchstaben gründen, die Idee einer alles umfassenden Gemeinschaft vielmehr aufheben. Ist nun eine solche Anschließung gesetzt, und dabei die Produktivität schwach oder ganz fehlend, so ist das Krankhafte nicht zu erkennen. Daher unter allen ähnlichen die Brüdergemeine immer sehr hervorragt, welche wenigstens eine eigenthümliche Gestaltung religiöser Poesie hervorgebracht hat. Auch die religiöse Rede hat dort ein viel weiteres und mannichfaltigeres Gebiet, indem außer der allgemeinen Versammlung die Gemeine sich wieder vielfältig theilt, eine sehr schöne Anlage ist daher auch in dieser Beziehung nicht zu verkennen; und wenn die Entfaltung weniger reich ist, so mag wol Mangel an Pflege des Talents Schuld daran sein. Auch in der anderen Hinsicht hat diese Gemeine eine reine und löbliche Richtung dadurch gezeigt, daß sie für sich diejenige Abschließung des Buchstabens aufhob, welche die beiden Hauptzweige der protestantischen Kirche sonderte, so wie dadurch, daß sie zu dem Ganzen dieser Kirche in den mannichfaltigsten Verhältnissen steht wie die Umstände es jedesmal mit sich bringen. So wie sie auch in ihren Missionsbemühungen, denen man den Preis vor allen andern wol unbedenklich zugestehen muß, einen reinen und richtigen Takt bewährt, und eine glückliche Leichtigkeit auch an die unvollkommensten Religionszustände anzuknüpfen, und die Empfänglichkeit für den hohen Geist des Christenthums zu erwecken. Wo nun der Sinn für solche engere Vereine erwacht ist, da ist wol auch die Geringschätzung der öffentlichen Kirche in ihrem dermaligen Zustande natürlich; aber indem diese Geringschätzung hier allen in einem höhern Sinne religiösen Menschen zugeschrieben wird, so liegt wol eben so nahe, daß hiervon die Bemühung ausgeht, die große äußere Gesellschaft selbst in einen bessern Zustand zu versetzen und ihrer natürlichen Verbindung mit der wahren Kirche näher zu bringen.

9) S. 192. Diese Schilderung mag wol der Gestalt, welche unsere gottesdienstlichen Versammlungen im Großen betrachtet damals zeigten, ganz angemessen sein, und auf jeden Fall ist sie aus dem unmittelbaren Eindruck hergenommen. Allein

die Folgerung, daß deshalb das Prinzip der Geselligkeit in diesen Versammlungen ein ganz anderes sei, als das eben entwickelte, ist wol nicht schlechthin zuzugeben, sondern nur unter folgenden Einschränkungen. Weiter unten nämlich S. 214 wird den Mitgliedern der wahren Kirche, welche in der äußern Religionsgesellschaft wegen der hergebrachten Erfordernisse nicht selbstthätig und priesterlich auftreten können, der häusliche Gottesdienst angewiesen, um dort ihren Mittheilungstrieb zu befriedigen. Sind nun in der äußern Kirchengemeinschaft solche, welche dieser Anweisung Folge zu leisten vermögen: so können diese trotz des äußern Anscheins doch in den kirchlichen Versammlungen unmöglich blos leidentlich und empfangend sein, sondern sie sind auch gleich weiter verarbeitend in Beziehung auf jene Sphäre der Mittheilung, und diese Thätigkeit ist dann doch wirklich in der Versammlung selbst, und wenn wir uns diese und die häuslichen Gottesdienste, welche ihr assimilirt sind, als Eines denken: so erscheint dann die ganze größere Versammlung als ein thätiger Organismus. Ja jene Thätigkeit wird auch in der Versammlung wirksam sein, wenn mehrere Familien unter einander in frommem Sinn verbunden sind und wenn der, welcher die Versammlung leitet, diese innere Produktivität ihrer Mitglieder kennt und vor Augen hat. Also nur wo sich auch im häuslichen Leben und im geselligen Familienleben keine religiöse Mittheilung entwickelt, wie damals wol freilich wenig davon zu merken war in unsern vaterländischen Gegenden, ist die Folgerung richtig, was diesen Punkt betrifft. Außerdem ist aber noch zu bedenken, daß eben weil die religiöse Mittheilung ihrer Natur nach Kunst wird und also nicht durch die Stärke der Frömmigkeit allein bedingt ist, sondern zugleich durch die Kunstfertigkeit, hieraus schon die Unmöglichkeit einer völlig gleichen Gegenseitigkeit in der Mittheilung hervorgeht. Wenn wir nun große Darstellungen in irgend einem Kunstgebiete vergleichen, und erwägen wie in der Tonkunst nicht nur der Tonsetzer dazu gehört, sondern auch der ausübende Künstler von dem Meister auf dem herrschenden Instrument bis zu dem untergeordneten Begleiter hinab, und außerdem auch noch der Verfertiger der musikalischen Instrumente, und wie auch die Zuhörer, wenn sie nur Kenner sind, keinesweges blos empfangen, sondern auch innerlich jeder auf seine Art verarbeiten: so werden wir gestehen müssen, daß auch in den kirchlichen Versammlungen die größte Mehrzahl nur aus begleitenden Künstlern bestehn kann, und dennoch alle auf gewisse Weise zur Darstellung des Ganzen mitwirken. Also nur wo eine solche Mitwirkung gänzlich fehlt, und entweder die Andacht blos einsaugend ist, oder nur ein profaner Kunstsinn ohne religiösen Geist mitsprechen und mitwirken will, nur da ist jene Einseitigkeit völlig ausgesprochen.

10) S. 195. Wenn das hier Gesagte ganz scharf genommen wird: so wäre das Resultat freilich dieses, daß die äußere Kirche nur bestehe durch ihre eigne Nichtigkeit, nämlich nur dadurch, daß sie unfähig ist das religiöse Gefühl bis auf einen gewissen Grad der Lebendigkeit zu erwecken oder zu steigern. Daß dies aber nicht streng genommen werden soll, geht schon daraus hervor, weil sonst auch das kalt und stolz sich Zurückziehen müßte gelobt werden im Widerspruch mit dem oben Eingestandenen, daß nämlich diese große Religionsgesellschaft keinesweges solle aufgelöset werden. Es ist aber natürlich, daß es hier wie in allen ähnlichen menschlichen Dingen Abstufungen giebt, welche in der ursprünglichen Beschaffenheit der einzelnen Menschen selbst begründet sind; und grade die von verschiedenen Abstufungen sind einander von der Natur zugewiesen. Aber mehr den äußern Anschein wiedergebend als das Wesen der Sache erschöpfend ist die Darstellung, als wenn die einen nur von den andern afficirt würden, und als ob es möglich wäre, daß auf diese Weise, wenn der Prozeß nur weit genug gedeihen könnte, einer dem andern die Religion einpflanzen könne. Sondern sie ist ursprünglich in jedem, und regt sich auch in jedem. Nur daß sie in einigen mit der ganzen Eigenthümlichkeit der Person gleichsam verwächst, so daß in jeder Manifestation des frommen Bewußtseins diese sich mit darstellt; in Andern aber ist sie nur unter der Form des Gemeingefühls, und zwar nicht nur in solchen, welche überhaupt weniger eigenthümlich erscheinen, sondern auch sehr eigenthümlich gebildete Menschen giebt es, in deren religiösen Erregungen sich dies doch weniger zeigt. In diesen also sind auch die religiösen Erregungen an gemeinsame Zustände gebunden, und sie finden in der gemeinsamen Darstellung ihre Befriedigung. Wenn aber nun von diesen gemeinsamen Darstellungen diejenigen, die eigenthümlicher erregt sind, sich zurückziehen wollten: so würde auch der Schade beide Theile treffen. Denn was aus den gemeinsamen Darstellungen wird, wenn

sie nicht von eigenthümlichen Erregungen befruchtet werden, das sehen wir an solchen kirchlichen Gesellschaften, in welchen die Eigenthümlichkeit überhaupt zurücktritt und alles auf feststehenden Formeln beruht, wie deshalb die armenische und griechische Kirche, wenn die letztere nicht jetzt einen neuen Schwung gewinnt, ganz erstorben scheinen und nur mechanisch bewegt. Aber der Einzelne, wie kräftig und eigenthümlich auch sein Leben sei, wenn er aus der Gemeinheit scheidet, giebt auch den größten Umfang eines Bewußtseins auf; und wenn doch das, was ich hier die wahre Kirche genannt habe, in einer wirklichen Erscheinung nicht heraustreten kann, wie es denn so nirgend nachzuweisen ist: so bleibt ihm dann Nichts übrig als das isolirte separatistische Dasein, welches aber auch aus Mangel an großer Circulation immer dürftiger wird.

11) S. 195. Da an dieser Stelle die in der ganzen Rede herrschende Ansicht am schneidendsten und gedrängtesten dargestellt ist, so wird sich auch an diese am besten anknüpfen, was außer dem bereits Bemerkten noch zur Erläuterung und Berichtigung derselben zu sagen ist. Es kommt nämlich alles darauf an, daß das Verhältniß richtig dargestellt werde zwischen der vollkommnen gegenseitigen religiösen Mittheilung, welche ich hier als die wahre Kirche dargestellt, und der wirklich bestehenden religiösen Gemeinschaft. Wenn nun die letztere auch hier einer solchen besseren Gestaltung, wie sie unten S. 202 beschrieben ist, fähig anerkannt wird; so wollen wir diese voraussetzen, und nun die Frage so stellen. „Giebt es alsdann außer dem priesterlichen Geschäft, welches in dieser bildenden Gesellschaft die vollkommen religiös Gebildeten üben sollen, für sie selbst unter sich noch eine besondere Gemeinschaft, welche der aufgestellten Idee entspräche, und in welche dann nach Maßgabe ihrer Fortschritte auch die Mitglieder der äußeren Religionsgesellschaft übergeben könnten?" Wenn wir nun suchen, wo doch diese Gesellschaft sein sollte, und zu der Voraussetzung, daß die größten Meister auch die größten Darstellungen hervorbringen müssen, das schon oben auseinander Gesetzte hinzunehmen, daß nämlich zu diesen, wenn sie in die volle Wirklichkeit treten sollen, jeder Meister auch untergeordnete begleitende Künstler bedürfe, und eine würdige kennerische und im Genuß selbstthätige Zuhörerschaft, und hiebei bedenken, daß die größten Meister zu selten sind und zu zerstreut, als daß sie allein unter sich diesen zweifachen Kreis bilden könnten: was bleibt uns dann übrig, als zu sagen, daß in leiblicher und räumlicher Erscheinung eine solche Gesellschaft nirgend auf Erden zu finden sei; sondern das beste in unserer Gattung, was wirklich aufgezeigt werden könne, das sei jene bessere Gestaltung der bestehenden Kirche, jene Gesellschaften, wo ein künstlerischer Meister eine Anzahl ihm möglichst Gleichartiger, die aber durch ihn erst völliger belebt und gebildet werden sollen, um sich sammelt. Je mehr aber die Mitglieder derselben so weit sich entwickeln, daß sie jenen doppelten Kreis bilden, um desto mehr gleicht eine solche Gemeine in ihrem Zusammensein einer großen religiösen Darstellung. In dem Maß nun, als diese unter einander in Verbindung gesetzt werden können, in diesem Maß giebt es auch zunächst und im vollen Sinne für diejenigen, welche die Seele einer solchen Darstellung sind, eine höhere Gemeinschaft jener Art, welche in einer gegenseitigen Mittheilung und Anschauung besteht; an welcher dann auch mittelbar die andern Glieder theilnehmen, soweit als ihnen gelingt sich bis zur Möglichkeit eines solchen Genusses fremder Formen zu erheben. Realisirt werden kann also der hier aufgestellte Begriff der wahren Kirche nicht in einer einzelnen Erscheinung, sondern wie auch schon oben S. 189 angedeutet ist, nur in der weltbürgerlichen friedlichen Verbindung aller bestehenden und jede in ihrer Art möglichst vervollkommneten kirchlichen Gemeinschaften; welche Idee als zur Vollendung der menschlichen Natur gehörig in der Ethik näher entwickelt werden muß. Zweierlei Einwendungen hiegegen sind noch, aber leicht, zu beseitigen. Denn einmal könnte jemand fragen, wie doch dieses stimme mit dem in der Glaubenslehre dem Christenthume beigelegten Beruf alle andern Glaubensweisen in sich aufzunehmen? denn wenn so alles eins geworden sei, so bestehe nicht mehr jene weltbürgerliche Verbindung zur Mittheilung und Anschauung des Verschiedenen. Allein es ist schon bevorwortet, daß alle natürlich bestehenden verschiedenen Eigenthümlichkeiten in dem Christenthum nicht verschwinden, sondern sich aus demselben seiner höhern Einheit unbeschadet, auf eine ungeordnete Weise wieder entwickeln. Wie nun auch jetzt das Christenthum keine äußere Einheit darstellt, sondern das Höchste, was wir können zu sehen wünschen, Nichts Anderes ist, als eine solche friedliche Verbindung seiner verschiedenen Gestaltungen: so haben wir auch

keine Ursache zu glauben, daß es jemals eine äußere Einheit darstellen werde, sondern auch dann wird es eine solche weltbürgerliche Verbindung sein. Zweitens aber könnte jemand sagen, das was hier die wahre Kirche genannt wird, habe allerdings schon in einer einzelnen Erscheinung wirklich bestanden. Denn wenn die Apostel Christi sich zerstreut hätten, um in den Häusern und in den Schulen das Evangelium zu predigen und das Brot zu brechen, dann hätten sie das priesterliche Geschäft verwaltet unter den Laien in der äußern Kirche; wären sie aber unter sich gewesen auf dem Söller um Gott und den Herrn zu loben, was sei das anders gewesen, als jene wahre Kirche? und so deute auch die Rede selbst nicht unvernehmlich an (S. 201), daß diese Art zu sein nie hätte in jener ganz untergehen, sondern sich aus ihr immer wieder herstellen sollen. Und allerdings hat jemals die wahre Kirche in unserm Sinne in einer einzelnen Erscheinung bestanden, so war es dort. Aber etwas fehlte doch dazu, nämlich jene, in der Rede auch als der wahren Kirche wesentlich aufgestellte, Größe und Majestät der Darstellung. Und dieses Bewußtsein der Unzulänglichkeit gehörte, menschlicher Weise zu reden, mit zu den Motiven der weiteren Verbreitung des Christenthums. So wie aber diese Erscheinung, die indeß ohnerachtet ihrer kurzen Dauer doch beweiset, daß überall die unvollkommne Kirche doch nur von der vollkommnen abstammt, so wie diese einmal verschwunden war, konnte sie bei der ungeheuern Expansivkraft des Christenthums auch nicht wiederkehren, und die wahre Kirche sich nicht anders wieder finden, als in jener weltbürgerlichen Verbindung.

Auf diese Art ist also die höchste geistige Gemeinschaft der vollkommensten Frommen bedingt durch die andere Gemeinschaft der Vollkommneren mit den Unvollkommneren; hat aber diese die bessere Gestalt gewonnen, in welcher sie allein die Grundlage für jene geben kann, verdient sie dann noch den Vorwurf, daß nur die Suchenden hineintreten, und nur die noch nicht fromm Gewordenen darin bleiben? Sagen kann man dieses auch dann noch von ihr, aber nur insofern als es keinen Vorwurf in sich schließt. Denn jeder der hineintritt sucht, nicht nur der mehr Empfängliche und Unvollkommne den, der ihn begeistere und fördere, sondern auch der Vollkommnere sucht Gehülfen zu einer Darstellung, die dafür könne erkannt werden aus dem Geiste der wahren Kirche hervorgegangen zu sein, und durch das gemeinsame Werk sucht er auch für sich Förderung in der äußern Meisterschaft sowol als in der innern Kraft und Wahrheit. Daher sind auch alle ihre Glieder nicht geworden sondern werdend. Will man aber dieser Vereinigung auch in ihrer besten Gestalt noch eine andere von Vollkommnen gegenüberstellen, und sie dadurch bezeichnen, daß diese außer der Freude an der Anschauung Nichts mehr suchen, weil jeder schon geworden ist, was er sein kann: so wird auch diese keine andere sein, als eben jene weltbürgerliche Verbindung. Denn in dieser gilt jeder nur etwas durch das, was er schon ist und leistet, und kann auch nicht erwarten, durch die Anschauung des Fremdartigeren unmittelbar gefördert zu werden auf seinem eigenthümlichen Gebiet. Ist aber ein unmittelbares Zusammenleben der Vollkommneren gemeint, auf welche jene Schilderung der wahren Kirche gehen soll; so muß man es dann buchstäblich von der triumphirenden Kirche verstehen; denn nur in dieser wird eine rein gegenseitige Mittheilung gedacht ohne Ungleichheit und ohne Fortschreitung. Hier aber kann von jener wahren Kirche immer nur so viel sein, als wahres Leben und reproduktive Entwicklung in den bestehenden kirchlichen Gemeinschaften ist.

12) S. 196. Zwei Vorwürfe sind hier der gegenwärtigen Einrichtung der Kirche gemacht, von denen freilich der erste weit mehr Verwirrung zu verschiedenen Zeiten angerichtet hat, unmittelbar aber hat der letztere mir immer ein störenderes Gefühl gegeben von dem unentwickelten Zustand der Gesellschaft. Dies ist nämlich die Einrichtung, daß unsere heiligste symbolische Handlung, das Mahl des Herrn, unerachtet es auf die natürlichste Weise, wenigstens in den meisten größeren Gemeinden, den Gipfel jedes Hauptgottesdienstes bildet, und also bei jeder solchen Gelegenheit bereit ist, doch von den Theilnehmern jedesmal muß vorbedacht und vorbereitet sein. Gewiß wird Niemand leugnen, es wäre die schönste Wirkung des gesammten Gottesdienstes, wenn recht viele von den Anwesenden dadurch in die Stimmung gesetzt würden das heilige Mahl nun zu feiern; diese schönste Blüthe der Andacht aber geht verloren. Und auf der andern Seite, wie oft können, wenn auch alles vorbedacht und vorbereitet ist, doch innere oder äußere Störungen eintreten, die den vollen Segen der Handlung mindern, welche doch, eben weil sie vorbereitet ist, nicht leicht

einer solchen Störung wegen unterlassen wird. Ist diese Behandlungsweise des Gegenstandes nicht ein zu sprechender Beweis, wie wenig Gewalt auf die Gemüther wir noch der Sache selbst zutrauen, und wie wir alle Christen ohne Unterschied noch als unzuverlässige Neulinge behandeln? Eine glückliche Zeit wird es sein, wo wir diese Behutsamkeit werden abstreifen dürfen, und wo uns jeder am Tisch des Herrn willkommen ist, den ein augenblicklicher Impuls dorthin führt! — Weit mehr Verwirrung aber entsteht freilich aus dem andern hier gerügten Mißverständniß, daß nämlich nicht nur unter sich die Geistlichen sich nach einem symbolischen Maßstabe abschätzen, sondern auch sogar die Laien sich herausnehmen nach diesem Maßstabe ein Urtheil zu fällen über den Geistlichen, ja daß sogar den Gemeinden ein Recht eingeräumt wird zu verlangen, daß ihr Geistlicher sie belehren soll gemäß dem symbolischen Buchstaben. Denn wenn jemand freilich sonst etwas verfertiget zu meinem Gebrauch: so muß mir zustehen, wenn ich sonst will, selbst zu bestimmen, wie es soll verfertigt werden, weil nur ich eigentlich urtheilen kann über mein einzelnes Bedürfniß im Zusammenhang mit meiner ganzen Art zu sein. Ganz anders aber ist es mit der Lehre; denn wenn ich im Stande bin zu beurtheilen, wie eine Lehre über irgend einen Gegenstand beschaffen sein muß, wenn sie mir soll nützlich sein, so bedarf ich eigentlich der Belehrung nicht, sondern kann sie mir selbst geben und bedarf höchstens der Erinnerung. Dieser Anspruch ist also desto verkehrter, je schärfer sonst der Unterschied zwischen Geistlichen und Laien gehalten wird — denn wo alle einander gleich stehen, da ließe sich eher denken, daß eine Verabredung aller stattfände, sich innerhalb eines gemeinsamen Typus zu halten — und je mehr die Belehrung des Geistlichen ein freier Erguß des Hezerns ist, wie, Gott sei Dank, noch überall in der evangelischen Kirche, und nicht der meiste Werth auf die Wiederholung feststehender Formulare gelegt wird, wie in der römischen und griechischen. Wenn aber nun die Laien, gleichviel ob einzeln als Schutzherren einer Kirche oder Gemeine oder vereint als Staatsbehörde, oder ob selbst als Gemeinden, bestimmen wollen, was dem symbolischen Buchstaben gemäß sei, und wie weit dessen Autorität im Gebiete der freien Belehrung gehe: so liegt darin noch eine besondere Verkehrtheit, da ja der symbolische Buchstabe nur von den Geistlichen herrührt, die also gewiß nicht gewollt haben sich selbst gegen die Laien durch denselben beschränken, und da ja die Laien nur durch die Geistlichen und deren Unterricht im Stande sind, den symbolischen Buchstaben zu verstehen. Diese Verkehrtheit erscheint nun auf ihrem höchsten Gipfel, wenn ein Staatsoberhaupt persönlich als solches sich berechtigt und geschickt glaubt, den symbolischen Buchstaben einer andern Kirchen-Gemeinschaft und das Verhältniß ihrer Geistlichen zu demselben zu beurtheilen, also auch zu beurtheilen, welche religiöse Mittheilungen denjenigen, deren Religiösität ihm ganz fremd ist, zur Förderung derselben heilsam sein können, oder nicht. Wenn z. B. der chinesische Kaiser das Christenthum zwar dulden wollte, aber durch seine Mandarine dafür sorgen, daß keine christliche Partei von ihren Symbolen abweiche. Hiebei giebt es dann nur den Trost, daß dies ein Punkt ist, von welchem nur Umkehr möglich bleibt.

13) S. 197. Das Verhältniß tritt in mancher Beziehung in der römischen und griechischen Kirche am stärksten heraus, weil dort auf der einen Seite der Gegensatz zwischen Priestern und Laien, als seien es zwei verschiedene Klassen von Christen, am stärksten gespannt ist, auf der andern die Geistlichen nicht allein beschränkt sind auf ihre Geschäftsführung in den Gemeinen, sondern nur für einen Theil derselben nämlich die Weltgeistlichkeit soll dies die Hauptsache sein, für den andern nur eine Nebensache, und dieser soll vorzüglich in der höhern religiösen Betrachtung leben. So bildete denn dort die Geistlichkeit in ihrem innern Zusammenleben die wahre Kirche; die Laien aber wären blos diejenigen, welche zur Frömmigkeit erst heran gebildet werden sollen, und deshalb auch unter einer beständigen genauen Seelenleitung stehen, deren höchster Triumph ist, wenn einige fähig werden in jene engere Sphäre des religiösen Lebens aufgenommen zu werden. Und in der That würden wir gestehen müssen, in der katholischen Kirche seien die Grundzüge der hier aufgestellten Theorie niedergelegt, wenn nicht in anderer Beziehung auch wieder der grellste Widerspruch zwischen beiden zu Tage läge. Und nicht etwa auf die Unvollkommenheit der Ausführung berufe ich mich deshalb, auf die schlechte Beschaffenheit der Geistlichkeit, auf die irreligiöse Leerheit des klösterlichen Lebens; denn dann könnte man höchstens sagen, es sei ein noch nicht gelungener Versuch, die wahre Kirche ge-

trennt vom Zusammensein mit denen, die erst religiös gebildet werden sollen, darzustellen, sondern Hauptsache ist dieses, das schon in den Grundsätzen das Mißlingen desselben gegründet ist, weil nämlich der Idee nach – denn in der Ausführung sind ja die Geistlichen und Klösterlichen oft am tiefsten in alles Weltliche verwickelt, aber der Idee nach soll doch das beschauliche Leben von dem Thätigen ganz getrennt sein, und die höhere religiöse Stufe wird mit dem letzten für unverträglich erklärt. Rechnet man nun aus allem Bisherigen zusammen, was hiervon weiter abhängt: so ist wol nicht zu zweifeln, daß auch in dieser Beziehung der Protestantismus die Rückkehr ist auf den richtigen Weg die wahre Kirche darzustellen, und daß er mehr von derselben in sich trägt als jene.

14) S. 197. Hier ist leicht ein Mißverstand möglich, als ob die Dogmatik selbst nur solle aus dem Verderbniß der Religion abgeleitet werden, da ich doch anderwärts mich deutlich genug dafür erklärt, daß so wie eine bestimmte Religion eine große Gestaltung gewinnt, sich ihr auch eine Theologie anbilden muß, von der die Dogmatik, welche eben den geschlossenen Zusammenhang der religiösen Sätze und Lehrmeinungen aufstellt, immer ein natürliches und wesentliches Glied gewesen ist und bleiben wird. Hier aber ist nur die Rede von dem falschen Interesse, welches so oft die ganze Kirche an dem Zusammenhange der Lehre nimmt, und dies ist allerdings nur in jenem Verderbniß gegründet; denn die Dogmatik sowol ganz als auch in ihren einzelnen Bestandtheilen, welche ja außer dem Zusammenhang mit dem Ganzen nie vollkommen können verstanden werden, soll ein ausschließliches Eigenthum der in dieser besonderen Hinsicht wissenschaftlich Gebildeten bleiben. Ihnen dient sie zur Topik auf der einen Seite, um den ganzen Umkreis alles dessen, was Gegenstand religiöser Mittheilung und Darstellung werden kann, zu übersehen und jedem Einzelnen seine Stelle anzuweisen, und auf der andern Seite zur kritischen Norm, um alles was in der religiösen Mittheilung vorkommt, an dem strengen gebildeten Ausdruck zu prüfen, und desto eher aufmerksam zu werden auf alles, was in diesen Ausdruck nicht aufgehen will, ob es nur einzelne Verworrenheit sei, oder ob sich etwas dem Geist des Ganzen Widersprechendes dahinter verberge. Beide Interessen liegen ganz außer dem Gesichtskreis aller übrigen Mitglieder der Kirche, welche daher von allem, was nur auf diesem Gebiet vorgeht, gar nicht sollten afficirt werden. Denn kommt in der kirchlichen oder geselligen Mittheilung etwas vor, wodurch ihr unmittelbares frommes Bewußtsein verletzt wird, so bedürfen sie darüber gar keines weitern dogmatischen Zeugnisses. Sind sie aber verletzbar durch das, was nur innerhalb der scientifischen Terminologie liegt, so ist eben dies die hier aufgezeigte Verderbniß, gleichviel, ob sie sich von selbst in eine ungeziemende Dünkelweisheit verloren haben, oder ob sie von theologischen Kämpfern in blindem Eifer sind zu Hülfe gerufen worden, damit beide gemeinschaftlich, Gelehrte und Ungelehrte, irgend einen gefährlichen Mann dämpfen möchten. Schön aber wäre es immer, wenn die Theologen den Anfang machten umzulenken, und von der Theilnahme an allen dogmatischen Streitigkeiten die Laien, wer sie auch seien, abzumahnen, und sie auf den guten Glauben zu verweisen, daß es fromme Theologen genug gebe, um diese Sachen auszumachen.

15) S. 202. Dies ist nun aus den bisherigen Erläuterungen leicht zu berichtigen. Denn wenn das, was hier die wahre Kirche genannt wird, nicht in einer abgesonderten Erscheinung besteht: so giebt es auch nicht im buchstäblichen Sinne einen vorübergehenden Aufenthalt in der einzigen als wirkliche bestimmte Erscheinung bestehenden religiösen Gemeinschaft. Sondern nur das Ausschließende ist vorübergehend, so daß jeder in dem die Frömmigkeit durchgebildet ist, auch fähig werden soll, außer der bestimmten Gemeinschaft, der er angehört, an der weltbürgerlichen Verbindung aller auf gewisse Weise theilzunehmen. Eben so nun ist auch das entscheidend nicht buchstäblich so zu nehmen, als ob etwa der Unfähige nun ganz aus aller religiösen Verbindung sollte, sei es nun ausgeschlossen werden, oder freiwillig austreten. Denn jenes sollen und können die Frommen nicht thun, und dieses dürfen sie nicht leiden. Denn sie können keinen austreten lassen, weil sie suchen müssen, ihren religiösen Darstellungen die möglichste Allgegenwart und Eindringlichkeit zu geben; und noch weniger können sie ausschließen, denn eine absolute Unfähigkeit kann nie erkannt werden, sondern immer muß die Voraussetzung feststehen einer Zeit, wo das allen Menschen Gemeinsame sich auch in dem Einzelnen entwickeln werde, und einer noch unversuchten Art der Erregung, welche diese Entwickelung begünstigen könne.

Das aber bleibt wahr, daß derjenige, in dem so langsam und schwer der Religiosität in der bestimmten Gestalt, die ihm die nächste und verwandteste ist, erregt werden kann, schwerlich zu jener höhern Entwickelung und jenem freien Genuß gelangen werde.

16) S. 202. Eine große Vorliebe ist hier dargelegt im Gegensatz gegen die großen kirchlichen Verfassungen für die kleineren Kirchengemeinschaften; einseitig ist hier diese Vorliebe ohnstreitig herausgehoben; aber das ist überhaupt schwer, am wenigsten aber in einem rednerischen Zusammenhang zu vermeiden, wenn die Aufmerksamkeit auf einen ganz übersehenen oder wenigstens größtentheils geringgeschätzten Gegenstand soll gelenkt werden. Diese Vorliebe beruhte aber auf folgenden Punkten. Einmal auf der großen Mannichfaltigkeit, welche in dem gleichen Raume und der gleichen Zeit sich manifestiren kann, statt der großen Massen, welche entweder überhaupt keine Mannichfaltigkeit aufkommen lassen, oder sie wenigstens verbergen, daß nur der genauere Beobachter sie wahrnehmen kann. Wohin auch vornämlich gehört, daß auf dem religiösen Gebiet, mehr als anderwärts der Fall sein kann, sich öfter Vereinigungspunkte erzeugen, welche es nicht auf lange Zeit sein können, aber um welche sich doch, wenn auch nur vorübergehend, eine kräftige und eigenthümliche Erscheinung bilden kann; welche Keime alle verloren gehen oder wenigstens zu keiner klaren und vollständigen Organisation gelangen, wenn nur große Kirchenverfassungen bestehen. Der andere Hauptpunkt aber ist der, daß die kleineren Kirchengemeinschaften ihrer Natur nach, weil sie weniger Besorgniß erregen können, sich auch freier bewegen und weniger von der bürgerlichen Autorität bevormundet werden. In beider Hinsicht erschien mir schon damals, als ich dieses zuerst schrieb, Amerika als ein merkwürdiger bewegter Schauplatz, wo sich alles auf eine solche Weise gestaltete, und wo mir deswegen mehr als irgend anderswo, selbst das einzig geliebte Vaterland nicht ausgenommen, die Freiheit des religiösen Lebens und der religiösen Gemeinschaft gesichert schien. Mehr noch hat sich dies seitdem entwickelt und die Ahnung bestätigt. Frei bilden sich dort Vereine und zerfließen wieder, sondern sich in kleinere Theile von einem größern Ganzen los, und streben kleinere Ganze einander zu, um einen Mittelpunkt zu finden, um den sie sich zu einer größern Einheit gestalten können. Und die Freiheit der christlichen Entwickelung ist so groß, daß manche Gemeinden, wie die sogenannten unitarischen, uns, jedoch wie ich glaube mit Unrecht, scheinen würden außerhalb des Christenthums zu liegen. Sonst nun konnte man die Furcht haben, daß bei solchem Zerfallen das Christenthum seine große historische Gestalt allmählich verlieren, und namentlich die wissenschaftliche Festhaltung desselben ganz könnte in Vergessenheit kommen. Seitdem aber die Wissenschaft sich dort mehr erhebet, und auch Institutionen zu Fortpflanzung der christlichen Gelehrsamkeit gegründet sind, ist die Aussicht noch fröhlicher, und nur das Eine zu beklagen, daß, so scheint es uns wenigstens aus der Ferne, daß der brittische Geist zu sehr überhand genommen hat und der deutsche immer mehr zurücktritt, weshalb jenen Freistaaten recht bald eine solche deutsche Einwanderung zu wünschen wäre, die einen bleibenden Einfluß hierauf begründen könnte. — Doch möchte ich mich jetzt keinesweges so ausschließend für die kleineren Gemeinschaften erklären und gegen die großen Verfassungen, nachdem ich jener mehr entwöhnt und in diese mehr eingelebt bin. Sondern wie es in England wol am deutlichsten zu Tage liegt, daß es dort in beiden Fällen schlecht um das Christenthum stehen würde, sowol wenn die bischöfliche Kirche sich ganz auflöste und in die kleineren Gemeinschaften zerstreute, als auch wenn sie diese verschlänge um allein zu bestehen: so kann man wol nicht anders sagen, als daß, wenn sich in dem weiten Umfang der Christenheit das religiöse Leben in seiner ganzen Mannichfaltigkeit und Fülle entwickeln soll, beides, wie auch fast von jeher der Fall gewesen, neben einander bestehen müsse, große Verfassungen und kleine Gesellschaften, so daß diese sich in jene auflösen und aus ihnen wieder erzeugen können, und jene, was in ihnen desorganisirend wirken würde an diese abgeben, und sich aus diesen bereichern und stärken können. Nach dieser Darlegung der Sache wird wol Niemand fragen, wie sich diese Vorliebe für kleinere Religionsgesellschaften vertrage mit dem lebendigen Antheil an der Vereinigung beider protestantischen Kirchengemeinschaften, wodurch ja offenbar nicht nur aus zwei kleineren Gesellschaften eine größere werde, sondern auch offenbar diejenige von beiden, welche die kleinste war, am meisten verschwinde. Nur Folgendes möchte ich noch darüber hinzufügen. Eine Verschiedenheit weniger der Lehre, denn diese scheint mir noch immer durchaus

unbedeutend, als des Geistes hat offenbar zwischen beiden Kirchengemeinschaften ursprünglich stattgefunden; und ohne diese hätte eine solche Trennung aus übrigens so unbedeutenden Motiven nicht entstehen können. Diese Verschiedenheit ist auch keinesweges schon ganz verschwunden; allein wie jede eine Einseitigkeit mit sich bringt, so schien jetzt die Zeit gekommen, wo weit kräftiger durch völliges Ineinanderbilden der Verschiedenheiten als durch freundliches Nebeneinanderstehen diese Einseitigkeiten abgestumpft, und durch die Vereinigung ein in der Freiheit gebundneres und in der Gebundenheit freieres Leben erzeugt werden konnte, als in beiden abgesondert bestanden hatte. Außerdem aber schien es die höchste Zeit dafür zu sorgen, daß nicht dereinst eine wiedererwachende Eifersucht zwischen beiden einen nöthig werdenden kräftigen Widerstand gegen die mancherlei bedenklichen Bestrebungen der römischen Kirche unmöglich mache.

17) S. 204. Wer so dringend wie ich es in der vierten Sammlung meiner Predigten gethan, dafür gesprochen, daß die gesammte Armenpflege wieder möchte ein Geschäft der kirchlichen Vereinigung werden, der scheint ja gar wol zu wissen, wohin mit allem Grund- und Geldvermögen. Allein auch die ausgedehnteste Armenpflege bedarf nur sicherer jährlicher Einnahmen. Wenn also nur ein Verband der Gemeine fest ist und der darin waltende Geist dem guten Willen für diesen Gegenstand lebendig enthält: so kann auch dieses Geschäft ohne einen solchen Besitz befriedigend ausgerichtet werden, und wenn die übrigen Umstände gleich sind, um desto besser, als es gewiß ist, daß auf der einen Seite jedes Kapital von Privatleuten besser genutzt werden kann, und auf der andern Seite dieser Besitz dem reinen Charakter einer kirchlichen Gemeine immer einen fremden Zusatz beimischt, und eine andere als die rein religiöse Werthschätzung ihrer Mitglieder herbeiführt.

18) S. 205. Bei dieser Klage war keinesweges meine Meinung, daß der Staat sich nicht sollte in gar vielen und höchstwichtigen Dingen ganz vorzüglich auf die Macht der religiösen Gesinnungen und auf das Zusammentreffen seines Interesses mit den natürlichen Wirkungen derselben verlassen, sondern eben in so fern er sich darauf verlassen zu müssen glaubt, ist auch wünschenswerth, daß er nicht auf eine solche Art eingreife, welche deren reinem Erfolg nachtheilig sein muß, und das geschieht unfehlbar durch jede positive Einmischung. Denn zweierlei scheint nur richtig zu sein; entweder der Staat setzt die religiöse Gesinnung seiner Mitglieder voraus und erfreut sich vertrauensvoll ihrer Wirkungen, wobei ihm denn immer anheimgestellt bleibt, sowol bei jedem Einzelnen, in welchem sich diese Wirkungen nicht bewähren, die Voraussetzung zurückzunehmen, als auch wenn sich ein solcher Mangel in einer entschiedenden Mehrheit einer religiösen Gesellschaft zeigen sollte, zu untersuchen, ob dies in den Grundsätzen derselben begründet sei, und danach seine Voraussetzung zu modifiziren. So lange er aber nicht Grund hat sein Vertrauen zurückzunehmen, muß er auch wissen, daß die Organisation der Gesellschaft aus derselben Gesinnung hervorgeht, von welcher er die guten Wirkungen erwartet, und daß der Natur der Sache nach nur diejenigen, in welchen die Gesinnung am stärksten ist, auf die Gestaltung und Verwaltung der Gesellschaft den meisten Einfluß haben werden, und hiernach also muß er auf diesem Gebiet die Gesinnung frei walten lassen und es zugeben, daß die Organisation der Gesellschaft aus ihr selbst hervorgehe, ohne von ihm geleitet zu sein, und dies so lange bis ihm auch von hier aus ein Grund zur Verminderung des Vertrauens entsteht. Wenn nun ein Staat nur zu einer bestimmten Form der Religiösität dieses Vertrauen hat: so schlägt er auch mit dieser Gesellschaft diesen Weg ein, und sein Verfahren gegen die übrigen richtet sich nach der Größe seines Mißtrauens bis zur völligen Unduldsamkeit. Wenn also ein Staat die eine Religionsgesellschaft sich selbst überläßt, und sie mit einem hohen Grade von Unabhängigkeit ausstattet, eine andere aber enger bevormundend, ihre Organisation selbst bestimmt: so kann dieses verständigerweise keinen andern Grund haben, als weil er der letztern ein beschränkteres Vertrauen schenkt, und eine wunderbarere Erscheinung läßt sich nicht denken, als wenn ein Staat grade die Religionsgesellschaft, welcher der Regent selbst angehört, genauer bevormundet und in ihrer freien Thätigkeit mehr beschränkt als eine andere. — Dieser Fall nun des Vertrauens auf die religiöse Gesinnung ist für unsre gegenwärtige Untersuchung der erste; der andre aber ist der entgegengesetzte, wenn nämlich der Staat von der religiösen Gesinnung seiner Glieder keine guten Wirkungen erwartet in Bezug auf irgend etwas, was in sein Gebiet fällt. Aber auch dann scheint Nichts folgerecht zu

sein, als daß er die Religion als eine ihm gleichgültige Liebhaberei gewähren läßt, und nur wie bei anderen Privatverbindungen darauf achtet, daß dem bürgerlichen Gemeinwesen kein Nachtheil daraus erwachse. Wenn wir nun dieses anwenden auf die Angelegenheit, von welcher hier die Rede ist, nämlich auf die Erziehung — denn auf diese kommt doch alles zurück, so scheint daraus Folgendes hervorzugehen. Die religiöse Erziehung als solche wird niemals die ganze Erziehung des Menschen sein; sondern alle Ausbildung, welche die Religionsgesellschaft als solche nicht unmittelbar interessirt, wie z. B. die gymnastische und die höhere wissenschaftliche, wird außer ihrem Bereich liegen. Wenn nun die Kirche vielleicht früher an die Erziehung gedacht hat als der Staat, und dieser will dann sagen: Ich sehe, ihr habt da Anstalten zur Bildung der Jugend, aber diese, wenn ich sie auch für gut erkenne, genügen mir nicht; ich will nun das Fehlende hinzuthun, dafür aber die ganze Anstalt unter meine Leitung nehmen: so wird die Kirche, wenn sie reden darf und ihr eigenes Wohl versteht, entgegnen: Nicht also; sondern für alles Fehlende mache du deine Anstalten, und wir wollen als Bürger redlich das Unsrige dazu beitragen, daß sie gedeihen; unsre Anstalten aber laß uns in unsern eigenthümlichen Grenzen nach wie vor selbst besorgen, und erspare nur an den deinigen dasjenige, wovon du glaubst, daß die unsrigen es zweckmäßig leisten. Thut nun der Staat dennoch kraft seiner Gewalt das Andre: so wird dies immer eine der Kirche höchst unerwünschte Einmischung sein, und sie wird es als eine Beeinträchtigung fühlen, wenn es ihr auch den zweideutigen Vortheil verschaffte, einen gewissen Einfluß auf manches zu erlangen, worauf sie dem natürlichen Lauf der Dinge nach keinen hätte. — Eben so nun ist es mit der Belehrung über die menschlichen Pflichten im bürgerlichen Leben, welche doch Nichts Anderes ist als eine fortgesetzte Erziehung des erwachsenen Volkes. Daß der Staat einer solchen bedarf, leidet keinen Zweifel, und zwar um desto mehr, je weniger sie von selbst aus dem öffentlichen Leben hervorgeht. Wenn er nun findet, daß in den religiösen Uebungen und Mittheilungen der in seiner Mitte bestehenden religiösen Gesellschaft oder Gesellschaften solche Belehrungen vorkommen, und daß die Verschiedenheit derselben, wenn ihrer mehrere sind, hierin keinen irgend bedeutenden Unterschied hervorbringt: so wird er gern beschließen eine eigene Anstalt zu diesem Behuf zu sparen; und das werden sich jene Gesellschaften gern gefallen lassen und sich freuen, daß sie dem gemeinen Wesen diesen Dienst leisten. Wenn aber der Staat zu ihnen sagt: Ich will mich eurer Belehrungen bedienen; aber damit ich auch sicher bin, daß mein Zweck vollständig erreicht werde, muß ich euch doch noch vorschreiben, daß ihr auch über dieses und jenes nicht vergesset zu reden, und daß ihr dieses und jenes aus der Geschichte zu bestimmten Zeiten in Erinnerung bringt, und ich muß eine Veranstaltung treffen um zu erfahren, daß dies auch wirklich geschehen sei: so wird die Kirche, wenn sie darf, gewiß sagen: Mit nichten; denn da würden auch manche Belehrungen vorkommen sollen, die in unser Gebiet gar nicht einschlagen, und was das Geschichtliche betrifft, so kommt es uns sehr widerlich vor, wenn wir z. B. an gewissen Tagen freudig daran erinnern sollen, wie du einen andern Staat besiegt hast, unsere nämliche Gesellschaft in jenem Staat aber muß an diesen Tagen weislich still schweigen, soll sich aber freuen an andern Tagen, wo jener etwa dich besiegt hat, und die wir wieder mit Stillschweigen übergehen; sondern uns gilt beides gleich, und wir müssen den gleichen Gebrauch machen nach unserer Art von dem, was dir rühmlich und was dir schimpflich gewesen ist. Ein Gebrauch mit dem du wohl auch zufrieden sein kannst; aber für jenen besondern Zweck mache dir eine andre Verrichtung; denn wir können dir dazu nicht behülflich sein. Und wenn der Staat diesen Vorstellungen nicht Gehör giebt, so beeinträchtiget er die persönliche Freiheit seiner Mitglieder auf ihrem heiligsten und unverletzlichsten Gebiet. — Was endlich die dritte Angelegenheit betrifft, von der hier die Rede ist, so gehört sie eigentlich unter die zweite, und ist hier nur besonders herausgehoben, weil auf eine ganz besondere Weise bei Eidesleistungen der Staat die religiöse Gesellschaft zu Hülfe nimmt. Allein auch hieraus ist eine Beeinträchtigung entstanden. Denn wenn den verschiedenen kleinen Gesellschaften von Nichtschwörern zwar erlaubt ist, den Eid zu verweigern, und eine einfache Versicherung an Eidesstatt zu leisten, den großen vom Staate besonders begünstigten Kirchen aber wird befohlen, über die Heiligkeit des Eides zu predigen, und ihre Mitglieder müssen den Eid leisten auf die vorgeschriebene Weise, oder aller Vortheile verlustig gehen, die mit der Leistung verbunden wären, ohnerachtet unter ihnen viele sein mögen, welche von dem einfachen Verbot

Christi geschreckt sich auch ein Gewissen machen zu schwören, und unter den Lehrern viele, die auch von der buchstäblichen Auslegung jener Worte nicht abgehen können, und es für irreligiös halten, auf solche Weise dem Staat zu Hülfe zu kommen: wie sollte nicht eine solche Beeinträchtigung der religiösen Freiheit sehr schmerzlich gefühlt werden. Und so rechtfertiget hoffentlich diese nähere Anseinandersetzung den im Text ausgedrückten Wunsch, daß der Staat sich dessen, was ihm an den Einrichtungen der Kirche nützlich sein kann, nur so weit bedienen möge, als mit der ungekränkten Freiheit derselben bestehen kann.

19) S. 205. Von den drei Punkten, welche hier bedauert werden, sind zweie nur deshalb beschwerlich, weil sie die Abhängigkeit der Kirche vom Staat bezeugen, und den heiligen Handlungen der Taufe und der ehelichen Einsegnung den Schein geben, als ob sie vorzüglich von den Geistlichen als Dienern des Staats im Namen desselben verrichtet würden. Ohnstreitig ist dies mit eine Ursache davon, daß die Art sie zu verrichten, oft so wenig einen christlichen ja überhaupt einen religiösen Charakter verräth. Wenn die Einschreibung in die bürgerlichen Lebenslisten auch eine rein bürgerliche Handlung wäre: so könnte Niemand mehr die Taufe lediglich als eine gesetzlich gebotene Förmlichkeit ansehen, bei deren Gelegenheit man bisweilen eine herrliche Rede anhören könne. Und wenn der Ehevertrag erst rein bürgerlich abgeschlossen werden müßte, und die kirchliche Einsegnung rein eine Handlung der Mitglieder einer Gemeine wäre: so würde sich bald zeigen, daß da die Ehen am besten wären, wo man auf diese äußerlich überflüssige Weihe noch einen besondern Werth legt. Am nachtheiligsten aber ist der mittlere Punkt. Denn indem ein evangelisch christlicher Staat an die Zulassung zum Sakrament mancherlei bürgerliche Befähigungen knüpft, und eben deshalb bei manchen Gelegenheiten Bescheinigungen fordert für diese Handlung: so handelt er zwar höchst wohlmeinend gegen die Jugend, indem er sie dadurch sicher stellen will gegen religiöse Vernachlässigung ihrer Eltern oder Vorgesetzten; aber wie sehr wird dadurch das Gewissen frommer Geistlichen beschwert, welche so oft ganz gegen ihre Ueberzeugung die religiöse Unterweisung und nähere Aufsicht müssen für geschlossen erklären. Wenn nun hieraus entstände, daß eine große Menge getaufter Christen ihr ganzes Leben hindurch ohne Theilnahme an dem anderen Sakrament blieben wie es in Nordamerika wirklich der Fall ist: so scheint auch dieses kein Unglück zu sein; sondern es würde nur den Vortheil gewähren, daß die christliche Kirche nicht verantwortlich erschiene für die Lebensweise der rohesten Menschen, und daß ihr der Streit erspart würde über das Recht, ihre Glieder aus der Gemeinde auszuschließen, ob es ihr wünschenswerth sei oder nicht. Denn in dem protestantischen Europa würden doch nur die rohesten in diesen Fall kommen, für alle übrigen würde immer die fortgesetzte Theilnahme am Gottesdienst früher oder später ersetzen, was ihnen in jenem Zeitpunkt, in welchen die Confirmation zu fallen pflegt, noch fehlte. Aber man könnte noch weiter folgern, es würden auf diese Weise auch bei uns, wie in den nordamerikanischen Freistaaten, sehr viele Kinder christlicher Eltern, weil diese keinen großen Werth auf die Kirchengemeinschaft legen, ungetauft bleiben, und also mit der Kirche in gar keine Verbindung kommen. Und freilich könnte dies geschehen; wiewol ein solcher antichristlicher Zelotismus bei uns gewiß sehr selten sein würde. Aber um dem wahren Nachtheil, der hieraus entstehen könnte, vorzubeugen, würde auch nicht erfordert werden, daß der Staat die Taufe gleichsam gewaltsamer Weise verrichten ließe; sondern daß er sehr zeitig anfinge, die Gewissensfreiheit der Kinder auch gegen die Eltern zu schützen. Die hier geführten Beschwerden erscheinen also als solche, denen allerdings abgeholfen werden könnte, aber nicht ohne eine sehr veränderte Gestalt aller derjenigen Angelegenheiten, in Beziehung auf welche Kirche und Staat zusammentreffen. Wenn man nun hier allein auf das Beispiel jener Freistaaten auf der andern Halbkugel zurückgehen, und alles, was an dem dortigen kirchlichen Zustande zu tadeln sei, noch als Folgen von dem darstellen wollte, was hier postulirt wird: so wäre dies ohnstreitig ungerecht. Denn es giebt dort Unvollkommenheiten, welche von einer jungen und sehr ungleichförmigen, und was noch mehr ist, von einer zusammengerafften Bevölkerung unzertrennlich sind, welche sich abschleifen werden, ohne daß sich in diesen Stücken etwas Wesentliches zu ändern brauchte.

20) S. 206. Daß in allen religiösen Handlungen das Vorwalten der rechtlichen und bürgerlichen Beziehungen eine Abweichung von der ursprünglichen Natur der Sache ist, und zwar eine noch stärkere, als welche daraus entsteht, daß bei diesen

Handlungen pecuniäre Verhältnisse zwischen den Geistlichen und den Gliedern der Gemeine eintreten, dieses bedarf wol keiner weitern Erörterung. Allein es scheint, als ob diese Klage nie ganz würde beseitiget werden können, so lange entweder ein Staat als solcher sich zu einer gewissen Religionsgesellschaft bekennt, oder wenigstens der Staat glaubt verlangen zu können, daß jedes seiner Mitglieder sich zu irgend einer solchen bekenne. Was nun das erste betrifft, so tritt doch dieser Fall nur ein, wenn ein ausgesprochenes Gesetz erklärt, nur in Einer Kirche sei die größte Fülle derjenigen Gesinnungen, welche im Stande wären, diesen Staat zu erhalten, und die vollkommenste Sicherheit gegen alle diejenigen, die ihm schädlich werden könnten. Daraus folgt denn, daß nur den Gliedern seiner Gesellschaft die ganze Erhaltung des Staats anvertraut wird; und dieses kann doch als Gesetz bei der gegenwärtigen Beschaffenheit der geselligen Verhältnisse nur da bestehen, wo der große Körper des Volkes ungetheilt jener Gesellschaft angehört, und Glieder von andern nur zerstreut als Schützlinge und Fremde vorhanden sind; aber bei der sehr zerstreuten Verbreitung vieler Religionsgesellschaften kann jetzt ein solches Verhältniß selbst in den katholischen Ländern unseres Welttheils nicht mehr dauernd sein. So scheint es demnach, als ob in der gegenwärtigen Lage nicht leicht mehr ein Staat sich ganz und ungetheilt zu Einer Religionsgesellschaft bekennen könne; und unsere südeuropäischen Staaten, die jetzt aufs neue die katholische Religion zur Staatsreligion gesetzlich erklärt haben, werden doch, wiewol sie im günstigsten Falle sind, und jetzt noch die Protestanten nur zerstreut als Schützlinge in ihrem Gebiet vorhanden sind, ohne Härte und Ungerechtigkeit dieses System nicht viele Generationen hindurch nach ihrer Beruhigung festhalten können. Ganz ein Anderes aber ist, wenn ohne Gesetz nur zufolge der natürlichen Wirkung der öffentlichen Meinung, selbst da, wo ein großer Theil der Staatsbürger einer andern Religionsgesellschaft angehört, doch nur den Bekennern der einen alles Wesentliche bei der Staatsverwaltung zufällt. Denn eine solche Handlungsweise ist keinesweges ein Staatsbekenntniß, und wir müssen freilich wünschen, daß diese sich noch lange erhalten möge. Wenn also das zuerst Gesagte jetzt nur noch ein vorübergehender Zustand sein kann, so fragt sich, wie es mit dem zweiten steht, ob nämlich das eine richtige Maxime ist, wenn der Staat verlangt, jeder seiner Bürger solle sich zu irgend einer, ohne zu entscheiden welcher, Religionsgesellschaft bekennen. Hier sei es nun vorausgegeben, daß irreligiöse Menschen auch dem bürgerlichen Verein weder heilsam sein können, noch für denselben zuverlässig. Aber werden sie dadurch religiös, wenn sie sich gezwungen zu irgend einer religiösen Gesellschaft bekennen? Offenbar giebt es um die irreligiösen Menschen wirklich religiös zu machen, kein anderes Mittel, als den Einfluß der religiösen Menschen auf sie möglichst zu verstärken; und hiezu kann der Staat wiederum nicht kräftiger wirken als dadurch, daß er alle religiösen Gesellschaften in seinem Umkreise sich in ihrem Gebiet mit der vollkommensten Freiheit bewegen läßt. Diese Freiheit aber werden sie nur fühlen, wenn jene Einmischungen aufhören.

21) S. 208. Dieser Ausstellung, die nur auf einer sehr mangelhaften Erfahrung beruht, kann ich nicht mehr beistimmen. Denn was zuerst die Fähigkeiten betrifft, so scheint es freilich, als ob das Volk und die Gebildeten nur einen sehr ungleichen Genuß haben könnten von einer religiösen Mittheilung, an welche nach der oben gemachten Forderung der ganze Schmuck der Sprache gewendet ist. Aber alle wahre Beredtsamkeit muß durchaus volksmäßig sein; und wie es nur Verkünstelung ist, wenn der Redner, sei es nun in der Wahl der Ausdrücke oder auch der Gedankenverbindungen, auf eine der Mehrheit unangemessene Weise verfährt, so müssen auch die Gebildeten an einer durchaus volksmäßigen Diktion können geleitet werden. Eine Theilung der Zuhörer also in Bezug auf die Fähigkeiten fordert nicht die Natur der Sache, sondern nur das Bewußtsein der Unvollkommenheit in den Künstlern, und es ist nur eine verschiedene Unvollkommenheit, wenn der eine besser für das Volk redet, und der andere für die höhern Stände. Was aber zweitens die Sinnesart betrifft: so ist freilich nicht zu leugnen, daß hier die Verschiedenheiten in der Zuhörerschaft nur in sehr enge Grenzen dürfen eingeschlossen sein, wenn eine religiöse Mittheilung einen bedeutenden und erfreulichen Erfolg haben soll. Aber die Voraussetzung ist wol unrichtig, daß in einer übrigens zusammengehörigen und in ein gemeinsames Leben verflochtenen Menge sehr verschiedene religiöse Eigenthümlichkeiten sich herausbilden sollten, und zwar so wunderbar verschieden, daß sie auf der einen Seite nicht kräftig genug sein sollten, um eine eigne religiöse Gemeinschaft zu

erzeugen, auf der andern aber doch zu lebhaft ausgesprochen, um sich eine verschiedenartige religiöse Mittheilung aneignen zu können. Höchstens in großen Städten können so verschiedene Elemente in einem engen Raum zusammengeweht sein, und da hat auch jeder große Leichtigkeit in der Auswahl religiöser Darstellungen, an denen er sich stärken und beleben kann. Betrachtet man aber das Volk in Bezug auf die auf der folgenden Seite erwähnten verschiedenen Formen der Frömmigkeit, und was für andre man sonst noch möchte hinzuthun können: so wird man immer finden, daß in ganzen Gegenden viele Generationen hindurch das religiöse Leben sich in der einen überwiegend mystisch gestaltet, in der andern mehr an der Geschichte haftet, in einer dritten die verständige Reflexion vorwalten läßt. Ausnahmen aber sind selten, sondern die nicht nach dem herrschenden Typus religiös sind, sind es überhaupt weniger. Wenn also nur der bunteren Welt in den großen Städten jene Leichtigkeit der Auswahl nicht verkümmert wird durch einseitige Vorliebe der Verwaltenden, und auf der andern Seite alle religiösen Redner nur nach ächter Volksmäßigkeit streben: so wäre, was diesen Punkt betrifft, unser gegenwärtiger Zustand leidlich genug.

22) S. 210. Es wird hier als etwas durchaus Nothwendiges angesehen, daß der Staat außer dem, was durch jede religiöse Gemeinschaft ohnedies geschieht, und gleichviel, ob in einem Staat nur eine solche besteht, welcher er unumschränkt vertraut, oder ob mehrere, zwischen denen er sein Vertrauen gleich oder ungleich vertheilt, auf jeden Fall noch ein besonderes Bildungsinstitut anlegen muß, sei es nun für die jüngere Generation oder auch für den rohern Theil des Volkes; und in dieser Behauptung liegt zugleich des Redners Entscheidung über eine vielbesprochene Frage, nämlich das Verhältniß von Staat und Kirche zu dem, was wir im weitesten Umfang das Wortes Schule nennen. Seine Entscheidung nämlich ist, wenn früher Gesagtes mit berücksichtiget wird, diese, daß eines Theils der Staat sich immerhin auf die religiösen Gemeinschaften in dieser Hinsicht verlassen möge, und so weit er sich auf sie verläßt, müsse er sie dann auch gewähren lassen und sich mit einer negativen Aufsicht über ihre Anstalten begnügen; einen andern Theil der Schule aber gezieme ihm selbst anzulegen und zu versorgen. Diese Entscheidung möge hier noch in etwas erörtert und vertreten werden. Wo religiöse Gemeinschaft irgend einer Art ist, da ist auch in den Häusern eine gleichförmige Zucht um die Sinnlichkeit zu zähmen, daß das Erwachen des höhern geistigen Lebens durch sie nicht gehindert werde, und diese kommt in alle Wege dem bürgerlichen Leben zu Statten. Wenn aber der Staat noch eine besondere Zucht braucht, um zeitig in seinen Bürgern gewisse Gewöhnungen zu begründen: so geht eine solche aus der religiösen Gemeinschaft nicht hervor. Ist nun über die Nothwendigkeit derselben ein richtiges Gefühl allgemein verbreitet: so kann sich auch in dieser Hinsicht der Staat auf dasjenige verlassen, was die Familien thun, nur nicht sofern sie Elemente der religiösen, sondern sofern sie Elemente der bürgerlichen Gesellschaft sind. Ist ein solches Gefühl nicht verbreitet genug, so muß der Staat öffentliche ergänzende Vorkehrungen treffen. Hierhin gehört nun alles Gymnastische in der Erziehung, welches niemals von der Kirche ausgehen kann, und auch nicht den Schein haben darf von ihr auszugehen, weil es ihr völlig fremd ist. Ferner, wo ein System religiöser Mittheilung besteht, da muß auch eine gemeinsame Unterweisung der Jugend bestehn in allem, was zum Verständniß der religiösen Sprache und Symbolik gehört; und dies ist eigentlich die kirchliche Gemeindeschule, welche im Christenthum auf Ueberlieferung der religiösen Begriffe und bei den Protestanten auf ein wenngleich beschränktes Verstehen der heiligen Schrift allgemein ausgeht. Hat nun der Staat das Vertrauen, daß hiermit zugleich eine lebendige Mittheilung sittlicher Begriffe und die Keime einer allgemeinen Verstandesentwickelung gegeben sind: so kann er sich für diese Gegenstände auf die kirchliche Schule verlassen. Alles Statistische aber, Mathematische und Technische und was sonst noch für allgemeines Jugendbedürfniß gehalten werden mag, ist der kirchlichen Schule fremd; sondern dies ist die bürgerliche und muß von der bürgerlichen Gemeinde beschafft werden. Sind nun Kirchengemeinde und Bürgermeinde ganz dasselbe: so können zwar bei vorwaltenden Gründen die kirchliche Schule und die bürgerliche in Eine Anstalt vereinigt werden, dadurch aber gewinnt eben so wenig der Staat ein Recht zur Leitung der kirchlichen Schule, als die Kirche ein Recht zur Leitung der bürgerlichen. Endlich, jede religiöse Gemeinschaft, welche eine solche Geschichte hat, daß zur Auffassung ihrer Entwicklung höhere Kenntnisse erfordert werden, welche in

das Gebiet der Wissenschaft und der Gelehrsamkeit gehören, bedarf einer Anstalt zur Erhaltung und weitern Ausbildung dieser Kenntnisse, und dies ist die kirchliche Hochschule; alle übrigen Wissenschaften aber sind der Kirche fremd. Bestehen nun in einem Staat entweder durch ihn oder unabhängig von ihm als freie Körperschaften allgemeine wissenschaftliche Hochschulen, und hat die Kirche das Vertrauen, die dort herrschenden Methoden seien ihrem Bedürfniß angemessen: so kann sie es rathsam finden, ihre besondere Hochschule mit jenen allgemeinen zu verbinden. Zu bestimmen aber, ob diese Verbindung rathsam sei oder nicht, das kann nur der Kirche zukommen und nicht dem Staat oder jenen wissenschaftlichen Körperschaften; und eben so wenig kann, wenn die Verbindung zu Stande kommt, die Kirche weder hierauf ein Recht gründen, die wissenschaftlichen Anstalten im Allgemeinen zu beherrschen, noch auch eigentlich das Recht aufgeben, ihre besondere Hochschule zu beaufsichtigen. Wenn sich nun Kirche und Staat in Hinsicht auf die Schule zusammenthun oder auseinandersetzen, kann es vernünftigerweise nur nach diesen Grundsätzen geschehen. Diese Grundsätze aber im Verhältniß zu der einen Kirche anzuerkennen, im Verhältniß zu einer andern aber nicht, das ist die größte Inconsequenz, welche auf diesem Gebiet begangen werden kann; und die zurückgesetzte Kirche muß darunter nothwendig so leiden, daß in ihren lebendigsten Gliedern ein unheilbares Mißverhältniß zwischen ihrem religiösen und ihrem politischen Gefühl entsteht.

23) S. 211. Wohlgemerkt mit jeder solchen Verbindung und diese Ansicht steht mir noch immer fest, ja um so fester als damals je mehr bedauernswürdige Verwirrungen ich aus dieser Angehörigkeit der Kirche an den Staat seitdem habe entstehen sehen; Verwirrungen, an die man damals um so weniger denken konnte, da eine einzige der Art an der herrschenden Gesinnung der Zeit so schnell gescheitert war. Ohne alle Verbindung aber mit dem Staat können die religiösen Gemeinschaften unmöglich bleiben; das zeigt sich selbst da, wo sie am allerfreiesten sind. Das mindeste ist freilich, daß der Staat die religiösen Gesellschaften nur eben so behandelt, wie andere Privatgesellschaften, d. h. daß er als allgemeines Geselligungsprinzip von ihnen Kenntniß nimmt und sich in Stand setzt einzugreifen, im Fall sie etwas der gemeinsamen Freiheit und Sicherheit aller Nachtheiliges hegen sollten. Allein mit diesem Mindesten ist selten abzukommen; das zeigt sich selbst in Nordamerika, wo sie am freiesten sind. Denn je freier die Kirchen sind, um desto leichter geschieht es auch, daß einzelne sich auflösen oder mehrere zusammenwachsen; und wenn sie auch keinen andern Besitz haben, als die nothdürftigsten Mittel des Zusammenseins, so entstehen dann doch schwierige Auseinandersetzungen, bei denen der Staat der natürliche Schiedsrichter und Ausgleicher ist. Hätte dieses und kein anderes Verhältniß bestanden zwischen Kirche und Staat zur Zeit der Kirchenverbesserung: so würde jetzt nicht der sonderbare Fall statt haben, daß in größtentheils protestantischen Ländern die katholische Kirche äußerlich wohl ausgestattet und sicher gestellt wird, die evangelische aber auf einen wandelbaren und oft nur sehr zweideutigen guten Willen verwiesen bleibt. Jede hierüber hinausgehende Verbindung aber zwischen Kirche und Staat, wie sie aus den oben beschriebenen Combinationen entstehen können, sollte ihrer Natur nach immer nur als ein vorübergehendes Privatabkommen angesehen werden. Je mehr es nun dergleichen giebt, desto mehr wird es das Ansehen gewinnen, daß eine Kirchengemeinschaft innerhalb eines Staates ein engeres Ganze als Landeskirche bildet, und von ihren Glaubensgenossen in andern Staaten sich mehr ablöst. Je weniger es dergleichen Abkommen giebt, um desto mehr kann eine Kirchengemeinschaft, über wie viele Staaten sie auch verbreitet sei, als ein ungetheiltes Ganze erscheinen, und also die Unabhängigkeit der Kirche vom Staat desto stärker ins Licht treten. Alle innerhalb dieser Grenzen bestehenden Verhältnisse zwischen beiden sind zulässig, und es gehört also auch zur Vollständigkeit, daß sie alle irgendwann und wo geschichtlich bestehen. Was hingegen darüber hinausgeht, ist vom Uebel.

24) S. 211. Diese Verwerfung alles näheren Zusammenhanges unter den Gemeinden desselben Glaubens und aller festgeschlossenen religiösen Verbindungen ist nur dadurch motivirt, daß jede bestehende Kirche nur als ein äußerer Anhang der wahren Kirche, nicht als ein lebendiger Bestandtheil derselben angesehen wird, und also auch nur in sofern richtig, als die Voraussetzung selbst richtig ist. Wenn ich daher, seitdem ich dieses schrieb, mich als einen eifrigen Vertheidiger der Synodalverfassung, welche unter dieser Verwerfung offenbar auch begriffen ist, bewiesen habe: so kommt dies daher, daß ich einestheils von der Voraussetzung selbst abgegangen

bin und durch erfreuliche Erfahrungen, sowol als Beobachtungen die Ueberzeugung gewonnen habe, daß wahrhaft Gläubige und Fromme in hinreichender Anzahl in unsern Gemeinden vorhanden sind, und daß es lohnt, ihren Einfluß auf die übrigen möglichst zu verstärken, welcher ohnstreitig die natürliche Folge wohlgeordneter Verbindungen ist. Anderntheils aber giebt auch das Leben in unserer Zeit sehr bald die Ansicht, daß jede Verbesserung, wenn sie gedeihen soll, von allen Seiten zugleich eingeleitet werden muß, und dazu gehört nothwendig, daß man die Menschen in manchen Beziehungen behandle, als wären sie schon das, wozu sie erst sollen gemacht werden. Denn sonst findet man immer noch nothwendig zu warten, und niemals möglich anzufangen. — Weil aber nach meiner Ansicht die Befugniß zu solchen genaueren Verbindungen nur darauf beruht, daß die Theilnehmer Glieder der wahren Kirche sind, in welcher der Gegensatz zwischen Priestern und Laien nur momentan besteht und nie bleibend sein kann, werde ich auch immer nur eine solche Verfassung vertheidigen können, die auf dieser Gleichsetzung beruht, und eine andere kann es auch in der evangelischen Kirche niemals geben. Wo Synodalvereine blos der Geistlichen unter sich stattfinden, da erscheinen auch diese nur entweder im Auftrag des Staates gutachtlich berathend, oder die Vereinigung ist mehr eine literarische und freundschaftliche als kirchliche und verfassungsmäßige. Nur der katholischen Kirche ziemt eine verfassungsmäßige Priesterherrschaft; denn der Grundstein dieser Kirche ist die höhere persönliche religiöse Würde der Priester und der Grundsatz, daß die Laien nur durch Vermittelung von jenen sich ihres Antheils an den Gütern der Kirche erfreuen. Noch genauer hängt die letzte an dieser Stelle gewagte Behauptung, daß auch zwischen Lehrer und Gemeinde kein äußerlich festes Band stattfinden soll, mit jener Voraussetzung zusammen, daß die Gemeinden zur Religion erst sollen geführt werden. Denn dieses kann freilich nur unter der Bedingung der vollkommensten Freiwilligkeit gelingen. Wer soll aber denn das äußerliche Band schließen? Weder der Staat noch eine Corporation von Geistlichen darf es thun, weil sonst die Freiwilligkeit nicht stattfindet; die Gemeinden aber können es nicht, weil sie kein Urtheil haben können über diejenigen, die ihnen erst die Fähigkeit mittheilen sollen den Werth, worauf es hier ankommt zu schätzen, daher auf eine richtige Weise solches Band nur geschlossen werden und festhalten kann, wo in den Gemeinden schon der Geist der Frömmigkeit vorausgesetzt werden darf, und wo diejenigen, welche das Urtheil leiten und begränzen können, schon als aus der Mitte der Gemeinde hervorgegangen anzusehen sind. Hierin liegen zugleich die Prinzipien, um zu bestimmen, wie fest in den verschiedenen Verhältnissen dieses Band schon sein darf, oder wie frei man es noch lassen muß.

25) S. 211. Ueber die Grenzen der bindenden Kraft, welche die Symbole ausüben, habe ich mich vor kurzem, wiewol nur in Beziehung auf die evangelische Kirche, ausführlicher erklärt. Unheilig nenne ich hier diese Bande, wenn es damit auf die gewöhnliche Weise gehalten wird; und dieser Meinung bin ich noch immer. Denn unheiliger ist dem Frommen Nichts als der Unglaube, und dieser ist es, von dem eine rechte Fülle bei der Maxime zum Grunde liegt, die Religionslehrer, ja sogar die Lehrer der Theologie an den Buchstaben der Bekenntnißschriften zu binden. Es ist Unglaube an die Gewalt des kirchlichen Gemeingeistes, wenn man nicht überzeugt ist, das Fremdartige in Einzelnen werde sich durch die lebendige Kraft des Ganzen entweder assimiliren oder eingehüllt und unschädlich gemacht werden, sondern meint eine äußere Gewalt nöthig zu haben, um es auszustoßen. Es ist Unglauben an die Kraft des Wortes Christi und des Geistes der ihn verklärt, wenn man nicht glaubt, daß jede Zeit von selbst sich ihre eigne angemessene Erklärung und Anwendung desselben bilde, sondern meint, man müsse sich an das halten, was eine frühere Zeit hervorgebracht, da uns ja jetzt nicht mehr begegnen kann, daß der Geist der Weissagung verstumme, und da die heilige Schrift selbst dieses nur geworden ist und bleibt durch die Kraft des freien Glaubens und nicht durch eine äußere Sanction.

26) S. 212. Das Gefühl, daß es mit den kirchlichen Angelegenheiten nicht auf demselben Punkt bleiben könne, auf welchem sie in dem größten Theile von Deutschland damals standen und auch größtentheils noch stehen, ist wol seitdem viel allgemeiner geworden und viel bestimmter ausgebildet; aber wie sich die Sache wenden werde, ist noch nicht viel deutlicher zu sehen. Nur so viel läßt sich wol vorhersehen, wenn unsere evangelische Kirche nicht bald in eine Lage versetzt wird, daß sich ein frischer Gemeingeist in ihr entwickeln kann, und wenn die beschränkende Behandlung

unserer Hochschulen und unseres öffentlichen geistigen Verkehrs noch länger fortgesetzt wird: so sind die Hoffnungen, denen wir uns für dieses Gebiet überlassen zu können glaubten, nur taube Blüthen gewesen, und die schöne Morgenröthe der letzten Zeit hat nur Unwetter bedeutet. Es werden dann lebendige Frömmigkeit und freisinniger Muth aus dem geistlichen Stande immer mehr verschwinden, Herrschaft des todten Buchstaben von oben, ängstliche geistlose Sectirerei von unten, werden sich einander immer mehr nähern, und aus ihrem Zusammenstoß wird ein Wirbelwind entstehn, der viel rathlose Seelen in die aufgespannten Garne des Jesuitismus hineintreibt, und den großen Haufen bis zur gänzlichen Gleichgültigkeit abstumpft und ermüdet. Die Zeichen die dies verkünden, sind deutlich genug; aber aussprechen sollte doch jeder bei jeder Gelegenheit, daß er sie sieht, zum Zeugniß über die, die ihrer nicht achten.

27) S. 214. Diese Beschränkung wird vielen zu eng scheinen. Eine sehr gründliche und entwickelte Geistesbildung, und eine reiche innere Erfahrung kann sehr wohl da sein, wo die theologischen Wissenschaften fehlen, welche die unerläßliche Bedingung des kirchlichen Lehramtes sind. Sollen sich nun solche Gaben ganz auf den engen Kreis des häuslichen Lebens mit ihrer religiösen Wirksamkeit beschränken? Könnten und sollten nicht solche Menschen, wenn sie auch den öffentlichen religiösen Versammlungen nicht vorstehen dürfen, dennoch in freieren größeren Kreisen wirken durch das lebendige Wort? und sollte man sie nicht auf die ungemessene Wirksamkeit verweisen, welche sie sich durch das geschriebene Wort verschaffen können? Hierauf habe ich zweierlei zu antworten. Zuerst, daß sich an das häusliche Leben von selbst alles anschließt, was als freie Geselligkeit dem Familienzusammenhang am nächsten steht, und daß da den Charakter eines freisinnigen religiösen Lebens darzulegen eine nicht geringe, aber noch immer weder genug verstandene, noch genug geübte Aufgabe ist. Wäre sie es, so könnte unmöglich in einem großen Theile von Deutschland und namentlich von den höhern und feinern Gesellschaftskreisen ein so schneidender Widerspruch stattfinden zwischen dem Interesse, was an religiösen Formeln und theologischen Streitigkeiten genommen wird, und einem häuslichen und geselligen Leben, in welchem sich keine Spur eines entschieden religiösen Charakters zeigt. Hier ist also noch ein großes Gebiet, auf welchem sich der fromme Sinn bewähren kann. Aber größere über die Grenzen und die Natur des geselligen Lebens hinausgehende religiöse Zusammenkünfte, die aber doch nicht die Abzweckung haben, im vollen Sinn eine eigne Gemeine zu bilden, kurz eigentliche Conventikeln bleiben immer unselige Mitteldinge, die zur wahren Förderung der Religion von jeher wenig oder nichts beigetragen haben, wol aber Krankhaftes bald erzeugt bald wenigstens gehegt. Zweitens, was die religiöse Thätigkeit durch das geschriebene Wort betrifft: so wäre es allerdings sehr übel, wenn auch diese der geistliche Stand als ein Monopol besitzen sollte, ja auch nicht einmal das scheint mir mit dem Geist der evangelischen Kirche verträglich, wenn er eine allgemeine Censur darüber ausüben sollte. Die größte Freiheit muß hier allerdings stattfinden; aber ganz verschieden sind die Fragen, ob ein jeder soll seine religiösen Ansichten und Stimmungen auf diesem Wege mittheilen dürfen? und ob es sehr rathsam ist, daß dies häufig geschehe? Und das Letzte ist gar sehr zu bezweifeln. Der Nachtheil aus der Fluth mittelmäßiger Romane und Kinderschriften ist nicht entfernt zu vergleichen mit dem aus der Masse mittelmäßiger religiöser Schriften. Denn diese sind offenbar eine Entheiligung, jene nicht. Und viel leichter fällt hier auch ein ausgezeichnetes Talent in das Mittelmäßige. Denn was hier anziehn und sich Bahn machen soll, ist die subjektive Auffassung allgemein bekannter Gegenstände und Verhältnisse, und das kann nur gelingen bei einem hohen Grade naiver Originalität, oder einer wahren Begeisterung, komme sie aus der innersten Tiefe eines in sich abgeschlossenen Gemüthes, oder aus der erregenden Kraft eines großartig bewegten Lebens. Ohne diese Mittel aber kann immer nur Mittelmäßiges zu Stande kommen. Anders ist es mit der bestimmten Gattung des religiösen Liedes. Diese ist unter uns sehr überwiegend von Laien aus allen Ständen bearbeitet worden, und vieles was ein strenger Richter nur mittelmäßig nennen würde, ist in den kirchlichen Gebrauch übergegangen, und hat dadurch eine Art von Unsterblichkeit erlangt. Allein hier wirken zweierlei Umstände mit. Einestheils hat jedes kirchliche Liederbuch nur ein sehr beschränktes Gebiet, und hier kann manches gut sein, was nicht alle Eigenschaften hat, welche die absolute Oeffentlichkeit erfordert. Viele von diesen Productionen würden gewiß längst untergegangen und vergessen sein, wenn sie sich als

reine schriftstellerische Werke hätten erhalten sollen. Anderntheils aber wirkt bei dem öffentlichen Gebrauch dieser Gattung noch soviel Anderes mit, so daß der Dichter die Wirkung nicht allein hervorzubringen braucht, sondern er wird unterstützt durch den Tonkünstler, durch welchen mehr oder weniger alles mitklingt und wirkt, was auf dieselbe Weise gesetzt und allen bekannt ist; wird unterstützt durch die Gemeine, welche ihre Andacht mit in die Ausführung hineinlegt, und durch den Liturgen, der dem Werk des Dichters in einem größern Zusammenhange seine rechte Stelle anweiset.

Fünfte Rede.

Ueber die Religionen.

(235) Daß der Mensch in der *Anschauung des Universums*[1] begriffen ein Gegenstand der Achtung **und**[2] der Ehrfurcht für Euch alle sein muß; daß Keiner, der von jenem Zustande noch etwas zu verstehen fähig ist, sich bei der Betrachtung desselben dieser Gefühle enthalten kann: das ist über allen Zweifel hinaus. Verachten mögt Ihr jeden, dessen Gemüth leicht und ganz von kleinlichen Dingen angefüllt wird; aber vergebens werdet Ihr versuchen, den gering zu schätzen, der das Größte in sich saugt und sich davon nährt; — lieben oder hassen mögt Ihr jeden, je nachdem er auf der beschränkten Bahn der Thätigkeit und der Bildung mit Euch oder **Euch entgegengeht:**[3] aber auch das schönste Gefühl unter denen, die sich auf Gleichheit gründen, wird nicht in Euch haften können, in Beziehung auf den,
(236) welcher so weit über Euch erhaben ist, als **der Beschauer des Universums**[4] über jedem steht, der sich nicht mit ihm in demselben Zustande befindet; — ehren müßt Ihr, so sagen Eure Weisesten, auch wider Willen den Tugendhaften, der nach den Gesetzen der sittlichen Natur das Endliche unendlichen Forderungen gemäß zu bestimmen trachtet: aber wenn es Euch auch möglich wäre, in der Tugend selbst etwas Lächerliches zu finden *an dem Kontrast endlicher*[5] Kräfte mit dem unendlichen Beginnen, so würdet Ihr doch demjenigen Achtung und Ehrfurcht nicht versagen können, dessen Organe dem Universum geöffnet sind, und der, fern von jedem Streit und *Kontrast*,[6] erhaben über jedes[7] Streben, von den Einwirkungen desselben durch-

---

[1]) II: unmittelbarsten Gemeinschaft mit dem *Universum* [Höchsten]
[2]) III: ja
[3]) III: gegen Euch geht,
[4]) III: derjenige, der in der Welt das höchste Wesen sucht,
[5]) II: an dem Gegensatz endlicher
III: wegen des Gegensatzes beschränkter,
[6]) II: Gegensatz
[7]) II Zus.: unvollendbare

drungen und Eins mit ihm geworden, wenn Ihr ihn in diesem **köstlichen**[1]) Moment des menschlichen Daseins betrachtet, den himmlischen Strahl unverfälscht auf Euch zurückwirft. Ob also die Idee, welche ich Euch gemacht (**habe**) *vom Innern*[2]) der Religion, Euch jene Achtung abgenöthigt hat, die ihr falschen Vorstellungen zur Folge und weil Ihr bei zufälligen Dingen verweiltet, so oft von Euch versagt worden ist; ob meine Gedanken über den Zusammenhang dieser uns allen inwohnenden Anlage mit dem, was sonst unserer Natur Vortreffliches und Göttliches zugetheilt ist, Euch angeregt haben zu einem (237)
innigeren Anschaun unseres Seins und Werdens; ob Ihr aus dem höheren Standpunkt, den ich Euch gezeigt habe, in jener so sehr verkannten erhabeneren Gemeinschaft der Geister, wo jeder den Ruhm seiner Willkür, den Alleinbesitz seiner innersten Eigenthümlichkeit und ihres Geheimnisses Nichts achtend, sich freiwillig hingiebt, um sich anschauen zu lassen als ein Werk des ewigen und alles bildenden Weltgeistes — ob Ihr in ihr nun das Allerheiligste der Geselligkeit bewundert, das ungleich Höhere als jede irdische Verbindung, das Heiligere als selbst der zarteste Freundschaftsbund[3]) sittlicher Gemüther; ob also die ganze Religion in ihrer Unendlichkeit, in ihrer göttlichen Kraft Euch hingerissen hat zur Anbetung; darüber frage ich Euch nicht, denn ich bin der Kraft des Gegenstandes gewiß, der nur **frei gemacht**[4]) werden durfte, um auf Euch zu wirken. Jetzt aber habe ich[5]) ein neues Geschäft auszurichten, und einen neuen Widerstand zu besiegen. Ich will Euch gleichsam zu dem Gott, der Fleisch geworden ist, hinführen; ich will Euch die Religion zeigen, wie sie sich ihrer Unendlichkeit entäußert hat, und in oft dürftiger Gestalt unter den Menschen erschienen ist; in den Religionen sollt Ihr die Religion entdecken; in (238)
dem was[6]) irdisch und verunreinigt vor Euch steht, die einzelnen Züge derselben himmlischen Schönheit aufsuchen, deren Gestalt ich **nachzubilden**[7]) versucht habe.

Wenn Ihr einen **Blick** auf den gegenwärtigen Zustand der Dinge werft, wo *Kirchen und Religionen in ihrer Vielheit*[8]) fast überall zusammen treffen, und[9]) in ihrer Absonderung unzertrennlich verbunden zu sein scheinen, wo es so viel Lehrgebäude und Glaubensbekenntnisse giebt, als Kirchen und religiöse Gemeinschaften: so könntet Ihr leicht verleitet werden zu glauben, daß in meinem Urtheil über

---

1) III: köstlichsten
2) II: von dem Wesen und Leben
3) III Zus.: einzelner
4) III: aus seinen entstellenden Verhüllungen befreit
5) III Zus.: zuletzt
6) II Zus.: immer nur
7) III: abzubilden
8) II: die Spaltungen der Kirche und [Zus.: die Verschiedenheit] der Religion
9) II Zus.: beide

die Vielheit der Kirchen zugleich auch das über die Vielheit der Religionen ausgesprochen sei; Ihr würdet aber darin meine Meinung gänzlich mißverstehen. Ich habe die Vielheit der Kirchen verdammt: aber eben, indem ich aus der Natur der Sache gezeigt habe, daß hier alle [1]) Umrisse sich verlieren, alle bestimmte Abtheilungen verschwinden und alles nicht nur dem Geist und der Theilnahme (*sondern auch dem wirklichen Zusammenhange*) nach ein *ungetheiltes* [2]) Ganze sein (*soll*), [3]) so habe ich überall die Vielheit der Religionen und ihre bestimmteste Verschiedenheit als etwas Nothwendiges und Unvermeidliches vorausgesetzt. Denn warum sollte die innere, wahre
(239) Kirche Eins sein? [4]) Damit jeder anschauen und sich mittheilen lassen könnte die Religion des Andern, die er nicht als seine eigene anschauen kann, **und die also als gänzlich von ihr** [5]) verschieden gedacht wurde? Warum sollte auch die äußere und uneigentlich sogenannte Kirche **Eins** [6]) sein? [7]) Damit jeder [8]) die Religion in der Gestalt aufsuchen könnte, die dem schlummernden Keim der in ihm liegt **homogen** [9]) ist, *und dieser mußte also* [10]) von einer bestimmten Art sein, [11]) *weil er* [12]) nur durch dieselbe bestimmte Art befruchtet und erweckt werden kann. Und **mit diesen** [13]) Erscheinungen der Religion **konnten** [14]) nicht etwa nur Ergänzungsstücke gemeint sein, die bloß numerisch und der Größe nach verschieden, wenn man sie zusammenbrächte ein gleichförmiges und dann erst vollendetes Ganze ausgemacht hätten; denn alsdann würde jeder in seiner natürlichen Fortschreitung von selbst zu demjenigen gelangen, was des Andern ist; die Religion, die er sich mittheilen läßt, würde sich in die seinige verwandeln und mit ihr Eins werden, und die Kirche, diese (*zu Folge der gegebenen Ansicht*) jedem religiösen Menschen [15]) als unentbehrlich sich darstellende Gemeinschaft mit allen Gläubigen, wäre nur eine interimistische
(240) und sich selbst durch ihre eigne Wirkung nur um so schneller wieder

---

[1]) II Zus.: streng und gänzlich trennenden

[2]) II: ungetrenntes

[3]) II Zus.: sondern auch der wirkliche Zusammenhang sich immer größer ausbilden und immer mehr jener höchsten allgemeinen Einheit nähern soll:

[4]) II Zus.: Nicht auch darum,

[5]) III: weil sie als in allen einzelnen Regungen von der seinigen

[6]) III: nur Eine

[7]) II Zus.: Darum,

[8]) III Zus.: in ihr

[9]) III: die angemessene

[10]) II: welcher also wol

[11]) II Zus.: mußte

[12]) II: wenn er doch

[13]) III: unter diesen verschiedenen

[14]) III Zus.: eben deshalb

[15]) II Zus.: auch zufolge der *gegebenen* [angegebenen] Ansicht

aufhebende Anstalt, wie ich sie doch keinesweges habe denken oder darstellen wollen.[1] So habe ich die Mehrheit der Religionen vorausgesetzt, und eben so finde ich sie im Wesen der Religion gegründet.[2])

So viel sieht Jeder leicht, daß Niemand die Religion ganz haben[3]) kann; denn der Mensch ist endlich und die Religion ist unendlich; aber Euch kann das auch nicht fremd sein,[4]) daß sie nicht etwa nur theilweise, so viel eben jeder zu fassen vermag,[5]) unter den Menschen zerstückelt sein kann, sondern daß sie sich in Erscheinungen organisiren muß, welche mehr von einander verschieden[6]) sind. Erinnert Euch nur an die mehreren Stufen der Religion, auf welche ich Euch aufmerksam gemacht habe, daß nämlich die Religion dessen, der das Universum als ein System betrachtet,[7]) nicht eine bloße Fortsetzung sein kann von der Ansicht dessen, der es nur erst in seinen[8]) scheinbar entgegengesetzten Elementen anschaut, und daß dahin, wo dieser steht, wiederum derjenige nicht auf seinem[9]) Wege gelangen kann, dem das Universum noch eine chaotische und ungesonderte Vorstellung ist. Ihr mögt diese Verschiedenheiten nun Arten oder Grade der Religion nennen: so werdet Ihr doch zugeben müssen, daß sonst überall, wo es solche Abtheilungen giebt, (241) es auch Individuen zu geben pflegt. Jede unendliche Kraft, die sich erst in ihren Darstellungen theilt und sondert, offenbart sich auch in eigenthümlichen und verschiedenen Gestalten.[10]) Ganz etwas Anderes ist es also mit der Vielheit der Religionen, als mit der der Kirchen. Diese freilich sind in ihrer Mehrheit nur Fragmente eines einzigen Individuums, welches für den Verstand völlig als Eins bestimmt und nur für die sinnliche Darstellung in seiner Einheit unerreichbar ist, und was diese einzelnen Fragmente bewog, sich für besondere Individuen anzusehen,

---

[1]) II: will gedacht oder dargestellt haben.

[2]) III: begründet.

[3]) II: alle Religion vollkommen in sich selbst besitzen

[4]) II: auf eine gewisse Weise bestimmt, die Religion aber auf unendlich viele bestimmbar; allein eben so wenig kann auch das Euch fremd sein,

[5]) III Zus.: und aufs Gerathewohl

[6]) II Zus.: und auch mehr einander gleich

[7]) II: dem die Welt sich schon als ein lebendiges Ganze zu erkennen giebt,

[8]) II: sie nur erst in ihren

[9]) III Zus.: bisherigen

[10]) II: Verschiedenheiten giebt und [das heißt, wo] eine unendliche Kraft sich erst in ihren Darstellungen theilt und sondert, sie sich auch in eigenthümlichen und verschiedenen Gestalten zu offenbaren pflegt.

war immer nur ein Mißverständniß, das auf der Einwirkung eines fremdartigen Princips beruhen mußte: die Religion aber ist ihrem Begriff und ihrem Wesen nach auch für den Verstand ein Unendliches und Unermeßliches;[1]) sie muß (also) ein Princip sich zu individualisiren in sich haben, weil sie sonst garnicht dasein und wahrgenommen werden könnte;[2]) eine unendliche Menge (endlicher und) bestimmter Formen,[3]) in denen sie sich offenbart (müssen wir also postuliren und aufsuchen) und wo wir etwas finden, was eine solche zu sein behauptet, wie denn jede abgesonderte Religion sich dafür aus-
(242) giebt, müssen wir es[4]) darauf ansehn, ob es[4]) diesem Princip gemäß **construirt**[5]) ist, und müssen uns dann den bestimmten Begriff den es darstellen soll[6]) klar machen,[7]) unter welchen fremden Umhüllungen (**er**[8]) **auch**) versteckt, und wie sehr (**er**[8]) **auch**) entstellt sei **von den**[9]) Einwirkungen des Vergänglichen, zu welchem das Unvergängliche sich herabgelassen hat, **und**[10]) von der unheiligen Hand **der**[11]) Menschen. — Wollt Ihr[12]) von der Religion nicht nur im Allgemeinen einen Begriff haben, und es wäre ja unwürdig, wenn Ihr Euch mit einer so unvollkommenen Kenntniß begnügen wolltet: wollt

---

[1]) II: Denn das Wesen der Kirche ist ja dieses, daß sie Gemeinschaft sein will. Also kann ihre Grenze nicht sein die Einerleiheit des Religiösen, weil es ja eben das Verschiedene ist, welches in Gemeinschaft soll gebracht werden. (1) Sondern wenn Ihr meint, mit Recht vielleicht, [woran Ihr auch offenbar ganz Recht habt,] daß auch sie in der Wirklichkeit nie völlig und auf gleiche Weise könne Eins werden: so kann dies nur darin gegründet sein, daß die [jede wirklich in Zeit und Raum bestehende] Gemeinschaft ihrer Natur nach begrenzt ist und in sich selbst zerfällt, weil sie zu sehr abnehmen müßte an Innigkeit, wenn sie ungemessen zunähme an Umfang. Die Religion hingegen setzt grade in ihrer Vielheit die möglichste Einheit der Kirche voraus, indem sie nicht minder für die Gemeinschaft als für den Einzelnen selbst sich in diesem auf das Bestimmteste auszubilden strebt. Ihr selbst aber ist diese Vielheit nothwendig, weil sie nur so ganz erscheinen kann.

[2]) II Zus.: Daher müssen wir

[3]) II Zus.: postuliren und aufsuchen

[4]) II: sie

[5]) III: eingerichtet

[6]) II: das, wodurch sie ein Besonderes ist [sein] und darstellen will

[7]) III Zus.: sei es auch

[8]) II: es

[9]) III: nicht allein von den unvermeidlichen

[10]) III: sondern auch

[11]) III: frevelnder

[12]) II Zus.: demnach

Ihr sie **auch**[1]) in ihrer Wirklichkeit und in ihren Erscheinungen verstehen: wollt Ihr diese selbst mit Religion anschauen[2]) als ein ins Unendliche fortgehendes Werk des **Weltgeistes**:[3]) so müßt Ihr den eitlen und vergeblichen Wunsch, daß es nur Eine[4]) geben möchte, aufgeben,[5]) Euren Widerwillen gegen ihre Mehrheit ablegen, und so unbefangen als möglich zu allen denen hinzutreten, die sich schon in **den**[6]) wechselnden Gestalten und während **des**[7]) auch hierin fortschreitenden Laufes (**der Menschheit**) aus dem ewig reichen Schoß des **Universums**[8]) entwickelt haben.

Positive Religionen nennt Ihr diese vorhandenen bestimmten religiösen Erscheinungen, und sie sind unter diesem Namen schon lange **das Objekt**[9]) eines ganz vorzüglichen Hasses gewesen; dagegen Ihr (243)
bei allem Widerwillen gegen die Religion überhaupt etwas Anderes, das man[10]) die natürliche Religion nennt, immer leichter geduldet und sogar mit Achtung davon gesprochen habt. Ich stehe nicht an, Euch sogleich einen Blick in das Innere meiner Gesinnungen hierüber zu vergönnen,[11]) indem ich[12]) für mein Theil gegen diesen Vorzug aufs lauteste protestire, und ihn in Rücksicht aller derer,[13]) welche überhaupt Religion zu haben und sie zu lieben vorgeben (für) die gröbste Inconsequenz **und die augenscheinlichste Selbstwiderlegung** erkläre,[14]) **aus Gründen, denen Ihr gewiß Euren Beifall geben werdet, wenn ich sie werde entwickeln können.**[15]) Euch hingegen, welchen die Religion überhaupt zuwider war, habe ich

---

[1]) III: recht eigentlich
[2]) II: religiös auffassen
[3]) III: Geistes, der sich in aller menschlichen Geschichte offenbart:
[4]) III Zus.: Religion
[5]) III Zus.: Ihr müßt
[6]) III: der Menschheit
[7]) III: ihres
[8]) III: geistigen Lebens
[9]) III: der Gegenstand
[10]) II: was Ihr zum Unterschiede von jenen
[11]) II: sogleich mit einem Blick das Innere meiner Gesinnungen hierüber zu eröffnen,
III: das Innere meiner Gesinnungen hierüber gleich mit einem Worte zu eröffnen,
[12]) III Zus.: nämlich
[13]) II: diesen Vorzug gänzlich ableugne und erkläre, daß er für alle
[14]) II: sein muß
[15]) III: wäre einen solchen Vorzug einzuräumen, und daß sie dadurch in den offenbarsten Widerspruch mit sich selbst gerathen würden. Ja, ich für mein Theil würde glauben, alle meine Mühe verloren zu haben, wenn ich nichts gewönne, als Euch jene natürliche Religion zu empfehlen. Für

es immer sehr natürlich gefunden, **diesen Unterschied zu machen.**[1])
Die sogenannte natürliche Religion ist gewöhnlich so abgeschliffen, und
hat so *philosophische*[2]) und moralische Manieren, daß sie wenig
von dem eigenthümlichen Charakter der Religion durchschimmern läßt;
sie weiß so **artig**[3]) zu leben, sich einzuschränken und sich zu fügen,
daß sie überall wol gelitten ist: dagegen[4]) jede positive Religion **gar**[5])
starke Züge und eine sehr *markirte*[6]) Physiognomie (*hat*,) so daß
(244) sie bei jeder Bewegung, welche sie macht **und bei jedem Blick, den
man**[7]) auf sie wirft,[8]) ohnfehlbar an das erinnert, was sie eigentlich
ist. Wenn dies[9]) der wahre und innere Grund Eurer Abneigung
ist, (*so wie es der einzige ist, der die Sache selbst trifft,*)
so müßt Ihr Euch jetzt von ihr losmachen; und ich sollte eigentlich
nicht mehr **mit ihr**[10]) zu streiten haben. Denn wenn Ihr nun, wie
ich hoffe, ein günstigeres Urtheil über die Religion überhaupt fällt,
wenn Ihr einseht, daß ihr eine besondere und edle Anlage im Menschen
zum Grunde liegt, die folglich auch wo sie sich zeigt[11]) gebildet werden
(*muß*:) so kann es Euch doch nicht zuwider sein, sie in den bestimmten
Gestalten anzuschauen, in denen sie schon wirklich erschienen ist, und
Ihr müßt vielmehr diese um so lieber Eurer Betrachtung würdigen,
je mehr das Eigenthümliche und Unterscheidende der Religion in ihnen
ausgebildet ist. Aber diesen Grund nicht eingestehend, werdet Ihr
vielleicht alle alten Vorwürfe, die Ihr sonst der Religion überhaupt
zu machen gewohnt waret, jetzt auf die einzelnen Religionen werfen
und behaupten, daß grade in dem, was Ihr das Positive in der Religion nennt, dasjenige liegen müsse, was diese Vorwürfe immer aufs
(245) neue veranlaßt und rechtfertigt; *Ihr werdet leugnen, daß sie
Erscheinungen der wahren Religion sein können.*[12]) Ihr
werdet mich aufmerksam darauf machen, wie sie alle, ohne Unterschied,
voll sind von dem, was meiner eigenen Aussage nach nicht[13]) Reli-

---

[1]) III: wenn Ihr zu ihren Gunsten einen Unterschied machen wolltet.

[2]) II: metaphysische

[3]) III: zurückhaltend

[4]) II Zus.: hat

[5]) III: gewisse

[6]) II: kenntlich gezeichnete

[7]) III: wenn man auch nur einen flüchtigen Blick

[8]) III Zus.: jeden

[9]) II Zus.: sowie es der einzige ist, der die Sache selbst trifft, so auch

[10]) III: gegen sie

[11]) II Zus.: muß

[12]) II: und das eben deswegen dies die natürlichen Erscheinungen der wahren Religion [Zus.: wie ich sie Euch darzustellen versucht habe,] nicht sein können.

[13]) III Zus.: das Wesen der

gion ist, und daß also ein Princip des Verderbens tief in ihrer Constitution liegen müsse; Ihr werdet mich daran erinnern, wie jede unter ihnen sich für die einzig wahre, und grade ihr Eigenthümliches für das [1]) Höchste erklärt; wie sie sich von einander grade durch dasjenige, als durch etwas Wesentliches unterscheiden, was jede so viel als möglich von sich hinaus thun sollte; wie sie, ganz gegen die Natur der wahren Religion, beweisen, widerlegen und streiten, es sei nun mit den Waffen der Kunst und des Verstandes oder mit noch fremderen *und unwürdigeren*; [2]) Ihr werdet hinzufügen, daß Ihr grade *nun, da* [3]) Ihr die Religion achtet, und für etwas Wichtiges anerkennet, ein lebhaftes Interesse daran nehmen müßtet, daß *ihr* [4]) die größte Freiheit sich nach allen Seiten aufs mannichfaltigste auszubilden überall *gewährt werde*, [5]) und daß Ihr also nur um so lebhafter **die bestimmten Formen der Religion** [6]) hassen müßtet, welche alle, die sich zu ihnen bekennen, an derselben Gestalt [7]) festhalten, ihnen die Freiheit ihrer eignen Natur zu folgen entziehen und sie in unnatürliche Schranken einzwängen; **und** [8]) in allen diesen Punkten (246)
(werdet Ihr mir) die Vorzüge der natürlichen Religion vor der positiven kräftig anpreisen. [9])

Ich bezeuge noch einmal, daß ich **diese** [10]) Entstellungen nicht leugnen will, und daß ich gegen den Widerwillen, welchen **Ihr dagegen empfindet,** [11]) Nichts einwende. Ja ich erkenne in ihnen allen jene viel beklagte Ausartung und Abweichung in ein fremdes Gebiet, und je göttlicher die Religion selbst ist, um desto weniger will ich ihr Verderben ausschmücken und ihre wilden Auswüchse bewundernd pflegen. Aber vergeßt einmal diese doch auch einseitige Ansicht und folgt mir zu einer andern. Bedenkt, wieviel von diesem Verderben auf die Rechnung derer kommt, welche die Religion aus dem Innern des Herzens hervorgezogen haben in die bürgerliche Welt; gesteht, daß vieles überall unvermeidlich ist, sobald das Unendliche eine unvollkommene und beschränkte Hülle annimmt, und in das Gebiet der Zeit und der allgemeinen Einwirkung endlicher Dinge, um sich von ihr beherrschen zu lassen, herabsteigt. Wie tief aber auch dieses Verderben in ihnen eingewurzelt sein mag und wie sehr sie darunter gelitten

---

[1]) III Zus.: schlechthin
[2]) II: wol gar unwürdigen
[3]) II: inwiefern
[4]) II: sie
[5]) II: genieße
[6]) III: jene bestimmten religiösen Formen
[7]) III Zus.: und demselben Wort
[8]) III: wogegen Ihr mir
[9]) III Zus.: werdet.
[10]) III: in allen Religionen Mißverständnisse und
[11]) III: diese Euch einflößen

haben mögen: so bedenkt doch,[1]) daß[2]) es die eigentliche religiöse
(247) Ansicht aller Dinge ist, auch in dem, was uns gemein und niedrig zu
sein scheint, jede Spur des Göttlichen, Wahren und Ewigen aufzusuchen, und auch die entfernteste noch anzubeten; (**und warum soll**) grade dasjenige[3]) des Vortheils einer solchen Betrachtung entbehren,[4]) was die gerechtesten Ansprüche darauf hat, religiös gerichtet zu werden? Jedoch Ihr werdet mehr finden, als[5]) entfernte Spuren der Göttlichkeit. Ich lade Euch ein, jeden Glauben zu betrachten, zu dem sich Menschen bekannt haben, jede Religion, die Ihr durch einen bestimmten Namen und Charakter bezeichnet, und die vielleicht nun längst ausgeartet ist, in **einen Codex**[6]) leerer Gebräuche, in ein System abstrakter Begriffe und Theorien; und[7]) wenn Ihr sie an ihrer Quelle und[8]) ihren ursprünglichen Bestandtheilen (nach) untersucht, so werdet Ihr finden,[9]) daß alle (**die**) todten Schlacken einst glühende Ergießungen des inneren Feuers waren, daß in allen **Religion enthalten ist, mehr oder minder**[10]) von dem wahren Wesen derselben, wie ich es Euch dargestellt habe; daß **jede**[11]) eine von den besondern Gestalten war, welche die ewige und unendliche Religion unter endlichen und beschränkten Wesen[12]) nothwendig annehmen mußte. Damit Ihr aber nicht aufs Ohngefähr in diesem un-
(248) endlichen Chaos herumtappt[13]) — denn ich muß Verzicht darauf thun, Euch in demselben regelmäßig und vollständig umherzuführen;[14]) es wäre das Studium eines Lebens, und nicht das Geschäft eines Gespräches — damit Ihr ohne durch **gemeine**[15]) Begriffe verführt zu werden, nach einem richtigen Maßstabe den wahren Gehalt und das eigentliche Wesen der einzelnen Religionen abmessen, und nach bestimmten und festen Ideen[16]) das Innere von dem Aeußerlichen, das Eigene von dem Erborgten und Fremden, das

---

[1]) II: wenigstens auch,
[2]) III Zus.: wenn
[3]) III Zus.: am wenigsten
[4]) III Zus.: darf
[5]) III Zus.: nur
[6]) III: eine gedankenlose Folge
[7]) II: ob Ihr nicht,
[8]) II Zus.: nach
[9]) II: dennoch finden werdet,
[10]) III: Religionen mehr oder minder enthalten ist
[11]) III Zus.: sonach jede gewiß
[12]) II: in den verschiedenen Gegenden der Erde und auf den verschiedenen Stufen der Entwickelung die Menschheit in dieser Beziehung
[13]) II: umherirret,
[14]) II: herumzuweisen,
[15]) III: die herrschenden unrichtigen
[16]) II: durch ein bestimmtes und festes Verfahren

Heilige von dem Profanen scheiden mögt: so vergeßt fürs erste jede einzelne und das was für ihr charakteristisches Merkmal gehalten wird, und sucht von innen heraus erst zu einer **allgemeinen Idee darüber**[1]) **zu gelangen, was eigentlich das Wesen einer bestimmten Form der Religion ausmacht,**[2]) so werdet Ihr[3]) finden, daß grade die positiven Religionen **diese**[4]) bestimmten Gestalten sind, unter denen die (unendliche) Religion sich (im Endlichen) **darstellt,**[5]) und daß die[6]) natürliche gar keinen Anspruch darauf machen kann, etwas Aehnliches zu sein, indem sie nur eine unbestimmte dürftige und armselige Idee ist, die für sich nie eigentlich existiren[7]) kann; Ihr werdet finden, daß in jenen allein eine wahre individuelle Ausbildung der religiösen Anlage möglich ist, und daß sie, ihrem Wesen nach, der Freiheit ihrer Bekenner darin gar keinen Abbruch thun.

Warum habe ich angenommen, daß die Religion nicht anders als (249)
in einer **unendlichen Menge durchaus**[8]) bestimmter Formen vollständig gegeben werden kann? Nur aus Gründen, welche, als ich vom Wesen der Religion sprach, entwickelt worden sind.[9]) Weil nämlich jede Anschauung des Unendlichen völlig für sich besteht, von keiner andern abhängig ist und auch keine andere nothwendig zur Folge hat; weil ihrer unendlich viele sind, und in ihnen selbst gar kein Grund liegt, warum sie so und nicht anders eine auf die andere bezogen werden sollten, und dennoch jede ganz anders erscheint, wenn sie von einem andern Punkt aus gesehen, oder auf eine andere bezogen wird, so[10]) kann die

---

[1]) II: Ansicht davon

[2]) III: eine allgemeine Ansicht darüber zu gewinnen, auf welche Weise eigentlich das Wesen einer positiven Religion aufgefaßt und bestimmt werden muß.

[3]) II: Ihr werdet alsdann

[4]) III: die

[5]) III: darstellen muß

[6]) II: Eure sogenannte

[7]) II: ein unbestimmter, dürftiger und armseliger Gedanke ist, dem in der Wirklichkeit nie eigentlich etwas entsprechen

[8]) III: großen Mannichfaltigkeit möglichst

[9]) II: sich aus dem von dem Wesen der Religion Gesagten von selbst ergeben.

[10]) II: Nämlich wenn doch die Religion die Totalität aller Verhältnisse des Menschen zur Gottheit im Universum war, wie er sie als sein Leben unmittelbar fühlt, und wo Religion sein soll, man sehe auf Einzelne oder auf große Massen, müssen auch überall alle diese Verhältnisse vorkommen, sonst wäre es nur ein zerbrochenes und verkrüppeltes Leben, und so habt Ihr

ganze Religion unmöglich anders existiren,[1]) als wenn alle diese verschiedenen Ansichten jeder Anschauung,[2]) die auf solche Art entstehen können,[3]) wirklich gegeben werden; und dies ist nicht anders möglich als in einer unendlichen Menge verschiedener Formen, deren jede durch das verschiedene Princip der Beziehung in ihr **durchaus**[4]) bestimmt, und in deren jeder **derselbe Gegenstand ganz anders**[5]) modificirt ist, das heißt, welche sämmtlich wahre Individuen sind. Wo-
(250) durch (werden) nun diese Individuen bestimmt und wodurch unterscheiden sie sich von einander? was ist[6]) das Gemeinschaft-

---

Recht mit Eurer allgemeinen und Einen Religion: aber keineswegs werden sie überall und allen auf dieselbe Weise sein können, und so habt Ihr Unrecht, und zwar ganz Unrecht, weil diese Verschiedenheit das unmittelbar Gefühlte sein wird, jene Einheit aber nur das Gedachte.*) Denn schon weil wir Wo sind, giebt es unter diesen Verhältnissen des Menschen zum Ganzen ein Näher und Weiter und durch diese Relation zu den übrigen wird nothwendig jedes Gefühl jedem im Leben ein anders bestimmtes. Dann aber auch weil wir Wer sind, ist in jedem eine größere Empfänglichkeit für einige religiöse Wahrnehmungen und Gefühle vor andern, und auch auf diese Weise ist jedes überall ein Anderes. Nun aber kann doch offenbar nicht durch eine einzelne dieser Beziehungen jedem Gefühl sein Recht widerfahren, sondern nur durch alle insgesammt, und daher eben

[1]) II: vorhanden sein,

[2]) II: jedes Verhältnisses,

[3]) II Zus.: auch

[4]) III: hinreichend

[5]) III: dasselbe religiöse Element eigenthümlich

[6]) II: werden, und sich von einander unterscheiden, [Zus.: und was auf der andern Seite das Zusammenhaltende] was

---

*) III: Nämlich die ganze Religion ist freilich Nichts Anderes, als die Gesammtheit aller Verhältnisse des Menschen zur Gottheit in allen möglichen Auffassungsweisen, wie jeder sie als sein unmittelbares Leben inne werden kann; und in diesem Sinne giebt es freilich Eine allgemeine Religion, weil es wirklich nur ein armseliges und verkrüppeltes Leben wäre, wenn nicht überall wo Religion sein soll, auch alle jene Verhältnisse vorkämen. Aber keineswegs werden alle sie auf dieselbe Weise auffassen, sondern auf ganz verschiedene und eben weil nur diese Verschiedenheit das unmittelbar Gefühlte sein wird, und das allein Darstellbare, jene Zusammenfassung aller Verschiedenheiten aber nur das Gedachte, so habt Ihr Unrecht mit Eurer Einen allgemeinen Religion, die allen natürlich sein soll, sondern keiner wird seine wahre und rechte Religion haben, wenn sie dieselbe sein soll für alle.

liche in ihren Bestandtheilen, [1] **(was sie zusammenhält,)** oder das Anziehungsprincip, dem sie folgen? wonach beurtheilt man, zu welchem Individuum ein gegebenes religiöses Datum gehören muß? [2]

Eine bestimmte Form der Religion kann dies nicht deswegen
sein, weil [3] sie etwa ein bestimmtes Quantum religiösen Stoffs enthält. — Dies ist eben das gänzliche Mißverständniß über das Wesen
der einzelnen Religionen, welches sich häufig unter ihre Bekenner selbst
verbreitet und **den Grund zum Verderben gelegt hat.** [4] Sie haben
eben gemeint, weil doch so viele Menschen sich dieselbe Religion zueignen, so müßten sie auch dieselben religiösen [5] Ansichten und
Gefühle, dasselbe Meinen und Glauben [6] haben, und eben
dies Gemeinschaftliche müsse das Wesen ihrer Religion sein. Es ist [7]
überall nicht leicht möglich, das eigentlich Charakteristische und Individuelle einer Religion mit Sicherheit zu finden, wenn man **es so aus
dem Einzelnen abstrahirt;** [8] aber hierin, so gemein auch der Begriff
ist, kann es doch am wenigsten liegen, und wenn [9] Ihr etwa **(auch)**
glaubt, daß [10] die positiven Religionen (deswegen) der Freiheit des
Einzelnen **seine Religion auszubilden** [11] nachtheilig sind, weil sie eine (251)
bestimmte Summe von religiösen Anschauungen und Gefühlen fordern
und andere ausschließen, so seid Ihr im Irrthum. Einzelne Anschauungen [12] und Gefühle sind, wie Ihr wißt, die Elemente der
Religion, und diese nur so quantitiv [13] zu betrachten, wie viele
ihrer und namentlich was für welche vorhanden sind, das kann uns

---

[1]) II Zus.: ist,

[2]) II: und wonach man also, zu welchem Individuum ein gegebenes religiöses Datum gehören muß, zu beurtheilen habe, [von jeder gegebenen religiösen Einzelheit beurtheilen müßte, welcher Art von Religion sie angehöre] das liegt schon in dem Gesagten. Allein von den wirklich getrennt vorhandenen [uns geschichtlich vorliegenden] Religionen [Zus.: an denen sich doch erstere Ansicht allein bewähren kann] wird behauptet, daß dies alles anders wäre, [in ihnen anders sei] und sie sich nicht so gegen einander verhielten, und dies müssen wir noch untersuchen.

[3]) II: zuerst unmöglich insofern sein, als

[4]) III: vielfältig gegenseitig falsche Beurtheilungen veranlaßt hat.

[5]) II: dasselbe Maß religiöser

[6]) II: und so auch ihres Meinens und Glaubens

[7]) III Zus.: freilich

[8]) III: sich dabei an das Einzelne halten will

[9]) III Zus.: auch

[10]) II Zus.: deswegen

[11]) III: in der Ausbildung seiner Religion

[12]) II: Wahrnehmungen

[13]) II: als einen zusammengerafften Haufen

unmöglich auf den Charakter eines Individuums der Religion führen. Wenn sich [1]) die Religion deswegen individualisiren [2]) muß, weil von jeder Anschauung [3]) verschiedene Ansichten möglich sind, je nachdem sie [4]) auf die übrigen bezogen wird, so wäre uns freilich mit einem solchen ausschließlichen Zusammenfassen mehrerer unter ihnen, wodurch ja keine von jenen möglichen Ansichten bestimmt wird, gar nichts geholfen, und wenn die positiven Religionen sich nur durch eine solche Ausschließung unterschieden, so wären sie freilich nicht [5]) die individuellen Erscheinungen, [6]) welche wir suchen. Daß dies aber in der That nicht ihr Charakter ist, erhellt daraus, weil es unmöglich ist, von diesem Gesichtspunkt aus zu einem bestimmten Begriff von ihnen zu gelangen, und der muß ihnen doch zum Grunde liegen, weil sie sonst sehr bald in einander fließen würden. [7]) Zum Wesen der Religion haben wir es gerechnet, daß es
(252) keinen bestimmten innern Zusammenhang zwischen den verschiedenen Anschauungen und Gefühlen vom Universum giebt, daß jedes Einzelne für sich besteht und durch tausend zufällige Combinationen auf jedes Andere führen kann. [8]) Daher ist [9]) schon in der Religion jedes einzelnen Menschen, wie sie sich im Lauf seines Lebens bildet, Nichts zufälliger, als die bestimmte [10]) Summe seines religiösen Stoffs. Einzelne An-

---

[1]) III Zus.: wie ich Euch schon zu zeigen gesucht,

[2]) II: auf vielfache Weise besonders gestalten

[3]) II: jedem Verhältniß

[4]) II: es

[5]) III: könnten sie allerdings

[6]) III Zus.: nicht sein,

[7]) II: so müssen sie doch gesondert werden können, weil sie sonst sehr bald in einander fließen würden.

III: ein solcher muß doch von ihnen möglich sein, weil sie in der Erscheinung beharrlich gesondert sind. Denn nur was in einander fließt, kann auch im Begriff nicht gesondert werden.

[8]) II: Denn es leuchtet ein, daß nicht auf eine bestimmte Weise die verschiedenen religiösen Wahrnehmungen und Gefühle von einander abhängen und durch einander erregt werden; sondern für sich besteht jedes und kann [wie jedes für sich besteht, so kann auch jedes] durch die verschiedensten Combinationen auf jedes andere führen. *)

[9]) III Zus.: auch

[10]) II: in ihm zum Bewußtsein gekommene

---

*) III Zus.: Daher könnten gar nicht verschiedene Religionen lange Zeit neben einander bestehen, wenn sie nur so unterschieden wären; sondern jede würde sich bald zur Gleichheit mit allen übrigen ergänzen.

sichten können sich ihm verdunkeln, andere können ihm aufgehn und sich zur Klarheit bilden, und seine Religion ist von dieser Seite immer beweglich und fließend. **Dies Fließende kann also**[1]) **unmöglich**[2]) das Feststehende und Wesentliche in der mehreren gemeinschaftlichen Religion sein; denn wie höchst zufällig und selten muß es sich nicht ereignen, daß mehrere Menschen auch nur eine Zeit lang, in demselben bestimmten Kreise von Anschauungen[3]) stehen bleiben, und auf demselben Wege der Gefühle fortgehen. (2) Daher ist auch unter denen, die ihre Religion so bestimmen, ein beständiger Streit über das, was zu derselben wesentlich gehöre und was nicht; sie wissen nicht, was sie als charakteristisch und nothwendig festsetzen, was sie als frei und zufällig absondern sollen; sie finden den Punkt nicht, aus dem sie das Ganze übersehen können, und verstehen die religiöse Erscheinung nicht, in der (253)
sie selbst zu leben, für die sie zu streiten wähnen und zu deren Ausartung sie beitragen, indem[4]) sie **nicht wissen wo sie stehn und was sie thun. Aber**[5]) der Instinkt, den sie nicht verstehen, (**leitet**) sie richtiger[6]) als ihr Verstand und **die Natur hält zusammen,**[7]) was ihre falschen Reflexionen und ihr darauf gegründetes Thun und Treiben vernichten würden. Wer den Charakter einer besondern Religion in einem bestimmten Quantum von Anschauungen[8]) und Gefühlen setzt, der muß nothwendig einen innern und objektiven Zusammenhang annehmen, der grade diese unter einander verbindet und alle anderen ausschließt, (und) **dieser Wahn**[9]) **ist eben das dem Geist der Religion so ganz entgegengesetzte Princip des Systemwesens und des Sektirens, und das Ganze, welches sie auf diese Art zu bilden streben, wäre nicht ein solches wie wir es suchen, wodurch die Religion in allen ihren Theilen eine bestimmte Gestalt gewinnt, sondern es wäre ein gewaltsamer Ausschnitt aus dem Unendlichen, nicht eine Religion, sondern eine Sekte, der irreligiöseste Begriff, den man im Gebiet der Religion kann realisiren wollen.**[10]) —

---

[1]) II Zus.: auch

[2]) III: Und so kann ja noch viel weniger die Begrenzung, die in jedem Einzelnen so veränderlich ist,

[3]) II: Wahrnehmungen

[4]) II: eben weil

[5]) III: vom Ganzen derselben zwar ergriffen sind, selbst aber wissentlich nur das Einzelne ergreifen. Glücklich also, daß

[6]) III Zus.: leitet

[7]) III: daß die Natur zusammenhält,

[8]) II: Wahrnehmungen

[9]) II Zus.: aber

[10]) III: Und diese irrige Vorstellung hängt freilich genau genug zusammen mit der gewöhnlichen, aber dem Geist der Religion gar nicht angemessenen Art, die religiösen Vorstellungen zusammenzustellen und zu vergleichen. Ein Ganzes nun, welches wirklich so gebildet wäre,

Aber die Formen, welche **das Universum** [1]) hervorgebracht hat
(254) und welche wirklich vorhanden sind, sind auch nicht Ganze von dieser Art. Alles Sektiren, es sei nun spekulativ, um einzelne Anschauungen in einen philosophirenden Zusammenhang zu bringen, oder asketisch, um auf ein System und eine bestimmte *Succession* [2]) von Gefühlen zu bringen, arbeitet auf eine möglichst vollendete Gleichförmigkeit aller, die an demselben Stück Religion Antheil haben wollen; *und wenn es* [3]) denen, die von dieser Wuth angesteckt sind, und denen es gewiß an Thätigkeit nicht fehlt, noch nie gelungen ist, irgend eine positive Religion bis **dahin zu bringen**, [4]) so werdet Ihr doch gestehen, daß *diese*, [5]) da sie doch auch einmal [6]) entstanden sind, und in sofern sie trotz jener Angriffe noch existiren, nach einem andern Princip gebildet worden sein und einen andern Charakter haben müssen; ja, wenn Ihr an die Zeit denkt, wo sie entstanden sind, so werdet Ihr dies noch deutlicher einsehn: denn Ihr werdet Euch erinnern, daß jede positive Religion während ihrer Bildung und ihrer Blüthe, zu der Zeit also, wo ihre eigenthümliche Lebenskraft am jugendlichsten und frischesten wirkt und *also* [7]) am sichersten erkannt werden kann, sich in einer ganz entgegengesetzten Richtung bewegt, nicht sich concentrirend und vieles aus sich ausscheidend, sondern wachsend nach außen, immer
(255) neue Zweige treibend, und immer mehr religiösen Stoffs sich aneignend **und** [8]) ihrer besondern Natur gemäß **ausbildend**. [9]) Nach jenem falschen Princip also sind sie nicht gestaltet, es ist nicht Eins mit ihrer Natur, es ist ein von außen eingeschlichenes Verderben, und da es ihnen eben sowol zuwider ist, als dem Geist der Religion überhaupt: so kann ihr Verhältniß gegen dasselbe, welches ein immerwährender Krieg ist, eher beweisen als widerlegen, daß sie *die individuellen Erscheinungen der Religion sind, welche wir suchen.* [10])

---

wäre freilich nicht ein solches, wie wir es suchen, wodurch die Religion ihrem ganzen Umfange nach eine bestimmte Gestalt gewinnt, sondern es wäre statt eines Ganzen nur ein willkürlicher Ausschnitt aus dem Ganzen, und nicht eine Religion, sondern eine Sekte, weil es fast nur entstehen kann, indem es die religiösen Erfahrungen eines Einzelnen, und zwar auch nur aus einem kurzen Zeitraum seines Lebens, zur Norm für eine Gemeinschaft annimmt.

[1]) III: die Geschichte

[2]) II: Folge

[3]) II: Wenn es nun

[4]) III: zur Sekte herabzusetzen (3)

[5]) II: letztere

[6]) III Zus.: und zwar die größten durch Einzelne

[7]) II: auch

[8]) III: um ihn

[9]) III: auszubilden.

[10]) II: so wirklich gebildet sind, wie (*die*) wahrhaft individuellen Erscheinungen der Religion müssen gebildet sein.

Eben so wenig sind alle die [1]) Verschiedenheiten in der Religion überhaupt, auf welche ich Euch bisher hier und da aufmerksam gemacht habe, [2]) hinreichend [3]) eine durchaus und als ein Individuum bestimmte Form hervorzubringen. Jene drei so oft angeführten Arten **das Universum anzuschauen** [4]) als Chaos, als System und in seiner elementarischen Vielheit, sind weit davon entfernt, eben so viel einzelne und bestimmte Religionen zu sein. Ihr werdet wissen, daß wenn man einen Begriff eintheilt so viel man will und bis ins Unendliche fort, (so kommt) man doch dadurch nie auf Individuen, [5]) sondern immer nur auf weniger allgemeine Begriffe, die unter jenen enthalten sind, auf Arten und Unterabtheilungen, die wieder eine Menge sehr verschiedener Individuen [6]) unter sich begreifen können: um aber den (256)
Charakter der Einzelwesen selbst zu finden, muß man aus dem allgemeinen Begriff und seinen Merkmalen herausgehen. Jene drei Verschiedenheiten in der Religion sind aber in der That Nichts Anderes, als eine [7]) gewöhnliche und überall wiederkommende Eintheilung des Begriffs der Anschauung. [8]) Sie sind also Arten der Religion, aber nicht **bestimmte Formen**, [9]) und das Bedürfniß, weswegen wir diese suchen, würde auch dadurch, daß Religion auf diese dreifache Weise vorhanden ist, gar nicht befriedigt werden. Einzelne Anschauungen haben wol in einer jeden von ihnen einen eigenen Charakter, und deswegen muß jede bestimmte Form der Religion sich zu einer von diesen Arten halten: aber eine eigene Beziehung und Lage der verschiedenen Anschauungen gegen einander, wird durch sie keineswegs ausschließend bestimmt, und in diesem Betracht bleibt nach dieser Eintheilung alles noch eben so unendlich und eben so vieldeutig als vorher. [10]) —

---

[1]) II: konnten jemals jene

[2]) III Zus.: oder andere

[3]) II: hinreichen um

[4]) III: des Seins und seiner Allheit inne zu werden,

[5]) II Zus.: kommt,

[6]) II: Einzelnen

[7]) II Zus.: solche

[8]) II: nach dem allen geläufigen Schema von Einheit, Vielheit und Allheit.

[9]) III: religiöse Einzelwesen

[10]) II: Es liegt aber auch hinlänglich am Tage, daß wenn gleich, wie es allerdings sein muß, jede bestimmte Form der Religion sich zu einer von diesen Arten bekennt, sie dadurch keineswegs eine einzelne in sich völlig bestimmte wird. Denn Ihr seht ja auf jedem von diesen Gebieten eine Mehrheit solcher Erscheinungen, die Ihr unmöglich für etwa nur dem Scheine nach verschieden halten könnt. Also kann es dieses Verhältniß ebenfalls nicht sein, welches die einzelnen Religionen gebildet hat.

Mehr Schein möchte es vielleicht haben, daß[1]) der
Personalismus und die ihm entgegengesetzte pantheistische Vorstellungsart in der Religion (uns) zwei solche individuelle Formen (4) (derselben an die Hand gebe; aber Schein ist es doch auch nur).
(257) Diese Vorstellungsarten[2]) gehen ja durch alle drei Arten der
Religion hindurch, und können schon um deswillen keine Individuen sein,
(weil doch unmöglich ein Individuum drei verschiedene
specielle Charaktere in sich vereinigen kann). Bei genauer Betrachtung müßt Ihr aber auch sehen, daß
durch sie ebenfalls keine bestimmte Beziehung mehrerer
religiöser Anschauungen auf einander gegeben sei.
Ja, wenn die Idee von einer persönlichen Gottheit
eine einzelne religiöse Anschauung wäre, dann freilich wäre der Personalismus in jeder von den drei
Arten der Religion eine völlig bestimmte Form, denn
aller religiöse Stoff wird in ihm auf diese Idee
bezogen: aber ist denn das? Ist diese Idee eine
einzelne Anschauung des Universums, ein einzelner
Eindruck von demselben, den etwas bestimmtes Endliches
in mir hervorbringt? So müßte ja der Pantheismus, der
jenem gegenüber gestellt wird, auch eine sein? so müßte
es für beide gewisse bestimmte Wahrnehmungen geben,
woraus sie geschöpft würden; und wo sind diese je aufgezeigt worden? so müßte es einzelne Anschauungen der
Religion geben, die einander entgegengesetzt sind, was
nicht sein kann. Auch sind diese beiden Vorstellungsarten gar nicht verschiedene Anschauungen des Uni-
(258) versums im Endlichen, nicht Elemente der Religion,
sondern verschiedene Arten das Universum, indem es im
Endlichen angeschaut wird, zugleich als Individuum zu
denken, da denn die eine ihm ein eigenthümliches Bewußtsein beilegt und die andere nicht.[3]) Alle einzelnen

[1]) II: Eben so wenig sind offenbar

[2]) II: Denn auch diese

[3]) II: Sondern sie sind nur eine andere Art der Unterabtheilung, indem was unter jene dreie gehört nun ebenso [sich] entweder auf diese oder auf jene Art (sich) darstellen kann. Denn das wollen wir allerdings nicht vergessen, worüber wir schon neulich waren übereingekommen, daß dieser Gegensatz nur auf der Art beruht, wie das religiöse Gefühl selbst wieder betrachtet und seinen Aeußerungen ein gemeinsamer Gegenstand gesetzt wird. So daß, wenn sich auch die eine besondere Religion mehr zu dieser, die andere mehr zu jener Art der Darstellung und des Ausdrucks neigt, doch hierdurch unmittelbar (so wenig als die Würde, so wenig) auch die Eigenthümlichkeit einer Religion [Zus.: eben so wenig als ihre Würde und die Stufe ihrer Ausbildung] kann bestimmt werden. Auch bleiben, ob Ihr das Eine oder das Andere setzt,

Elemente der Religion (bleiben) in Absicht auf ihre gegenseitige
Lage[1]) eben so unbestimmt, und keine von den vielen Ansichten derselben wird dadurch realisirt, daß der eine oder der andere Gedanke
sie begleitet; wie Ihr das überall sehen könnt, wo etwas
religiös und zugleich rein deistisch dargestellt sein soll,
wo Ihr finden werdet,[2]) daß alle Anschauungen und[3]) Gefühle, und besonders — welches der Punkt ist, um den sich in dieser
Sphäre alles zu drehen pflegt — die Anschauungen[4]) von den
Bewegungen der Menschheit im Einzelnen und von der[5]) Einheit
in dem, was über ihre Willkür hinaus liegt, in ihrem Verhältniß
gegen einander völlig im Unbestimmten und Vieldeutigen schweben.
Sie sind also beide ebenfalls nur allgemeinere Formen,
deren Gebiet erst mit den individuellen und bestimmten
angefüllt werden soll, und wenn Ihr auch dieses Gebiet dadurch einschränkt,[6]) daß Ihr sie mit einer von
den drei bestimmten Arten der Anschauung einzeln verbindet, so sind[7])
auch diese aus verschiedenen Eintheilungsgründen des Ganzen zu- (259)
sammengesetzte Formen doch nur eigne[8]) Unterabtheilungen;[9]) aber
keinesweges durchaus bestimmte und geschlossene[10]) Ganze. Also
weder der Naturalismus (5) — ich verstehe darunter **die Anschauung
des Universums in seiner elementarischen Vielheit,**[11]) ohne die Vorstellung von persönlichem Bewußtsein und Willen der einzelnen

---

[1]) II: Beziehung

[2]) II: überall sehen könnt, wo etwas religiös dargestellt sein soll, und schon vollkommen zu sein vermeint, wenn es nur rein deistisch ist, wo Ihr finden werdet,

III: an allen religiösen Darstellungen sehen könnt, welche rein deistisch sind, und doch für völlig bestimmt möchten gehalten sein. Denn Ihr werdet da überall finden,

[3]) II: religiösen

[4]) II: Ansichten

[5]) II: ihrer höchsten

[6]) II: So sind demnach auch als Darstellung beide ebenfalls nur allgemeinere Formen, deren Gebiet erst durch das Individuelle und Bestimmte ausgefüllt werden soll, und wenn Ihr auch dieses Gebiet dadurch einschränkt,

III: So sind demnach auch diese beiden selbst als Darstellung nur allgemeinere Formen, welche auf mancherlei Weise näher bestimmt und individualisirt werden können; und wenn Ihr auch eine nähere Bestimmung dadurch versuchen wollt,

[7]) III: werden

[8]) II: engere

[9]) III Zus.: sein

[10]) III: einzelne

[11]) III: das Innewerden der Welt, welches sich auf die elementarische Vielheit beschränkt

Elemente — noch der Pantheismus; weder die Vielgötterei noch der Deismus, sind einzelne und bestimmte Religionen, wie wir sie suchen, sondern nur Arten, in deren Gebiet gar viele eigentliche Individuen sich schon entwickelt haben, und noch mehrere sich entwickeln werden. (6) — (Merkt es wol, daß der Pantheismus und der Deismus keine bestimmte Formen der Religion sind, um Eurer natürlichen Religion, wenn sich etwa finden sollte, daß sie Nichts ist als dieses, ihren gebührenden Platz anweisen zu können.)

Daß ichs kurz sage: ein Individuum der Religion, wie wir es suchen, kann nicht anders zu Stande gebracht werden, als dadurch, daß irgend eine einzelne Anschauung des Universums aus freier Willkür — denn anders kann es nicht geschehen, weil eine jede gleiche Ansprüche darauf hätte — zum Centralpunkt der ganzen Religion gemacht,
(260) und alles darin auf sie bezogen wird.[1]) Dadurch kommt auf einmal[2]) ein bestimmter Geist und ein gemeinschaftlicher Charakter in das Ganze; alles wird fixirt,[3]) was vorher vieldeutig und unbestimmt war; von den unendlich vielen verschiedenen Ansichten und Beziehungen einzelner Elemente, welche alle möglich waren, und alle dargestellt werden sollten, wird durch jede solche Formation Eine durchaus realisirt; alle einzelnen Elemente erscheinen nun von einer gleichnamigen Seite, von der, welche jenem Mittelpunkt zugekehrt ist, und alle Gefühle erhalten eben dadurch einen gemeinschaftlichen Ton und werden lebendiger und eingreifender in einander. Nur in der Totalität aller nach dieser Construction[4]) möglichen Formen kann die ganze Religion wirklich gegeben werden, und sie wird also nur in einer unendlichen Succession kommender und wieder vergehender[5]) Gestalten dargestellt, und nur was in einer von diesen

---

[1]) II: Demnach bleibt, daß ichs kurz sage, kein andrer Weg übrig, wie ein Individuum der Religion [eine wirklich individuelle] kann zu Stande gebracht worden sein, als dadurch, daß irgend eines von den großen Verhältnissen der Menschheit im Universum, [in der Welt und zum höchsten Wesen] auf eine [Zus.: bestimmte] Art, welche wenn man nur auf die Idee der Religion sieht als reine Willkür erscheint; [erscheinen kann;] sieht man aber auf die Eigenthümlichkeit der Bekenner, vielmehr die reinste Nothwendigkeit in sich trägt und nur der natürliche Ausdruck ihres Wesens selbst ist, (daß auf eine solche Art Eines) zum Mittelpunkt der gesammten Religion gemacht, und alle übrigen auf dieses eine bezogen werden.

[2]) II: sogleich

[3]) II: bekommt feste Haltung

[4]) II: in einem solchen Sinne

[5]) II: Reihe, in verschiedenen Punkten des Raumes sowol als der Zeit sich allmählich entwickelnder

Formen liegt, trägt zu ihrer vollendeten Darstellung[1]) etwas bei. Jede solche Gestaltung der Religion, wo in Beziehung auf eine Centralanschauung[2]) alles gesehen und gefühlt wird, wo und wie sie sich auch bilde, und welches immer diese vorgezogene Anschauung[3]) sei, ist eine eigene positive Religion; in Beziehung auf **das Ganze**[4]) eine Häresis — ein Wort das wieder zu Ehren gebracht werden sollte — weil etwas höchst Will- (261)
kürliches die Ursache ihrer Entstehung ist;[5]) in Rücksicht[6]) auf die Gemeinschaft aller Theilhaber und ihr Verhältniß zu dem, der zuerst ihre Religion gestiftet hat, weil er zuerst jene Anschauung im Mittelpunkt der Religion sah,[7]) eine eigene Schule und Jüngerschaft. **Und wenn**[8]) nur in und durch solche bestimmte Formen die Religion dargestellt wird, so hat auch nur der, welcher sich mit der seinigen in einer solchen niederläßt, eigentlich einen festen Wohnsitz und daß ich so sage ein **aktives**[9]) Bürgerrecht in der religiösen Welt, nur Er kann sich rühmen, zum Dasein und zum Werden des Ganzen etwas beizutragen; nur Er ist eine **eigne**[10]) religiöse Person **mit einem Charakter und festen und bestimmten Zügen.**[11])

Muß also doch jeder, werdet Ihr ziemlich bestürzt fragen, in dessen Religion eine Anschauung die herrschende ist, zu einer von den vorhandenen Formen gehören? Mit nichten; aber eine Anschauung muß in seiner Religion die herrschende sein, sonst ist sie so gut als Nichts. Habe ich denn von zwei oder drei bestimmten Gestalten geredet, und gesagt, daß sie die einzigen bleiben sollen?[12])

---

[1]) II: Erscheinung

[2]) II: Ein alle anderen gleichsam vermittelndes oder in sich aufnehmendes Verhältniß zur Gottheit

[3]) II: dieses vorgezogene Verhältniß

[4]) III: die Gesammtheit der religiösen Elemente,

[5]) II: um ein Wort zu gebrauchen, das wieder sollte zu Ehren gebracht werden, eine Häresis, (7) weil unter vielen Gleichen eines zum Haupte der übrigen gleichsam gewählt wird,

[6]) II Zus.: aber

[7]) II: jenen Mittelpunkt zu einem klaren Bewußtsein erhoben hat,

[8]) III: Wenn aber nun, wie wir hoffentlich einig geworden sind,

[9]) III: wolerworbenes

[10]) III: vollständige

[11]) III: auf der einen Seite einer Sippschaft angehörig durch gemeinsame Art, auf der andern sich eigenthümlich unterscheidend durch feste und bestimmte Züge.

[12]) II: Vielleicht aber möchte hier mancher, der schon ein Interesse nimmt an den Angelegenheiten der Religion, mit Bestürzung, oder auch ein Widriggesinnter mit Hinterlist fragen, ob dann nun jeder Religiöse [Fromme] an eine von den vorhandenen auf eine solche

Unzählige sollen sich ja[1]) entwickeln von allen Punkten aus, (262) und derjenige, der sich nicht in eine von den schon vorhandenen schickt, ich möchte sagen, der nicht im Stande gewesen wäre, sie selbst zu machen, (8) wenn sie noch nicht existirt hätte, der wird gewiß auch[2]) zu keiner von ihnen gehören, sondern eine neue machen.[3]) Bleibt er allein damit und ohne Jünger: es schadet nicht. Immer und überall existiren[4]) Keime desjenigen, was noch zu keinem weiter ausgebreiteten Dasein gelangen kann: aber sie existiren doch und so existirt auch seine Religion,[5]) und hat eben so gut eine bestimmte Gestalt und Organisation, ist eben so gut eine eigene positive Religion als ob er die größte Schule gestiftet hätte. Ihr seht, daß[6]) diese vorhandenen Formen[7]) keinen Menschen durch ihr früheres Dasein hindern,[8]) sich eine Religion seiner eigenen Natur und seinem Sinn gemäß auszubilden. Ob er[9]) in einer von ihnen wohnen, oder eine eigne erbauen werde, das hängt[10]) lediglich davon ab, welche Anschauung des Universums ihn zuerst mit rechter Lebhaftigkeit ergreift.[11]) Dunkle Ahnungen,

---

Weise eigenthümlich bestimmten Formen der Religion sich anschließen müsse. Dem würde ich vorläufig antworten: Mit nichten, sondern nur das sei nothwendig, daß seine Religion ebenfalls eine solche eigenthümlich bestimmte und in sich ausgebildete sei, ob aber auf eine gleiche Weise mit [Zus.: irgend] einer im Großen schon vorhandenen und an Anhängern reichen Form, dies sei nicht eben so nothwendig. Und erinnern würde ich ihn, wie ich nirgend von zwei oder drei bestimmten Gestalten geredet und gesagt habe, daß sie die einzigen bleiben sollen.

1) II: Vielmehr mögen sich immerhin unzählige

2) II: er sie noch nicht gefunden hätte, der dürfte schon deshalb

3) II: in sich selbst hervorzubringen gehalten sein.

4) II: giebt es

5) II: auf dieselbe Weise existirt auch die Religion eines solchen

6) II: Er sehe also, daß

III: Und hieraus würde er wol sehen, daß nach meiner Meinung

7) III Zus.: an und für sich

8) II Zus.: sollen,

9) II: Sondern ob jeder

10) II: hinge [hänge]

11) II: ob das nämliche Verhältniß oder ein anderes sich in ihm als Grundgefühl und Mittelpunkt aller Religionen entwickeln werde: das [So] würde ich ihm [jenem] vorläufig sagen. [antworten.] Wollte er aber Genaueres von mir hören, so würde ich hinzufügen: es wäre wol nicht leicht zu besorgen, daß einer in einen solchen Fall geriethe, wenn es nicht aus Mißverstand geschähe. Denn daß sich eine neue Offenbarung bilde, sei nie etwas Geringfügiges, bloß Persönliches, sondern es liege Größeres und Gemeinschaft-

welche ohne das Innere des Gemüths [1]) zu durchdringen, unerkannt wieder verschwinden, und wol jeden Menschen oft und früher umschweben, mögen vom Hörensagen entstehen, und bleiben ohne Beziehung, sind auch Nichts Individuelles; aber wenn Einem der Sinn fürs Universum in einem klaren (263) Bewußtsein und in einer bestimmten Anschauung für immer aufgeht, so bezieht er auf diese hernach alles, um sie her gestaltet sich alles, durch diesen Moment wird seine Religion bestimmt, und ich hoffe, Ihr werdet nicht sagen, daß darauf etwas Natürliches oder Ererbtes Einfluß haben könne, und Ihr werdet auch [2]) nicht meinen, die Religion eines Menschen sei deshalb weniger eigenthümlich und weniger die seinige, wenn [3]) sie in einer Gegend liegt, wo schon Mehrere versammelt sind. [4]) Wenn

---

liches dabei zum Grunde. Daher es auch nie einem, der wirklich eine neue Religion aufzustellen berufen war, an Anhängern und Glaubensgenossen gefehlt hat. So würden also die meisten in dem Falle sein, ihrer Natur nach einer vorhandenen Form anzugehören, und nur wenige in dem, daß ihnen keine genügte.*) (Aber) jene meisten (sind) nicht minder frei [Zus.: sind] als diese wenigen, noch auch weniger in dem Falle ein Eignes selbst gebildet zu haben. Denn verfolgen wird in einem Jeden die Geschichte seiner Religiosität: so finden wir zuerst

[1]) II Zus.: ganz

[2]) II: welche irgend wie, vielleicht vom Hörensagen entstanden ohne Beziehung bleiben, [zu keiner bestimmten Gestalt gelangen] und Nichts Eigenthümliches verrathen. Dann erst später [Später erst] geschieht es, [Zus.: dann] daß (Einem) der Sinn fürs Universum in einem klaren Bewußtsein (und von einem bestimmten Verhältniß aus) für immer aufgeht,**) auf welches er hernach alles bezieht, um welches her sich alles für ihn gestaltet, so daß dieser [ein solcher] Moment eigentlich seine [eines Jeden] Religion bestimmt, und ich hoffe Ihr werdet

[3]) III: weil

[4]) II: und werdet in dieser Gleichheit keineswegs [keineswegs in dieser Gleichheit] einen mechanischen Einfluß des Angewöhnten oder Ererbten, sondern wie Ihr auch in andern Fällen thut, nur ein gemeinsames Bestimmtsein aus höheren Gründen erkennen. Aber so

---

*) III Zus.: was ich aber vorzüglich habe zeigen wollen, sei eben dieses, daß wegen der allen gleichen Befugniß

**) III Zus.: dem Einen von diesem, dem Andern von jenem bestimmten Verhältniß aus,

aber[1]) auch Tausende vor ihm, mit ihm und nach ihm ihr religiöses Leben *mit derselben Anschauung anfangen*,[2]) wird es deswegen in allen dasselbe sein, und wird sich die Religion in allen gleich bilden? Erinnert Euch doch,[3]) daß *in jeder bestimmten Form der Religion nicht etwa nur eine beschränkte Anzahl von Anschauungen zu derselben Ansicht und Beziehung auf Eine gestattet werden solle, sondern die ganze unendliche Menge derselben: gewährt das nicht einem Jedem Spielraum genug?*[4]) Ich[5]) wüßte nicht, daß es schon einer einzigen[6]) gelungen wäre, ihr ganzes Gebiet[7]) in Besitz zu nehmen und alles[8]) ihrem Geiste gemäß zu bestimmen und darzustellen.[9]) Wenigen[10]) nur ist es vergönnt gewesen, in der Zeit ihrer
(264) Freiheit und ihres bessern Lebens **nur**[11]) das Nächste am Mittelpunkt recht auszubilden und zu vollenden.[12]) Die Erndte ist groß, **und**[13]) der Arbeiter sind wenige. Ein unendliches Feld ist eröffnet in jeder dieser Religionen, worin Tausende sich zerstreuen mögen; unbebaute Gegenden genug werden sich dem Auge eines Jeden darstellen, der

---

wie [gewiß als] grade in dieser Gemeinschaftlichkeit, gleichviel ob einer der Erste ist oder der Spätere, die Gewährleistung der Natürlichkeit und Wahrheit liegt, *so wenig schadet sie der* [eben so gewiß erwächst daraus kein Nachtheil für die] Eigenthümlichkeit.

[1]) II: Denn wenn

[2]) II: auf dasselbe Verhältniß beziehen,

[3]) III Zus.: nur an das Eine,

[4]) II: jede bestimmte Form der Religion dem Einzelnen unerschöpflich ist, nicht nur, weil sie auf ihre bestimmte Weise das Ganze umfassen soll, welches dem Einzelnen zu groß ist, sondern auch weil in ihr selbst eine unendliche Verschiedenheit der Ausbildung stattfindet, untergeordnet zwar aber doch ähnlich der Art, wie sie selbst eine eigenthümliche Gestalt der Religion im Allgemeinen ist. *Wodurch jedem Arbeit und Spielraum genug angewiesen ist und* [Ist nicht schon dadurch jedem Arbeit und Spielraum genug angewiesen?]

[5]) III Zus.: wenigstens

[6]) III Zus.: dieser Religionen

[7]) III Zus.: so

[8]) III Zus.: darin so

[9]) II Zus.: sondern

III Zus.: daß irgend einem einzelnen Bekenner von ausgezeichnetem Reichthum und Eigenthümlichkeit des Gemüthes nichts mehr übrig geblieben wäre, zur Ergänzung beizutragen; sondern

[10]) III Zus.: unserer geschichtlichen Religionen

[11]) III Zus.: wenigstens

[12]) II Zus.: und nur in wenigen verschiedenen Gestalten den gemeinschaftlichen Charakter wieder eigen auszuprägen.

[13]) III: aber

etwas Eignes zu schaffen und hervorzubringen fähig ist (9) (und heilige Blumen duften und prangen in allen Gegenden, wohin noch keiner gedrungen ist, um sie zu betrachten und zu genießen).

Aber so wenig ist Euer Vorwurf, als ob innerhalb einer positiven Religion der Mensch die seinige nicht mehr eigenthümlich ausbilden könnte, gegründet, daß sie nicht nur, wie Ihr eben gesehen habt, für einen Jeden Raum genug lassen: sondern daß auch grade in so fern der Mensch in eine positive Religion eintritt und aus demselben Grunde, die seinige noch in einem andern Sinne ein besonderes Individuum nicht nur sein kann, sondern auch von selbst werden wird. Betrachtet noch einmal den erhabenen Augenblick, in welchem der Mensch überhaupt zuerst in das Gebiet der Religion eintritt.[1]) Die erste bestimmte religiöse Ansicht, die in sein Gemüth mit einer solchen Kraft eindringt, daß durch einen einzigen Reiz sein Organ fürs Universum zum Leben (265)
gebracht und von nun an auf immer in Thätigkeit gesetzt wird, bestimmt freilich seine Religion; sie ist und bleibt seine Fundamentalanschauung, in Beziehung auf welche

---

[1]) II: So ganz ungegründet demnach ist der Vorwurf, als ob wer in eine positive Religion sich aufnehmen läßt, nur ein Nachtreter derjenigen würde, welche diese geltend gemacht, sich selbst aber nicht mehr eigenthümlich ausbilden könne, daß wir vielmehr auch hier nicht anders urtheilen können, als auf dem Gebiet des Staates und der Geselligkeit. Hier nämlich erscheint es uns krankhaft und abenteuerlich, wenn einer behauptet, er habe nicht Raum in einer bestehenden Verfassung, sondern um sich seine Eigenthümlichkeit zu bewahren, müsse er sich isoliren [ausschließen] von der Gesellschaft. Vielmehr sind wir überzeugt, jeder Gesunde werde von selbst einen großen nationalen Charakter mit vielen gemein haben und grade in diesem festgehalten und durch ihn bedingt, werde sich auch am genauesten und schönsten seine Eigenthümlichkeit ausbilden. So auch auf dem Gebiete der Religion kann es nur krankhafte Abweichung sein, welche Einen von dem gemeinschaftlichen Leben mit allen, unter welche ihn die Natur gesetzt hat, so ausschließt, daß er keinem größeren Ganzen angehört, sondern von selbst wird jeder, was für ihn Mittelpunkt der Religion ist, auch irgendwo im Großen so dargestellt finden oder selbst darstellen. Aber jeder solchen gemeinsamen Sphäre schreiben wir ebenfalls eine unergründlich tief ins Einzelne gehende Bildsamkeit zu, vermöge deren aus ihrem Schoß die Eigenthümlichkeiten aller hervorgehen, wie denn in diesem Sinne mit Recht die Kirche die allgemeine Mutter aller genannt wird. Um Euch dies an dem Nächsten deutlich zu machen, so denket Euch das Christenthum als eine jener bestimmten doch allgemeinen [individuellen] Formen der höchsten Ordnung, und Ihr findet

er alles ansehen wird, und es ist im Voraus bestimmt, in welcher Gestalt ihm jedes Element der Religion, sobald er es wahrnimmt, erscheinen muß. Das ist die objektive Seite dieses Moments; seht aber auch auf die subjektive: so wie durch ihn in jener Rücksicht seine Religion in so fern bestimmt wird, daß sie zu einem in Rücksicht des unendlichen Ganzen völlig geschlossenen Individuum gehört, aber doch nur als ein unbestimmtes Bruchstück desselben, denn nur mit mehreren vereint kann es das Ganze darstellen: so wird durch denselben Moment auch seine Religiosität in Rücksicht der unendlichen religiösen Anlage der Menschheit als ein ganz eignes und neues Individuum zur Welt gebracht. Dieser Augenblick ist nämlich zugleich ein bestimmter Punkt in seinem Leben, ein Glied in der ihm ganz eigenthümlichen Reihe geistiger Thätigkeiten, eine Begebenheit, die, wie jede andere, in einem bestimmten Zusammenhange steht mit einem Vorher, einem Jetzt und Nachher; und da dieses
(266) Vorher und Jetzt in jedem Einzelnen etwas ganz Eigenthümliches ist, so wird es das Nachher auch; da sich an diesen Moment und an den Zustand, in welchem er das Gemüth überraschte und [1]) an seinen Zusammenhang mit dem früheren dürftigeren

---

darin zu unserer Zeit zuerst zwar den [die] bekannten äußerlich auf das bestimmteste heraustretenden Gegensatz: [Gegensätze] dann aber theilt sich auch jedes der beiden [dieser untergeordneten] Gebiete in eine Menge verschiedener Ansichten und Schulen, deren jede eine eigenthümliche Bildung darstellt, von Einzelnen ausgegangen, und mehrere um sich versammelnd, aber offenbar so, daß noch für jeden übrig bleibt die letzte und eigenste Bildung der Religiosität, welche mit seinem gesammten Dasein so sehr in Eins zusammenfällt, daß grade so wie sie ist, Niemand Theil daran nehmen kann, als er allein. [sie vollkommen so Niemandem eignen kann, als ihm allein.] Und diese Stufe der Bildung muß die Religion in einem Jeden um so mehr erreichen, als er durch sein ganzes Dasein Anspruch darauf hat, Euch, den Gebildeten anzugehören. Denn hat sich sein höheres Gefühl allmählich entwickelt, so muß es auch mit seinen übrigen Anlagen zugleich, wenn doch diese gebildet sind, ein Eigenthümliches geworden sein. Oder hat es sich dem Anscheine nach plötzlich entwickelt nach vielleicht unerkannter Empfängniß und unter schnell vorübergehenden Geburtsschmerzen des Geistes: so ist auch dann seinem religiösen Leben nicht nur eine eigene Persönlichkeit mitgeboren, ein bestimmter Zusammenhang mit einem Vorher, einem Jetzt und Nachher, eine Einheit des Bewußtseins vermittelt, indem auf diese Art

[1]) II: wie

Bewußtsein[1]) das ganze folgende religiöse Leben[2]) anknüpft, und
sich gleichsam genetisch daraus entwickelt; so hat es auch in jedem
Einzelnen eine eigene durchaus bestimmte Persönlichkeit,
so wie sein menschliches Leben selbst.[3]) So wie, indem ein
Theil des unendlichen Bewußtseins sich losreißt und[4]) als ein endliches an einen bestimmten Moment in der Reihe organischer Evolu-
tionen (sich) anknüpft, ein neuer Mensch entsteht, ein eignes Wesen,
dessen abgesondertes Dasein unabhängig von der Menge und der objektiven Beschaffenheit seiner Begebenheiten und Handlungen, in der[5])
Einheit des fortdauernden und an jenen ersten Moment sich an-
schließenden Bewußtseins,[6]) und in der eigenthümlichen[7]) Beziehung jedes Spätern auf ein bestimmtes Früheres, und in
dem Einfluß dieses Früheren auf die Bildung des
Späteren besteht:[8]) so entsteht auch in jenem Augenblick, in
welchem[9]) ein bestimmtes Bewußtsein **des Universums**[10]) anhebt,
ein eignes religiöses Leben, eigen, nicht[11]) durch unwiderrufliche Beschränkung auf eine besondere Anzahl und Auswahl von Anschauungen
und Gefühlen, nicht[11]) durch die Beschaffenheit des darin vor- (267)
kommenden religiösen Stoffs, den er[12]) mit allen gemein hat,
welche mit ihm zu derselben Zeit und in derselben Gegend der Religion
geistig geboren sind; sondern durch das, was er mit keinem gemein
haben kann, durch den immerwährenden Einfluß[13]) des Zustandes, in
welchem sein Gemüth zuerst vom Universum begrüßt und umarmt

---

[1]) II: Dasein

[2]) II Zus.: sich

[3]) II: Sondern in diesem ersten anfänglichen Bewußtsein muß schon ein eigenthümlicher Charakter liegen, da es ja nur in einer durchaus bestimmten Gestalt und unter bestimmten Verhältnissen in ein schon gebildetes Leben so plötzlich eintreten konnte; welchen [Zus.: eigenthümlichen Charakter] dann jeder folgende [Zus.: Augenblick] ebenso an sich trägt, so daß er der reinste Ausdruck des ganzen Wesens ist. Daher

[4]) III: der lebendige Geist der Erde gleichsam von sich selbst sich losreißend sich

[5]) II Zus.: eigenthümlichen

[6]) II Zus.: ruht

[7]) II: eigenen

[8]) II: [Zus.: auf jenen] sich bewährt

[9]) III Zus.: in irgend einem einzelnen Menschen

[10]) III: von seinem Verhältniß zum höchsten Wesen
II Zus.: gleichsam [Zus.: ursprünglich]

[11]) III Zus.: etwa

[12]) II: jeder
III: vielmehr jeder

[13]) II Zus.: der besonderen Art und Weise

worden ist, durch die eigene Art, wie er die Betrachtung desselben und die Reflexion darüber verarbeitet, durch den Charakter und Ton, in welchen (dies) die ganze folgende Reihe seiner religiösen Ansichten und Gefühle[1]) hineinstimmt, und welcher sich nie verliert, wie weit er auch hernach in der Anschauung des Universums[2]) fortschreite über das hinaus, was die erste Kindheit seiner Religion ihm darbot. Wie jedes intellektuelle endliche Wesen seine geistige Natur und seine Individualität dadurch beurkundet, daß es Euch auf jene[3]) Vermählung des Unendlichen mit dem Endlichen als auf seinen Ursprung zurückführt,[4]) auf jenes unbegreifliche Faktum, über welches hinaus Ihr die Reihe des Endlichen nicht weiter verfolgen könnt, und wobei eure Phantasie Euch versagt, wenn Ihr es[5]) aus irgend etwas[6]) Früherem, es sei[7]) Willkür oder Natur, er-
(268) klären wollt: eben so müßt Ihr (jedem ein eigenthümliches geistiges Leben zugestehen, der Euch als Dokument seiner religiösen Individualität ein eben so unbegreifliches Faktum aufzeigt, wie auf einmal mitten unter dem Endlichen und Einzelnen das Bewußtsein des Unendlichen und des Ganzen sich ihm entwickelt hat). Jeden, der so den Geburtstag seines geistigen Lebens angeben und eine Wundergeschichte erzählen kann vom Ursprung seiner Religion, die als eine unmittelbare Einwirkung der Gottheit und als eine Regung ihres Geistes erscheint, (müßt Ihr) auch dafür ansehn, daß er etwas Eigenes sein und daß etwas Besonderes mit ihm gesagt sein soll: denn so etwas geschieht nicht, um eine leere Doublette[8]) hervorzubringen im Reich der Religion. (10) Und so wie jedes auf jene Art entstandene[9]) Wesen nur aus sich erklärt, und nie ganz verstanden werden kann, wenn Ihr nicht so weit als möglich auf die ersten Aeußerungen der Willkür in den frühesten Zeiten zurückgeht: so ist auch die religiöse Persönlichkeit eines jeden ein geschlossenes Ganze und ihr Verstehen beruht darauf, daß Ihr die ersten Offenbarungen derselben zu erforschen sucht.[10])

---

[1]) II Zus.: sich

[2]) II: Gemeinschaft mit dem Universum [ewigen Urquell]

[3]) III Zus.: daß ich so sage in ihm vorgegangene

[4]) II: (in ihm) zurückführt,

[5]) II: sie

[6]) II Zus.: Einzelnem oder

[7]) III: sei es

[8]) II: Wiederholung

[9]) II: organisch entstandene und in sich beschlossene

[10]) II: seine Eigenthümlichkeit und seine Entstehung durch einander [eine durch die andere] als Eins und dasselbe begreift: so könnt Ihr auch den Religiösen nur verstehen, wenn Ihr, wofern er Euch einen merkwürdigen Augenblick als den ersten seines höheren Lebens

Darum[1] glaube ich (auch,) daß es Euch nicht **Ernst** ist[2] mit dieser ganzen Klage gegen die positiven Religionen; es ist[3] wol nur ein vorgefaßter Begriff:[4] denn Ihr seid viel zu sorglos um die (269)
Sache, als daß Ihr dazu berechtigt sein solltet.[5] Ihr habt wol nie den Beruf gefühlt, Euch anzuschmiegen an die wenigen religiösen Menschen, die Ihr vielleicht sehen könnt — obgleich sie immer anziehend und liebenswerth genug sind — um etwa durch das Mikroskop der Freundschaft oder der näheren **Kenntniß die ihr**[6] wenigstens ähnlich sieht, genauer zu untersuchen, wie sie fürs Universum und durch dasselbe organisirt sind. Mir, der ich sie fleißig betrachtet habe, der ich sie eben so mühsam aufsuche und mit eben der heiligen Sorgfalt beobachte, welche Ihr den Seltenheiten der Natur widmet, mir ist (es) oft eingefallen, ob nicht schon das Euch zur Religion führen könnte, wenn Ihr nur Acht darauf gäbet, wie allmächtig die Gottheit den Theil der Seele, in welchem sie vorzüglich wohnt, in welchem sie sich in ihren unmittelbaren Wirkungen offenbart und sich selbst beschaut, auch als ihr Allerheiligstes ganz eigen **erbaut und abgesondert**[7] von allem was sonst im Menschen gebaut und gebildet wird, und wie sie sich darin durch die unerschöpflichste Mannichfaltigkeit der Formen in ihrem ganzen Reichthum verherrlicht. Ich wenigstens bin immer aufs neue erstaunt über die vielen merkwürdigen Bildungen auf dem so wenig bevölkerten Gebiet der Religion, wie sie sich von einander (270)
unterscheiden durch die verschiedensten Abstufungen der Empfänglichkeit für den Reiz desselben Gegenstandes, und durch die größte Verschiedenheit dessen, was in ihnen gewirkt wird, durch die Mannichfaltigkeit des Tons, den die entschiedene Uebermacht der einen oder der andern Art von Gefühlen hervorbringt und durch allerlei Idiosynkrasien der Reizbarkeit und Eigenthümlichkeiten der Stimmung, indem bald jeder seine eigene Situation hat, worin[8] die religiöse Ansicht der Dinge (ihn) vorzüglich **beherrscht.**[9] Dann wieder wie der religiöse Charakter des Menschen oft etwas ganz Eigenthüm-

---

darbietet, in diesem das Ganze zu entdecken, sowie wenn er sich nur als eine schon gebildete Erscheinung darstellt, den Charakter derselben bis in die ersten dunkelsten Zeiten des Lebens zurück zu verfolgen wißt.

[1]) III: Dies alles wol überlegt,

[2]) III: länger Ernst sein kann

[3]) II: sondern dies ist [wenn Ihr dabei beharrt, ist sie]

[4]) II: vorgefaßtes Urtheil

[5]) II: den Gegenstand als daß Ihr zu einer solchen Klage durch Eure Beobachtung solltet berechtigt sein.

[6]) III: Theilnahme die jener

[7]) III: und abgesondert erbaut

[8]) II: Jeden [bei Jedem] fast unter andern Verhältnissen

[9]) III: hervortritt.

liches in ihm ist, wie abgeschieden[1]) von allem was er[2]) in seinen übrigen Anlagen entdeckt, wie das[3]) ruhigste und nüchternste Gemüth hier des stärksten der Leidenschaft ähnlichen Affektes fähig ist; wie der[4]) stumpfste Sinn (für gemeine und irdische Dinge) hier innig fühlt bis zur Wehmuth und klar sieht bis zur Entzückung und Weissagung; wie der (schüchternste Muth) in allen weltlichen Angelegenheiten[5]) von heiligen Dingen und für sie oft bis zum Märtyrerthum laut durch die Welt und das Zeitalter hindurch spricht. Und wie wunderbar oft dieser religiöse Charakter selbst geartet und zusammengesetzt ist, Bildung und Rohheit, Capacität und Beschränkung,
(271) Zartheit und Härte in jedem auf eine eigne Weise unter einander gemischt und in einander verschlungen. Wo ich alle diese Gestalten gesehen habe? In dem eigentlichen Gebiet der Religion, in ihren bestimmten[6]) Formen, in den positiven Religionen, die Ihr für das Gegentheil verschreit, unter den Heroen und Märtyrern eines bestimmten Glaubens,[7]) unter den Schwärmern für **bestimmte**[8]) Gefühle,[9]) unter den Verehrern eines **bestimmten**[10]) Lichtes und individueller Offenbarungen, da will ich sie Euch zeigen zu allen Zeiten und unter allen Völkern. Auch ist es nicht anders, nur da können sie anzutreffen sein. So wie kein Mensch als **Individuum**[11]) zur Existenz[12]) kommen kann, ohne zugleich durch **denselben Actus**[13]) auch in eine Welt, in eine bestimmte Ordnung der Dinge und unter einzelne Gegenstände versetzt zu werden; so kann auch ein religiöser Mensch zu **seiner Individualität**[14]) nicht gelangen, er wohne denn durch dieselbe Handlung sich auch ein in[15]) irgend eine bestimmte Form der Religion. Beides ist die Wirkung eines und desselben Momentes,[16]) und kann also Eins vom Andern nicht getrennt werden. **Wenn**[17]) eines Menschen ursprüngliche **Anschauung des Uni**-

---

[1]) II: streng geschieden für den gewöhnlichen Blick
[2]) II: sich
[3]) II Zus.: sonst
[4]) II Zus.: für gemeine und irdische Dinge
[5]) II Zus.: schüchternste Muth
[6]) II: individuellen
[7]) III Zus.: wie er den Freunden der natürlichen Religion zu starr ist,
[8]) III: lebendige
[9]) III Zus.: wie jene sie schon für gefährlich halten,
[10]) III: irgend wann neu gewesenen
[11]) III: Einzelwesen
[12]) II: zum wirklichen Dasein
[13]) III: dieselbe That
[14]) III: seinem Einzelleben
[15]) III Zus.: ein Gemeinleben, also in
[16]) II: nur eine und dieselbe göttliche That
[17]) III: Denn wenn

versums [1]) nicht Kraft genug hat, sich selbst **zum Mittelpunkt seiner
Religion zu machen, um den sich alles in ihr bewegt,** [2]) so wirkt (272)
auch ihr Reiz nicht stark genug, um den Proceß eines eignen und
rüstigen religiösen Lebens einzuleiten.

Und nun ich Euch diese Rechenschaft abgelegt habe, so sagt mir
doch auch, wie es in Eurer gerühmten natürlichen Religion um diese
(persönliche) Ausbildung und Individualisirung steht? Zeiget mir
doch unter ihren Bekennern auch eine so große Mannichfaltigkeit stark
gezeichneter Charaktere! Denn ich muß gestehen, ich selbst habe sie [3])
unter ihnen niemals finden (können), und wenn Ihr rühmt, daß sie [4])
ihren Anhängern mehr Freiheit gewähre, sich nach eigenem Sinn religiös zu bilden, so kann ich mir Nichts Anderes darunter denken, als
— wie denn das Wort oft so gebraucht wird — die Freiheit, auch
ungebildet zu bleiben, die Freiheit von jeder **Nöthigung** [5]) nur überhaupt irgend etwas Bestimmtes zu sein, zu sehen und zu empfinden. Die
Religion spielt doch in ihrem Gemüth eine gar zu dürftige Rolle.
Es ist als ob sie gar keinen eignen Puls, kein eignes System von
Gefäßen, keine eigene Circulation und also auch keine eigene Temperatur und keine assimilirende Kraft für sich hätte, und **keinen
Charakter; sie ist überall mit ihrer** [6]) **Sittlichkeit und ihrer natürlichen Empfindsamkeit vermischt;** [7]) in Verbindung mit denen, oder (273)
vielmehr ihnen demüthig nachtretend, bewegt sie sich träge und sparsam, und wird nur [8]) gelegentlich tropfenweise abgeschieden [9]) von
jenen (zum Zeichen ihres Daseins). Zwar ist mir mancher
achtungswerthe und kräftige religiöse Charakter vorgekommen, den die
Bekenner der positiven Religionen, nicht ohne sich über das Phänomen
zu verwundern, für einen Bekenner der natürlichen ausgaben: aber
genau betrachtet erkannten ihn diese [10]) nicht (mehr) für ihres Gleichen;
er war immer schon etwas von der ursprünglichen Reinheit der Ver-
nunftreligion abgewichen und hatte einiges Willkürliche [11]) und Positive
in die seinige aufgenommen, was nur jene nicht erkannten, weil es

---

[1]) III: Anlage zu dieser höchsten Stufe des Bewußtseins

[2]) III: auf eine bestimmte Weise zu gestalten,

[3]) II: konnte dergleichen

[4]) II: diese Art der Religion

[5]) III: Versuchung

[6]) II Zus.: Art von

[7]) III: eben daher auch keinen eignen Charakter und keine eigne Darstellung; vielmehr zeigt sie sich überall abhängig von eines Jeden besonderer Art von Sittlichkeit und natürlicher Empfindsamkeit;

[8]) II: ist nur wahrzunehmen, indem sie

[9]) II Zus.: wird

[10]) II: dagegen die Letzteren

[11]) II Zus.: wie sie es nennen

von dem ihrigen zu sehr verschieden war. Warum mißtrauen **sie**[1]) gleich jedem, der etwas Eigenthümliches in seine Religion bringt? Sie wollen eben auch (alle) gleichförmig sein — nur entgegengesetzt dem Extrem auf der anderen Seite, den Sectirern meine ich[2]) — gleichförmig im Unbestimmten. So wenig ist an eine besondere persönliche Ausbildung zu denken in **der natürlichen**[3]) Religion, daß ihre ächtesten Verehrer nicht einmal mögen, daß die Religion des
(274) Menschen eine eigene Geschichte haben und mit einer Denkwürdigkeit anfangen soll. Das ist ihnen schon zu viel: denn Mäßigkeit ist ihre[4]) Hauptsache in der Religion, und wer **so etwas von sich zu sagen weiß,**[5]) kommt schon in den üblen Geruch, daß er einen Ansatz habe zum leidigen Fanatismus.[6]) Nach und nach soll der Mensch religiös werden, wie er klug und verständig wird und alles andere, was er sein soll; durch den Unterricht und die Erziehung soll ihm das alles kommen; Nichts muß dabei sein, was für übernatürlich oder auch nur für sonderbar könnte gehalten werden. Ich will nicht sagen, daß mir das, von wegen des Unterrichts und der Erziehung, die alles sein sollen, den Verdacht beibringt, als sei die natürliche Religion ganz vorzüglich von jenem Uebel einer Vermischung, ja gar einer Verwandlung in Philosophie[7]) und Moral befallen; aber das[8]) ist **(doch)** klar, daß sie[9]) nicht von irgend einer lebendigen **Anschauung**[10]) ausgegangen sind, und daß auch keine ihr fester Mittelpunkt ist, weil sie gar nichts **wissen**[11]) unter sich, wovon der Mensch auf eine eigene Weise müßte ergriffen werden. Der Glaube an einen persönlichen Gott[12]), das wissen sie selbst, **ist nicht das Resultat einer bestimmten einzelnen Anschauung des Universums im Endlichen;**[13]) darum fragen

---

[1]) III: aber die Verehrer der natürlichen Religion

[2]) III Zus.: alle

[3]) III: durch die natürliche

[4]) II: ihnen

[5]) III: etwas zu rühmen weiß von plötzlich aus den Tiefen des Innern sich entwickelnden religiösen Erregungen, der

[6]) II: zur leidigen Schwärmerei.

[7]) II: Metaphysik

[8]) III Zus.: wenigstens

[9]) II: ihre Verehrer

[10]) III: Selbstbeschauung

[11]) III: als Kennzeichen ihrer Denkart aufstellen

[12]) III Zus.: mehr oder minder menschenähnlich gebildet, und an eine persönliche Fortdauer mehr oder weniger entsinnlicht und sublimirt, diese beiden Sätze, auf welche alles bei ihnen zurückgeht,

[13]) III: hängen von keiner besonderen Ansicht und Auffassungsweise ab;

sie auch keinen, der **ihn hat**,[1]) wie er **dazu**[2]) gekommen sei; sondern (275)
(so) wie sie ihn demonstriren **wollen**, **meinen sie auch**,[3]) er müsse
allen andemonstrirt sein. Sonst einen anderen und bestimmteren
Mittelpunkt, den sie hätten, möchtet Ihr wol schwerlich aufzeigen
können. Das Wenige, was ihre magere und dünne Religion enthält,
steht für sich in unbestimmter Vieldeutigkeit da: sie haben eine Vorsehung überhaupt, eine Gerechtigkeit überhaupt, eine göttliche Erziehung
überhaupt: alle diese Anschauungen sehen sie[4]) gegen einander
bald in dieser, bald in jener Perspektive und Verkürzung und sie **gelten**[5]) ihnen bald Dies, bald Jenes; oder wenn ja eine gemeinschaftliche Beziehung auf einen Punkt darin anzutreffen ist, so liegt dieser
Punkt außerhalb der Religion, und es ist eine Beziehung auf etwas
Fremdes, darauf, daß die Sittlichkeit ja nicht gehindert werde, und
daß der Trieb nach Glückseligkeit einige Nahrung erhalte — Dinge,[6])
wonach wahrhaft religiöse Menschen bei der Konstruktion[7]) der
Elemente ihrer Religion niemals gefragt haben, Beziehungen, wodurch
ihr kärgliches religiöses Eigenthum noch mehr zerstreut und auseinander getrieben wird. Sie hat also für ihre religiösen **Anschauungen**[8])
keine Einheit einer bestimmten Ansicht, diese natürliche Religion, sie ist
also auch keine bestimmte Form, keine eigene individuelle Darstellung (276)
der Religion, und die, welche nur sie bekennen, haben keinen bestimmten Wohnsitz in **ihrem Reich**,[9]) sondern sind Fremdlinge, deren Heimath, wenn sie eine haben, woran ich zweifle, anderswo liegen muß.
Sie kommt mir vor[10]) wie die Masse, welche zwischen den Weltsystemen dünn und zerstreut schweben soll, hier von dem einen, dort
von dem andern ein wenig angezogen, aber von keinem stark genug,
um in seinen Wirbel fortgerissen zu werden. Wozu sie da ist, mögen die
Götter wissen; es müßte denn sein, um zu zeigen, daß auch das Unbestimmte auf gewisse Weise existiren kann. Eigentlich aber ist es doch nur
ein Warten auf die Existenz, zu der sie nicht anders kommen könnten, als
wenn eine Gewalt stärker als jede bisherige und auf andere Weise sie
ergriffe. **Mehr**[11]) kann ich ihnen nicht zugestehen, als die dunkeln
Ahnungen, welche **jener**[12]) lebendigen **Anschauung**[13]) vorangehen,

---

1) III: sich zu ihnen bekennt,
2) III: zu seinem Glauben
3) III: zu können meinen, so setzen sie auch voraus,
4) II: [Zus.: und] alles dies erscheint ihnen
5) III: jedes gilt
6) II: oder sonst etwas,
7) II: Anordnung
8) III: Elemente
9) III: diesem Gebiet,
10) II: gemahnt mich,
11) III: Denn mehr
12) III: jenem
13) III: Bewußtsein

die [1]) dem Menschen sein religiöses Leben aufthut. Es giebt gewisse dunkle
Regungen und Vorstellungen, die gar nicht mit der Persönlichkeit [2])
eines Menschen zusammenhängen, sondern gleichsam nur die Zwischen-
räume derselben ausfüllen und [3]) in allen gleichförmig eben dasselbe sind:
so ist ihre Religion. [4]) Höchstens ist sie **Naturreligion** [5]) in dem Sinne,
(277) wie man auch sonst, wenn man von **Naturphilosophie und Naturpoesie redet, den Aeußerungen des rohen Instinkts diesen Namen
vorsetzt, um sie von der Kunst und Bildung zu unterscheiden. Aber
auf das Bessere** [6]) warten sie nicht etwa [7]) und achten es [8]) höher, im
Gefühl, es nicht erreichen zu können: sondern sie widersetzen sich ihm
aus allen Kräften. Das Wesen der natürlichen Religion besteht ganz
eigentlich in der Negation [9]) alles Positiven und Charakteristischen
in der Religion, und in der heftigsten Polemik dagegen. Darum ist
sie auch das würdige Produkt des Zeitalters, dessen Steckenpferd
eine [10]) erbärmliche Allgemeinheit und **eine** [10]) leere Nüchternheit war,
die mehr als irgend etwas in allen Dingen der wahren Bildung
entgegen arbeitet. Zweierlei hassen sie ganz vorzüglich: sie wollen
nirgends beim Außerordentlichen und Unbegreiflichen anfangen, und
was sie auch sein und treiben mögen, so soll nirgends eine Schule
hervorschmecken. Das ist das Verderben, welches Ihr in allen
Künsten und Wissenschaften findet, es ist auch in die Religion gedrungen, und sein Produkt ist dies gehaltleere und formlose Ding.
Autochthonen und Autodidakten möchten sie sein in der Religion,
aber sie haben nur das Rohe und Ungebildete von diesen: das
(278) Eigenthümliche hervorzubringen, haben sie weder Kraft noch Willen.
Sie sträuben sich gegen jede bestimmte Religion, welche da ist, weil

---

[1]) III: mit welchem sich

[2]) II: Eigenthümlichkeit

[3]) III Zus.: wie sie ihren Ursprung nur in dem Gesammtleben haben: auch

[4]) III Zus.: nur der unvernehmliche Nachklang von der Frömmigkeit, die sie umgiebt.

[5]) III: natürliche Religion

[6]) III: natürlicher Philosophie und natürlicher Poesie redet, diesen Namen solchen Erzeugnissen beilegt, denen auch das Ursprüngliche fehlt, und die, wenn auch nicht bewußt ungeschickte Nachahmungen, doch nur rohe Aeußerungen oberflächlicher Anlagen sind, die man eben durch jenen Beinamen von der lebendig gestaltenden Wissenschaft und Kunst und deren Werken unterscheidet. Aber auf jenes Bessere, was sich nur in den religiösen Gemeinschaften und deren Erzeugnissen findet,

[7]) III Zus.: mit Sehnsucht,

[8]) III Zus.: um so

[9]) II: Verleugnung

[10]) III: jene

sie doch zugleich eine Schule ist; aber wenn es möglich wäre, daß ihnen selbst etwas begegnete, wodurch eine eigene Religion sich (*in*) ihnen gestalten wollte, würden sie sich eben so heftig dagegen auflehnen, weil doch eine Schule daraus entstehen könnte. Und so ist ihr Sträuben gegen das Positive und Willkürliche zugleich ein Sträuben gegen alles Bestimmte und Wirkliche. Wenn eine bestimmte Religion nicht mit **einem Faktum**[1]) anfangen soll, kann sie gar nicht anfangen: denn ein[2]) Grund muß doch da sein **und es kann nur ein** *subjectiver*[3]) **sein, warum irgend etwas**[4]) hervorgezogen und in die Mitte gestellt **wird**[5]); und wenn eine Religion nicht eine bestimmte sein soll, so ist sie gar keine, *sondern nur loser unzusammenhängender Stoff.*[6]) Erinnert Euch, was die Dichter von einem Zustande der Seelen vor der Geburt reden: wenn sich eine solche gewaltsam wehren wollte, in die Welt zu kommen, weil sie eben nicht Dieser und Jener sein möchte, sondern ein Mensch überhaupt; diese Polemik gegen das Leben ist die Polemik der natürlichen Religion gegen die positive, und dies ist der permanente Zustand ihrer (279) Bekenner. Zurück also, wenn es Euch Ernst ist, die Religion in ihren bestimmten Gestalten zu betrachten, von dieser erleuchteten[7]) zu *den*[8]) verachteten positiven Religionen, wo alles **wirklich**,[9]) kräftig und **bestimmt**[10]) erscheint; wo jede einzelne Anschauung ihren bestimmten Gehalt und **ein**[11]) eignes Verhältniß zu den übrigen, jedes Gefühl seinen eignen Kreis und seine besondere Beziehung hat; wo Ihr jede Modifikation der Religiosität irgendwo antrefft, und jeden Gemüthszustand, in welchen nur die Religion den Menschen versetzen kann; wo Ihr jeden Theil derselben irgendwo ausgebildet und jede ihrer Wirkungen irgendwo vollendet findet; wo alle gemeinschaftlichen Anstalten und alle einzelnen Aeußerungen den hohen Werth beweisen, der auf die Religion gelegt wird, bis zum Vergessen[12]) alles Uebrigen, wo der heilige Eifer, mit welchem sie betrachtet, mitgetheilt, genossen wird, und die kindliche Sehnsucht, mit welcher man neuen Offenbarungen

---

[1]) III: einer ursprünglichen Thatsache

[2]) II Zus.: gemeinschaftlicher

[3]) II: solcher

[4]) III: weshalb irgend ein religiöses Element mehr als sonst besonders

[5]) III Zus.: und dieser Grund kann nur eine Thatsache sein.

[6]) II: denn nur lose unzusammenhängende Regungen verdienen den Namen nicht.

[7]) III: natürlichen

[8]) II: jenen

[9]) III: wirksam

[10]) III: fest

[11]) III: ihr

[12]) II Zus.: fast

himmlischer Kräfte entgegensieht (11), Euch dafür bürgen, daß keines
von ihren Elementen, welches von diesem Punkt aus schon wahrgenommen werden konnte, übersehen worden, und keiner von ihren
Momenten verschwunden ist, ohne ein Denkmal zurückzulassen. Be-
(280) trachtet alle die mannichfaltigen Gestalten, in welchen jede einzelne Art
das Universum anzuschauen[1]) schon erschienen ist; laßt Euch
nicht zurückschrecken weder durch geheimnißvolle Dunkelheit, noch durch
wunderbare[2]) groteske Züge, und gebet dem Wahn nicht Raum, als
möchte alles nur Phantasie[3]) und Dichtung (sein): grabet nur
immer tiefer, wo Euer magischer Stab einmal angeschlagen hat, Ihr
werdet gewiß das Himmlische zu Tage fördern. Aber, daß Ihr ja
auch auf das Menschliche seht, was die Göttliche annehmen mußte;
daß Ihr ja nicht aus der Acht laßt, wie sie überall die Spuren von
der Bildung jedes Zeitalters, von der Geschichte jeder Menschenart an
sich trägt, wie sie oft in Knechtsgestalt einhergehen mußte, an ihren
Umgebungen und an ihrem Schmuck die Dürftigkeit ihrer Schüler und
ihres Wohnsitzes zur Schau tragend, damit Ihr gebührend absondert
und scheidet: daß Ihr ja nicht übersehet, wie sie oft beschränkt worden
ist in ihrem Wachsthum, weil man ihr nicht Raum ließ, ihre Kräfte
zu üben, wie sie oft in der ersten Kindheit kläglich vergangen ist
an schlechter Behandlung und an **Atrophie**.[4]) Und wenn Ihr das
Ganze umfassen wollt, so bleibt ja nicht allein bei **den Gestalten der**
(281) **Religion stehen, welche**[5]) Jahrhunderte lang geglänzt und große
Völker beherrscht **haben**,[6]) und durch Dichter und Weise vielfach verherrlicht worden **sind**:[7]) was historisch und religiös das Merkwür-
digste war, (ist) oft nur unter Wenige getheilt und dem gemeinen
Blick verborgen geblieben.[8])

Wenn Ihr aber auch auf diese Art die rechten Gegenstände und diese ganz und vollständig ins Auge faßt, wird es immer noch ein schwieriges Geschäft sein, den Geist der Religion zu entdecken und sie durchaus zu verstehen. Noch einmal warne ich Euch, ihn nicht abstrahiren[9]) zu wollen aus dem, was Allen, die eine bestimmte Religion bekennen, gemeinschaftlich ist: Ihr verirrt Euch in tausend vergeblichen Nachforschungen auf diesem Wege, und kommt am Ende immer anstatt des Geistes[10]) der Religion auf ein bestimmtes Quantum von Stoff.

---

[1]) II: der Gemeinschaft mit dem Universum

[2]) III: wunderbar scheinende

[3]) II: Einbildung sein

[4]) III: übel gewählten Nahrungsmitteln!

[5]) III: dem stehen in den verschiedenen Gestalten der Religion, was

[6]) III: hat

[7]) III: ist, sondern bedenkt, daß

[8]) III: ist. (12)

[9]) II: etwa so nur im Allgemeinen abziehen

[10]) II: zum Geiste

Ihr müßt Euch erinnern, daß keine je ganz wirklich geworden ist, und
daß Ihr sie nicht eher kennt, bis Ihr, weit entfernt sie in einem beschränkten Raume zu suchen, selbst im Stande seid sie zu ergänzen,
und zu bestimmen, wie dies und jenes in ihr geworden sein müßte,
wenn ihr Gesichtskreis so weit gereicht hätte;[1]) Ihr könnt es Euch
nicht fest genug einprägen, daß alles (**nur**) darauf[2]) ankommt **ihre**
Grundanschauung[3]) zu finden, daß Euch alle Kenntniß vom Einzelnen (282)
Nichts hilft, so lange ihr **diese**[4]) nicht habt, und daß Ihr sie[5]) nicht
eher habt bis Ihr *alles Einzelne aus Einem erklären könnt.*[6])
Und selbst mit dieser Regel der Untersuchung, die doch nur ein Prüf-
stein ist, werdet Ihr tausend Verirrungen ausgesetzt sein: (**Vieles wird**
Euch entgegenkommen gleichsam absichtlich um Euch zu verführen),
Vieles wird sich Euch in den Weg stellen, um Euer Auge auf eine
falsche Seite zu *richten.*[7]) Vor allen Dingen bitte ich Euch, den
Unterschied ja nicht aus den Augen zu lassen zwischen dem, was das
Wesen einer einzelnen Religion ausmacht, sofern sie eine bestimmte
Form und Darstellung **derselben**[8]) überhaupt ist, und dem, was ihre
Einheit als Schule bezeichnet und sie als solche zusammenhält. Religiöse Menschen sind durchaus historisch: das ist nicht ihr kleinstes Lob;
aber es ist auch die Quelle großer Mißverständnisse. Der Moment, in
welchem sie selbst von **der Anschauung**[9]) erfüllt worden sind, **welche**[10])
sich zum Mittelpunkt ihrer Religion gemacht hat, ist ihnen immer
heilig; er erscheint ihnen als eine unmittelbare Einwirkung der Gottheit, und sie reden nie von dem, was ihnen eigenthümlich ist in der
Religion, und von der Gestalt, die sie in ihnen gewonnen hat, ohne
auf ihn hinzuweisen. Ihr könnt also denken, wie viel heiliger noch (283)
ihnen der Moment sein muß, in welchem diese unendliche Anschauung
überhaupt zuerst in der Welt als Fundament und Mittelpunkt einer
eigenen Religion aufgestellt worden ist, da an diesen die ganze Entwickelung dieser Religion in allen Generationen und Individuen sich
eben so historisch anknüpft, und (*doch*) dieses Ganze der Religion und
die religiöse Bildung einer großen Masse der Menschheit[11]) etwas unendlich Größeres ist, als ihr eigenes religiöses Leben und **das kleine**

---

[1]) III Zus.: und wie dies von jeder positiven Religion überhaupt gilt, so gilt es auch von jeder einzelnen Periode und jeder untergeordneten Formation einer jeden.

[2]) III Zus.: nur

[3]) III: das Grundverhältniß einer jeden

[4]) III: dieses

[5]) III: es

[6]) II: Euch alles Einzelne in Einem fest verbunden ist.

[7]) II: lenken.

[8]) III: der Religion

[9]) III: dem **Bewußtsein**

[10]) III: welches

[11]) II Zus.: doch

Fragment[1]) dieser Religion, **welches**[2]) sie persönlich darstellen. Dieses Faktum verherrlichen sie also auf alle Weise, häufen darauf allen Schmuck der religiösen Kunst, beten es an als die reichste und wohlthätigste Wunderwirkung des Höchsten, und reden nie von ihrer Religion, stellen nie eins von ihren Elementen auf, ohne es in Verbindung mit diesem Faktum zu setzen und so darzustellen. Wenn also die beständige Erwähnung desselben alle Aeußerungen der Religion begleitet, und ihnen eine eigne Farbe giebt; so ist Nichts natürlicher, als dieses Faktum mit der Grundanschauung der Religion selbst zu verwechseln; dies hat nur nicht alle verführt, und die Ansicht fast aller Religionen verschoben. Vergeßt also nie, daß die Grundanschauung einer Religion
(284) Nichts sein kann, als irgend eine Anschauung des Unendlichen im Endlichen, irgend ein allgemeines Element der Religion;[3]) welches in allen andern **aber**[4]) auch vorkommen darf, und wenn sie vollständig sein sollten, vorkommen müßte, nur daß es in ihnen nicht in den Mittelpunkt gestellt ist. — Ich bitte Euch, nicht alles, was Ihr bei den Heroen der Religion oder in den heiligen Urkunden findet, für Religion zu halten, und den unterscheidenden Geist[5]) darin zu suchen. Nicht Kleinigkeiten meine ich damit, wie Ihr leicht denken könnt, noch solche Dinge, die nach jedes Ermessen der Religion ganz fremd sind; sondern das, was oft mit ihr verwechselt wird. Erinnert Euch, wie absichtslos jene Urkunden verfertigt sind, daß unmöglich darauf gesehen werden konnte, alles daraus zu entfernen, was nicht Religion ist, und bedenkt, wie jene Männer in allerlei Verhältnissen gelebt haben in der Welt, und unmöglich bei jedem Wort, was sie **sprachen**,[6]) sagen konnten: **das ist nicht Religion**,[7]) und wenn sie also Weltklugheit und Moral reden, oder Metaphysik und Poesie, so meint nicht,[8]) das müsse auch in die Religion hineingezwängt werden, und darin müsse auch ihr Charakter zu suchen sein. Die Moral soll wenigstens[9]) überall nur Eine sein, und nach ihren Verschieden-
(285) heiten, welche also immer etwas sind, das hinweggethan werden soll, (13) können sich die Religionen nicht unterscheiden, die nicht überall Eine sein sollen. — Mehr als alles aber bitte ich Euch, laßt Euch nicht verführen von den beiden feindseligen Principien, die überall, und fast von den ersten Zeiten an, den Geist jeder Religion haben zu entstellen und zu verstecken gesucht. Ueberall hat es sehr bald[10]) solche

---

[1]) III: die kleine Spiegelfläche
[2]) III: welche
[3]) II: religiöses Verhältniß,
[4]) III: Religionen eben
[5]) II Zus.: der ihrigen
[6]) III: niederschrieben,
[7]) III: „dies gehört aber nicht zum Glauben."
[8]) III Zus.: sogleich
[9]) II: wenigstens soll doch wol
[10]) III Zus.: theils

gegeben, die ihn in einzelnen Lehrsätzen haben umgränzen, und das,
was noch nicht **ihm gemäß zur Religion**[1]) gebildet war, von ihr
ausschließen wollen, **und**[2]) solche, die, es sei nun aus Haß gegen die
Polemik, oder um die Religion den Irreligiösen angenehmer zu machen,
oder aus Unverstand und Unkenntniß der Sache und aus Mangel an
Sinn, alles Eigenthümliche als todten Buchstaben verschreien, um aufs
Unbestimmte loszugehn. Vor beiden hütet Euch: bei steifen Systematikern,
bei seichten Indifferentisten werdet Ihr den Geist einer Religion
nicht finden; sondern bei denen, die in ihr leben als in ihrem Element,
und sich immer weiter in ihr bewegen, ohne den Wahn zu nähren, daß
sie sie ganz umfassen könnten.

Ob es Euch mit diesen Vorsichtsmaßregeln gelingen wird, den
Geist der Religionen zu entdecken? *Ich weiß es nicht*:[3]) aber ich (286)
fürchte, daß auch Religion nur durch sich selbst verstanden werden
kann, und daß Euch ihre besondere Bauart und ihr charakteristischer Unterschied
nicht eher klar werden wird, bis Ihr selbst irgend einer angehört.
Wie es Euch glücken mag, die rohen und ungebildeten Religionen entfernter
Völker zu entziffern, oder die vielerlei *religiösen Individuen*[4]) auszusondern,
welche in der schönen Mythologie der Griechen
und Römer eingewickelt liegen, das läßt mich sehr gleichgültig, mögen
ihre Götter Euch geleiten; aber wenn Ihr Euch dem Allerheiligsten
nähert, wo das Universum in seiner höchsten Einheit *angeschaut*[5])
wird, wenn Ihr die verschiedenen Gestalten der *systematischen*[6])
Religion betrachten wollt, nicht die ausländischen und fremden, sondern
die, welche unter uns noch mehr oder minder vorhanden sind: so kann
es mir nicht gleichgültig sein, ob Ihr den rechten Punkt findet, von
dem Ihr sie ansehen müßt.

Zwar sollte ich nur von Einer reden: denn **der Judaismus**[7]) ist
schon lange eine todte Religion, und diejenigen, welche jetzt noch seine
Farbe tragen, sitzen eigentlich klagend bei der unverweslichen Mumie,
und weinen über sein Hinscheiden und seine traurige Verlassenschaft.
Auch rede ich nicht deswegen von ihm, weil er etwa[8]) der Vorläufer (287)
des Christenthums **wäre**:[9]) ich hasse in der Religion diese Art von
historischen Beziehungen, *ihre Nothwendigkeit ist eine weit*

[1]) III: zur Uebereinstimmung mit diesen

[2]) III: theils auch

[3]) II: weiß ich nicht,

[4]) II: verschiedenen religiösen Erscheinungen

[5]) II: und Allheit wahrgenommen

[6]) II: höchsten Stufe der

[7]) III: das Judenthum

[8]) III: wandelt mich die Lust auch von dieser Gestaltung der Religion ein Wort zu Euch zu reden nicht etwa deshalb an, weil sie

[9]) III: war:

höhere und ewige,[1]) und jedes Anfangen in ihr[2]) ist ursprünglich: **aber er hat einen so schönen kindlichen**[3]) Charakter, und dieser ist so gänzlich verschüttet, und das Ganze ein so merkwürdiges Beispiel von der Corruption und vom[4]) gänzlichen Verschwinden der Religion aus einer großen Masse, in der sie sich ehedem befand.[5]) Nehmt einmal alles Politische, und so Gott will, Moralische hinweg, wodurch **er**[6]) gemeiniglich charakterisirt wird; vergeßt das ganze Experiment den Staat anzuknüpfen an die Religion, daß ich nicht sage an die Kirche; vergeßt, daß das Judenthum gewissermaßen zugleich ein Orden war, gegründet auf eine alte Familiengeschichte, aufrecht erhalten durch die Priester; seht bloß auf das eigentlich Religiöse darin, wozu dies alles nicht gehört, und sagt mir, welches ist **die**[7]) überall hindurchschimmernde Idee des Universums?[8]) **Keine andere, als die**[9]) von einer allgemeinen unmittelbaren Vergeltung, von einer eigenen Reaction des Unendlichen gegen jedes einzelne Endliche, das aus der Willkür hervorgeht, durch ein anderes Endliches, das nicht (288) als aus der Willkür hervorgehend angesehen wird. So wird alles betrachtet, Entstehen und Vergehen, Glück und Unglück, selbst innerhalb der menschlichen Seele wechselt immer nur eine Aeußerung der Freiheit und Willkür und eine unmittelbare Einwirkung der Gottheit; alle anderen Eigenschaften Gottes, welche auch angeschaut werden, äußern sich nach dieser Regel und werden immer in der Beziehung auf diese gesehen; belohnend, strafend, züchtigend das Einzelne im Einzelnen, so wird die Gottheit durchaus vorgestellt. Als die Jünger einmal Christum fragten: Wer hat gesündiget, diese oder ihre Väter, und er ihnen antwortete: meint Ihr, daß diese mehr gesündigt haben als Andere? — **Das war**[10]) der religiöse Geist des Judenthums in seiner schneidendsten Gestalt, und **das**[11]) war seine Polemik dagegen. Daher der sich überall durchschlingende Parallelismus, der keine zufällige Form ist, und das Ansehn des Dialogischen, welches in allem was religiös ist, angetroffen wird. Die ganze Geschichte, so wie sie ein fortdauernder

---

[1]) II: jegliche hat eine weit höhere [für sich ihre eigene] und ewige Nothwendigkeit,

[2]) III: einer Religion

[3]) III: Sondern mich reizt des Judenthums schöner kindlicher

[4]) II: dem Verderbniß und dem

[5]) II Zus.: daß es deshalb wol lohnt, einige Worte über ihn [darüber] zu verlieren.

[6]) III: diese Erscheinung

[7]) III: das

[8]) II: Ansicht von dem Universum und dem Sein des Menschen darin?

III: Bewußtsein des Menschen von seiner Stellung in dem Ganzen und seinem Verhältniß zu dem Ewigen?

[9]) III: Kein anderes als das

[10]) III: war jenes

[11]) III: dieses

Wechsel zwischen diesem Reiz und dieser Gegenwirkung ist, wird sie
vorgestellt als ein Gespräch zwischen Gott und den Menschen in Wort
und That, und alles was[1]) vereinigt ist, ist es nur durch die Gleichheit in dieser Behandlung. Daher die Heiligkeit der Tradition, in (289)
welcher der Zusammenhang dieses großen Gesprächs enthalten war,
und die Unmöglichkeit zur Religion zu gelangen, als nur durch die
Einweihung in diesen Zusammenhang, und[2]) noch in späten Zeiten
der Streit unter den Sekten, ob sie im Besitz dieses fortgehenden
Gesprächs wären. Eben von dieser Ansicht rührt es her, daß in der
jüdischen Religion die Gabe der Weissagung so vollkommen ausgebildet
ist, als in keiner andern; denn im Weissagen sind doch[3]) die Christen
(**nur Kinder**) gegen sie.[4]) Diese ganze Idee nämlich ist höchst kindlich, nur auf einen kleinen Schauplatz ohne Verwickelungen berechnet,
wo bei einem einfachen Ganzen die natürlichen Folgen der Handlungen
nicht gestört oder gehindert werden: je weiter aber die Bekenner dieser
Religion vorrückten auf den Schauplatz der Welt unter die Verbindung
mit mehreren Völkern, desto schwieriger wurde die Darstellung dieser
Idee, und die Phantasie mußte dem Allmächtigen das Wort, welches
er erst sprechen wollte, vorwegnehmen, und sich den zweiten Theil
desselben Moments, aus weiter Ferne **vors Auge holen und**[5]) Zeit
und Raum dazwischen **vernichten.**[6]) Das ist **eine**[7]) Weissagung, und
das Streben darnach mußte nothwendig so lange noch immer eine
Haupterscheinung[8]) sein, als es möglich war, jene **Idee**[9]) und mit (290)
ihr die[10]) Religion festzuhalten. Der Glaube an den Messias war
ihre letzte mit großer Anstrengung erzeugte Frucht:[11]) ein neuer
Herrscher sollte kommen um das Zion wo[12]) die Stimme des Herrn
verstummet war in seiner Herrlichkeit wieder herzustellen, und durch
die Unterwerfung der Völker unter das alte Gesetz sollte jener einfache
Gang[13]) wieder allgemein werden in den Begebenheiten der Welt, **der
durch ihre**[14]) unfriedliche Gemeinschaft, durch das Gegeneinanderge-
richtetsein ihrer Kräfte und durch die Verschiedenheit ihrer Sitten

---

[1]) III Zus.: darin

[2]) II: daher

[3]) III Zus.: auch

[4]) III Zus.: nur Lehrlinge.

[5]) III: gleichsam vor die Augen zaubern,

[6]) III: vernichtend

[7]) III: das Wesen der

[8]) III Zus.: des Judenthums

[9]) III: Grundidee desselben

[10]) III Zus.: ursprüngliche Form der jüdischen

[11]) III: ihr höchstes Erzeugniß; die großartigste Frucht aber auch die letzte Anstrengung dieser Natur.

[12]) III: worin

[13]) III Zus.: der patriarchalischen Zeit

[14]) III: wie er durch der Völker

unterbrochen war. Er[1]) hat sich lange erhalten, wie oft eine einzelne Frucht, nachdem alle Lebenskraft aus dem Stamm gewichen ist, bis in die rauheste Jahreszeit an einem welken Stiel hängen bleibt und an ihm vertrocknet. Der eingeschränkte Gesichtspunkt gewährte dieser Religion, als Religion, eine kurze Dauer. Sie starb, als ihre heiligen Bücher geschlossen wurden, da wurde das Gespräch des Jehova mit seinem Volk als beendigt angesehen, die politische Verbindung, welche an sie geknüpft war, schleppte noch länger ein sieches Dasein, und ihr Aeußeres hat sich noch weit später erhalten, die unangenehme Erscheinung
(291) einer mechanischen Bewegung, nachdem Leben und Geist längst gewichen ist.

Herrlicher, erhabener, der erwachsenen Menschheit würdiger, tiefer eindringend in den Geist der systematischen Religion, weiter sich verbreitend über das ganze Universum ist die ursprüngliche Anschauung des Christenthums. Sie ist keine andere, als die des allgemeinen Entgegenstrebens alles Endlichen gegen die Einheit des Ganzen, und der Art, wie die Gottheit dieses Entgegenstreben behandelt, wie sie die Feindschaft gegen sich vermittelt, und der größer werdenden Entfernung Grenzen setzt durch einzelne Punkte über das Ganze ausgestreut, welche zugleich Endliches und Unendliches, zugleich Menschliches und Göttliches sind. Das Verderben und die Erlösung, die Feindschaft und die Vermittlung, das sind die beiden unzertrennlich mit einander verbundenen **Seiten dieser Anschauung**,[2]) und durch sie wird die Gestalt alles religiösen Stoffs im Christenthum und **seine**[3]) ganze Form bestimmt. Die **physische**[4]) Welt ist abgewichen von ihrer Vollkommenheit und unvergänglichen Schönheit mit immer verstärkten Schritten; aber alles Uebel, selbst das, daß das Endliche vergehen muß, ehe es den Kreis seines Daseins vollständig durchlaufen hat, ist eine Folge des
(292) Willens, des selbstsüchtigen Strebens der i n d i v i d u e l l e n[5]) Natur, die sich überall losreißt aus dem Zusammenhange mit dem Ganzen um etwas zu sein für sich; auch der Tod ist gekommen um der Sünde willen. Die **moralische**[6]) Welt ist vom Schlechten zum Schlimmeren fortschreitend, unfähig etwas hervorzubringen, worin der **Geist des Universums**[7]) wirklich lebte, verfinstert der Verstand und abgewichen von der Wahrheit, verderbt das Herz und ermangelnd jedes Ruhmes vor Gott, verlöscht das Ebenbild des Unendlichen in jedem Theile der endlichen Natur. **In Beziehung hierauf wird auch die göttliche**[8]) Vorsehung in allen ihren Aeußerungen **angeschaut**,[9]) nicht auf die

---

[1]) III: Dieser Glaube
[2]) III: Grundbeziehungen dieser Empfindungsweise,
[3]) III: dessen
[4]) III: geistige
[5]) II: vereinzelten
[6]) III: geistige
[7]) III: göttliche Geist
[8]) III: Dem gemäß wird auch das Walten der göttlichen
[9]) III: dargestellt.

unmittelbaren Folgen für die Empfindung [1]) gerichtet in ihrem Thun, nicht das Glück oder Leiden im Auge habend, welches sie hervorbringt, nicht mehr einzelne Handlungen hindernd oder fördernd, sondern nur bedacht dem Verderben zu steuern in großen Massen, zu zerstören ohne Gnade was nicht mehr zurückzuführen ist, und neue Schöpfungen mit neuen Kräften aus sich selbst zu schwängern: so thut sie Zeichen und Wunder, die den Lauf der Dinge unterbrechen und erschüttern, so schickt sie Gesandte in denen mehr oder weniger von ihrem eigenen [2]) Geiste wohnt, um göttliche Kräfte auszugießen unter die Menschen.
Ebenso wird auch die religiöse Welt vorgestellt. Auch indem es das (293)
Universum anschauen [3]) will, strebt das Endliche ihm entgegen, sucht immer ohne zu finden und verliert, was es gefunden hat, immer einseitig, immer schwankend, immer beim Einzelnen und Zufälligen stehen bleibend, und immer noch mehr wollend als anschauen verliert es das Ziel **seiner Blicke**. [4]) Vergeblich ist jede Offenbarung. Alles wird verschlungen von irdischem Sinn, alles fortgerissen von dem inwohnenden irreligiösen Princip, und immer neue Veranstaltungen trifft die Gottheit, immer herrlichere Offenbarungen gehn durch ihre Kraft allein aus dem Schoße der alten hervor, immer erhabnere Mittler stellt sie auf zwischen sich und den Menschen, immer inniger vereinigt sie in jedem späteren Gesandten die Gottheit mit der Menschheit, damit durch sie und von ihnen die Menschen lernen mögen das ewige Wesen erkennen, und nie wird dennoch gehoben die alte Klage, daß der Mensch nicht vernimmt, was vom Geiste Gottes ist. Dieses, daß [5]) das **Christenthum in seiner eigentlichsten Grundanschauung am meisten und liebsten das Universum in der Religion und ihrer Geschichte anschaut**, [6]) daß es [7]) die Religion selbst als Stoff für die Religion
verarbeitet, und so gleichsam eine höhere Potenz derselben ist, das (294)
macht das Unterscheidendste seines Charakters, das bestimmt seine ganze Form. Eben weil es ein **irreligiöses Princip** [8]) als überall verbreitet voraussetzt, weil dies einen wesentlichen Theil der Anschauung [9]) ausmacht, auf welche [10]) alles Uebrige bezogen wird, ist es durch und durch polemisch. — Polemisch in seiner Mittheilung nach

---

[1]) III Zus.: ist sie

[2]) III: dem göttlichen

[3]) II: mit dem Universum in Gemeinschaft treten
III: mit der Einheit des Ganzen durch sein Selbstbewußtsein in Gemeinschaft treten

[4]) III: aus den Augen

[5]) II: die Art, wie

[6]) III: am meisten und liebsten Gottes und der göttlichen Weltordnung in der Religion und ihrer Geschichte inne wird, und

[7]) II: wie es [daß es so]

[8]) III: ungöttliches Wesen

[9]) II: ein wesentliches Element des Gefühls

[10]) II: welches

außen, denn um sein innerstes Wesen klar zu machen, muß (es) jedes Verderben, es liege in den Sitten oder in der Denkungsart, vor allen Dingen aber [1]) das irreligiöse Princip selbst überall **aufdecken.** [2]) Ohne Schonung entlarvt es daher jede falsche Moral, jede schlechte Religion, jede unglückliche Vermischung von beiden, wodurch ihre beiderseitige Blöße bedeckt werden soll, in die innersten Geheimnisse des verderbten Herzens dringt es ein und erleuchtet mit der heiligen Fackel eigener Erfahrung jedes Uebel, das im Finstern schleicht. So zerstörte es — und dies war fast seine erste Bewegung [3]) — die letzte Erwartung seiner **nächsten Brüder und** [4]) Zeitgenossen, und nannte es irreligiös und gottlos, eine andere Wiederherstellung zu wünschen oder zu erwarten, als die **zur besseren Religion,** [5]) zur höheren Ansicht der Dinge, und zum ewigen Leben in Gott. Kühn führt es die Heiden
(295) hinweg über die Trennung, die sie gemacht hatten zwischen dem Leben und der Welt der Götter und der Menschen. Wer nicht in dem Ewigen lebt, webt und ist, dem ist er völlig unbekannt, wer dies natürliche Gefühl, wer *diese innere Anschauung* [6]) verloren hat unter der Menge sinnlicher Eindrücke und Begierden, in dessen beschränkten Sinn ist noch keine Religion gekommen. So rissen sie [7]) überall auf die übertünchten Gräber und brachten die Todtengebeine ans Licht, und wären sie Philosophen gewesen, die ersten Helden des Christenthums, sie hätten eben so polemisirt gegen das Verderben der Philosophie. Nirgends gewiß verkannten sie die Grundzüge des göttlichen Ebenbildes, in [8]) allen Entstellungen und Entartungen sahen sie gewiß den himmlischen Keim der Religion; [9]) aber als Christen war ihnen die Hauptsache die Entfernung *vom Universum,* [10]) die eines Mittlers bedarf, und so oft sie Christenthum sprachen, gingen sie nur darauf. — Polemisch ist aber auch das Christenthum, und das eben so scharf und schneidend, innerhalb seiner eigenen Grenzen, und in seiner innersten Gemeinschaft der Heiligen. Nirgends ist die Religion so vollkommen idealisirt, als im Christenthum und durch die ursprüngliche Voraussetzung desselben; und eben damit zugleich ist immerwährendes
(296) *Polemisiren* [11]) gegen alles Wirkliche in der Religion als eine

---

[1]) III Zus.: die Feindschaft gegen das Bewußtsein des höchsten Wesens,

[2]) III: aufgedeckt werden.

[3]) III Zus.: als es erschien,

[4]) III Zus.: frommen

[5]) III: zum reineren Glauben,

[6]) II: dies innere Bewußtsein

[7]) III: seine Herolde

[8]) III: hinter

[9]) III Zus.: verborgen

[10]) II: der Einzelnen von der Gottheit,

[11]) II: Streiten

Aufgabe hingestellt, der nie völlig Genüge geleistet werden kann. Eben weil überall das **irreligiöse Princip**[1]) ist und wirkt, und weil alles Wirkliche zugleich als unheilig erscheint, ist eine unendliche Heiligkeit das Ziel des Christenthums. Nie zufrieden mit dem Erlangten, sucht es auch in seinen reinsten **Anschauungen**,[2]) auch in seinen heiligsten Gefühlen noch die Spuren des Irreligiösen, und der **dem Universum**[3]) entgegengesetzten und von ihm abgewandten Tendenz alles Endlichen. Im Ton der höchsten Inspiration kritisirt einer der ältesten **(heiligen)** Schriftsteller den religiösen Zustand der Gemeinen, in einfältiger Offenheit reden die hohen Apostel von sich selbst, und so soll jeder in den heiligen Kreis treten, nicht nur begeistert und lehrend, sondern auch in Demuth das Seinige der allgemeinen Prüfung darbringend, und Nichts soll geschont werden, auch das Liebste und Theuerste nicht, Nichts soll je träge bei Seite gelegt werden, auch das nicht, was am Allgemeinsten anerkannt ist. Dasselbe, was exoterisch heilig gepriesen und als das Wesen der Religion aufgestellt ist vor der Welt, ist immer noch esoterisch einem strengen und wiederholten Gericht unterworfen damit immer mehr Unreines abgeschieden werde, und der Glanz der himmlischen Farben immer ungetrübter erscheine **an allen Anschauungen** (297)
des Unendlichen.[4]) Wie Ihr in der Natur[5]) seht, daß eine zusammengesetzte Masse, wenn sie ihre chemischen Kräfte gegen etwas außer ihr gerichtet gehabt hat, sobald dies überwunden, oder das Gleichgewicht hergestellt ist, in sich selbst in Gährung geräth, und dies und jenes aus sich abscheidet: so ist es mit einzelnen Elementen und mit ganzen Massen des Christenthums; es wendet zuletzt seine polemische Kraft gegen sich selbst, immer besorgt, durch den Kampf mit der äußeren Irreligion etwas Fremdes eingesogen, oder gar ein Princip des Verderbens noch in sich zu haben, scheut es auch die heftigsten innerlichen Bewegungen nicht, um es[6]) auszustoßen. Dies ist die in seinem Wesen gegründete Geschichte des Christenthums. Ich bin nicht gekommen Friede zu bringen, sondern das Schwert, sagt der Stifter desselben, und seine sanfte Seele kann unmöglich gemeint haben, daß er gekommen sei, jene blutigen Bewegungen zu veranlassen, die dem Geist der Religion so völlig zuwider sind: oder jene elenden Wortstreite, die sich auf den todten Stoff beziehen, den die lebendige Religion nicht aufnimmt: nur diese heiligen Kriege, die aus dem Wesen seiner Lehre nothwendig entstehen,[7]) hat er vorausgesehen, und indem er sie voraus-

---

[1]) III: Ungöttliche

[2]) III: Erzeugnissen

[3]) III: der Einheit des Ganzen

[4]) III: in jeder frommen Regung des Gemüths.

[5]) III Zus.: oft

[6]) II: dies

[7]) III Zus.: und die oft eben so herbe wie er es beschrieben, die Herzen von einander reißen, und die innigsten Lebensverhältnisse fast auflösen; nur diese

(298) sah, befohlen. — Aber nicht nur die Beschaffenheit der einzelnen Elemente des Christenthums ist dieser beständigen Sichtung unterworfen; auch auf ihr ununterbrochenes Dasein und Leben im Gemüth geht **die Unersättlichkeit nach Religion.** [1]) In jedem Moment, wo das religiöse Princip nicht wahrgenommen werden kann im Gemüth, wird das Irreligiöse als herrschend gedacht: denn nur durch das Entgegengesetzte kann das was ist aufgehoben und auf Nichts gebracht werden. [2]) Jede Unterbrechung der Religion ist Irreligion; das Gemüth kann sich nicht einen Augenblick entblößt fühlen von Anschauungen und Gefühlen des Universums, [3]) ohne sich zugleich der Feindschaft und (**der**) Entfernung von ihm bewußt zu werden. So hat das Christenthum zuerst und wesentlich die Forderung gemacht, daß die **Religiosität ein Continuum** [4]) sein soll im Menschen, und verschmäht auch mit den stärksten Aeußerungen derselben zufrieden zu sein, sobald sie nur gewissen Theilen des Lebens angehören und sie [5]) beherrschen soll. Nie soll sie ruhen, und Nichts soll ihr so schlechthin entgegengesetzt sein, daß es nicht mit ihr bestehen könne; von allem Endlichen sollen wir aufs Unendliche sehen, allen Empfindungen des Gemüthes, woher sie auch entstanden seien, allen Handlungen, auf
(299) welche Gegenstände sie sich auch beziehen mögen, sollen wir im Stande sein, religiöse Gefühle und Ansichten beizugesellen. Das ist das eigentliche höchste Ziel der Virtuosität im Christenthum.

Wie nun die ursprüngliche Anschauung desselben, aus welcher alle diese Ansichten sich ableiten, [6]) den Charakter seiner Gefühle bestimmt, das werdet Ihr leicht finden. Wie [7]) nennt Ihr das Gefühl einer unbefriedigten Sehnsucht, die auf einen großen Gegenstand gerichtet ist, und deren Unendlichkeit Ihr Euch bewußt seid? Was ergreift Euch, wo Ihr das Heilige mit dem Profanen, das Erhabene mit dem Geringen und Nichtigen aufs Innigste gemischt findet? und wie nennt Ihr die Stimmung, die Euch bisweilen nöthiget, diese Mischung überall vorauszusetzen, und überall nach ihr zu forschen? Nicht bisweilen ergreift sie den Christen, sondern sie ist der herrschende Ton aller seiner religiösen Gefühle, diese heilige Wehmuth — denn

---

[1]) III: das unersättliche Verlangen nach immer strengerer Läuterung, nach immer reicherer Fülle.

[2]) II: ein anderes Entgegengesetzte giebt es nicht, als nur insofern das was ist aufgehoben und auf Nichts gebracht ist in seiner Erscheinung.

[3]) II: Wahrnehmung und Gefühl des Universums [Unendlichen]

[4]) III: Frömmigkeit ein beharrlicher Zustand

[5]) III: nur diese

[6]) II: Ansicht desselben auf welche alle anderen Verhältnisse bezogen werden, auch im Einzelnen

[7]) II: Oder wie

das ist der einzige Name, den die Sprache mir darbietet — jede
Freude und jeden Schmerz, jede Liebe und jede Furcht begleitet sie;
ja in seinem Stolz wie in seiner Demuth ist sie der Grundton, auf
den sich alles bezieht. Wenn Ihr Euch darauf versteht, aus einzelnen
Zügen das Innere eines Gemüths nachzubilden, und Euch durch das (300)
Fremdartige nicht stören zu lassen, das ihnen Gott weiß woher beigemischt ist: so werdet Ihr in dem Stifter des Christenthums durchaus
diese Empfindung herrschend finden; wenn Euch ein Schriftsteller der
nur wenige Blätter in einer einfachen Sprache hinterlassen hat, nicht
zu gering ist, um Eure Aufmerksamkeit auf ihn zu wenden: so wird
Euch aus jedem Worte, was uns von seinem Busenfreund übrig ist,
dieser Ton ansprechen; (14) und wenn je ein Christ Euch in das
Heiligste seines Gemüthes **hineinblicken** [1]) ließ: gewiß **er ist dieses
gewesen.** [2])

So ist das Christenthum. Seine [3]) Entstellungen und sein mannichfaltiges Verderben will ich nicht beschönigen, da die Verderblichkeit
alles Heiligen, sobald es menschlich wird, ein Theil seiner ursprünglichen Weltanschauung ist. Auch will ich Euch nicht weiter in das
Einzelne desselben hineinführen: seine Verhandlungen liegen vor Euch,
und den Faden glaube ich Euch gegeben zu haben, der Euch durch alle
Anomalien hindurchführen und unbesorgt um den Ausgang Euch die
genaueste Uebersicht möglich machen wird. Haltet ihn nur fest, und
seht vom ersten Anbeginn an auf Nichts, als auf die Klarheit, die
Mannichfaltigkeit und den Reichthum, womit jene erste Grundidee sich (301)
entwickelt hat. Wenn ich das heilige Bild dessen betrachte in den ver-
stümmelten Schilderungen seines Lebens, der der erhabene Urheber des
Herrlichsten ist, was es bis jetzt giebt in der Religion: so bewundere
ich nicht die Reinigkeit seiner Sittenlehre, die doch nur ausgesprochen
hat, was alle Menschen, die zum Bewußtsein ihrer geistigen Natur
gekommen sind, mit ihm gemein haben, und dem weder das Aussprechen
noch das Zuerst einen größeren Werth geben kann; ich bewundere
nicht die Eigenthümlichkeit seines Charakters, die innige Vermählung
hoher Kraft mit rührender Sanftmuth; [4]) — jedes erhaben einfache
Gemüth in einer besondern Situation (muß) einen großen Charakter
in bestimmten Zügen darstellen; [5]) das alles sind nur menschliche
Dinge: aber das wahrhaft Göttliche ist die herrliche Klarheit, zu
welcher die große Idee, welche darzustellen er gekommen war, [6]) die
Idee, daß alles Endliche **höherer Vermittlungen** [7]) bedarf, um mit

---

[1]) III: hineinhorchen
[2]) III: habt Ihr eben diesen Ton darin vernommen.
[3]) III: Auch seine
[4]) II Zus.: da
[5]) II Zus.: muß
[6]) II Zus.: sich in seiner Seele ausbildete:
[7]) III: einer höheren Vermittlung

der Gottheit zusammen zu hängen, (*sich in seiner Seele ausbildete.*)[1]) Vergebliche Verwegenheit ist es, den Schleier hinwegnehmen zu wollen, der **ihre Entstehung**[2]) in ihm verhüllt, und verhüllen soll, weil aller Anfang[3]) in der Religion geheimnißvoll ist.
(302) Der vorwitzige Frevel, der es gewagt hat, konnte nur das Göttliche entstellen, als wäre Er ausgegangen von der alten Idee seines Volkes, deren Vernichtung Er nur aussprechen wollte, und in der That in einer zu glorreichen Form ausgesprochen hat, indem er behauptete der zu sein, dessen sie warteten. Laßt uns **die lebendige Anschauung des Universums, die**[4]) seine ganze Seele erfüllte, nur so betrachten, wie wir sie[5]) in ihm finden zur Vollkommenheit ausgebildet. Wenn alles Endliche der Vermittlung eines Höheren bedarf, um sich nicht immer weiter *vom Universum*[6]) zu entfernen und ins Leere und Nichtige hinausgestreut zu werden, um seine Verbindung mit dem **Universum**[7]) zu unterhalten und zum Bewußtsein derselben zu kommen: so kann ja das Vermittelnde, das doch selbst nicht wiederum der Vermittlung benöthigt sein darf, unmöglich bloß endlich sein; es muß beiden angehören, es muß **der göttlichen Natur**[8]) theilhaftig sein, eben so und in eben dem Sinne, in welchem es der endlichen[9]) theilhaftig ist. Was sah er aber um sich als Endliches und der Vermittlung Bedürftiges, und wo war etwas Vermittelndes als Er? Niemand kennt den Vater als der Sohn, und wem Er es offenbaren will. Dieses Bewußtsein von der Einzigkeit *seiner Religiosität,*[10]) von der Ursprünglichkeit
(303) *seiner Ansicht,*[11]) und von der Kraft derselben sich mitzutheilen und Religion aufzuregen, war zugleich das Bewußtsein seines Mittleramtes und seiner Gottheit. Als er, ich will nicht sagen, der rohen Gewalt seiner Feinde ohne Hoffnung länger leben zu können, gegenüber gestellt ward — das ist unaussprechlich gering; aber als Er verlassen, im Begriff auf immer zu verstummen, ohne irgend eine[12]) Anstalt zur Gemeinschaft unter den Seinigen wirklich errichtet zu sehen, gegenüber der feierlichen Pracht der alten verderbten *Religion,*[13])

---

[1]) II Zus.: und daß für den von dem Endlichen und Besonderen ergriffenen Menschen, dem sich nur gar zu leicht das Göttliche selbst in dieser Form darstellt, nur Heil zu finden ist in der Erlösung.

[2]) III: die Entstehung dieser Idee

[3]) III Zus.: auch

[4]) III: das lebendige Mitgefühl für die geistige Welt, das

[5]) III: es

[6]) II: von dem Ewigen

[7]) III: Ganzen

[8]) III: des göttlichen Wesens

[9]) III Zus.: Natur

[10]) II: seines Wissens um Gott und Seins in Gott,

[11]) II: der Art, wie es in ihm war,

[12]) III Zus.: äußere

[13]) II: Verfassung,

die [1] stark und mächtig **erschien**, [2] umgeben mit [3] allem was Ehrfurcht einflößte [4] und Unterwerfung heischen kann, mit [3] allem, was Er selbst zu ehren von Kindheit an war gelehrt worden, Er [5] allein, von Nichts als diesem Gefühl unterstützt, und Er [6] ohne zu warten jenes Ja aussprach, das größte Wort was je ein Sterblicher gesagt hat: so war dies die herrlichste Apotheose, und keine Gottheit kann gewisser sein als die, welche so sich selbst setzt. [7] — Mit diesem Glauben an sich selbst, wer mag sich wundern, daß er gewiß war, nicht nur Mittler zu sein für viele, sondern auch eine große Schule zu hinterlassen, die ihre gleiche Religion von der seinigen ableiten würde; so gewiß, daß er Symbole stiftete für sie, ehe sie noch existirte, [8] in der Ueberzeugung, daß [9] dies hinreichen würde, sie [10] zur Existenz [11] zu bringen (304)
und [12] daß er noch [13] früher von der Verewigung seiner persönlichen Denkwürdigkeiten unter ihr [14] mit einem prophetischen Enthusiasmus redete. Aber nie hat er behauptet (**das einzige Objekt der Anwendung seiner Idee**), der einzige Mittler zu sein, [15] und nie hat er seine Schule verwechselt mit seiner Religion [16] — er mochte es dulden, daß man seine Mittlerwürde dahingestellt sein ließ, wenn nur der Geist, das Princip, woraus sich seine Religion in ihm und Andern entwickelte, nicht gelästert ward — und auch von seinen Jüngern war diese Verwechselung fern. Schüler **Johannis**, [17] der doch die Grundanschauung Christi [18] nur sehr unvollkommen theilte, [19] sahen sie [20]

---

1) III Zus.: ihm
2) III: entgegentrat
3) II: von
4) II: einflößen
5) II: selbst
6) II: dennoch
7) II: verkündiget. (15)
8) III Zus.: welches er that
9) III Zus.: schon
10) III: seine Jüngerschaft
11) II: zu einem festen Dasein
12) III Zus.: so gewiß
13) III: schon
14) III: den Seinigen
15) II Zus.: [der Einzige, in welchem seine Idee sich verwirklichte,] sondern alle die ihm anhingen und seine Kirche bildeten, sollten es mit ihm und durch ihn sein.
16) II Zus.: als sollte man um seiner Person willen seine Idee annehmen, sondern nur um dieser willen auch jene; ja,
17) III Zus.: des Täufers,
18) II: in das Wesen des Christenthums
19) II: eingeweiht war
20) III: wurden von den Aposteln

ohne weiteres als Christen an,[1]) und[2]) nahmen sie unter die aktiven[3]) Mitglieder der Gemeinde auf. Und noch jetzt sollte es so sein: wer dieselbe Anschauung in seiner Religion zum Grunde legt,[4]) ist ein Christ ohne Rücksicht auf die Schule, er mag seine Religion historisch aus sich selbst oder von irgend einem Andern ableiten.[5]) Nie hat er die Anschauungen[6]) und Gefühle, die er selbst mittheilen konnte, für den ganzen Umfang der Religion ausgegeben, die von seiner Grundanschauung[7]) ausgehn sollte; er hat immer auf die[8]) Wahrheit gewiesen, die nach ihm kommen würde.[9])
(305) So auch seine Schüler; sie haben[10]) dem heiligen Geist (nie) Grenzen gesetzt, seine unbeschränkte Freiheit und die durchgängige Einheit seiner Offenbarungen ist überall von ihnen anerkannt worden; und wenn späterhin, als die erste Zeit seiner Blüthe vorüber war und er auszuruhen schien von seinen Werken, diese Werke, soviel davon in den heiligen Schriften enthalten war, für einen geschlossenen Codex der Religion unbefugterweise erklärt wurden, geschah das nur von denen, welche den Schlummer des Geistes für seinen Tod hielten, für welche die Religion selbst gestorben war, und[11]) alle, die ihr Leben noch in sich fühlten oder[12]) in Andern wahrnahmen, haben sich immer gegen dieses unchristliche Beginnen erklärt. Die heiligen Schriften sind Bibel geworden aus eigener Kraft, aber sie verbieten keinem andern Buche auch Bibel zu sein oder zu werden, und was mit gleicher Kraft geschrieben wäre, würden sie sich gern beigesellen lassen.[13]) — Dieser unbeschränkten Freiheit, dieser wesentlichen Unendlichkeit zu

---

[1]) III: angesehen und behandelt
[2]) III Zus.: sie
[3]) II: wirklichen
[4]) II: von demselben Hauptpunkt mit seiner Religion ausgeht
[5]) II Zus.: denn das wird sich von selbst ergeben, daß wenn ihm dann Christus mit seiner ganzen Wirksamkeit gezeigt wird, er ihn auch anerkennen muß als den, der aller Vermittlung Mittelpunkt geschichtlich geworden ist: der [Zus.: wahrhaft] Erlösung und Versöhnung (wahrhaft) gestiftet hat. (16)
[6]) II: auch Christus die religiösen Ansichten
[7]) II: welche von seinem Grundgefühl
[8]) II Zus.: lebendige
[9]) III Zus.: wenngleich nur von dem Seinigen nehmend.
[10]) II Zus.: nie
III: Nie haben sie
[11]) III: aber
[12]) III Zus.: es
[13]) II Zus.: vielmehr soll sich alles, was als Ausspruch der gesammten Kirche und also des göttlichen Geistes auch später erscheint, getrost an sie anschließen, wenn auch ihnen als den Erstlingen des Geistes eine besondere Heiligkeit und Würde unaustilgbar beiwohnt. (17)

Folge, hat sich denn die Hauptidee des Christenthums von göttlichen vermittelnden Kräften auf mancherlei Art ausgebildet, und alle Anschauungen und Gefühle von Einwohnungen **der göttlichen Natur**[1]) in der endlichen[2]) sind innerhalb desselben zur Vollkommenheit gebracht (306)
worden. So ist sehr bald die heilige Schrift, in der auch **die göttliche Natur**[3]) auf eine eigene Art wohnte, für einen logischen Mittler gehalten worden, um[4]) die Erkenntniß der Gottheit **zu vermitteln für**[5]) die endliche und verderbte Natur des Verstandes, und der heilige Geist — in einer spätern Bedeutung des Wortes — für einen ethischen[6]) um **sich ihr**[7]) praktisch[8]) anzunähern; **und**[9]) eine zahlreiche Partei der Christen erklärt noch jetzt bereitwillig jeden für ein vermittelndes und göttliches Wesen, der erweisen kann, durch ein göttliches Leben oder irgend einen andern Eindruck der Göttlichkeit auch nur für einen kleinen Kreis der Beziehungspunkt aufs Unendliche[10]) gewesen zu sein. Andern ist Christus Eins und Alles geblieben, und Andere haben sich selbst oder dies und jenes für sich zu Mittlern erklärt. Wie oft in dem allen in der Form und Materie[11]) gefehlt sein (mag), das Princip ist echt christlich, so lange es frei ist. So haben andere Anschauungen und Gefühle[12]) sich (**dargestellt**) in ihrer Beziehung auf den Mittelpunkt des Christenthums[13]) von denen in Christo und[14]) in den heiligen Büchern Nichts steht,[15]) und mehrere werden sich in der Folge darstellen, weil große Gegenden in der Religion noch nicht bearbeitet sind fürs Christenthum, und weil es[16]) noch eine lange Geschichte (307)
haben wird, trotz allem was man sagt von seinem baldigen oder schon erfolgten Untergange.

---

[1]) III: des göttlichen Wesens
[2]) III Zus.: Natur
[3]) III: göttliches Wesen und himmlische Kraft
[4]) III Zus.: für
[5]) III: aufzuschließen
[6]) III Zus.: Mittler
[7]) III: der Gottheit
[8]) II: handelnd
[9]) III: ja
[10]) II: die erste Erregung des höheren Sinnes
[11]) II Zus.: mag
[12]) II: Verhältnisse des Menschen (im Universum durch andere Gefühle)
[13]) III Zus.: durch andere Gefühle ausgedrückt und durch andere Bilder dargestellt
[14]) II: Christi Reden und sonst
[15]) II: erwähnt ist
[16]) II: ja noch bei weitem nicht das ganze Sein des Menschen gestaltet ist in die eigenthümliche Form des Christenthums, sondern dieses

Wie sollte es auch untergehn? Der lebendige Geist desselben schlummert[1]) oft und lange, und zieht sich in einem Zustande der Erstarrung in die todte Hülle des Buchstabens zurück: aber er erwacht immer wieder, so oft die (wechselnde) Witterung in der geistigen Welt seiner Auflebung günstig ist und seine Säfte in Bewegung setzt; und das wird sie noch oft sein.[2]) Die Grundanschauung[3]) jeder positiven Religion an sich ist ewig,[4]) weil sie ein ergänzender Theil des unendlichen Ganzen ist, in dem alles ewig sein muß: aber (sie selbst und) ihre ganze Bildung ist vergänglich; denn jene Grundanschauung grade im Centrum der Religion zu sehen,[5]) dazu gehört nicht nur eine bestimmte Richtung des Gemüths, sondern auch eine bestimmte Lage der Menschheit, (in welcher ja bis jetzt allein das Universum eigentlich angeschaut werden kann.) Hat diese ihren Kreis durchlaufen, ist die Menschheit so weit fortgerückt in ihrer fortschreitenden Bahn, daß sie nicht mehr wiederkehren kann: so ist auch jene Anschauung ihrer Würde als Grundanschauung entsetzt,[6]) und **die Religion kann in dieser Gestalt nicht**
(308) **mehr existiren.**[7]) Mit allen kindischen Religionen aus jener Zeit, wo es der Menschheit am Bewußtsein ihrer wesentlichen Kräfte fehlte, ist dies längst schon der Fall: es ist Zeit,[8]) sie zu sammeln als Denkmäler der Vorwelt und niederzulegen im Magazin der Geschichte; ihr Leben ist vorüber und kommt[9]) nimmer zurück. Das Christenthum, über sie alle erhaben, (und) historischer und demüthiger in seiner Herrlichkeit, hat diese Vergänglichkeit seiner Natur[10]) ausdrücklich anerkannt: es wird eine Zeit kommen, spricht es, wo von keinem Mittler

---

[1]) III Zus.: zwar

[2]) II: so wird sie wechselnd immer wiederkehren.
III: so wird es noch oft wiederkehrend sich anders und anders erneuern.

[3]) II: Grundidee

[4]) II Zus.: und allgemein

[5]) II: und ihr zeitliches Dasein ist nicht in demselben Sinne allgemein noch ewig; denn in jene Idee grade den Mittelpunkt der Religion zu legen,

[6]) II: Ist diese in dem freien Spiel des allgemeinen Lebens untergegangen, und hat sich dieses so weiter gestaltet, daß sie nicht mehr wiederkehren kann: so vermag auch jenes Verhältniß seine Würde, vermöge deren es alle anderen von sich abhängig macht, im Gefühl nicht länger zu behaupten,

[7]) III: diese Gestalt der Religion kann dann nicht mehr fortdauern.

[8]) II: thut Noth

[9]) II: kehrt

[10]) II: seines zeitlichen Daseins

mehr die Rede sein wird, sondern der Vater alles in allem.[1]) Aber
wann soll diese Zeit kommen? Ich *fürchte*[2]) sie liegt außer aller
Zeit. Die Verderblichkeit alles Großen und Göttlichen in den menschlichen (*und endlichen*) Dingen, ist die eine Hälfte von der ursprünglichen Anschauung des Christenthums; sollte wirklich eine Zeit
kommen, wo diese — ich will nicht sagen, gar nicht mehr wahrgenommen
würde, sondern nur — sich nicht mehr aufdränge? wo die Menschheit
so gleichförmig und ruhig fortschritte, daß kaum zu merken wäre, wie
sie bisweilen durch einen vorübergehenden widrigen Wind etwas
zurückgetrieben wird auf dem großen Ozean, den sie durchfährt, daß
nur der Künstler, der ihren Lauf an den Gestirnen berechnet, es (309)
wissen könne, *und es den Uebrigen nie eine große und
merkwürdige Anschauung würde?*[3]) Ich wollte es, und
gern stände ich[4]) auf den Ruinen der Religion, die ich verehre.
Daß gewisse glänzende und göttliche Punkte der ursprüngliche Sitz
jeder Verbesserung dieses Verderbnisses sind, und jeder neuen und
näheren Vereinigung des Endlichen mit der Gottheit, dies ist die
andere Hälfte:[5]) und sollte je eine Zeit kommen, wo **diese ans
Universum anziehende Kraft**[6]) so gleich vertheilt wäre unter die große
Masse der Menschheit, daß **sie aufhörte für sie**[7]) vermittelnd zu sein?[8])
Ich wollte es, und gern hülfe ich jede Größe ebnen, die sich also erhebt: aber diese Gleichheit ist wol weniger möglich als irgend sonst
eine. Zeiten des Verderbens stehen allem Irdischen bevor, sei es auch
göttlichen Ursprungs, neue Gottesgesendete werden nöthig um mit er-
höhter Kraft das Zurückgewichene an sich zu ziehn und das Verderbte
zu reinigen mit himmlischem Feuer, und jede solche Epoche der Menschheit wird die Palingenesie des Christenthums, und erweckt seinen
Geist in einer *neuen*[9]) und schöneren Gestalt.

Wenn es nun aber immer Christen geben wird, soll deswegen
das Christenthum auch in seiner allgemeinen Verbreitung *unendlich*[10])
und als die einzige Gestalt der Religion in der Menschheit allein herr- (310)
schend sein? Es verschmäht *diesen Despotismus*,[11]) es ehrt
jedes seiner eignen Elemente genug, um es gern auch als den Mittel-

---

[1]) III Zus.: sein.

[2]) II: wenigstens *fürchte* [kann nur glauben]

[3]) II: die Uebrigen aber, welche unbewaffneten Auges nur auf die Ereignisse selbst sehen *nicht mehr unmittelbar darauf geführt würden?* [den Rückgang der menschlichen Dinge nicht mehr unmittelbar bemerken würden?]

[4]) III Zus.: unter dieser Bedingung

[5]) III Zus.: des ursprünglichen christlichen Glaubens:

[6]) III: die Kraft, die uns zum höchsten Wesen emporzieht,

[7]) III: diejenigen, welche sie stärker bewegt, aufhörten

[8]) III Zus.: für die Andern?

[9]) II: neueren

[10]) II: unbegrenzt

[11]) II: diese beschränkende Alleinherrschaft;

punkt eines eigenen Ganzen anzuschauen; es will nicht nur in sich Mannichfaltigkeit bis ins Unendliche erzeugen, sondern **sie auch außer sich anschauen.** [1]) Nie vergessend, daß es den besten Beweis seiner Ewigkeit in seiner eignen Verderblichkeit, in seiner eignen [2]) traurigen Geschichte hat, und immer wartend einer Erlösung aus **dem Elende, von dem** [3]) es eben gedrückt wird, sieht [4]) es gern außerhalb dieses Verderbens andere und jüngere [5]) Gestalten der Religion hervorgehn, dicht neben sich, aus allen Punkten, auch von jenen Gegenden her, die ihm als die äußersten und zweifelhaften Grenzen der Religion überhaupt erscheinen. Die Religion der Religionen kann nicht Stoff genug sammeln für **die eigenste Seite ihrer innersten Anschauung,** [6]) und sowie Nichts irreligiöser ist als Einförmigkeit zu fordern in der Menschheit überhaupt, so ist Nichts unchristlicher, als Einförmigkeit zu suchen in der Religion.

Auf alle Weise werde das Universum [7]) angeschaut und angebetet. Unzählige [8]) Gestalten der Religion sind möglich [9]) und
(311) wenn es nothwendig ist, daß jede zu irgend einer Zeit wirklich werde, so wäre wenigstens zu wünschen, daß viele zu jeder Zeit könnten geahnet werden. Die großen Momente **müssen** [10]) selten sein, wo alles zusammentrifft, um einer unter ihnen ein weit verbreitetes und dauerndes Leben zu sichern, wo dieselbe Ansicht sich in **vielen** [11]) zugleich und unwiderstehlich entwickelt und **sie** [12]) von demselben Eindruck des Göttlichen durchdrungen werden. Doch was ist nicht zu erwarten von einer Zeit, welche so offenbar die Grenze ist zwischen zwei verschiedenen Ordnungen der Dinge! Wenn nur erst die gewaltige Krisis vorüber ist, kann sie auch einen solchen Moment herbeibringen, [13]) und eine ahnende Seele [14]) auf den schaffenden Genius gerichtet, könnte [15]) jetzt schon den Punkt angeben, der künftigen Geschlechtern der Mittelpunkt werden muß für die Anschauung des Universums. [16])

---

[1]) III: möchte auch außer sich alle anschauen, die es aus sich selbst nicht herausbilden kann.
[2]) II Zus.: oft
[3]) III: der Unvollkommenheit, von der
[4]) II: sähe
[5]) III Zus.: wo möglich kräftigere und schönere
[6]) III: ihre reine Neigung zu allem Menschlichen,
[7]) II: die Gottheit
[8]) II: Vielfache
[9]) II Zus.: in einander und neben einander
[10]) III: können nur
[11]) III: einer großen Masse
[12]) III: viele
[13]) II: herbeigebracht haben,
[14]) III Zus.: wie die flammenden Geister unserer Zeit sie in sich tragen, (18)
[15]) III Zus.: vielleicht
[16]) II: ihre Gemeinschaft mit der Gottheit.

Wie dem aber auch sei und wie lange ein solcher Augenblick noch verziehe, neue Bildungen der Religion [1]) müssen hervorgehen, und [2]) bald, sollten sie auch lange nur in einzelnen und flüchtigen Erscheinungen wahrgenommen werden. Aus dem Nichts geht immer eine neue Schöpfung hervor, und Nichts ist die Religion fast in allen [3]) der jetzigen Zeit, wenn ihr [4]) geistiges Leben (ihnen) in Kraft und Fülle aufgeht. In vielen wird sie sich entwickeln aus einer von [5]) (312)
unzähligen Veranlassungen, und [6]) in neuem Boden zu einer neuen Gestalt sich bilden. Nur daß die Zeit der Zurückhaltung vorüber sei und der Scheu. Die Religion haßt die Einsamkeit und in ihrer Jugend am meisten, die [7]) für alles die Stunde der Liebe ist, vergeht sie in zehrender Sehnsucht. Wenn sie sich in Euch entwickelt, wenn Ihr die ersten Spuren ihres Lebens inne werdet, so tretet gleich (ein) in die Eine und untheilbare Gemeinschaft der Heiligen, die alle Religionen aufnimmt, und in der allein jede gedeihen kann. Ihr meint, weil diese zerstreut ist und fern, müßtet Ihr dann (auch) unheiligen Ohren reden? Ihr fragt, welche Sprache geheim genug sei, die Rede, die Schrift, die That, die stille Mimik des Geistes? Jede, antworte ich, und Ihr seht, ich habe [8]) die lauteste nicht gescheut. In jeder bleibt das Heilige geheim und vor dem Profanen verborgen. Laßt sie an der Schale nagen, wie sie mögen; aber weigert Uns nicht, den Gott anzubeten, der in Euch sein wird.

---

[1]) II Zus.: seien sie nun untergeordnet dem Christenthum oder neben dasselbe gestellt,

[2]) II Zus.: zwar

[3]) II Zus.: Geburten [Genossen]

[4]) II: Welt, denen ein

[5]) III: irgend einer von den

[6]) II Zus.: wird

[7]) II: zumal, welche ja

[8]) III Zus.: auch

Erläuterungen zur fünften Rede.

1) S. 242. Da hier die auch an früheren Stellen schon verhandelte Frage auf eine kurze Formel gebracht ist, nämlich Vielheit der Religion und Einheit der Kirche oder der Gemeinschaft: so veranlaßt mich dies noch etwas hinzuzufügen zu den Erläuterungen über diesen scheinbar paradoxen Satz. Es ist vorzüglich zweierlei. Zuerst dieses, daß es in jeder Glaubensweise die Beschränkteren sind, welche die Gemeinschaft so streng abschließen, daß sie auf der einen Seite an den Religionsübungen anderer Glaubensweisen gar keinen Theil nehmen wollen, und also auch in völliger Unkunde ihrer Art und ihres Geistes bleiben, und auf der andern um der geringsten Abweichung willen auch gleich eine besondere Gemeinschaft unter sich stiften möchten.

Hingegen sind es die Freieren und Edleren, welche nicht nur als unthätige Zuschauer, sondern so weit es gehn will durch lebendige Theilnahme an dem Gottesdienst, dessen Bestimmung ja vorzüglich in der Darstellung liegt, sich das Gemüth fremder Glaubensgenossen liebend zu vergegenwärtigen suchen. Wäre dies nicht vorangegangen zwischen den Gliedern der beiden evangelischen Kirchengemeinschaften: so wäre auch da, wo sie am meisten unter einander gemischt sind, jetzt noch eben so wenig als vor hundert und dreihundert Jahren an eine Vereinigung beider zu denken; wer also diese lobt, muß jenes auch loben. Allerdings kann z. B. leichter ein Katholik sich an dem ganzen evangelischen Gottesdienst, bei dem er höchstens nur manches vermißt, was ihm auf andere Weise zum Theil wenigstens ersetzt wird, erbauen, als ein Protestant an dem katholischen, der ihm auf das positivste den Gegensatz zwischen beiden Glaubensweisen vorstellt, und in dem er also vieles findet, das für ihn nicht Ausdruck seiner Glaubensweise sein kann. Aber doch wird es eine Art geben nicht indifferentistisch, sondern innerlich umbildend, berichtigend, übersetzend an vielem Theil zu nehmen; und nur ein Protestant, der dies thut, wird sich rühmen können, den Typus des Katholischen aufgefaßt, und auch an dem Prüfstein des Gegensatzes seinen Glauben bewährt zu haben. — Hiermit nun hängt auch das Zweite zusammen, daß nämlich nur das Bestreben nach einer solchen alles verflechtenden und umschlingenden Gemeinschaft das wahre und tadellose Princip der Duldsamkeit ist. Denn nimmt man diese Möglichkeit einer wenn auch entfernteren Gemeinschaft ganz weg, so bleibt Nichts Anderes übrig als die Verschiedenheiten in der Gestaltung der Religion nur als ein unvermeidliches Uebel anzusehen. Grade wie die Duldsamkeit verschieden constituirter Staaten gegen einander doch darauf beruht, daß dennoch eine Gemeinschaft unter ihnen möglich ist; wo aber diese aufhört, da tritt auch die Unduldsamkeit ein, und es wird ein vermeintliches Recht in Anspruch genommen, sich in fremde Angelegenheiten zu mischen, welches doch nur durch die That gegeben werden kann, wenn nämlich eine Verfassung wirklich nach außen zerstörend auftritt, nie aber kann es durch ein Raisonnement oder eine eingebildete Wahrscheinlichkeit begründet werden. Es sind aber immer nur die Engherzigen, die sich ein solches Recht anmaßen; die freieren aber suchen überall die Gemeinschaft zu knüpfen, und dadurch die allgemeine Zusammengehörigkeit des menschlichen Geschlechtes darzustellen, ohne daß dadurch die Liebe zu ihrer vaterländischen Verfassung im mindesten geschwächt wird, wie denn auch die wahre Duldsamkeit auf dem Gebiet der Religion von allem Indifferentismus weit entfernt ist.

2) S. 251. Diese Aeußerung scheinet freilich sehr stark nach der Zeit, wo dieses Buch zuerst geschrieben wurde, nach der Zeit, wo es gar kein gemeinsames großes Interesse gab, wo wir unsern eignen Zustand nur jeder nach seinen besonderen Beziehungen schätzten ohne Spur eines Gemeingeistes, ja wo selbst die französische Revolution, wiewol sie sich schon sehr als Weltbegebenheit entwickelt hatte, doch unter uns noch auf eine durchaus selbstsüchtige und also höchst differente und schwankende Weise betrachtet ward. Erst späterhin in den Zeiten des Elendes sowol als des Ruhmes, haben wir die Kraft gemeinsamer Empfindungen wieder kennen gelernt, und zugleich mit dieser ist auch das Bewußtsein und der Trost gemeinschaftlicher Frömmigkeit wieder eingekehrt. Und auch jetzt kann man leicht eines durch das andere messen. Denn wo man in den Angelegenheiten des Vaterlandes statt der erwarteten That leere Worte giebt, da ist auch die Frömmigkeit leer, und stellte sie sich auch eifrig an bis zur Härte. Und wo das Interesse an der Verbesserung unseres Zustandes in krankhafte Parteiungen zerfallen ist, da artet auch die Frömmigkeit wieder aus in Sektirerei. Man sieht hieraus, daß lebendige Aufregung des natürlichen und gesunden Gemeingeistes die Klarheit in der Religion kräftiger fördert als jede kritische Analyse, die, wo solche Impulse fehlen, nur zu leicht skeptisch wird, wie auch die in der Rede folgenden Worte andeuten, und daß die großen geselligen Interessen schwächen immer auch heißt die Frömmigkeit lähmen und irre machen. Daher auch die Religionsgesellschaften, welche eine verdünkelnde Tendenz haben, wol thun sich von aller Berührung mit anderen Formen der Religion frei zu halten.

3) S. 252. Hier habe ich etwas geändert und ein willkürliches etymologisches Spiel fahren lassen, um mich auf das Geschichtliche zurückzuziehen. Denn wenn man die mannichfaltigen Theilungen einer und derselben Glaubensweise betrachtet: so ist wol offenbar, daß sie nicht alle von gleichem Werth sind. Diejenigen nämlich, welche das Ganze auf eine eigenthümliche Weise umbilden, haben einen natürlichen Werth,

und bestehn mit ihrem guten Recht; alle Spaltungen aber um einzelner Punkte willen, die keinen weit verbreiteten Einfluß haben, wie die meisten, die sich in den ersten Jahrhunderten von dem großen Körper der Kirche absonderten, verdanken ihre besondere Existenz nur der Hartnäckigkeit des geringen Theils, von welchem die Spaltung ausging; allein außer dem was sie abweichend bilden, vernachlässigen sie doch das Uebrige nicht, wenn nicht etwa eine fortgesetzte Polemik sie über jenes Eine fortwährend in Athem hält. Diejenigen aber werden auch am meisten Sekten genannt und verdienen auch nur einen Namen, der eine freiwillige Ausschließung andeutet, welche sich in wenige abweichend gebildete Ansichten ausschließend vertiefen, und sich alles Uebrige fremd werden lassen, und hierbei liegt wol immer eine einzelne beschränkte aber in ihrer Beschränktheit kräftige Persönlichkeit zum Grunde.

4) S. 254. Ueber den Rang den ich dieser Differenz anweise, habe ich mich schon wie ich hoffe zur Genüge erklärt. Der Gegensatz aber zwischen Personalismus und Pantheismus, der hier als durch alle drei Stufen durchgehend vorgestellt wird, giebt mir Veranlassung die Sache auch noch von dieser Seite zu erläutern. Auch auf der zweiten Stufe nämlich, der polytheistischen, ist dieser Gegensatz unverkennbar; nur tritt er weniger deutlich hervor, wie in allem Unvollkommnern die Gegensätze weniger gespannt sind. Denn wie wenig Einheit die meisten dieser göttlichen Einzelwesen in der hellenischen Mythologie haben, wenn man alles, was von ihrer Geschichte vorkommt, zusammen vereinigen will; so daß man, um alles zu erklären immer genöthigt ist auf verschiedene Entstehungen ihres Dienstes und auf verschiedene Heimathen und Charaktere der dahin gehörigen Mythen zurückzukommen: das liegt zu Tage. Indem nun die Persönlichkeit hier lose ist, so spielen die Gestalten in das Symbolische hinein; und manche fremden Ursprungs, auf die nur deshalb, weil ohnedies keine feste Persönlichkeit da war, einheimische Namen konnten übertragen werden, sind ganz symbolisch wie die Ephesische Diana, welche rein das allgemeine Leben, die natura naturans, die der Persönlichkeit grade entgegengesetzt ist, darstellt. In den ägyptischen aber und indischen Systemen ist entweder das Symbolische die Basis oder das Hieroglyphische; hier also liegt gar keine Persönlichkeit zum Grunde und eine solche rein symbolische Darstellung der Grundursachen hat eigentlich keine Götter mit Bewußtsein, sondern ist wahrhaft pantheistisch. Allein die dramatisirende oder episirende Darstellung des Verhältnisses der symbolischen oder hieroglyphischen Wesen bringt einen Schein von Persönlichkeit hervor, und so scheinen diese beiden Formen des Polytheismus die personalistische und pantheistische in einander überzugehen; allein dem Princip nach sind sie sehr wol zu scheiden. Daß nun auch auf der chaotischen Stufe oder dem Fetischismus derselbe Gegensatz stattfinde, ergiebt schon die Analogie, zugleich aber auch, daß er hier noch schwerer zu erkennen und darzulegen ist, weil diese gleichsam Larven von Göttern, die erst bei einer späteren Entwicklung Psychen werden können, eine genauere Beobachtung schwerlich zulassen.

5) S. 255. Ich fasse hier unter dem Ausdruck Naturalismus alle die Religionsformen zusammen, welche man sonst wol durch den Namen Naturdienst zu bezeichnen pflegt, und welche sämmtlich in dem oben angegebenen Sinne unpersönlich polytheistisch sind. Auch den Sternendienst nicht ausgeschlossen, ja selbst den Sonnendienst nicht, der nur scheinbar monotheistisch ist, weil eine erweiterte Kenntniß des Weltgebäudes ihn gleich in den Sternendienst und also den Polytheismus hinüberziehen muß. Diese Veränderung des Gebrauchs eines üblichen Ausdrucks aber, da sonst die Wörter Naturalist und Naturalismus unter uns etwas ganz Anderes bedeuten, weiß ich zunächst nur damit zu entschuldigen, daß hoffentlich jeder Leser, der nur an den hergebrachten Gebrauch nicht denkt, den hier davon gemachten in dem Zusammenhang der anderen Ausdrücke leicht verstehen und sachgemäß finden wird. Indeß würde ich mich doch dessen enthalten haben, wenn mir nicht schon damals die Art wie Naturalismus und Rationalismus so fast gleichlautend gebraucht und beide dem Supernaturalismus entgegengesetzt werden, eben so mißfallen hätte, und mir eben so verwirrend erschienen wäre, wie ich späterhin bei andern Gelegenheiten geäußert. Es läßt sich noch etwas dabei denken, und zwar was besser Stich hält als das gewöhnlich dabei Gedachte, wenn man Vernunft und Offenbarung einander entgegensetzt; aber ein Gegensatz zwischen Natur und Offenbarung hat gar keine Handhabe, und jemehr man über den fraglichen Gegenstand verhandeln wird von dieser Entgegensetzung ausgehend, der auch, worauf doch ein Christ immer zurückgehen sollte, das biblische Fundament gänzlich fehlt, um desto mehr wird die ganze Sache sich verwirren.

6) S. 256. Die Erwartung, daß sich noch mehrere polytheistische Religionen entwickeln werden, ist nicht aufs Ohngefähr ausgesprochen, sondern sie beruhte damals auf einer Ansicht, die auch in der Einleitung meiner Glaubenslehre angedeutet ist, daß nämlich viele polytheistische Systeme offenbar aus einer potenzirenden Zusammenschmelzung kleiner idololatrischer Stammesreligionen entstanden sind. So lange es also noch Völkerschaften giebt, welche nur einen Fetischdienst kennen, so ist ein solches geschichtliches Ereigniß denkbar; und zu jener Zeit, da das christliche Missionswesen fast im Einschlafen begriffen war, sah ich dies als einen natürlichen Uebergang zum Bessern für diese rohesten Gesellschaften an. Seitdem hat sich diese Wahrscheinlichkeit bedeutend gemindert, und die dagegen vergrößert, daß auch diese unmittelbar können vom Christenthum ergriffen werden.

7) S. 257. Der Ausdruck Häresis war nämlich schon einmal bei Ehren. Nicht nur bei den Hellenen wurden die Schulen der Philosophen und der Aerzte so genannt, in denen doch zusammengenommen jene ganze Kunst und Wissenschaft enthalten war; sondern auch was uns noch näher liegt, die verschiedenen dogmatischen Schulen der Juden führten bei den Hellenisten denselben Namen, und daß in der kirchlichen Sprache nicht auch der festgestellte Kirchenglaube die orthodoxe oder katholische Häresis heißt, sondern das Wort ganz und ausschließend für das Verwerfliche gebraucht wird, was etymologisch gar nicht gegründet ist, rührt wol nur daher, weil die Schrift in einer andern Beziehung das Wort häretisch — in unserer Uebersetzung ketzerisch — in einem üblen Sinne gebraucht hat. Hier nun gebrauche ich es von den positiven Religionen in demselben Sinne, wie es von den hellenischen Schulen gebraucht wird, in denen zusammengenommen die ganze Nationalphilosophie enthalten war. Denn es müßte ja ein schlechtes philosophisches System sein, welches nicht ein wahrhaftes philosophisches Element erfaßt hätte, und nicht auch wirklich auf dieses alle andern irgendwie zu beziehen suchte. Da es nun mit den positiven Religionen dieselbe Bewandtniß hat, so darf man auch schließen, daß wenn sie alle werden entwickelt sein, dann auch in ihnen zusammengenommen die ganze Religion des menschlichen Geschlechts enthalten sein werde.

8) S. 258. Dieses Machen ist freilich mit einiger Einschränkung zu verstehen; aber ich lebte im Schreiben des guten Vertrauens, daß jeder sich diese von selbst ergänzen würde. Es konnte nämlich wol nicht meine Meinung sein, daß nur derjenige ein rechter Christ sei, der auch selbst hätte Christus sein können, wenn Christus nicht schon vor ihm da gewesen wäre. Dies aber wird man wol zugeben, daß jeder nur in dem Maß und Grade ein Christ ist, als er in der vorchristlichen Zeit unter Juden würde die messianische Idee in sich ausgebildet oder wenigstens aufgefaßt und fortgepflanzt haben, und als er unter Heiden von der Unzulänglichkeit sinnlicher Gottesdienste wäre überzeugt gewesen, und durch das Gefühl seiner Erlösungsbedürftigkeit das Christenthum gleichsam gelockt und an sich gezogen hätte. — Das folgende zeigt ja auch deutlich genug, wie wenig es mit der Voraussetzung, daß wirklich wenige oder viele könnten die Keime zu ganz neuen außerhalb der geschichtlichen Formen liegenden Religionsweisen in sich tragen und gehalten sein, sie ans Licht zu fördern, ernstlich gemeint sei.

9) S. 261. Ich kann diese Stelle, wiewol ich eigentlich noch hoffen dürfte, daß sie im ganzen Zusammenhange nicht leicht könne mißverstanden werden, doch nicht ohne eine kleine Berichtigung lassen sowol was die Sache als was den Ausdruck betrifft. Um den Ausdruck zuerst schwebt ein gewisser Schein, als ob es möglich wäre auf dem Gebiet der Religion auf Entdeckungen auszugehn oder willkürlich etwas hervorzubringen, da doch hier alles, wenn es wahr sein soll und rein, und das Neue am meisten, auf unwillkürliche Art, der Eingebung ähnlich aus dem Innersten des Gemüthes hervorgehen muß. Doch wer den Eindruck und Zusammenhang des Ganzen festhält, den wird dieser Schein nicht täuschen. Was zweitens die Sache selbst betrifft, so scheint sie zu allgemein dargestellt und zu wenig Rücksicht auf den großen Unterschied der verschiedenen Religionsformen genommen zu sein. Denn jede Religion der höchsten Stufe, und am meisten die, der sich eine vollständige Theologie angebildet hat, muß im Stande sein ihr ganzes Gebiet zu übersehen. Es ist das Geschäft der Dogmatik einen solchen Grundriß davon anzulegen, daß nicht nur alles, was sich in einer solchen Religionsform schon wirklich gebildet hat, seinen Raum darin finde, sondern in dem auch jeder mögliche Ort angezeigt sei; und wenn wir einen solchen Grundriß überschauen, werden wir doch nicht leicht etwas leer finden,

sondern nur einige Oerter mehr andre weniger durch verschiedene Bildungen ausgefüllt. Nur den untergeordneten Religionsformen und den kleineren Parteien kann das begegnen, was hier angenommen ist, indem in den ersteren die Einzelnen zu wenig von einander differiren, um einander vollständig zu ergänzen, von den letzten aber ist schon angeführt worden, weshalb sie eine natürliche Neigung haben, nicht die ganze Masse des religiösen Stoffs zu verarbeiten.

10) S. 264. Der Oppositionscharakter, den dieses Buch durch und durch an sich trägt, wird es dem, welcher sich die damalige Zeit vergegenwärtiget, sehr begreiflich machen, daß ich hier vorzüglich die Sache derer vertheidige, welche den Anfang ihres religiösen Lebens auf einen bestimmten Augenblick zurückführen. Doch ist dies keinesweges nur ein Versuch die Gegner dieser Ansicht zum Schweigen zu bringen, in der guten Zuversicht, daß sie sich nicht gehörig vertheidigen können. Es ist mir vielmehr hernach das Sonderbare begegnet, daß ich eben diesen Satz habe vertheidigen müssen gegen einen vortrefflichen Mann, einen angesehenen nun längst entschlafenen Lehrer einer mir sehr werthen Religionsgesellschaft, deren ganze Praxis eigentlich auf dieser Voraussetzung bestimmter Momente der Begnadigung beruht. Er fragte mich, ob ich in der That an solche Momente glaube und sie für nothwendig halte, so daß ein allmähliches und unmerklich werdendes und wachsendes religiöses Leben mir nicht genüge. Er wandte mir aus der Erfahrung das ein, was freilich jedem, der viele Lebensläufe erweckter Menschen aufmerksam gelesen hat, immer muß aufgefallen sein, daß nämlich bei den meisten früher oder später nach solchen Momenten, wo sie die Versicherung der göttlichen Gnade erhalten hatten, also zu einem persönlich eignen religiösen Leben geboren waren, wieder Zeiten der Abspannung eintreten, wo ihnen diese Gewißheit wieder verloren geht, so daß noch Momente der Bestätigung hinzukommen müssen, und man also billig zweifeln muß, ob der erste oder zweite der wahre Anfangspunkt sei; aus welchem Zweifel dann von selbst folgt, daß die Wahrheit nur in den allmählichen Uebergängen ist, welche einen solchen ersten Moment vorbereiten und durch einen zweiten oder dritten befestigen. Ich machte ihn aufmerksam darauf, was ich auch hier nochmals in Erinnerung bringen will, daß ich diese Form nicht für die einzige in der Erscheinung halte, sondern auch unmerkliches Entstehen und Wachsen zugäbe; daß aber doch das innere wahre nur das Ineinander dieser beiden sei, und nur in verschiedenen Fällen mehr das eine oder andere heraustrete, eben deshalb aber auch ganz anders sei solche Momente postuliren als verlangen, daß jeder sie solle selbst angeben und ein zeitliches Bewußtsein davon nachweisen können, wie ich dieses seitdem auch in einer Predigt*) auseinandergesetzt; und auf diese Weise kamen wir überein. — Was aber besonders die Art betrifft wie diese Sache hier dargestellt ist, daß nämlich ein solcher Moment immer etwas Außerordentliches sei, und auch jedes auf diese Weise erzeugte religiöse Einzelleben ein ganz eigenthümliches sein müsse: so läßt sich zweierlei dagegen einwenden. Einmal, daß ja schon in den ersten Zeiten der Kirche und durch die Verkündigung der Apostel christliche Erweckungen in Masse vorgekommen, und auch jetzt noch bisweilen, nicht sowol unter fremden Glaubensgenossen, als vorzüglich unter Christen, deren Frömmigkeit in weltlichen Sorgen und Beschäftigungen untergegangen ist, solche gleichsam epidemische christliche Erweckungen vorkommen. Wie sie nun hiernach schon nicht für etwas Außerordentliches können gehalten werden: so ist zweitens auch schon hieraus wahrscheinlich, daß nicht jedes Erzeugniß derselben etwas Außerordentliches und Eigenthümliches sein werde, um so weniger als diese Erweckungen oft als Gegenwirkungen erscheinen gegen weit und gleichförmig verbreitet gewesene Stumpfsinnigkeit oder Zügellosigkeit. Dem nun stimmt auch die Erfahrung bei, und zeigt uns zu gewissen Zeiten grade unter denen, die auf solche nachweisliche entscheidende Momente halten, nur Eine sich bis zur Ermüdung überall gleiche Form der Frömmigkeit und eine und dieselbe oft ziemlich verworrene Terminologie über die damit zusammenhängenden Gemüthszustände. Allein dies hängt genau zusammen mit der Unzuverlässigkeit dieser Momente; und es ist nicht in diesem Sinne, daß die Rede die beiden Formen des plötzlich erwachenden und des allmählich sich entwickelnden religiösen Lebens gegenüberstellt. In dem Letzten wird allemal mehr das Gemeinsame vorherrschen; das Einzelne was so erscheint, ist durch die Gewalt des Gemeinsamen gebildet und diesem untergeordnet; das Eigenthümliche tritt darin sparsamer und schüchterner hervor.

*) Dritte Sammlung, neunte Predigt.

Aber dasselbe ist auch der Charakter der Religiosität, die scheinbar auf einem solchen Moment beruht. Die bearbeitenden Bekehrer haben gewöhnlich auch nur einen überlieferten Typus, der grade durch seine Beschränktheit auf wenige kräftige Formeln am meisten geeignet ist auch stumpfsinnige, sei es nun verhärtete oder vereitelte, Gemüther zu erschüttern. Dies ist die ihnen einwohnende Kraft; und indem ihre Ansicht einen solchen Moment fordert, so bereitet die beständig wiederholte Forderung denselben wirklich vor. Und daß nun an solchen wiederholten Momenten, die das Hervorbrechen der vorbereiteten Erschütterungen sind, und in denen, wenngleich nur auf eine ganz allgemeine und anfänglich vorübergehende Weise das Bewußtsein der eignen gänzlichen Nichtigkeit und das der göttlichen Gnade sich gegenseitig steigern und durchdringen, ein religiöses Leben sich allmählich befestigt, welches aber auf das strengste an jenen Typus gebunden und eben deshalb ängstlich besorgt und sparsam ausgestattet ist, das ist der unverkennbare Segen, der auf dieser Methode ruht. Wenn nun diejenigen, die eine solche Geschichte haben, bescheiden in ihrem Kreise bleiben, so sind sie uns werthe Genossen; und jemehr auch solche, die im weltlichen Sinne hoch gebildet sind und angesehen, sich im religiösen Gebiet auf dieser Stufe wohlbefinden, um desto rührender ist die eben so erhebende als demüthigende Erscheinung. Aber alle diese sind hier nicht gemeint, eben weil sich ein eigenthümliches Leben in ihnen nicht entwickelt; und die Momente, aus welchen ein solches sich erzeugt, und welche hier gemeinet sind, tragen ein ganz anderes Gepräge. Sie entstehen nur in solchen, in denen eine religiöse Richtung schon gegeben ist, nur chaotisch und unbestimmt. Sie haben ihren Grund nicht in der Nachwirkung äußerer Erregungen, sondern vielmehr aus dem sich immer erneuernden Gefühl der Unzulänglichkeit und Unangemessenheit des äußerlich Dargebotenen bereiten sie sich vor durch stilles inneres Sinnen und Sehnen, in welchem sich eben aus jenem Negativen das Positive gestaltet, daß das innerste Selbst von dem Göttlichen ergriffen und mit diesem sich selbst ergreifend mehr oder minder plötzlich hervortritt. Dieses nun sind die seltenen Erscheinungen, über die aber auch der flüchtigste Beobachter sich nicht so täuschen kann, daß er sie durch einen allgemeinen Namen erschöpfend zu bezeichnen glaubte.

11) S. 272. Nicht neue Offenbarungen sind natürlich hier gemeint, welche außerhalb des Umkreises einer gegebenen Religion fielen; vielmehr kann in keiner positiven Religion eine Sehnsucht nach solchen sein, indem auch die Sehnsucht eines jeden natürlich seine eigenthümliche Art und Form an sich tragen muß. Auch die messianischen Hoffnungen der Juden waren keine solche Sehnsucht nach etwas über das Judenthum Hinausgehendem, wenngleich sie hernach durch die weit über dasselbe hinausgehende Erscheinung Christi erfüllt wurden. Und dieses ist wol vornämlich der eigenthümliche Zusammenhang zwischen diesen beiden Religionsformen. Aber jede Religion hat nach dem Maaß ihrer Lebendigkeit ein solches Verlangen noch unerkanntes Göttliches in sich selbst zu finden, und eben deshalb ist die geschichtliche Consistenz eines jeden Glaubens, der sich über einen weiten Raum verbreiten und lange Zeiträume ausfüllen soll, dadurch bedingt, daß er etwas Normales besitze, worauf alles Neue zurückgeführt werden muß. Wo dieses fehlt, wird sich auch die Einheit zum Zerfließen hinneigen: wo, ohnerachtet es da ist, dennoch Trennungen entstehen, da werden sich die größten auf dieses Normale beziehen. Und in diesem Sinne kann man freilich sagen, der Streit zwischen der griechischen und römischen Kirche sei der zwischen dem Grundtext und der Uebersetzung, der Streit zwischen der evangelischen Kirche und jenen beiden ist der zwischen der Schrift und der Ueberlieferung.

12) S. 272. Auch diese Stelle bedarf aus einem ähnlichen Grund einer kleinen Erklärung, weil es scheinen könnte als sollten die großen weltgeschichtlichen Religionen in Schatten gestellt werden und das Merkwürdige nur in kleinern Gestalturgen aufgesucht. Und auf dem politischen Gebiete zwar sind wir an etwas Aehnliches gewöhnt. Denn viele Staatsformen großer Völker erscheinen uns unbeholfen oder unbedeutend, wogegen die Verfassungen einzelner Städte mit geringem Gebiet von den Geschichtforschern als Meisterstücke des politischen Kunsttriebes bewundert werden und der Gegenstand eines sich immer erneuernden Studiums sind. Nicht so aber ist es auf dem religiösen Gebiet; denn ein kräftiges religiöses Leben, wenn auch durch beschränkte Formen gehemmt, durchbricht doch früher oder später die Schranken der Volksthümlichkeit, wie selbst das Judenthum gethan, und nichts Eigenthümliches und in sich Starkes auf diesem Gebiet kann immerwährend klein bleiben. Die Rede ist hier aber eigentlich von dem, was innerhalb der großen Religionsformen und namentlich des

Christenthums sich bildet. Und hier gilt ein ganz anderes Verhältniß. Groß und weit verbreitet wird das, was am leichtesten in die Masse eindringt, und dies ist in der Regel jene Entfernung von allem, was als ein Extrem erscheint, welche nur durch ein reges Aufmerken nach allen Seiten hin kann erreicht werden, also durch eine im Ganzen gewissermaßen äußerliche Richtung, durch welche eine innere und eigenthümliche Entwicklung nicht eben unterstützt wird. Dies ist der vorherrschende Charakter dessen im Christenthum, was wir im alten Sinne des Wortes das Katholische nennen: und da die meisten hieran hauptsächlich denken, wenn von dem Christenthum, dessen Charakter und Entwicklung die Rede ist: so schien es mir hier an der Stelle die Aufmerksamkeit derer, welche wirklich forschen wollen, und in denen irgend ein Interesse für das Religiöse erwacht ist, von dem was sich als groß aufdringt abzulenken und sie vielmehr auf das Kleinere hinzuleiten. Weniger aber auf die häretischen Parteien, welche bestimmte Einseitigkeiten bezeichnen, als vielmehr auf diejenigen Einzelnen in der größeren Kirche, welchen es nicht gelingen konnte, sich in der Mittelmäßigkeit, oder wenn man es lieber so bezeichnen will, in der vorsichtigen Haltung zu bewahren, mit der allein der Einzelne sich eine glänzende Stellung unter den katholischen für immer erhalten konnte, sondern die ihre innere Freiheit vorzogen, und eben deshalb sich die Verborgenheit nicht verdrießen ließen.

13) S. 274. Ernsthaft ist das nie meine Meinung gewesen, daß die Sittenlehre überall eine und dieselbe sein solle. Hier aber genügte es mir auf das hierüber allgemein Angenommene mich zu berufen. Mir nämlich scheint, als ob die Moral nicht überall dieselbe sein könne; wie auch alle Zeiten beweisen, daß sie nie überall dieselbe gewesen ist. Denn ihre Form ist wesentlich speculativ, und kann nicht eher überall dieselbe sein, bis die Speculation überhaupt überall dieselbe geworden ist, wozu eben wegen der großen Fruchtbarkeit der letzten Jahrhunderte an allgemein gültiger Philosophie noch gar kein Anschein sich zeigen will. Dann aber auch ihr Inhalt kann nicht überall derselbe sein; denn wenngleich jeder, der eine Sittenlehre darstellt, von der reinen Menschheit ausgeht, so sieht er doch diese nur durch das Medium seines Zeitalters und seiner Volksthümlichkeit. Daher jede allgemeingeltende Sittenlehre nur das allgemeinste und auch dieses nur in solchen Formeln enthalten könnte, denen sich verschiedene Werthe unterlegen lassen: so daß die allgemeine Geltung immer mehr scheinbar sein würde als wahr. Demohnerachtet hat es mit dem hier aufgestellten Satz deshalb seine Richtigkeit, weil der Maßstab dieser Verschiedenheiten nicht derselbe ist für die Sittenlehre und für die Religion. Denn jene fängt immer an mit der Unterordnung des Einzelnen und also auch des Eigenthümlichen unter ein Gemeinsames, und nur durch diese Unterordnung gewinnt das Eigenthümliche ein Recht, sich auch geltend zu machen: so daß wenn es auch allerdings möglich ist, ein eben so richtiges ja genau genommen dasselbe System der Sittenlehre auf die entgegengesetzte Voraussetzung zu bauen, eine solche Sittenlehre doch das allgemeine Gefühl nicht würde überwinden und sich irgend geltend machen können. Auf dem Gebiet der Religion hingegen geht alles von dem einzelnen Leben je eigenthümlicher desto kräftiger aus, und alles Gemeinsame entsteht erst aus der bemerkten Verwandtschaft und Zusammengehörigkeit. Darum können sich viele, die ihrer verborgenen Verschiedenheiten noch nicht inne geworden sind, zu Einer Religionsweise halten, aber zu einer und derselben Sittenlehre auch viele, die sich ihrer Verschiedenheit bewußt sind, nur daß ihre Auffassung der menschlichen Verhältnisse dieselbe sein muß; wogegen grade hierüber unter denen, die sich zu derselben Religionsweise bekennen, so bedeutende Differenzen stattfinden können, daß ihnen nicht möglich ist, auch ihre Sittenlehre gemein zu haben.

14) S. 283. Nichts verräth wol weniger Sinn für das Wesen des Christenthums sowol und für die Person Christi selbst, als auch überhaupt historischen Sinn und Verstand davon, wodurch große Ereignisse zu Stande kommen, und wie diejenigen müssen beschaffen sein, in denen solche ihren wirklichen Grund haben, als die Ansicht, welche sonst etwas leise auftrat mit der Behauptung, Johannes habe den Reden Christi viel Fremdes beigemischt von seinem eignen; jetzt aber nachdem sie sich in der Stille gestärkt und sich mit kritischen Waffen versehen hat, eine derbere Behauptung wagt, daß Johannes das Evangelium gar nicht geschrieben, sondern daß erst ein Späterer diesen mystischen Christus erfunden. Wie aber ein jüdischer Rabbi mit menschenfreundlichen Gesinnungen, etwas sokratischer Moral, einigen Wundern, oder was wenigstens Andre dafür nahmen, und dem Talent artige Gnomen und

Parabeln vorzutragen, denn weiter bleibt doch nichts übrig, ja einige Thorheiten wird man ihm nach den andern Evangelisten immer auch noch zu verzeihen haben, wie sage ich, einer der so gewesen, eine solche Wirkung wie eine neue Religion und Kirche habe hervorbringen können, ein Mann, der wenn er so gewesen, dem Moses und Mohammed nicht das Wasser gereicht: dies zu begreifen überläßt man uns selbst. Doch dies muß auf eine gelehrtere Weise ausgefochten werden, wozu sich auch gewiß die Freunde und Verehrer des Johanneischen Gottessohnes schon rüsten. — Wenn ich aber von dieser Wehmuth des Christen, wozu uns übrigens in Christo auch die andern Evangelisten, sobald wir sie durch Johannes recht verstehen gelernt, die Züge liefern, etwas weiter oben gesagt habe, daß sie in dem Stolz wie in der Demuth des Christen der Grundton sei: so scheint es, wenngleich man ziemlich darüber einig ist, daß es auch etwas Untadliges gebe, was sich durch den Ausdruck Stolz bezeichnen lasse, doch etwas gewagt, dieses als einen christlichen Gemüthszustand zu bezeichnen, da der christlichen Gesinnung die Demuth so wesentlich und so in ihr dominirend ist, daß etwas dem Stolz Aehnliches auf diesem Gebiet gar nicht aufkommen zu können scheint, wenngleich wir es in dem der bürgerlichen Sittlichkeit gar nicht tadeln würden. Ich will mich nun nicht damit bedecken, daß ich auch Furcht und Liebe hier nebeneinander gestellt, da doch die Liebe das Kennzeichen der Christen ist, und die völlige Liebe die Furcht austreibt; woraus eben folgt, daß mir ein menschlicher d. h. unvollkommner Zustand vorgeschwebt. Sondern mein Sinn war dieser, daß wenn man in dem Christen unterscheidet sein persönliches Selbstgefühl, mit welchem er sich auch Christo gegenüberstellt, von demjenigen Selbstgefühl, welches er in der Gemeinschaft mit Christo hat, jenes immer, auch wenn der göttliche Geist des Guten schon viel in ihm gewirkt hat, doch nie ein anderes sein kann als Demuth. Das letztere aber, welches in der Zueignung aller Vollkommenheiten Christi besteht, muß jenem entgegengesetzt sein, und so weiß ich keine andere Bezeichnung, welche den Gegensatz stärker ausdrücke; und um eben dieses Gefühl nachzuweisen, brauche ich nur alle Verherrlichungen der christlichen Kirche in unseren neutestamentischen Büchern in Erinnerung zu bringen. Daß aber auch in diesem Stolz die Wehmuth sei über den immer noch beschränkten Umfang, in welchem die Gemeinschaft mit Christo wirklich empfunden wird, ergiebt sich wol von selbst.

15) S. 285. Es ist immer etwas Gefährliches, zumal, wie hier die Meinung ist, den Ungläubigen gegenüber, den Glauben an Christum auf irgend etwas Einzelnes in ihm gleichsam zu stützen. Denn nur zu leicht läßt sich dem Einzelnen etwas scheinbar Aehnliches gegenüberstellen, dessen innere und wesentliche Verschiedenheit von jenem nicht leicht ist aufzudecken. So ist mancher Schwärmer, der mehr von sich hielt als er war, auf diesen Glauben gestorben; und wie oft ist nicht ein Irrthum auf Gefahr des Lebens mit der festesten Ueberzeugung vertheidigt worden. Allein ein solches Einwurzeln des Irrthums, wenn nicht doch der eigentliche Gegenstand des Glaubens die Wahrheit ist, an die der Irrthum sich angesetzt hat, beruht nur auf einer Idiosynkrasie, welche sich nicht weit verbreiten kann. Von diesem Selbstbewußtsein Christi aber ist der Glaube der ganzen Schaar seiner Jünger und die Freudigkeit aller Märtyrer dieses Glaubens der Abglanz; und eine solche Kraft hat wol nie die Selbsttäuschung einer einzelnen Seele ausgeübt. Dazu nehme man, daß es bei diesem Bekenntniß nicht bloß auf innere Erscheinungen des Bewußtseins ankam, über welche sich der Mensch leichter täuschen mag, auch nicht außerdem auf eine Aussicht in sehr ferne Zukunft, wo der Fantasie ein ganz freies Spiel eröffnet ist: sondern daß Christus glauben mußte, unter den ungünstigen Umständen, welche vor Augen lagen und leicht zu überschauen waren, werde sich unmittelbar die göttliche Kraft dieses fortwirkenden Bewußtseins bewähren. Doch immer bleibt sowol die Rechtfertigung des Glaubens aus dem Einzelnen unvollständig, als auch der Versuch ihn durch das Einzelne in Andern zu begründen, gewagt.

16) S. 286. Der Schluß dieser Darstellung, daß nämlich Christus aller Vermittlung Mittelpunkt sei, soll wol alles Einzelne in derselben gehörig zusammenknüpfen und das scheinbar Unbefriedigende ergänzen. Indeß wünsche ich doch, der Leser möge nicht übersehen, daß ich den Gegenstand grade so behandelt habe, um recht bemerklich zu machen, wie auch wenn man den Unterschied, der damals als eine große Entdeckung viel Glück machte, nämlich zwischen der Lehre Christi und der Lehre von Christo, etwas gelten lasse, man doch die Idee der Vermittlung auf alle Weise zur Lehre Christi rechnen müsse, und unsere Lehre von Christo Nichts Anderes sei als

die vom Glauben zuerst gestaltete hernach aber von der Geschichte versiegelte Bestätigung und Anwendung jener Lehre Christi. Und wenn ich seine Schule von seiner Religion trenne: so ist dies wie der Schluß ganz deutlich bezeugt, doch nur eine verschiedene Betrachtung derselben Sache aus verschiedenen Gesichtspunkten. Denn aus der Idee der Erlösung und der Vermittlung das Centrum der Religion bilden, das ist die Religion Christi: sofern aber die Beziehung dieser Idee auf seine Person zugleich etwas Geschichtliches ist, und die ganze geschichtliche Existenz der Lehre sowol als der Gesellschaft darauf beruht, so nenne ich diese geschichtliche Seite, wie ja hiezu der Ausdruck allgemein gestempelt ist, die Schule. Daß nun diese für Christum nur das zweite war, jene aber das erste, leuchtet aus dem hier Angeführten, so wie auch daraus hervor, daß zuerst das Reich Gottes und der Kommende verkündigt wurde und hernach erst er als der Gekommene. — Wenn aber etwas weiter oben nur gesagt ist, Christus sei Mittler geworden für viele: so erinnere man sich, daß Christus selbst einmal sagt, Er lasse sein Leben zum Lösegeld für viele, und mache aus meinen Worten keinen particularistischen Schluß, wenigstens nicht anders als nach meiner schon anderwärts dargelegten Ansicht, nach welcher die wirklich erfahrne Beziehung der Menschen auf Christum immer etwas Beschränktes ist und auch bleiben wird, selbst wenn das Christenthum sich über die ganze Erde verbreitet, wogegen ich eine rein innere und mysteriöse Beziehung Christi auf die menschliche Natur überhaupt anerkenne, welche schlechthin allgemein ist und unbegränzt.

17) S. 286. Was hier von der Schrift gesagt ist, werden vielleicht manche von unserer Kirche katholisch finden wegen der Annäherung dessen, was sich in der Kirche erzeugt, an die Schrift, die katholischen aber hyperprotestantisch, weil hier nicht nur die Constitution der Schrift durch die Kirche nicht anerkannt, sondern auch der Umfang der Schrift selbst für noch nicht abgeschlossen erklärt wird. Das Letztere ist bloß versuchsweise gesagt, und um dadurch das Aeußere der Sache desto schärfer von dem Inneren zu trennen. Denn wenn sich jetzt noch ein Buch vorfinden könnte von einem Verfasser wie Markus oder Lukas oder Judas mit allen Kennzeichen der Aechtheit: so würden wir zwar schwerlich wol dahin kommen, es einstimmig in den Kanon aufzunehmen; aber seine normale biblische Kraft würde es doch äußern, wenn es eine solche in sich trüge und also doch Bibel sein der That nach. Daß aber eben diese Kraft der Bestimmungsgrund gewesen ist für die kirchliche Praxis, durch welche der Kanon eher festgestellt war als durch einen kirchlichen Ausspruch, der jene nur bestätigen konnte, ist wol gewiß. Wie unmerklich aber der Uebergang ist aus dem Kanonischen sogar in das Apokryphische, und wie stark und erfreulich die Annäherung vieles Kirchlichen, sehe man nun auf Kraft oder Reinheit, an das Kanonische, das wird auch wol kein erfahrner und geschichtliebender Protestant ableugnen.

18) S. 290. Was etwa ein vergleichender Leser in der vorigen Ausgabe an dieser Stelle vermißt, ist doch nicht ein Zusatz, den ich jetzt erst gemacht hätte; sondern er war schon für die zweite Ausgabe bestimmt, ich habe ihn aber dort wieder gestrichen, weil er mir zu herausfordernd schien. Jetzt da diese Zeiten vorbei sind, kann er da stehn als ein Denkmal des Eindrucks, welchen es auf mich wie gewiß auf viele machte, daß die Uebersättigung an dem unverstandenen Christenthum sich damals nicht nur bei vielen als die Irreligiosität ankündigte, die hier bestritten wird — denn das gereicht noch dem Christenthum zur Ehre, daß sie glaubten, wenn es mit dem Christenthum nichts sei, so müsse es auch mit der Religion überhaupt Nichts sein — sondern auch bei nicht wenigen theils als ein Bestreben der natürlichen Religion eine äußere Existenz zu verschaffen, was sich schon in England und Frankreich als ein leeres Unternehmen gezeigt hat, theils in einem neuerungssüchtigen Kitzel solcher, die von einem symbolisirten oder gnostisirten Heidenthum von einer Rückkehr zu alten Mythologemen als von einem neuen Heile träumten und sich freuten, den schwärmerischen Christus von dem heiter nüchternen Zeus überwunden zu sehen.

Zusatz [Nachrede].

Laßt mich, ehe ich ganz von Euch scheide, über den Schluß meiner Rede noch ein paar Worte an Euch verlieren. Vielleicht meint Ihr nämlich, es wäre besser gewesen ihn jetzt nach mehreren Jahren zu unterdrücken; denn es zeigte sich ja deutlich, wie ich mit Unrecht dieses als einen Beweis von der Kraft der religiösen Gesinnung angeführt hätte, daß sie jetzt eben im Hervorbringen neuer Formen begriffen sei, und wie ich mit Unrecht mir angemaßt Ahnungen zu haben von dem, was sie hervorbrächte, indem überall Nichts dergleichen erfolgt wäre. Wenn Ihr dies meint, so habt Ihr wol vergessen, daß die Weissagung der erste Vorläufer der Zukunft ist, und nur inwiefern sie dies ist, ihren Namen wirklich verdient, sie ist eine Andeutung des Künftigen, worin dieses selbst schon enthalten ist, aber nur für den dem Weissagenden selbst am nächsten stehenden Sinn bemerkbar. Je umfassender also und größer das Geweissagte ist, und je mehr die Weissagung selbst im ächten hohen Stil, um desto weniger darf sie der Erfüllung nahe stehn; sondern wie nur in weiter Ferne die untergehende Sonne aus dem Schatten großer Gegenstände große magische Gestalten bildet am grauen Osten, so stellt auch die Weissagung ihre aus Vergangenheit und Gegenwart gebildeten Gestalten der Zukunft nur in weiter Ferne auf. Darum sollte, was ich in diesem Sinne gesagt habe, keinesweges ein Zeichen etwa für Euch sein um die Wahrheit meiner Rede daran zu prüfen, die Euch vielmehr aus sich selbst klar werden muß.*) Sondern in der Nähe und unmittelbar wollte ich nichts anders damit [weiter mit jenen Worten,] als theils nur Einige Andere, nicht Euch, halbspottend, wenn sie es verstanden haben, auffordern, ob sie wol das leisten könnten, dessen sie sich zu vermessen scheinen; theils hoffte ich von Euch, Ihr solltet aufgeregt werden dadurch den Gang der Erfüllung selbst zu verzeichnen, und dann war ich sicher, Ihr würdet selbst [schon] finden, was auch ich Euch gern zeigen wollte, daß Ihr in eben der Gestalt der Religion, welche Ihr so oft verachtet, im Christenthum, mit Eurem ganzen Wissen, Thun und Sein so eingewurzelt seid, daß Ihr gar nicht heraus könnt, und daß Ihr vergeblich versucht Euch seine Zerstörung vorzustellen, ohne

---

*) III Zus.: und weissagen würde ich nicht gewollt haben in meinen Reden an Euch, gesetzt auch, daß mir die Gabe nicht fehlte, weil es mir nichts gefruchtet hätte Euch in eine weite Ferne hinaus zu verweisen.

zugleich die Vernichtung dessen, was Euch das Liebste und Heiligste in der Welt ist, Eurer gesammten Bildung und Art des Daseins [zu sein,] ja Eurer Kunst und Wissenschaft mit zu beschließen. Woraus Euch dann gefolgt wäre, daß so lange unser Zeitalter währt, auch aus ihm und dem Gebiete des Christenthums selbst Nichts ausgehen könne, was das Letztere beeinträchtige, sondern dieses aus allem Streit und Kampf immer nur erneuert und verherrlicht hervorgehen müsse. Dies hatte ich für Euch vorzüglich gemeint, und Ihr seht also wol, daß ich nicht im Sinn haben konnte mich anzuschließen an einige Aeußerungen trefflicher und erhabener Männer, welche Ihr so verstanden habt, als wollten sie das Heidenthum der alten Zeit zurückführen, oder gar eine neue Mythologie und durch sie eine neue Religion willkürlich erschaffen. Vielmehr mögt Ihr, nach meinem Sinne, auch daraus, wie nichtig und erfolglos alles immer sein wird, was sich an ein solches Bestreben anhängt, die Gewalt des Christenthums erkennen.

Am allermeisten aber thut wol Noth, über das, was ich von den Schicksalen des Letztern selbst gesagt, mich zu verständigen. Indessen freilich meine Ansicht hiervon Euch zu begründen und zu erweisen, oder auch nur hinreichend anzudeuten worauf sie beruht, dazu ist hier nicht der Ort; sondern er wird sich, wenn eine solche Erläuterung fortfährt nothwendig zu sein, anderwärts finden müssen. Hier aber und jetzt will ich nur ganz einfach sagen, wie ich es meine, damit Ihr mich nicht etwa, nach Eurer Art immer von Schulen und Parteien zu sprechen, [der üblichen Art alles auf Schulen und Parteien zurückzuführen,] Anderen beigesellt, mit denen ich hierin wenigstens Nichts gemein habe.

Seitdem das Christenthum besteht, hat fast immer irgend ein stark hervortretender Gegensatz innerhalb desselben bestanden. Dieser hat jedesmal, wie es sich gebührt, Anfang, Mitte und Ende gehabt; nämlich das Entgegenstehende hat sich erst allmählich von einander gesondert, die Trennung hat darauf ihren höchsten Gipfel erreicht, und dann wieder allmählich abgenommen bis der ganze Gegensatz in einem andern, der sich während dieser Abnahme zu entwickeln angefangen hatte, endlich völlig verschwunden ist. Wie nun an einem solchen Faden die ganze Geschichte des Christenthums abläuft, so bilden jetzt [Zus.: im christlichen Abendlande] Protestantisches und Katholisches den herrschenden Gegensatz, in deren jedem die Idee des Christenthums auf eine eigenthümliche Weise ausgesprochen ist, so daß nur durch das Zusammensein beider jetzt die geschichtliche Erscheinung des Christenthums der Idee desselben entsprechen kann. Dieser Gegensatz nun sage ich ist jetzt in der Ordnung und besteht; und wenn ich Euch die Zeichen der Zeit deuten sollte, so würde ich sagen, er wäre jetzt eben daran sich ruhig zu fixiren, keineswegs aber etwa schon merklich in der Abspannung und im Verschwinden (1). Darum nun sei allerdings Niemand sorglos, sondern Jeder besinne sich, und sehe zu, auf welche Seite er gehöre mit seinem Christenthum, und in welcher Kirche er ein religiöses miterbauendes Leben führen könne: und wer einer gesunden tüchtigen Natur sich erfreut und dieser auch folgt (2), der wird sicher nicht irre gehen. Nun aber giebt es Einige, ich rede nicht von solchen, die [Zus.: in sich selbst gar] nichts sind, die sich von Glanz und Schimmer blenden lassen wie Kinder, oder von Mönchen beschwatzen, aber es giebt Einige, die gar wol etwas sind, und auf die ich auch sonst schon gedeutet habe, treffliche und ehrenwerthe Dichter und Künstler, und wer weiß was für eine Schaar von Anhängern, wie es heut zu Tage geht, ihnen nachfolgt, welche sich aus der protestantischen zu retten scheinen in die katholische Kirche, weil in dieser allein die Religion wäre, in jener aber nur die Irreligiosität, die aus dem Christenthum selbst gleichsam hervorwachsende Gottlosigkeit. Derjenige nun sei mir ehrenwerth, der indem er einen solchen Uebergang wagt, nur seiner Natur zu folgen bezeugt, als welche nur in dieser, nicht aber in jener Form des Christenthums einheimisch wäre; aber ein solcher wird auch Spuren dieser natürlichen Beschaffenheit in seinem ganzen Leben aufzeigen, und nachweisen können, daß er durch seine That nur äußerlich vollendet habe, was innerlich und unwillkürlich schon immer und [Zus.: streng genommen] gleichzeitig mit ihm selbst vorhanden gewesen. Auch der sei mir, wo nicht ehrenwerth doch zu bedauern und zu entschuldigen, welcher, wie der Instinkt der Kranken bisweilen zwar bewundernswürdig glücklich ist, dann aber auch wieder gefährlich, dasselbe [denselben Schritt] thut offenbar in einem Zustande der Beängstigung und Schwäche, eingeständlich weil er für ein irre gewordenes Gefühl einer äußeren Stütze bedarf, oder einiger Zaubersprüche um beklommene Bangigkeit zu beschwichtigen und böses Hauptweh; oder weil er eine Atmosphäre sucht, worin schwächliche Organe sich besser befinden, weil sie weniger lebendig ist und also auch weniger erregend; wie manche Kranke statt der freien Bergluft lieber die thierischen Ausdünstungen suchen müssen. Jene aber, welche ich jetzt bezeichne, sind mir weder das eine noch das andere, sondern nur verwerflich erscheinen sie mir; denn sie wissen nicht, was sie wollen noch was sie thun. Oder ist das etwa eine verständige Rede, die sie führen? Strahlt wol [Zus.: irgend] einem unverdorbenen Sinne aus den Heroen der Reformation die Gottlosigkeit entgegen, oder die [nicht vielmehr jedem eine] wahrhaft christliche Frömmigkeit? Oder ist wirklich Leo der zehnte frömmer als Luther, und Lojolas Enthusiasmus heiliger als Zinzendorfs? Und wohin stellen wir die größten Erscheinungen der neueren Zeit in jedem Gebiete der Wissenschaft, wenn der Protestantismus die Gottlosigkeit ist und die Hölle? Jene aber, so wie der Protestantismus ihnen nur Irreligion ist, so lieben sie auch an der römischen Kirche keinesweges ihr eigenthümliches Wesen, sondern nur ihr Verderben, zum deutlichen Beweise, daß sie nicht wissen, was sie wollen. Denn beherziget nur dieses rein geschichtlich, daß doch das Papstthum keinesweges das Wesen der katholischen Kirche ist, sondern nur ihr Verderben. (3) Und eben dieses suchen und lieben jene eigentlich; den Götzendienst, mit welchem leider auch die protestantische Kirche, wiewol unter weniger prachtvollen und also auch weniger verführerischen Formen zu kämpfen hat, und der ihnen eben hier nicht derb und nicht kolossalisch genug ist, den suchen sie eigentlich auf jenseits der Alpen. Denn was wäre sonst ein Götze, ein Idol, als wenn was mit

Händen gemacht werden kann und betastet und mit Händen zerbrochen, eben in dieser Hinfälligkeit und Gebrechlichkeit thörichter und verkehrter Weise aufgestellt wird, um das Ewige nicht etwa an seinem Theil und nach Maßgabe der ihm einwohnenden Kraft und Schönheit lebendig darzustellen, sondern um als [als (ob es) als] ein Zeitliches, und oft mit der größten Ideenlosigkeit und Verkehrtheit [Zus.: Behaftetes,] das Ewige zugleich zu sein [sein könne,] daß sie auch das mit Händen betasten mögen, und Jedem zuwägen und zumessen willkürlich und magisch. Diese Superstition in Kirche und Priesterthum, Sakrament, Sündenvergebung und Seligkeit ist das Vortreffliche was sie suchen. Sie werden aber nichts damit schaffen, denn es ist ein verkehrtes Wesen, und wird sich auch in ihnen offenbaren durch vermehrte Verkehrtheit, indem sie sich aus der gemeinsamen Sphäre der Bildung hinausstürzen in ein leeres nichtiges Treiben, und auch das Theil von Kunst, das ihnen Gott verliehen, in Eitelkeit verkehren. Dies ist, wenn Ihr wollt, eine Weissagung, deren Erfüllung nahe genug liegt, daß Ihr sie erwarten könnt.

Und nun noch eine von anderer Art, und möchtet Ihr deren Erfüllung auch gewahr werden, wie ich hoffe. Sie geht auf das Zweite was ich eben sagte, daß nämlich der Gegensatz dieser beiden Parteien ein noch bestehender sei, und auch noch bleiben müsse. Es könnte sein, daß die römische Kirche, wenn auch nicht überall und alles, doch einen großen Theil ihres Verderbens von sich thäte auch äußerlich, wie es unstreitig viele in ihr giebt, die es von sich gethan haben innerlich. Dann können Verführer kommen, die Mächtigen drohend, die Schwachen vielleicht gar wolmeinenden schmeichelnd, und den Protestanten zureden, doch nun, wie denn viele jenes Verderben für den einzigen Grund der Trennung halten, wieder zurückzutreten in die Eine untheilbare ursprüngliche Kirche. Auch das ist ein thörichter und verkehrter Rathschlag! er mag viele locken oder einschrecken; aber er wird nicht durchgeführt werden, denn die Aufhebung dieses Gegensatzes wäre jetzt der Untergang des Christenthums, weil seine Stunde noch nicht gekommen ist. Ja ich möchte herausfordern den Mächtigsten der Erde, ob er dieses nicht auch etwa durchsetzen wolle, wie ihm alles ein Spiel ist, und ich möchte ihm dazu einräumen alle Kraft und alle List; aber ich weissage ihm, es wird ihm mißlingen, und er wird mit Schanden bestehen. Denn Deutschland ist immer noch da, und seine unsichtbare Kraft ist ungeschwächt, und zu seinem Beruf wird es sich wieder einstellen mit nicht geahneter Gewalt, würdig seiner alten Heroen und seiner vielgepriesenen Stammeskraft; denn es war vorzüglich bestimmt diese Erscheinung zu entwickeln und es wird mit Riesenkraft wieder aufstehn, um sie zu behaupten (4).

Hier habt Ihr ein Zeichen, wenn Ihr eines bedürft, und wenn dies Wunder geschieht, dann werdet Ihr vielleicht glauben wollen an die lebendige Kraft der Religion und des Christenthums. Aber selig sind die, durch welche es geschieht, die, welche nicht sehen und doch glauben!

Anmerkungen zur Nachrede.

1) S. 301. Diese Aeußerung wird jetzt weniger befremden als bei ihrer ersten Erscheinung. Denn damals konnte man, wenn man auf die eine Seite sah, leicht glauben, beide Kirchen würden sich im Unglauben im Indifferentismus vereinigen, oder wenn man auf die andere sah, sie würden bald nur zwei verschiedene Formen von Superstition sein, die nur auf die äußerlichste und zufälligste Weise verschieden wären, und so, daß jeder Einzelne eben so gut der einen angehören könnte wie der andern. In neueren Zeiten haben nun mancherlei Ereignisse, welche hier unnöthig wäre zu erwähnen, nicht nur das Bewußtsein aufgefrischt, daß der Gegensatz wirklich noch besteht, sondern auch sehr klar zur Sprache gebracht, was beide Theile eigentlich von einander halten. Und wir können nicht läugnen, der reine Hauptsitz des Gegensatzes ist in Deutschland; denn in England ist er zwar stark genug aber mehr politisch; in Frankreich hingegen spielt er eine sehr untergeordnete Rolle. Nun ziemte es freilich uns Deutschen vor allen, ihn auch rein in seinem innern Wesen aufzufassen, sowol geschichtlich als speculativ; allein das geschieht leider zu wenig, sondern wir sind auch sehr in ein leidenschaftliches Wesen gerathen, daß wenn einer von uns unparteiisch über die Sache reden wollte, er gewiß von seinen Glaubensgenossen als ein Kryptokatholik würde beargwohnt werden und von den römischen mancherlei zudringlichen und schmeichlerischen Annäherungen ausgesetzt sein. Rühmliche Ausnahmen von wahrhaft gründlicher und dabei auch anerkannter Mäßigung sind sehr selten. Ganz über den gegenwärtigen Zustand hinweggehend will ich daher nur mit wenigen Worten andeuten, auf welchem Punkt dieser Gegensatz mir, wenn man auf seine geschichtliche Entwicklung sieht, noch zu stehen scheint. Es giebt in beiden Kirchen eine unverkennbare Neigung sich gegeneinander abzuschließen und sich gegenseitig möglichst zu ignoriren; die fast unbegreifliche Unwissenheit über die Lehren und Gebräuche des andern Theils giebt davon hinreichenden Beweis. Natürlich genug ist diese Neigung in der Masse. Denn jeder Theil findet religiöse Erregung und Nahrung genug in seinem engen Kreise, und der andere Theil erscheint ihm, wenn auch nicht so unrein wie den Juden fremde Religionsgenossen, wiewol auch daran oft nicht viel fehlt, doch wenigstens völlig fremd. Diese Neigung dominirt in ruhigen Zeiten, und wird in der Masse nur von den leidenschaftlichen Aufregungen unterbrochen, welche wir immer wieder aufs neue entstehen sehn, wenn der eine Theil über den andern irgend einen entscheidenden Vortheil errungen in politischen Verhältnissen oder in einer hinreichenden Menge von einzelnen Fällen aus dem Privatleben. Aber wie diejenigen, in denen ein geschichtliches Bewußtsein wohnen soll, die gebildeten Stände, nicht jene träge Abgeschlossenheit theilen sollen, so auch nicht diese immer nur schädliche Leidenschaftlichkeit. Zwischen diesen soll in beiden Kirchen eine lebendige, wenn auch nicht unmittelbare Einwirkung stattfinden, ein durch ruhige Betrachtung angeregter Wetteifer, um sich dasjenige anzueignen, was jeder in dem anderen Theile Vorzügliches anerkennt. Denn der entgegengesetzte Charakter beider Kirchen bringt es mit sich, daß jede am wenigsten für die Unvollkommenheiten empfänglich ist, welche die andere am meisten drücken. Mögen die Katholischen sich daran erbauen, wie bei uns grade die religiöse Richtung, je stärker sie hervortritt, um desto mehr das Zurücksinken in jede Art von Barbarei hindert; und wenn sie sich nicht selbst täuschen, als ob kein Unterschied hierin bestehe, so mögen sie sehen, wie weit sie es bringen können in dieser Förderung der individuellen Freiheit. Und wir mögen so leidenschaftlos als es geschehen kann die feste Stellung beobachten, welche die katholische Kirche in allen äußeren Beziehungen sich zu sichern weiß durch ihre kräftige Organisation, und mögen dann versuchen, wie weit auch wir zu Einheit und Zusammenhang gelangen können, aber in unserm Geist und ohne dem geistlichen Stand eine solche Stellung gegen die Laien zu geben, die diesem Geist ganz zuwider wäre. Solche heilsame Einwirkungen finden statt und man bemerkt Resultate davon von Zeit zu Zeit; allein sie werden gehemmt durch die träge Abgeschlossenheit der Masse und unterbrochen durch alle leidenschaftlichen Momente. Daher mag es dann noch lange währen, bis das Ziel derselben erreicht ist und eher werden wir doch nicht sagen können, daß die Spannung sich festgestellt habe und in Abspannung übergehen werde. Allein dann erst wird beiden gemeinschaftlich die Aufgabe entstehen, belebende Einwirkungen auszuüben auf die so gut als ganz erstorbene griechische Kirche, und gewiß werden lange

Zeit beide müssen alle ihre Kräfte und Hülfsmittel aufbieten, um diesen Todten zu erwecken, und bis ihnen dies gelungen ist, können sie auch beide das Schicksal ihrer Trennung nicht erfüllt haben.

2) S. 301. Wie selten es ist, daß in Ländern, welche ganz der einen Kirche angehören, irgend ein Einzelner ohne Nebenansichten und ohne künstliche Ueberredungen durch einen wahren inneren Drang zur andern Kirche getrieben wird, das liegt zu Tage. Eben so auch wie ruhig wir selbst in solchen Gegenden, wo beide Parthien unter einander gemischt sind, die Kinder aus eingläubigen Ehen in der elterlichen und für sie erziehen ohne daß uns im mindesten einfiele, sie könnten wol eine innere Bestimmung für die andere haben. Da nun überhaupt der verschiedene Nationalcharakter der christlichen Völker nicht ohne Einfluß ist auf den Weg, den die Reformation genommen hat, sollte man nicht glauben, daß auch diese geistige Richtung anerbte und angeboren würde? — wie wir ja auch bei dem Uebertritt fremder Glaubensgenossen in das Christenthum den christlichen Sinn nicht eher als nach ein Paar Generationen für rein und befestigt halten. Und so wäre denn für die Kinder gemischter Ehen, als vorläufige Maßregel nicht das natürlich, daß die Söhne dem Vater folgen und die Töchter der Mutter, sondern jedes müßte dem folgen, von welchem es auch sonst am meisten angeerbte Aehnlichkeiten zeigt. Aber auf der andern Seite ist wol auch nicht zu leugnen, daß das genetische Verhältniß der beiden Kirchen der Vermuthung einer eigentlich angebornen Hinneigung nicht günstig sei, sondern vielmehr erwarten läßt, daß eine Selbstbestimmung für die eine oder die andere Form nach Maßgabe des persönlichen Charakters sich bilde. Von dieser Ansicht aus wäre für die gemischten Ehen das natürliche Princip, und was sich auch, wenn fremdartige Einmischung nicht stattfindet, von selbst geltend machen wird, daß vorläufig alle Kinder demjenigen von beiden Eltern folgen, welcher am stärksten religiös angeregt ist, weil unter dessen besonderem Einfluß das religiöse Element am kräftigsten wird entwickelt werden, daß aber dann auch ruhig und fröhlich erwartet werde, in welche Form sich jeder bei wachsender Selbständigkeit einbürgern werde. Wird dieser natürliche Gang überall befolgt: so würde gewiß, abgerechnet was fremde Motive und solche Einwirkungen, die fast gewaltthätig genannt werden können, etwa bewirken, der Fall eines Uebertritts in der Zeit der Reife des Lebens, und nachdem eine Glaubensweise schon mit Liebe aufgefaßt worden und eine Zeit lang das Leben geleitet hat, eine Handlung die immer verworren ist und verwirrend, nur entweder bei solchen Individuen vorkommen, welche auch im Uebrigen als Ausnahmen und gleichsam als eigensinnige Einfälle der Natur bezeichnet sind, oder in solchen Fällen, wo eine verkehrte Leitung des religiösen Lebens die Unvollkommenheit und Einseitigkeit der schon angenommenen Glaubensweise recht ans Licht brächte und dadurch zu der entgegengesetzten hintriebe, wie denn diese Fälle auch jetzt in beiden Kirchen nicht die seltensten sind.

3) S. 302. Wol nur für wenige wird dieser Satz an und für sich einer Rechtfertigung bedürfen, daß die katholische Kirche nicht nur in dem alten Sinne, sondern auch so wie die evangelische den Gegensatz dazu bildet, das päpstliche Ansehn abschütteln und von der monarchischen zu der aristokratischen Form des Episkopalsystems zurückkehren könnte, ohne daß dadurch der Gegensatz zwischen beiden Kirchen aufgehoben oder ihre Vereinigung bedeutend erleichtert würde. Und daß eben dies päpstliche Ansehn, man gehe auf seine Entstehungsweise zurück, oder man betrachte die Richtung, die es fast immer genommen hat, am meisten alle falsche aus dem Gebiet der Kirche hinausgehende Bestrebungen offenbart. Merkwürdig aber ist, daß fast alle von unserer Kirche Abgefallenen strenge Papisten werden. Man kann kaum anders als daraus schließen, daß sie den wahren Charakter der katholischen Kirche doch nicht in sich aufgenommen haben, und nur in zwei verschiedenen Formen ihre religiöse Unfähigkeit an den Tag zu legen bestimmt sind.

4) S. 303. Schlimm ist es, wenn gerade der Schluß eines Werkes leicht ein Lächeln erregen kann, welches die etwaigen früheren günstigen Eindrücke verwischt. Und das kann dieser in zweifacher Hinsicht, einmal weil darin die Ahnung ausgesprochen wird, als könnte Buonaparte etwas im Schilde führen gegen den Protestantismus, da er ja vielmehr späterhin mit seinem und eines großen Theiles von Frankreich Uebertritt zum Protestantismus gedroht hat, und noch vor kurzem die Protestanten des südlichen Frankreichs, als die ihm am meisten anhingen, sind verfolgt worden. Dann aber auch, weil hier fast geredet wird, als sei ganz Deutschland pro-

testantisch; und nun hoffen viele, es werde über lang und kurz ganz oder größtentheils wieder katholisch werden. Was nun das Erste betrifft, so spricht das, was ich gesagt, zu genau die Gefühle aus, von denen wir in den Jahren der Schmach durchdrungen waren, als daß ich es nicht sollte stehen lassen, wie ich es damals geschrieben. So viel war uns genommen, daß wir wol fürchten durften, auch das Letzte werde uns noch bedroht sein, zumal unleugbar Napoleon im protestantischen Deutschland auf eine ganz andere Art verfuhr als im katholischen, und als ihm nicht verborgen bleiben konnte, daß unsre religiöse Gesinnung und unsre politische wesentlich zusammenhingen. Was aber das andre betrifft, so hüte sich jeder zu früh zu lachen, und wie fest auch der Gegenpart seiner Hoffnung lebe, so fest lebe ich der meinigen, daß da in Deutschland weiteres Umsichgreifen eines papistischen Katholizismus und Zurücksinken in jede Art der Barbarei aus vielen Gründen nothwendig verbunden sind, so wie die Freiheit der evangelischen Kirche der sicherste Stützpunkt für jedes edlere Bestreben unter uns bleiben wird, es wol nicht in den Wegen der Vorsehung liegen mag, diese zu schwächen und jene auf ihre Kosten überhand nehmen zu lassen.